分岗位企业会计实务

FENGANGWEI QIYEKUAIJI SHIWU

（第三版）

主　编：姚云霞　刘中爱
副主编：孙敬平　谢梅花
主　审：席　曦

中国经济出版社
CHINA ECONOMIC PUBLISHING HOUSE
北　京

图书在版编目（CIP）数据

分岗位企业会计实务/姚云霞，刘中爱主编．—3版．
—北京：中国经济出版社，2016.12（2020.1重印）
“十三五”高职高专会计专业规划教材
ISBN 978-7-5136-4587-4

Ⅰ.①分…　Ⅱ.①姚…　②刘…　Ⅲ.①企业管理—会计实务—高等
职业教育—教材　Ⅳ.①F275.2

中国版本图书馆CIP数据核字（2016）第319952号

责任编辑　焦晓云
责任印制　马小宾
封面设计　任燕飞装帧设计工作室

出版发行　中国经济出版社
印 刷 者　北京力信诚印刷有限公司
经 销 者　各地新华书店
开　　本　787mm×1092mm　1/16
印　　张　26.25
字　　数　620千字
版　　次　2016年12月第3版
印　　次　2020年1月第11次
定　　价　49.00元
广告经营许可证　京西工商广字第8179号

中国经济出版社　**网址**　www.economyph.com　**社址**　北京市东城区安定门外大街58号　**邮编**　100011
本版图书如存在印装质量问题，请与本社销售中心联系调换（联系电话：010-57512564）

前　言

目前，除私营小微企业多数委托会计代理记账公司代理记账、纳税申报外，按照我国《会计法》《会计工作规范》和单位内部会计制度的要求，中小型企业和小微企业均设置了会计机构和会计岗位，并配备了专业的会计人员从事会计工作。“分岗位企业会计实务”是高职高专会计类专业必修的核心课程，重点讲授中小企业尤其是小微企业实际会计工作必须的会计理论和岗位专业技能。本教材在2012年出版的《分岗位企业会计实务》教材的基础上，根据中小企业会计岗位设置的实际情况，将原教材设置的八个会计岗位调整为出纳、成本会计、总账会计和会计主管四个岗位，并融入最新的税改政策和新会计准则的相关内容。与旧版教材相比，新版教材的特点主要体现在以下四个方面：

（1）紧扣最新政策法规。2014年，财政部相继修订了4项会计准则，同时发布3项新准则及1项补充规定，并于7月1日起在所有执行企业会计准则的企业范围内施行，鼓励在境外上市的企业提前执行。国家税务总局于2016年5月1日起全面实行“营改增”，取消营业税。新会计准则和新税收政策的修订和实施，迫切需要与之相吻合的会计实务教材。本教材紧扣最新政策法规，将新会计准则和新税收法规的内容融入相应的会计岗位核算之中。

（2）紧贴会计工作实际。由于高职高专会计类专业毕业生的就业岗位群主要集中在中小企业尤其是小微企业，目前中小企业的实际会计手工核算岗位主要设置出纳、成本会计、总账会计和会计主管四个岗位，本教材完全按照这四个岗位进行编写，使学生所学知识与实际岗位核算要求相吻合，实现理论学习与实际就业的零距离对接。

（3）赛教深度融合，“教学做赛”四位一体。近5年来，会计技能的省赛和国赛均由会计业务手工处理和会计业务信息化处理两个模块组成，而会计业务手工处理模块按照中小企业实际设置的出纳、成本会计、总账会计、会计主管四个岗位组织比赛，因此，此次新版教材从岗位设置到内容安排、再到岗位实训，均与会计技能大赛手工赛项高度一致，实现了赛教深度融合，“教学做赛”四位一体。

（4）岗证结合，课证融通，全面适用。本教材本着“以用为本”的原则，充分结合会计从业资格考试和助理会计师考试的要求，将考试内容与所学知识有机融合，实现了岗证结合、课证融通。本教材既可作为高职高专院校财经类各专业的会计实务教材，也可作为会计从业资格考试和助理会计师考试的参考用书，还可作为应用型、技能型会计人员的岗前培训教材和社会相关从业人士的业务参考书。

本教材由姚云霞、刘中爱老师担任主编；由孙敬平、谢梅花老师担任副主编；由席曦老师担任主审；全书由姚云霞总纂编辑而成。编写分工如下：岗位一由席曦老师编写；岗位二和岗位三中的岗位任务八由姚云霞老师编写；岗位三中的岗位任务一、岗位任务二、岗位任务三由谢梅花老师编写；岗位三中的岗位任务四由孙敬平老师编写；岗位三中的岗位任务五由葛瑶老师编写；岗位三中的岗位任务六、岗位任务七由龙霞老师编写；岗位四中的岗位任务一由王飞洋老师编写；岗位四中的岗位任务二、岗位任务三、岗位任务四由刘中爱老师编写；岗位四中的岗位任务五由章银平老师编写。

本教材的编写得到了许多会计学者和专家的大力支持和帮助，并得到本系列教材编委会相关专家和安徽财贸职业学院相关领导的指导和帮助，在此表示衷心的感谢！

由于编者水平有限，教材虽经认真审阅，但疏漏和不足之处在所难免，敬请会计专家和使用本教材的师生批评指正，编者不胜感激！

编　者

2016 年 12 月 19 日

目　录

岗位一

出纳岗位

职业能力目标

知识目标

- 了解出纳岗位的职责、核算内容和内部控制制度。
- 了解支付结算管理和结算方式。
- 掌握库存现金、银行存款和其他货币资金的核算方法。

能力目标

- 掌握出纳岗位所需凭证的运用。
- 掌握库存现金、银行存款和其他货币资金的日常收付核算及账务处理。
- 库存现金和银行存款日记账的设置和登记。

岗位概述

出纳岗位职责

出纳，顾名思义，出即支出，纳即收入。出纳工作是管理货币资金、票据、有价证券进进出出的一项工作。具体地说，出纳是按照有关规定和制度，办理本单位的现金收付、银行结算及有关账务，保管库存现金、有价证券、财务印章及有关票据等工作的总称。从广义上讲，只要是票据、货币资金和有价证券的收付、保管、核算，就都属于出纳工作。

根据《会计法》《会计基础工作规范》等财会法规，出纳岗位主要具有以下职责：

(1) 按照国家有关现金管理和银行结算制度的规定，办理现金收付和银行结算业务，登记库存现金日记账和银行存款日记账。

(2) 掌握银行存款余额，不准签发空头支票，不准出租、出借银行账户为其他单位办理结算。

(3) 保管库存现金和各种有价证券（如国债、债券、股票等）的安全与完整。

(4) 保管有关印章、空白收据和空白支票。

(5) 按照国家外汇管理和结汇、购汇制度的规定及有关批件，办理外汇出纳业务。

典型工作任务

【岗位任务一】库存现金业务核算

【岗位任务二】银行存款业务核算

【岗位任务三】其他货币资金业务核算

岗位任务一　库存现金业务的核算

任务导入

科达公司对下列开支都以现金支付，你认为对吗？

A. 发放职工工资 100 000 元

B. 支付采购员差旅费 1 200 元

C. 购买办公耗材支付 1 600 元

D. 购买原材料支付 800 元

E. 向个人收购农产品支付 1 400 元

知识准备

一、库存现金的概念

在会计上，现金有广义和狭义之分。广义的现金包括库存现金、银行存款和其他符合现金定义的票证等；狭义的现金仅指库存现金，包括人民币和外币。本章中的现金指狭义的现金，即存放于企业财会部门、由出纳人员经管的库存现金。

二、库存现金的内部控制制度

库存现金是企业资产中流动性最强的资产，对其加强管理和控制，对于保障企业资产的安全完整、提高资金的周转速度和使用效益、促进商品生产和流通具有重要意义。

（一）现金的使用范围

国家鼓励开户单位和个人在经济活动中采取转账方式进行结算，减少使用现金。根据《现金管理暂行条例》的规定，开户单位可以在下列范围内使用现金：①职工工资、津贴；②个人劳务报酬；③根据国家规定颁发给个人的科学技术、文化艺术、体育等各种奖金；④各种劳保、福利费用以及国家规定的对个人的其他支出；⑤向个人收购农副产品和其他物资的价款；⑥出差人员必须随身携带的差旅费；⑦结算起点（1 000 元）以下的零星支出；⑧中国人民银行确定需要支付现金的其他支出。

不属于现金开支范围的业务，应当通过银行办理转账结算。

（二）库存现金限额

库存现金限额是指为保证各单位日常零星支出按规定允许留存的库存现金的最高数额。开户单位应当根据实际需要，经开户银行核定 3 天至 5 天的日常零星开支所需的库存现金限额。边远地区和交通不便地区的开户单位的库存现金限额可以多于 5 天，但不得超过 15 天的日常零星开支。经核定的库存现金限额，开户单位必须严格遵守。需要增加或者减少库存现金限额的，开户单位应当向开户银行提出申请，由开户银行核定。

（三）库存现金收支规定

（1）坚持收支两条线。开户单位的现金收入应于当日送存开户银行。当日送存确有困难的，由开户银行确定送存时间。

（2）不准坐支现金。开户单位支付现金，可以从本单位库存现金限额中支付或者从开户银行提取，不得从本单位的现金收入中直接支付（坐支）。因特殊情况需要坐支现金的，应当事先报经开户银行审查批准，由开户银行核定坐支范围和限额。坐支单位应当定期向开户银行报送坐支金额和使用情况。

（3）开户单位从开户银行提取现金，应当写明用途，由本单位财会部门负责人签字盖章，经开户银行审核后，予以支付现金。

（4）因采购地点不固定、交通不便、生产或者市场急需、抢险救灾以及其他特殊情况必须使用现金的，开户单位应当向开户银行提出申请，由本单位财会部门负责人签字盖章，经开户银行审核后，予以支付现金。

（5）不准用不符合财务会计制度规定的票据凭证顶替库存现金，即不得“白条顶库”；不准擅自挪用、借出现金；不准编造用途套取现金；不准用银行账户代其他单位和个人存入或支取现金；不准将单位的现金收入以个人名义存储，即不得“公款私存”；不准保留账外公款，不得设置“小金库”等。

（四）库存现金的内部控制制度

各企业应当根据国家有关法律法规和《内部会计控制规范——货币资金（试行）》，结合部门或系统的现金内部控制规定，建立适合本企业业务特点和管理要求的现金内部控制制度并组织实施。

（1）企业应当建立现金业务的岗位责任制，明确相关部门和岗位的职责权限，确保办理现金业务的不相容岗位相互分离、制约和监督。出纳人员不得兼任稽核、会计档案保管和收入、支出、费用、债权债务账目的登记工作。企业不得由一人办理现金业务的全过程。

（2）企业办理现金业务，应当配备合格的人员，并根据企业的具体情况进行岗位轮换。

（3）企业应当对现金业务建立严格的授权批准制度，明确审批人对现金业务的授权批准方式、权限、程序、责任和相关控制措施，规定经办人办理现金业务的职责范围和工作要求。审批人应当根据现金授权批准制度的规定，在授权范围内进行审批，不得超越审批权限。经办人应当在职责范围内，按照审批人的批准意见办理现金业务。

（4）企业应当加强与现金相关的票据的管理，防止空白票据的遗失和被盗用。

（5）企业应当加强银行预留印鉴的管理。财务专用章应由专人保管，个人名章必须由本人或其授权人员保管。严禁一人保管支付款项所需的全部印章。

（6）企业应当建立对现金业务的监督检查制度，明确监督检查机构或人员的职责权限，定期和不定期地进行检查。

三、库存现金的核算

（一）库存现金的总分类核算

库存现金的总分类核算是通过设置“库存现金”总账账户进行的。企业增加库存现金，借记“库存现金”账户，贷记“银行存款”等账户；企业减少库存现金，应做相反的会计分录。该账户期末借方余额反映企业持有的库存现金。企业内部各部门周转使用的备用金，可以单独设置“备用金”账户进行核算。

（二）库存现金的序时核算

库存现金的序时核算是通过设置“库存现金日记账”进行的。库存现金日记账由出纳人员根据收付款凭证，按照业务发生顺序逐笔登记。每日终了，应当计算当日的库存现金收入合计额、支出合计额和结余额，将结余额与实际库存额核对，做到账实相符。月度终了，库存现金日记账的余额应当与库存现金总账的余额核对，做到账账相符。

岗位实训

（1）2016 年 9 月 15 日，科达公司签发现金支票一张，从银行提取 3 000 元现金备用。原始凭证见表 1－1－1。

表 1－1－1　中国工商银行

现金支票存根

No.：914641

附加信息：

出票日期：2016 年 9 月 15 日

收款人：科达公司
金　额：3 000.00
用　途：备用金

单位主管：　　　　会计：

编制会计分录如下：

借：库存现金　　3 000.00

　　贷：银行存款　　3 000.00

（2）2016 年 10 月 10 日，采购部职工刘成因公出差预借差旅费 1 500 元，财务处支付现金。相关原始凭证见表 1－1－2。

表 1－1－2

科达公司借款单

2016 年 10 月 10 日　　**No.：0037**

借款部门（个人）：采购部刘成		
借款事由：采购材料		
借款金额：人民币（大写）壹仟伍佰元整		¥1 500.00
部门主管意见		借款人（签章）：刘成
主管领导批示	会计主管审核	付款记录： 2016 年 10 月 10 日以现金支出凭单付给采购部刘成

第二联：记账联

编制会计分录如下：

借：其他应收款——刘成　　1 500.00

　　贷：库存现金　　1 500.00

（3）2016 年 10 月 14 日，采购员刘成出差返回后报销差旅费 1 230 元，余款退回。原始凭证见表 1－1－3。

表 1－1－3

科达公司出差报销单

2016 年 10 月 14 日　　No.：0042

出差人姓名			刘成			工作部门		采购部			预借金额	1 500.00
出差事由			材料采购			出差日期		10.11—10.13			返回金额	270.00
出差地点			无锡			出差天数		3 天			应补金额	
起程			到达			往返交通		伙食补贴			住宿费	市内交通
月	日	地点	月	日	地点	交通工具	金额	人/天	标准/天	金额		
10	11	合肥	10	11	无锡	火车	145.00	1/3	80.00	240.00	520.00	180.00
10	13	无锡	10	13	合肥	火车	145.00					
各项费用小计						290.00		240.00			520.00	180.00
合计金额						（大写）壹仟贰佰叁拾元整					（小写）¥1 230.00	

审核　　出纳　　部门主管　　报销人

编制会计分录如下：

借：管理费用——差旅费　　1 230.00

　　库存现金　　270.00

　　贷：其他应收款——刘成　　1 500.00

（4）2016 年 11 月 2 日，科达公司以现金收取天浩公司履行合同违约罚款 600 元。原始凭证见表 1－1－4。

表 1－1－4

科达公司收款收据

2016 年 11 月 2 日　　No.：006415

付款单位（交款人）	天浩公司		收款事由	履行合同违约罚款		
人民币（大写）	陆佰元整		¥600.00		结算方式	
					现金	
上述款项照数收讫无误。 收款单位财会专用章： 现金收讫 （领款人签章）	会计主管	稽核		出纳		交款人

第三联：记账联

编制会计分录如下：

借：库存现金　　600.00

　　贷：营业外收入　　600.00

岗位任务二　银行存款业务的核算

任务导入

如果科达公司向位于本地的美华公司采购甲材料，可以采用哪些结算方式？如果科达公司向位于异地的兴泰公司采购乙材料，又可以采用哪些结算方式？

知识准备

一、银行存款的概念

银行存款是企业存放在银行或其他金融机构的货币资金。按照国家有关规定，凡是独立核算的单位，都必须在当地银行开设账户。

二、银行存款的内部控制制度

（一）银行账户开立和使用的有关规定

企业应当按照中国人民银行《人民币银行结算账户管理办法》等规定，在银行开立账户，办理存款、取款和转账结算。企业在银行开立的账户分为基本存款账户、一般存款账户、临时存款账户和专用存款账户四种。

（1）基本存款账户是企业因办理日常转账结算和现金收付需要开立的银行结算账户。基本存款账户是企业的主办账户，企业日常经营活动的资金收付及其工资、奖金和现金的支取，应通过该账户办理。一个企业只能选择一家银行的一个营业机构开立一个基本存款账户，不得在多家银行机构开立基本存款账户。

（2）一般存款账户是企业因借款或其他结算需要，在基本存款账户开户银行以外的银行营业机构开立的银行结算账户。一般存款账户用于办理企业借款转存、借款归还和其他结算的资金收付。该账户可以办理现金缴存，但不得办理现金支取。一个企业不得在同一家银行的几个分支机构开立一般存款账户。

（3）临时存款账户是企业因临时需要并在规定期限内使用而开立的银行结算账户。企业可以申请开立临时存款账户的情形包括设立临时机构、异地临时经营活动、注册验资等。临时存款账户用于办理临时机构以及企业临时经营活动发生的资金收付，支取现金应按照国家现金管理的相关规定办理。临时存款账户应根据有关开户证明文件确定的期限或存款人的需要确定其有效期限，有效期最长不得超过2年。

（4）专用存款账户是企业按照法律、行政法规和规章，对其特定用途资金（如基本建设资金、更新改造资金、财政预算外资金、住房基金、社会保障基金等）进行专项管理和使用而开立的银行结算账户。该账户用于办理各项专用资金的收付。

企业在银行开立账户后，可到开户银行购买各种银行往来使用的凭证（如进账单、现金支票、转账支票等），用以办理银行存款的收付款项。企业除了按规定留存的库存现金以外，所有货币资金都必须存入银行。企业与其他单位之间的一切收付款项，除制度规定可用现金支付的部分以外，都必须通过银行办理转账结算。因此，企业不仅要在银行开立账户，而且账户内必须要有可供支付的存款。

（二）银行存款支付结算纪律

企业应当严格遵守银行支付结算纪律，不得签发没有资金保证的票据或远期支票套取银行信用，不得签发、取得和转让没有真实交易和债权债务的票据套取银行和他人现金；不得无理拒绝付款，任意占用他人资金；不得违反规定开立和使用银行账户。除代发工资和小额个人劳务报酬外，不得将单位资金转入个人储蓄账户进行转账结算。

（三）银行存款内部控制制度

（1）企业应当定期检查银行账户的开立及使用情况，发现问题及时处理。

（2）企业应当加强对银行结算凭证的填制、传递及保管等环节的管理与控制。

（3）企业应当指定专人定期核对银行账户，每月至少核对一次，编制银行存款余额调节表，使银行存款账面余额与银行对账单调节相符。如调节不符，应查明原因，及时处理。

（4）企业应当加强与银行存款相关的票据的管理，明确各种票据的购买、保管、领用、背书转让、注销等环节的职责权限和程序，并专设登记簿进行记录。

（5）使用网上交易、电子支付方式的企业办理资金支付业务，不应因支付方式的改变而随意简化、变更支付货币资金所必需的授权批准程序。企业在严格实行网上交易、电子支付操作人员不相容岗位相互分离控制的同时，应当配备专人加强对交易和支付行为的审核。操作人员应当根据操作授权和密码进行规范操作。

三、银行支付结算方式

支付结算是指企业在经济活动中使用票据、信用卡和汇兑、托收承付、委托收款等结算方式进行货币给付及资金清算的行为。银行、农村信用合作社等（以下简称银行）是支付结算和资金清算的中介机构。票据和结算凭证是办理支付结算的工具。

根据中国人民银行《支付结算办法》的规定，目前我国境内人民币的支付结算可以采用以下几种方式，通过银行办理转账结算。

（一）银行汇票

1. 定义

银行汇票是出票银行签发的、由其在见票时按照实际结算金额无条件支付给收款人或者持票人的票据。

2. 流程

银行汇票结算流程如图 1－2－1 所示。

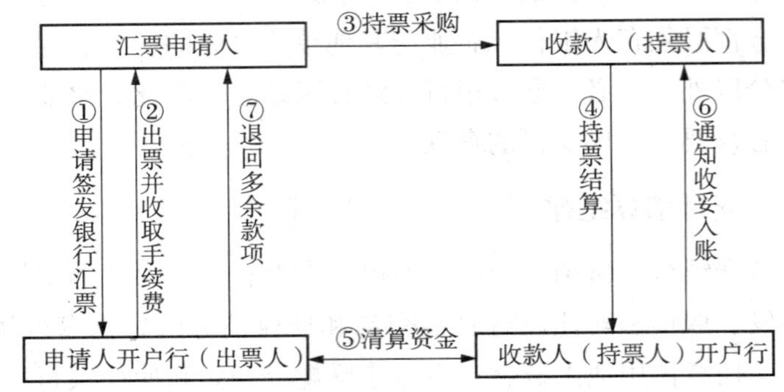

图 1－2－1　银行汇票结算流程

3. 相关规定

（1）银行汇票的付款人为银行汇票的出票银行。

（2）单位和个人的各种款项结算，均可使用银行汇票。银行汇票的出票和付款，可在全国范围办理。

（3）银行汇票可以用于转账，在“汇票金额”栏填明“现金”字样的银行汇票也可以用于支取现金。

（4）申请人使用银行汇票，应向出票银行填写“银行汇票申请书”。申请人或者收款人为单位的，不得申请签发现金银行汇票。

（5）银行汇票的提示付款期限是自出票日起 1 个月。

（6）申请人应将银行汇票和解讫通知一并交付给汇票上记明的收款人。收款人受理申请人交付的银行汇票时，应在出票金额以内，根据实际需要的款项办理结算，并将实际结算金额和多余金额准确、清晰地填入银行汇票和解讫通知的有关栏内。未填明实际结算金额和多余金额或实际结算金额超过出票金额的，银行不予受理。银行汇票的实际结算金额低于出票金额的，多余金额由出票银行退交申请人。

（7）收款人可以将银行汇票背书转让给被背书人，背书转让以不超过出票金额的实际结算金额为准。

（二）银行本票

1. 定义

银行本票是银行签发的、承诺自己在见票时无条件支付确定的金额给收款人或者持票人的票据。

2. 流程

银行本票结算流程如图 1－2－2 所示。

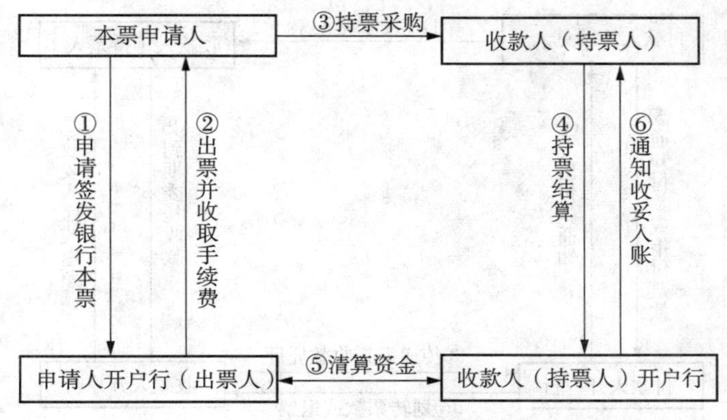

图 1-2-2　银行本票结算流程

3. 相关规定

（1）银行本票的代理付款人为代理出票银行审核支付银行本票款项的银行。

（2）单位和个人在同一票据交换区域需要支付各种款项，均可以使用银行本票。

（3）银行本票可以用于转账，注明“现金”字样的银行本票可以用于支取现金。

（4）申请人使用银行本票，应向银行填写“银行本票申请书”。申请人或收款人为单位的，不得申请签发现金银行本票。出票银行受理银行本票申请书，收妥款项后签发银行本票。用于转账的，在银行本票上划去“现金”字样；申请人和收款人均为个人需要支取现金的，在银行本票上划去“转账”字样。

（5）银行本票分为不定额本票和定额本票两种。定额银行本票面额为 1 000 元、5 000 元、1 万元和 5 万元。

（6）银行本票的提示付款期限是自出票日起最长不得超过 2 个月。

（7）收款人可以将银行本票背书转让给被背书人。

（8）银行本票实行全额结算，余款由收款人与出票申请人自行结算。

（三）商业汇票

1. 定义

商业汇票是出票人签发的、委托付款人在指定日期无条件支付确定的金额给收款人或者持票人的票据。

商业汇票的付款人为承兑人。所谓承兑，是指汇票的付款人愿意负担起票面金额的支付义务的行为，通俗地讲，就是承认到期将无条件支付汇票金额的行为。

根据承兑人的不同，商业汇票分为商业承兑汇票和银行承兑汇票。银行承兑汇票由银行承兑，商业承兑汇票由银行以外的付款人承兑。

2. 流程

商业承兑汇票结算流程如图 1-2-3 所示。

银行承兑汇票结算流程如图 1-2-4 所示。

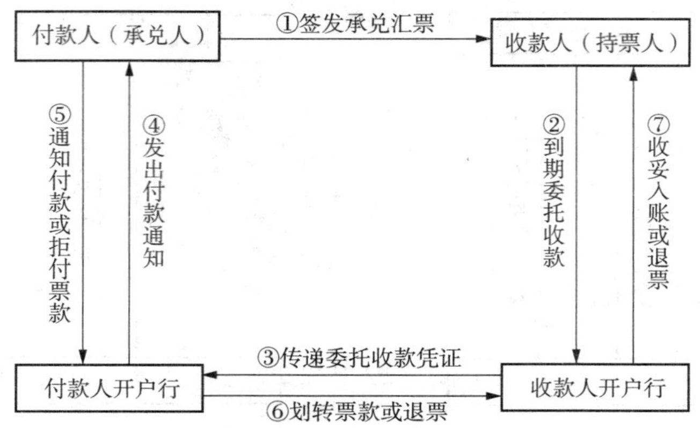

图1-2-3　商业汇票结算流程

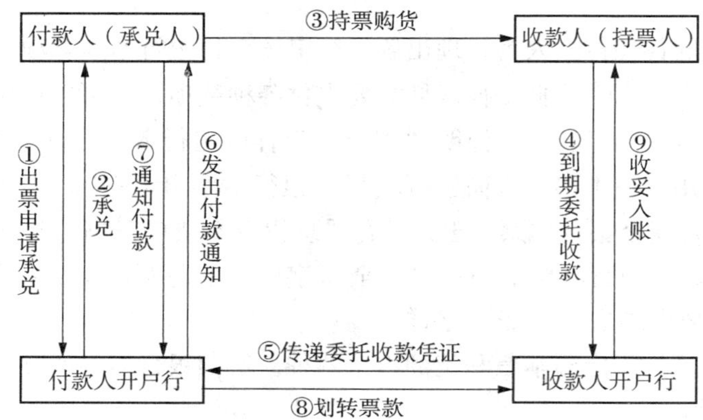

图1-2-4　银行承兑汇票结算流程

注：当银行承兑汇票的出票人不能于汇票到期日足额交存票款时，承兑银行应凭票向持票人无条件付款。

3. 相关规定

（1）在银行开立存款账户的法人及其他组织之间，必须具有真实的交易关系或债权债务关系，才能使用商业汇票。出票人不得签发无对价的商业汇票来骗取银行或者其他票据当事人的资金。

（2）商业汇票的结算方式适用范围广泛，同城、异地均可使用。

（3）商业汇票的付款期限最长不得超过6个月。

（4）商业承兑汇票可以由付款人签发并承兑，也可以由收款人签发交由付款人承兑。银行承兑汇票应由在承兑银行开立存款账户的存款人签发。银行承兑汇票的承兑银行应按票面金额向出票人收取万分之五的手续费。

（5）商业汇票的提示付款期限是自汇票到期日起10日。持票人应在提示付款期限内通过开户银行委托收款或直接向付款人提示付款。付款人收到开户银行的付款通知时，应于当日通知银行付款。付款人在接到通知日的次日起3日内（遇法定休假日顺延）未通知银行付款的，视同付款人承诺付款，银行应于付款人接到通知日的次日起第4日（法定休假日顺延）上午开始营业时，将票款划给持票人。付款人对商业承兑汇票存在合法抗辩事由拒绝支付的，应自接到通知日的次日起3日内，将拒绝付款证明送交开户银行，银行将拒绝付款证明和商业承兑汇票邮寄给持票人开户银行转交持票人。

（6）银行承兑汇票的出票人应于汇票到期前将票款足额交存其开户银行。承兑银行应在汇票到期日或到期日后的见票当日支付票款。银行承兑汇票的出票人于汇票到期日未能足额交存票款的，承兑银行除凭票向持票人无条件付款外，对出票人尚未支付的汇票金额按照每天万分之五的标准计收利息。

（7）商业汇票可以转让背书。符合条件的商业汇票的持票人可持未到期的商业汇票连同贴现凭证向银行申请贴现。

（四）支票

1. 定义

支票是出票人签发的，委托办理支票存款业务的银行在见票时无条件支付确定的金额给收款人或者持票人的票据。

2. 流程

支票结算流程如图1－2－5所示。

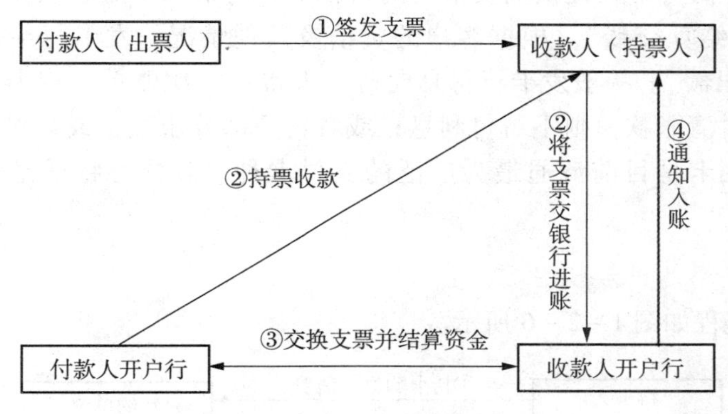

图1－2－5　支票结算流程

注：支票收款人（持票人）亦可持票直接向付款人（出票人）开户行申请收款，该开户行应凭票向持票人无条件付款。

3. 相关规定

（1）支票的出票人为在银行机构开立可以使用支票的存款账户的单位和个人。支票的付款人为支票上记载的出票人开户银行。

（2）同城和异地的各种款项结算，均可以使用支票。

（3）支票上印有“现金”字样的为现金支票，现金支票只能用于支取现金。支票上印有“转账”字样的为转账支票，转账支票只能用于转账。支票上未印有“现金”或“转账”字样的为普通支票，普通支票可以用于支取现金，也可以用于转账。在普通支票左上角划两条平行线的，为划线支票，划线支票只能用于转账，不得支取现金。

（4）支票的提示付款期限为自出票日起10日。持票人可以委托开户银行收款或直接向付款人提示付款。用于支取现金的支票仅限于收款人向付款人提示付款。

（5）出票人在付款人处的存款足以支付支票金额时，付款人应当在见票当日足额付款。支票的出票人预留银行签章是银行审核支票付款的依据。银行也可以与出票人约定使用支付密码，作为银行审核支付支票金额的条件。

（6）支票的出票人签发支票的金额不得超过付款时在付款人处实有的存款金额，禁止签发空头支票。出票人不得签发与其预留银行签章不符的支票；使用支付密码的，出票人不得签发支付密码错误的支票。出票人签发空头支票、签章与预留银行签章不符的支票、使用支付密码地区支付密码错误的支票，银行应予以退票，并按票面金额处以5%但不低于1 000元的罚款；持票人有权要求出票人赔偿支票金额2%的赔偿金。

（7）支票的金额、收款人名称可以由出票人授权补记，未补记前不得背书转让和提示付款。

（五）信用卡

1. 定义

信用卡是商业银行向个人和单位发行的凭以向特约单位购物、消费和向银行存取现金且具有消费信用的特制载体卡片。

信用卡是一种向持卡人提供消费信贷的付款卡，持卡人不必在发卡行存款，就可以“先购物消费，后结算交钱”。根据客户的资信及其他情况，发卡行给每个信用卡账户设定一个“授信限额”。一般发卡行每月向持卡人寄送一次账单，持卡人在收到账单后的一定宽限期内付清账款，则不需付利息；或者付一部分账款，或只付最低还款额，以后加付利息。信用卡是目前流通最为广泛的支付卡种，其核心特征是信用销售和循环信贷。

2. 流程

信用卡结算流程如图1－2－6所示。

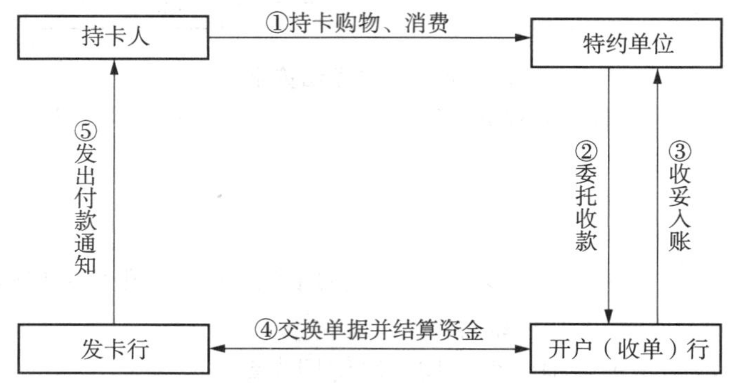

图1－2－6　信用卡结算程序

3. 相关规定

（1）信用卡按使用对象分为单位卡和个人卡；按信誉等级分为金卡和普通卡。

（2）持卡人可持信用卡在特约单位购物、消费。单位卡一律不得支取现金，不得用于

10 万元以上的商品交易、劳务供应款项的结算。

（3）单位卡账户的资金一律从其基本存款账户转账存入，不得交存现金，不得将销货收入的款项存入其账户。信用卡备用金存款利息按照中国人民银行规定的活期存款利率及计息办法计算。

（4）信用卡透支期限最长为60 天。信用卡透支利息自签单日或银行记账日起 15 日内按日息万分之五计算，超过15 日按日息万分之十计算，超过 30 日或透支金额超过规定限额的，按日息万分之十五计算。持卡人使用信用卡不得恶意透支。

（六）汇兑

1. 定义

汇兑是汇款人委托银行将其款项支付给收款人的结算方式。

2. 流程

汇兑结算流程如图 1 –2 –7 所示。

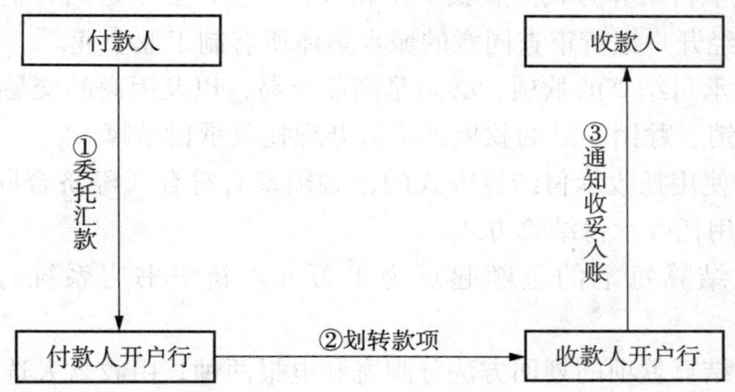

图 1 –2 –7　汇兑结算流程

3. 相关规定

（1）单位和个人的各种款项的结算，均可使用汇兑结算方式。

（2）汇兑分为信汇、电汇两种，由汇款人选择使用。信汇是指汇款人委托银行通过邮寄方式将款项划转给收款人；电汇是指汇款人委托银行通过电报方式将款项划转给收款人。

（七）托收承付

1. 定义

托收承付是根据购销合同由收款人发货后委托银行向异地付款人收取款项，由付款人向银行承认付款的结算方式。

2. 流程

托收承付结算流程如图 1 –2 –8 所示。

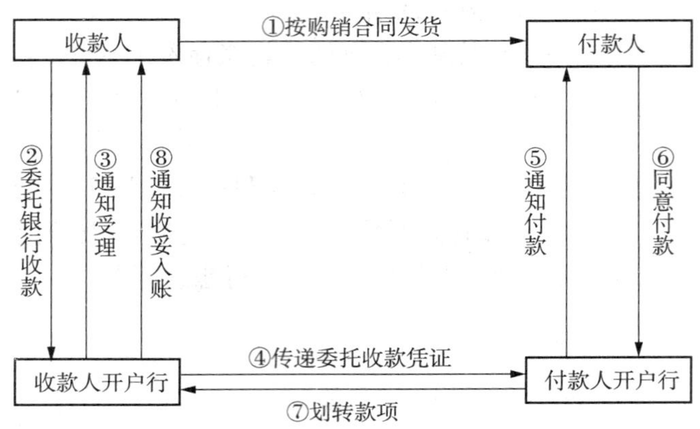

图 1-2-8　托收承付结算流程

3. 相关规定

（1）使用托收承付结算方式的收款单位和付款单位，必须是国有企业、供销合作社以及经营管理较好并经开户银行审查同意的城乡集体所有制工业企业。

（2）办理托收承付结算的款项，必须是商品交易，以及因商品交易而产生的劳务供应的款项。代销、寄销、赊销商品的款项，不得办理托收承付结算。

（3）收付双方使用托收承付结算方式的，必须签有符合《经济合同法》的购销合同，并在合同上订明使用托收承付结算方式。

（4）托收承付结算每笔的金额起点为 1 万元。新华书店系统每笔的金额起点为 1 000 元。

（5）托收承付结算款项的划回方法分邮寄和电报两种，由收款人选用。

（6）收款人按照签订的购销合同发货后，应将托收凭证附上发运证件或其他符合托收承付结算方式的有关证明和交易单证送交银行，委托银行办理托收。

（7）付款人开户银行收到托收凭证及其附件后，应当及时通知付款人。承付货款分为验单付款和验货付款两种，由收付双方商量选用，并在合同中明确约定。

验单付款的承付期为 3 天，从付款人开户银行发出承付通知的次日算起（承付期内遇法定休假日顺延）。付款人在承付期内，未向银行表示拒绝付款，银行即视作承付，并在承付期满的次日（法定休假日顺延）上午银行开始营业时，将款项主动从付款人的账户内付出，按照收款人指定的划款方式划给收款人。

验货付款的承付期为 10 天，从运输部门向付款人发出提货通知的次日算起。对收付双方在合同中明确约定并在托收凭证上注明验货付款期限的，银行从其规定。付款人收到提货通知后，应立即向银行交验提货通知。付款人在银行发出承付通知的次日起 10 天内未收到提货通知的，应在第 10 天将货物尚未到达的情况通知银行。在第 10 天付款人没有通知银行的，银行即视作已经验货，于 10 天期满的次日上午银行开始营业时，将款项划给收款人。

（8）付款人不得在承付货款中扣抵其他款项或以前托收的货款。

（9）付款人在承付期满日银行营业终了时如无足够资金支付，其不足部分，即为逾期未付款项，按逾期付款处理。付款人开户银行对付款人逾期支付的款项，应当根据逾期付款金额和逾期天数，按每天万分之五的标准计算逾期付款赔偿金。

（10）付款人开户银行对逾期未付的托收凭证，负责进行扣款的期限为3个月（从承付期满日算起）。期满时，如果付款人仍无足够资金支付该笔尚未付清的欠款，银行应于次日通知付款人将有关交易单证在2日内退回收款人开户银行转交收款人，并将应付的赔偿金划给收款人。

（11）对下列情况，付款人在承付期内，可向银行提出全部或部分拒绝付款：①没有签订购销合同或购销合同未订明托收承付结算方式的款项；②未经双方事先达成协议，收款人提前交货或因逾期交货付款人不再需要该项货物的款项；③未按合同约定的到货地址发货的款项；④代销、寄销、赊销商品的款项；⑤验单付款，发现所列货物的品种、规格、数量、价格与合同约定不符，或货物已到，经查验，货物与合同约定或发货清单不符的款项；⑥验货付款，经查验，货物与合同约定或与发货清单不符的款项；⑦货款已经支付或计算有错误的款项。不属于上述情况的，付款人不得向银行提出拒绝付款。

（12）付款人对以上情况提出拒绝付款时，必须填写“拒绝付款理由书”并签章，注明拒绝付款的理由，涉及合同的，应引证合同上的有关条款。开户银行必须认真审查拒绝付款的理由，查验合同。银行审查拒绝付款理由期间，不能算作付款人逾期付款，但对无理的拒绝付款行为而增加银行审查时间的，应从承付期满日起计算逾期付款赔偿金。

（八）委托收款

1. 定义

委托收款是收款人委托银行向付款人收取款项的结算方式。

2. 流程

委托收款结算流程如图1－2－9所示。

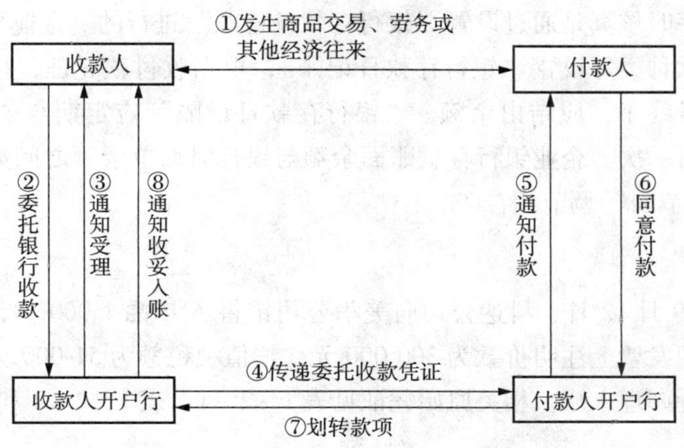

图1－2－9　委托收款结算流程

3. 相关规定

（1）单位和个人凭已承兑商业汇票、债券、存单等付款人债务证明办理款项的结算，均可以使用委托收款结算方式。

（2）委托收款在同城、异地均可以使用。在同城，收款人收取公用事业费或根据国务院的规定使用同城特约委托收款。

（3）委托收款结算款项的划回方式分邮寄和电报两种，由收款人选用。

（4）收款人办理委托收款应向银行提交委托收款凭证和有关的债务证明。

（5）付款人应在接到付款通知日的次日起3日内通知银行付款。如未在3日内通知银行付款，则视同付款人同意付款，银行于付款人接到通知日的次日起第4日上午开始营业时，将款项划给收款人。

（6）银行在办理划款时，付款人存款账户不足支付的，应通过被委托银行向收款人发出未付款项通知书。

（7）付款人审查有关债务证明后，对收款人委托收取的款项需要拒绝付款的，应在付款人接到通知日的次日起3日内出具拒绝证明。银行将拒绝证明、债务证明和有关凭证一并寄给被委托银行，由被委托银行转交收款人。

四、银行存款的核算

（一）银行存款的总分类核算

银行存款的总分类核算是通过设置“银行存款”总账账户进行的。企业增加银行存款，借记“银行存款”账户，贷记“库存现金”“应收账款”等账户；企业减少银行存款，做相反的会计分录。该账户期末借方余额反映企业存在银行或其他金融机构的各种款项。

（二）银行存款的序时核算

银行存款的序时核算是通过设置“银行存款日记账”进行的。企业可按开户银行和其他金融机构、存款种类等设置“银行存款日记账”，根据收付款凭证，按照业务的发生顺序逐笔登记。每日终了，应结出余额。“银行存款日记账”应定期与“银行对账单”核对，至少每月核对一次。企业银行存款账面余额与银行对账单余额之间如有差额，应编制“银行存款余额调节表”调节相符。

岗位实训

（1）2016年9月12日，科达公司向美华公司销售A产品1 000件，单价300元/件，开具的增值税专用发票上注明价款为300 000元，增值税税额为51 000元，收到对方转账支票，提交开户行办理入账。相关原始凭证见表1－2－1、表1－2－2和表1－2－3。

表 1－2－1 **安徽增值税专用发票** **No 53417798**

3400162320 此联不作报销、扣税凭证使用 开票日期：2016 年 9 月 12 日

购买方	名　　称：美华公司 纳税人识别号：340385027254789453 地 址 、电 话：安徽省合肥市寿春路 985 号 62839901 开户行及账号：交行合肥庐阳支行 913872608733768	密码区	6670＋7＊2＋7/90＊1459　加密版本：01 663＋027＊102/237866 87925＋89/17＋<0216 470＋602<226/17＋/<5　466821579

货物或应税劳务、服务名称	规格型号	单位	数量	单价	金额	税率	税额
A 产品		件	1 000	300.00	300 000.00	17%	51 000.00
合计					￥300 000.00		￥51 000.00
价税合计（大写）	⊗叁拾伍万壹仟元整				（小写）￥351 000.00		

销售方	名　　称：科达公司 纳税人识别号：340010468107588036 地 址 、电 话：安徽省合肥市芙蓉路 666 号 0551－63891252 开户行及账号：工行合肥芙蓉路支行 01400822600777	备注	科达公司 340010468107588036 发票专用章

收款人：　　　复核：　　　开票人：　　　销售方：（章）

第一联：记账联　销售方记账凭证

表 1－2－2 **交通银行转账支票** **No. 00827327**

出票日期（大写）贰零壹陆年零玖月壹拾贰日　　付款行名称：交行合肥庐阳支行

收款人：科达公司　　出票人账号：913872608733768

本支票付款期限十天

人民币（大写）叁拾伍万壹仟元整	亿	千	百	十	万	千	百	十	元	角	分
			￥	3	5	1	0	0	0	0	0

用途 支付货款　　科目（借）

上列款项请从　　对方科目（贷）

我账户内支付　　转账日期　年　月　日

出票人签章 美华公司　　复核　记账

表 1－2－3

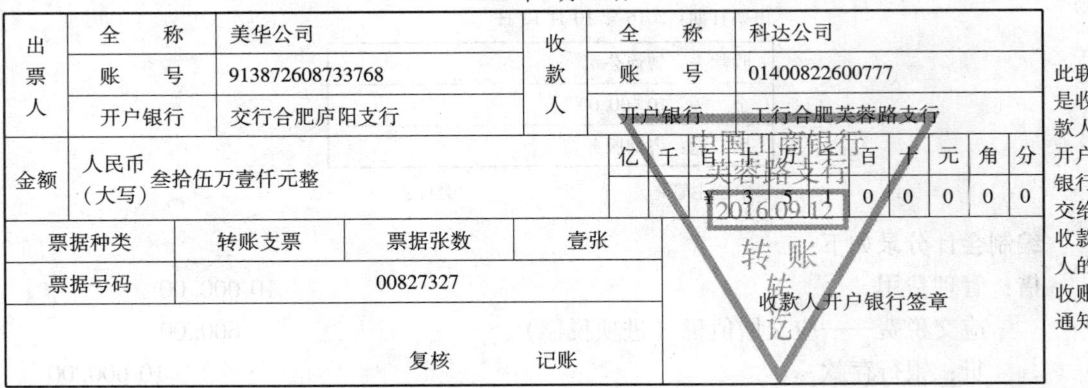

中国工商银行　进账单（收账通知）

2016 年 9 月 12 日

出票人	全　　称	美华公司	收款人	全　　称	科达公司
	账　　号	913872608733768		账　　号	01400822600777
	开户银行	交行合肥庐阳支行		开户银行	工行合肥芙蓉路支行
金额	人民币（大写）	叁拾伍万壹仟元整		亿 千 百 十 万 千 百 十 元 角 分	￥ 3 5 1 0 0 0 0 0
票据种类	转账支票	票据张数	壹张		
票据号码	00827327				
复核　记账				收款人开户银行签章	

中国工商银行 芙蓉路支行 2016.09.12 转账 转讫

此联是收款人开户银行交给收款人的收账通知

编制会计分录如下：

借：银行存款　　351 000.00

　贷：主营业务收入　　300 000.00

　　应交税费——应交增值税（销项税额）　　51 000.00

（2）2016 年 10 月 12 日，科达公司开出转账支票向智尚公司支付咨询服务费，收到的增值税专用发票上注明价款为 10 000 元，增值税税额为 600 元。相关原始凭证见表 1－2－4 和表1－2－5。

表 1－2－4 安徽增值税专用发票 **No 72349900**

3400163320 发票联 开票日期：2016 年 10 月 12 日

购买方	名称：科达公司 纳税人识别号：340010468107588036 地址、电话：安徽省合肥市芙蓉路666 号0551－63891252 开户行及账号：工行合肥芙蓉路支行 01400822600777			密码区	6651 +7 ∗2 +7/90 ∗1459 加密版本：01 440 +027 ∗102/456355 3565 +89/17 + <0981 129 +602 <226/ +/ <5 4566798210		
货物或应税劳务、服务名称	规格型号	单位	数量	单价	金额	税率	税额
咨询服务			1		10 000.00	6%	600.00
合计					￥10 000.00		￥10 600.00
价税合计（大写）	⊗壹万零陆佰元整				（小写）￥10 600.00		
销售方	名称：智尚公司 纳税人识别号：340318304715636017 地址、电话：安徽省合肥市科学大道路 215 号 65699230 开户行及账号：浦发银行合肥高新支行 36287294479026			备注			

收款人： 复核： 开票人： 销售方：（章）

第三联：发票联 购买方记账凭证

表 1－2－5 中国工商银行

转账支票存根（皖）

No：373026

附加信息：

出票日期：2016 年 10 月 12 日

收款人：智尚公司
金　额：10 600.00
用　途：咨询服务费

单位主管： 会计：

编制会计分录如下：

借：管理费用 10 000.00

　　应交税费——应交增值税（进项税额） 600.00

　　贷：银行存款 10 600.00

（3）2016 年 11 月 25 日，科达公司以企业网银支付前欠兴泰公司款项175 500 元。相关原始凭证见表 1－2－6。

表 1－2－6　　中国工商银行电子银行回单

电子回单号码：0013－0902－7680－1188

回单类型		境内汇款	交易时间		2016 年 11 月 25 日 13 时 46 分
收款人	户名	兴泰公司	付款人	户名	科达公司
	账号	6692541533207744		账号	69357710004850
	银行	中国银行		银行	中国工商银行
	地区	南京		地区	合肥
币种		人民币	钞汇标志		钞
金额		175 500.00 元	手续费		0.00 元
合计		人民币（大写）壹拾柒万伍仟伍佰元整			¥175 500.00
附言：支付前欠款项			中国工商银行 芙蓉路支行 2016.11.25 转账 转讫		
验证码：				复核	记账

编制会计分录如下：

借：应付账款——兴泰公司　　175 500.00

　　贷：银行存款　　175 500.00

岗位任务三　其他货币资金的核算

任务导入

科达公司向某证券公司存入资金 100 万元，拟进行股票短期投资交易。这笔资金属于其他货币资金中的哪一项？

知识准备

一、其他货币资金的概念

在企业的经营资金中，有些货币资金的存放地点和用途与库存现金、银行存款不同。在会计核算上，企业这些除库存现金、银行存款以外的其他各种货币现金，统称为其他货币资金。

二、其他货币资金的内容

其他货币资金包括外埠存款、银行汇票存款、银行本票存款、信用卡存款、信用证保证金存款和存出投资款等。

（一）外埠存款

外埠存款是指企业到外地进行临时或零星采购时，汇往采购地银行开立采购专户的款项。采购专户只付不收、不计利息、付完注销，除采购员差旅费可以支取少量现金外，一律采用转账结算。采购结束后如有余款，应退回企业开户银行。

（二）银行汇票存款

银行汇票存款是指企业为取得银行汇票按规定存入银行的款项。企业将款项交存开户银行取得银行汇票后，可持往异地办理转账结算或支取现金。汇票使用后如有余款或因汇票超过付款期未付出的，退回企业开户银行。

（三）银行本票存款

银行本票存款是指企业为取得银行本票按规定存入银行的款项。企业将款项交存开户银行取得银行本票后，可在同一票据交换区域内按规定办理转账结算或取得现金。如果企业因本票超过付款提示期等原因未曾使用该项存款，可要求银行退款。

（四）信用卡存款

信用卡存款是指企业为取得信用卡按规定存入银行的款项。企业的信用卡存款一律从基本账户转账存入，持卡人可持信用卡在特约单位购货、消费，但不得支取现金。

（五）信用证保证金存款

信用证保证金存款是指企业为取得信用证按规定存入银行的保证金。企业向银行申请开立信用证，应按规定向银行提交开证申请书、信用证申请人承诺书和购销合同，并向银行交纳保证金。企业用信用证保证金存款结算货款后，结余款可退回企业开户银行。

（六）存出投资款

存出投资款是指企业已存入证券公司但尚未进行短期投资的现金。

三、其他货币资金的核算

其他货币资金的总分类核算是通过设置“其他货币资金”总账账户进行的。该账户可按银行汇票或本票、信用证的收款单位、外埠存款的开户银行，分别对“银行汇票”“银行本票”“信用卡”“信用证保证金”“存出投资款”“外埠存款”等进行明细核算。

企业增加其他货币资金，借记“其他货币资金”账户，贷记“银行存款”账户；企业减少其他货币资金，借记有关账户，贷记“其他货币资金”账户。该账户期末借方余额反映企业持有的其他货币资金。

岗位实训

（1）2016 年 9 月 22 日，科达公司申请办理银行汇票 400 000 元，拟向滨海公司购买甲材料。原始凭证见表 1 – 3 – 1。

表 1－3－1　　　　　　　　　　**中国工商银行业务委托书（回单）**

2016 年 9 月 22 日　　　　　　　　　　**No 774793**

业务类型	□电汇　□信汇　☑汇票申请书　□本票申请书　□其他				
汇款人	全　　称	科达公司	收款人	全　　称	滨海公司
	账号或地址	01400822600777		账号或地址	2139874077612980
	开户银行	工行合肥芙蓉路支行		开户银行	天津银行滨海支行

金额（大写）肆拾万元整	亿	千	百	十	万	千	百	十	元	角	分
			¥	4	0	0	0	0	0	0	0

密码		加急汇款签字	付出行签章 中国工商银行芙蓉路支行 2016.09.22 业务受理专用章
用途	购买材料		
单位主管：　　会计：　　复核：　　记账：			

编制会计分录如下：

借：其他货币资金——银行汇票　　　　400 000.00

　贷：银行存款　　　　　　　　　　　　400 000.00

（2）2016 年 9 月 28 日，科达公司向滨海公司购买的甲材料验收入库，收到的增值税专用发票上注明数量为 5 000 千克，单价为 60 元/千克，价款为 300 000 元，增值税税额为 51 000 元，以银行汇票支付款项，余款退回。相关原始凭证见表 1－3－2 和表 1－3－3。

表 1－3－2　　　　　　　　　　**天津增值税专用发票**　　　　　　　　　　**No 56334901**

1200162320　　　　　　发　票　联　　　　　　开票日期：2016 年 9 月 26 日

（全国统一发票监制章　天津　国家税务总局监制）

购买方	名　　称：科达公司 纳税人识别号：340010468107588036 地 址 、电 话：安徽省合肥市芙蓉路 666 号 0551－63881252 开户行及账号：工行合肥芙蓉路支行 01400822600777	密码区	2252＋6＊4＋2/79＊2367　加密版本：01 132＋031＊908/759322 585/16＋70/23＋<2042 124＋901<562/23＋/<0　3701485733

货物或应税劳务、服务名称	规格型号	单位	数量	单价	金额	税率	税额
甲材料		千克	5 000	60.00	300 000.00	17%	51 000.00
合计					¥300 000.00		¥51 000.00
价税合计（大写）	⊗叁拾伍万壹仟元整				（小写）¥351 000.00		

销售方	名　　称：滨海公司 纳税人识别号：201106759810974 地 址 、电 话：天津市新港路 569 号 022－32019818 开户行及账号：天津银行滨海支行 2139874077612980	备注	滨海公司 201106759810974 发票专用章

收款人：　　　　复核：　　　　开票人：　　　　销售方：（章）

第三联：发票联　购买方记账凭证

表 1-3-3

中国工商银行

银行汇票（多余款收账通知）　　汇票号码：51306

出票日期（大写）贰零壹陆年零玖月贰拾捌日　　代理付款行：　　行号：

收款人：滨海公司											
出票金额人民币（大写）肆拾陆万元整											
实际结算金额	千	百	十	万	千	百	十	元	角	分	
人民币（大写）叁拾伍万壹仟元整		¥	3	5	1	0	0	0	0	0	
申请人：科达公司　账号：01400822600777											
出票行：工行合肥芙蓉路支行　行号：024											
备注：凭票付款 出票行签章	密押：										
	多余金额										
	千	百	十	万	千	百	十	元	角	分	左列退回多余金额已收入你账户内
			¥	4	9	0	0	0	0	0	

中国工商银行 芙蓉路支行 2016.09.28 转账 转讫

此联由出票行结清多余款后交申请人

编制会计分录如下：

借：原材料　　300 000.00

　　应交税费——应交增值税（进项税额）　　51 000.00

　　贷：其他货币资金——银行汇票　　351 000.00

借：银行存款　　49 000.00

　　贷：其他货币资金——银行汇票　　49 000.00

综合案例

1. 库存现金支付业务

科达公司 2016 年 11 月库存现金期初余额为 1 280 元，当月发生以下库存现金支付业务：

(1) 11 月 1 日，签发现金支票一张，从银行提取 3 000 元现金备用。

(2) 11 月 6 日，本单位职工刘某因公出差预借差旅费 1 800 元，财务处支付现金。

(3) 11 月 8 日，生产车间领用备用金 500 元（采用定额管理）。

(4) 11 月 13 日，支付管理部门房屋租金 850 元。

(5) 11 月 16 日，刘某出差归来报销费用 1 850 元，财务处付给其现金 50 元。

(6) 11 月 20 日，张某借现金 500 元买办公用品，实际用 480 元。

(7) 11 月 29 日，生产车间报销办公费 60 元。

(8) 11 月 30 日，在现金清查过程中，发现长款 180 元，原因待查。

(9) 11 月 30 日，在现金清查中，发现短款 50 元，无法查明具体原因。

(10) 11 月 30 日，现金清查过程中的长款，经领导批准，转作营业外收入。经核查，短款由出纳员王某造成，由其赔偿。

要求：根据上述业务填制收款凭证和付款凭证，并登记库存现金日记账。

编制会计分录如下（填制收款和付款凭证略）：

（1）借：库存现金　　3 000.00
　　贷：银行存款　　3 000.00
（2）借：其他应收款——刘某　　1 800.00
　　贷：库存现金　　1 800.00
（3）借：其他应收款——备用金（生产车间）　　500.00
　　贷：库存现金　　500.00
（4）借：管理费用　　850.00
　　贷：库存现金　　850.00
（5）借：管理费用　　1 850.00
　　贷：其他应收款——赵某　　1 800.00
　　　　库存现金　　50.00
（6）借：其他应收款——张某　　500.00
　　贷：库存现金　　500.00
　借：管理费用　　480.00
　　库存现金　　20.00
　　贷：其他应收款——张某　　500.00
（7）借：制造费用　　60.00
　　贷：库存现金　　60.00
（8）借：库存现金　　180.00
　　贷：待处理财产损溢——待处理流动资产损溢　　180.00
（9）借：待处理财产损溢——待处理流动资产损溢　　50.00
　　贷：库存现金　　50.00
（10）借：待处理财产损溢——待处理流动资产损溢　　180.00
　　贷：营业外收入　　180.00
　借：其他应收款——王某　　50.00
　　贷：待处理财产损溢——待处理流动资产损溢　　50.00

登记库存现金日记账，见表 1－3－4。

表 1－3－4　　**库存现金日记账**

2012 年		凭证号		摘要	对方科目	借方	贷方	余额
月	日	收款	付款					
11	1			期初余额				1 280.00
	1		1	提取现金	银行存款	3 000.00		4 280.00
	6		2	刘某预借差旅费	其他应收款		1 800.00	2 480.00
	8		3	生产车间领用备用金	其他应收款		500.00	1 980.00
	13		4	支付管理部门房租	管理费用		850.00	1 130.00
	16		5	刘某报销差旅费	管理费用		50.00	1 080.00
	20		6	张某预借办公费	其他应收款		500.00	580.00

续表

2012 年		凭证号		摘要	对方科目	借方	贷方	余额
月	日	收款	付款					
	20	1		张某报销办公费	其他应收款	20.00		600.00
	29		7	生产车间报销办公费	制造费用		60.00	540.00
	30	2		现金长款	待处理财产损溢	180.00		720.00
	30		8	现金短款	待处理财产损溢		50.00	670.00
	30			本月合计		3 200.00	3 810.00	670.00

2. 银行存款的清查

科达公司 2016 年 10 月 31 日银行存款日记账余额为 384 830 元，银行对账单上该公司的银行存款余额为 392 109 元，经逐笔核对，发现以下几笔未达账项：

（1）公司委托银行代收货款 8 700 元，银行已经收到入账，企业尚未登账。

（2）企业 10 月 30 日送存转账支票 5 510 元，企业已入账，银行尚未登入企业存款账。

（3）企业 10 月 15 日开出现金支票一张，金额 4 350 元，用于支付购买办公用品费，但持票人尚未去银行支取。

（4）银行代付水电费 261 元，企业尚未接到付款通知。

要求：根据以上材料，编制银行存款余额调节表。

编制银行存款余额调节表，见表 1 – 3 – 5。

表 1 – 3 – 5　银行存款余额调节表

2016 年 10 月 31 日

项目	金额	项目	金额
企业银行存款日记账余额	384 830.00	银行对账单余额	392 109.00
加：银行已收、企业未收款	8 700.00	加：企业已收、银行未收款	5 510.00
减：银行已付、企业付款项	261.00	减：企业已付、银行未付款	4 350.00
调整后的余额	393 269.00	调整后的余额	393 269.00

需要注意的是，银行存款余额调节表只是为了核对账目，并不能作为调整银行存款账面余额的记账依据。

复习思考题

1. 出纳岗位的职责有哪些？
2. 根据《现金管理暂行条例》的规定，企业可在哪些范围内使用现金？
3. 银行支付结算方式有哪些？
4. 其他货币资金包括哪些内容？

岗位二

成本会计

职业能力目标

知识目标

● 了解成本会计的基本理论和基本方法。

● 掌握成本核算的基本流程。

● 掌握各种费用要素归集和分配的基本方法。

● 理解成本计算的品种法、分批法、分步法、分类法的特点和适用范围。

● 理解期间费用的含义和范围，掌握期间费用的核算方法。

能力目标

● 根据给定的资料，能够正确判断采用的成本计算方法，按照成本计算流程确定成本计算对象，编制成本计算单。

● 根据给定的资料，能够正确辨别各项要素费用。

● 根据给定的资料，能够正确编制各项要素费用分配表，分配要素费用。

● 根据给定的资料，能够正确归集和分配制造费用及各项辅助生产费用。

● 根据给定的资料，能够在期末将生产费用在在产品和完工产品之间进行正确分配。

● 根据给定的资料，能够正确运用品种法计算产品总成本和单位成本。

● 能够正确归集、分配和核算各项期间费用。

岗位概述

成本会计岗位职责

● 拟定成本、费用核算办法；进行成本、费用预测，编制成本费用计划。

● 负责成本、费用的基础工作，建立健全各项原始记录，制定各项费用的支出范围和标准。

● 根据成本费用的开支范围和开支标准，审核日常发生的各项要素费用的原始凭证，并及时编制记账凭证。

● 及时归集和分配制造费用和辅助生产费用，编制记账凭证。

● 正确选择产品成本计算方法，月末将当月产品生产成本在完工产品和在产品之间进行分配，计算完工产品成本，并编制记账凭证；登记产品成本明细账和总账。

● 正确确认期间费用，审核期间费用原始凭证，编制记账凭证；登记期间费用明细账和总账。

● 编制成本、期间费用报表，考核成本、期间费用的计划完成情况，分析成本、期间费用升降的原因。

● 完成领导交办的其他工作。

典型工作任务

【岗位任务一】要素费用的归集和分配

【岗位任务二】产品成本的核算

【岗位任务三】期间费用的核算

岗位任务一　要素费用的归集和分配

任务导入

刘先生是一家电器厂的厂长。该厂 2015 年 9 月新增一个电暖器生产车间，车间厂房原值 240 万元，拥有一条原值为 50 万元的生产线。厂房每月计提折旧 10 000 元，生产线每月计提折旧 4 000 元。截至 2016 年 10 月，厂房已提折旧 12 万元，生产线已提折旧 4.8 万元。10 月投产一批新型电暖器，产量为 400 台，每台成本为 360 元，总成本为 144 000 元。由于消费者对该型号电暖器不太了解，当月产出的电暖器 60% 没能销售出去，于是 11 月的产量降为 200 台，在原材料和人工单位成本不变的情况下，每台的成本却上升至 400 元，成本升幅超过 10%。请问这是什么原因？

知识准备

一、费用的概念与特征

（一）费用的概念

费用是指企业在日常活动中发生的、会导致所有者权益减少的、与向所有者分配利润无关的经济利益的总流出，如原材料、动力、机器设备和人工耗费等。具体包括：①成本费用，指可对象化，在确认收入的同时计入当期损益的费用，包括主营业务成本、其他业务成本等；②期间费用，指不能计入特定核算对象而直接计入当期损益的费用，包括销售费用、管理费用、财务费用等。

（二）费用的特征

费用具有以下特征：①费用是企业日常活动中所发生的经济利益的流出；非日常活动中所发生的经济利益的流出，如对外捐赠、非常损失等，作为营业外支出。②费用表现为企业资产的减少或负债的增加。③费用会引起企业所有者权益的减少。④费用与向所有者分配利润无关。

二、费用的分类

（1）按照与产品生产的关系，费用可划分为生产费用和期间费用两类。生产费用指产品生产过程中发生的各种耗费，如直接材料、直接人工和制造费用等，它与产品生产直接相关。期间费用指与产品生产没有直接关系而与会计期间相关的费用，包括管理费用、销售费用和财务费用。期间费用在发生的当期与当期收入进行配比，直接冲减当期损益。

（2）按照与收入的关系（或经济用途），费用可划分为营业成本和期间费用。营业成本指为取得营业收入而发生的资产耗费。按照所销售商品、提供劳务在企业日常业务中的地位，营业成本可分为主营业务成本和其他业务成本。期间费用包括管理费用、销售费用和财务费用。

（3）按照经济内容，费用可分为外购材料费用、外购燃料费用、外购动力费用、工资及福利费用、折旧费用、利息支出、税金及其他支出等。

三、支出、费用与产品成本的关系

（一）支出

支出是指企业在经济活动中发生的一切开支与耗费。支出一般可分为资本性支出、收益性支出、所得税支出、营业外支出等。所得税支出指企业在取得经营所得或其他所得的情况下，按《企业所得税法》的规定，应向国家缴纳的税费支出。所得税支出作为企业的一项费用，直接冲减当期收益。营业外支出指与企业的生产经营活动没有直接关系的支出，如企业支付的各种罚款、违约金、赔偿金等。营业外支出作为企业资产的纯扣减直接冲减企业当期损益。

（二）费用

费用是企业在销售商品和提供劳务等日常活动中所发生的经济利益的流出，包括生产费用和期间费用。企业在一定时期内（如一月、一季、一年）为进行生产活动所发生的全部费用，即用货币形式表现的生产耗费就是该期间的生产费用。

（三）产品成本

产品成本是指企业为生产一定种类和数量的产品所支出的生产费用的总和。工业企业产品生产成本（或制造成本）包括生产过程中实际消耗的直接材料、直接人工、其他直接支出和制造费用。

企业行政管理部门为管理和组织经营活动所发生的各项管理费用、为筹集资金而发生的财务费用、为销售产品而发生的销售费用等都作为期间费用，由当期收入中得到补偿，不计入产品的生产成本。

企业一般设立直接材料、直接人工和制造费用三个基本成本项目。直接材料指企业在生产产品和提供劳务的过程中所消耗的直接用于产品生产并构成产品实体的原材料、辅助材料、备品配件、外购半成品、燃料、动力、包装物及其他直接材料。直接人工指企业在生产产品和提供劳务的过程中直接参加产品生产的工人工资及其他各种形式的职工薪酬。制造费用指企业各个生产单位（分厂、车间）为组织和管理生产所发生的各种费用，一般包括生产单位管理人员薪酬、生产单位的固定资产折旧费、租入固定资产租赁费、机物料消耗、低值易耗品摊销、取暖费、水电费、办公费、差旅费、运输费、保险费、设计制图费、试验检验费、劳动保护费、季节性停工、修理期间的停工损失费及其他制造费用。

（四）支出、费用与产品成本的关系

（1）支出是指企业在经济活动中发生的一切开支与耗费。费用是企业日常经营中发生的、会导致所有者权益减少的、与向所有者分配利润无关的经济利益的总流出，是构成产品成本的基础。产品成本是为生产某种产品而发生的各种耗费的总和，是对象化的费用。支出包含费用、产品成本和与生产经营活动没有直接关系的营业外支出。

（2）费用着重按会计期间进行归集，成本着重按产品进行归集。

（3）产品成本是费用总额的一部分，包括完工产品的费用，也包括期末未完工产品的费用，但不包括期间费用。

【例2－1－1】 东升公司主要生产空调及家用电器。2016年6月，该公司发生以下经济业务：

（1）6月1日，向老区金寨县将军小学捐赠自产的5台空调，单价为6 500元，开出普通发票，空调已经安装完毕。

（2）6月3日，空调生产车间领用生产2P冷暖空调用压缩机20台，价值15 000元。

（3）6月10日，以银行存款支付电视台广告费，收到的增值税专用发票上注明广告费为24 000元，增值税税额为1 440元。

（4）6月20日，现金支付空调生产车间生产冷暖两用空调的职工张芬的困难补助1 500元。

要求：根据上述经济业务正确划分费用、成本及支出。

岗位任务二　产品成本的核算

任务导入

东升公司小家电车间2016年7月生产电扇、冷风机两种产品领用板材2 200千克，单价3 500元，7月投产电扇和冷风机分别为240台和160台，全部完工并验收入库。板材在投产时一次投料。请分配原材料费用。

知识准备

一、成本核算

成本核算是指根据成本对象对生产费用进行事后归集和分配，计算产品生产成本，并据以分析产品成本计划的执行情况，对成本和利润进行预测，帮助企业提高生产技术和经营管理水平的过程。

二、成本核算的要求

（一）做好各项基础工作

产品成本核算工作比较复杂，为了保证成本核算的及时和准确，必须建立和健全定额管理制度；建立和健全材料的计量、收发、领退和盘点制度（包括在产品盘点制度）；建立和健全原始记录；正确确定成本核算工作的组织方式等。

（二）正确划分各种费用支出的界限

产品的生产成本是企业的一种费用支出，但企业发生的各项费用支出并不都属于产品的生产成本。为了正确核算产品的生产成本，必须划清各项费用支出的界限。具体包括：划分资本性支出与收益性支出的界限；划分成本费用、期间费用和营业外支出的界限；划分本期费用和以后期间费用的界限；划分各种产品成本费用的界限；划分本期完工产品与期末在产品成本的界限。

三、费用的确认原则

（一）权责发生制原则

权责发生制原则是指对于收入和费用，不论是否已有货币资金的收付，均按其是否体现各个会计期间的经营成果和受益情况确定其归属期。

（二）划分资本性支出和收益性支出原则

资本性支出是指用于购买或生产使用年限在一年以上的耐用品所需的支出，如用于建筑厂房、购买机械设备等的支出。该支出所取得的财产或劳务的效益可以给予多个会计期间。因此，这类支出应予以资本化，先计入资产类账户，再分期按所得到的效益转入适当的费用账户。收益性支出又称收益支出，是"资本性支出"的对称，是指企业单位在经营过程中发生、其效益仅与本会计年度相关、因而由本年收益补偿的各项支出。这些支出发生时，都应记入当年有关成本费用账户。会计核算应严格区分收益性支出和资本性支出，以正确计算各期损益。收益性支出指受益期不超过一年或一个营业周期的支出，该项支出只是为了取得本期收益。资本性支出是指受益期超过一年或一个营业周期的支出，即发生该项支出不仅是为了取得本期收益，也是为了取得以后各期收益。

（三）配比原则

配比原则是指将一个会计期间的收入和产生收入所发生的费用配合起来进行比较，从而正确地计算出当期的损益。

（四）受益原则

受益原则即谁受益谁负担、何时受益何时负担、负担费用多少与受益程度成正比。

四、产品成本核算的一般程序

产品成本核算包括产品生产成本的核算和产品销售成本的核算。

生产成本是指企业在一定期间生产产品所发生的直接费用和间接费用的总和，包括生产产品的直接材料费、直接人工费、制造费用等。

销售成本是指企业在一定期间已经销售的产品的制造成本。

（一）产品生产成本核算应遵循的一般程序

（1）确定成本核算的对象。成本核算的对象是费用的承担者。进行成本核算，首先应根据生产特点和成本管理的要求，确定成本核算的对象，然后才能按照确定的成本核算对象归集各种费用，计算产品成本。

（2）确定成本核算期。成本核算期是指每隔多长时间计算一次成本。企业的生产类型不同，成本核算期也不同，如单件小批生产的企业，应在产品生产周期结束时计算产品成本，而大批量生产的企业，则应在每月月终计算产品成本。

（3）确定成本项目。成本项目是指各种生产费用按其经济用途进行分类的项目。成本项目一般分为直接材料、直接人工和制造费用三项。企业还可以根据生产经营管理需要及生产的具体情况，增设一些成本项目（如燃料及动力、外部加工费、半成品等）。

（4）按成本核算对象设置和登记生产成本明细分类账户，编制成本计算表。

（5）收集并审核费用发生的单据。收集确定各种产品的生产量、入库量、在产品盘存量以及材料、工时、动力消耗等费用发生的相关单据，并对所有已发生费用进行审核。

（6）正确地归集和分配各种费用。成本核算过程实际上是费用归集和分配的过程，即归集发生的全部费用，并按照成本计算对象予以分配，按成本项目计算各种产品的在产品成本、产成品成本和单位成本。

（二）产品销售成本核算的一般程序

（1）确定当月发出产品的单位成本。一般采用先进先出法、个别计价法、全月一次加权平均法和移动加权平均法确定当月发出产品的单位成本。

（2）结转产品销售成本。根据当月实际销售产品的数量和确定的发出产品的单位成本，计算并结转产品销售成本。

五、产品成本的计算方法

产品生产成本的计算，简单地说，就是按成本计算对象进行产品成本的料、工、费的归集和分配，以计算出期末完工产品和在产品的成本。不同的企业，由于生产的工艺过程、生产组织以及成本管理要求不同，成本计算的方法也不一样。不同成本计算方法的区别主要表现在三个方面：一是成本计算对象不同；二是成本计算期不同；三是生产费用在产成品和半成品之间的分配情况不同。常用的成本计算方法有品种法、分批法和分步法。另外，还有系数法、定额法等。

品种法是以产品品种作为成本计算对象来归集生产费用、计算产品成本的一种方法。

由于品种法不需要按批计算成本，也不需要按步骤来计算半成品成本，因而这种成本计算方法比较简单。品种法主要适用于大批量单步骤生产的企业，如发电、采掘等；或者虽属于多步骤生产，但不要求计算半成品成本的小型企业，如小水泥、制砖等。品种法一般按月定期计算产品成本。

分批法也称订单法，是以产品的批次或订单作为成本计算对象来归集生产费用、计算产品成本的一种方法。分批法主要适用于单件和小批的多步骤生产，如重型机床、船舶、精密仪器和专用设备等。分批法的成本计算期是不固定的，一般把一个生产周期（即从投产到完工的整个时期）作为成本计算期定期计算产品成本。由于在未完工时没有产成品，完工后又没有在产品，产成品和在产品不会同时存在，因而也不需要把生产费用在产成品和半成品之间进行分配。

分步法是按产品的生产步骤归集生产费用、计算产品成本的一种方法。分步法适用于大量或大批的多步骤生产，如机械、纺织、造纸等。由于生产的数量大，在某一时点上往往既有已完工的产成品，又有未完工的在产品和半成品，不可能等全部产品完工后再计算成本，因而分步法一般是按月定期计算成本，并且要把生产费用在产成品和半成品之间进行分配。

由于会计专业的课程体系中单独设有“成本会计”课程，该课程对制造业的产品成本的每一种计算方法均有详尽的介绍，因此，在本教材中，对产品成本的计算方法不作详细介绍。下面主要介绍产品生产费用的会计核算方法。

六、产品成本的核算

（一）账户的设置

1. “生产成本”账户

该账户主要核算企业生产各种产品（包括产成品、自制半成品、工业性劳务等）、自制材料、自制工具、自制设备，以及提供非工业性劳务所发生的各项生产费用，并据以确定产品生产成本。该账户的借方登记本期发生的各项生产费用；贷方登记应结转的完工产品的生产成本；期末余额在借方，表示生产过程中尚未完工的产品的成本。

该账户应分别设置“基本生产成本”和“辅助生产成本”两个明细账户。“基本生产成本”账户用以核算生产产品的基本生产车间发生的费用，并按照基本生产车间和成本核算对象（如产品的品种、类别、订单、批别、生产阶段等）设立三级明细账，按规定的成本项目（直接人工、直接材料、制造费用）在各三级明细账中设立专栏核算。“辅助生产成本”账户用以核算动力、修理、运输等为生产服务的辅助生产车间发生的费用。明细账户应以辅助生产提供的劳务和产品（如动力、修理、运输、自制工具、自制材料等）为成本计算对象设立三级明细账，并按规定的成本项目（直接人工、直接材料、制造费用）在各三级明细账中设立专栏核算。

2. “制造费用”账户

该账户主要核算企业各个生产车间为组织和管理生产所发生的各项间接费用。该账户借方登记本期发生的各项制造费用；贷方登记转入“生产成本”账户的各种产品生产应负担的制造费用；月终结转后一般无余额。结转时，借记“生产成本”账户，贷记“制造费用”账户。该账户应按车间、部门设置多栏式明细账，按费用项目设置专栏进行明细分类核算。

（二）产品生产成本的总分类核算

1. 生产产品，领用材料

根据领料单汇总编制“发料凭证汇总表”，借记“生产成本——基本生产成本/辅助生产成本”“制造费用”“管理费用”等账户，贷记“原材料”账户。

2. 生产产品，月末分配职工薪酬

（1）月末，编制职工薪酬（工资）分配表，按职工服务的受益对象（工作岗位），确定职工薪酬（工资）的具体用途，分配职工薪酬（工资）。借记“生产成本——基本生产成本/辅助生产成本（××成本对象）”“制造费用——××车间”“管理费用——职工薪酬（工资）”“销售费用——职工薪酬（工资）”“研发支出——费用化支出/资本化支出”等账户，贷记“应付职工薪酬——工资”账户。

（2）月末，按照规定标准计提“五险一金”。编制“五险一金分配表”，按照职工服务的受益对象（工作岗位），确定职工薪酬（五险一金）的具体用途，分配职工薪酬（五险一金）。借记“生产成本——基本生产成本/辅助生产成本（××成本对象）”“制造费用——××车间”“管理费用——职工薪酬（五险一金）”“销售费用——职工薪酬（五险一金）”“研发支出——费用化支出/资本化支出（五险一金）”等账户，贷记“应付职工薪酬——社会保险（医疗保险/工伤保险/生育保险）/离职后福利（养老保险/失业保险）/住房公积金”等账户。

（3）月末，分配非货币性福利。编制“非货币性福利分配表”，按照职工服务的受益对象（工作岗位），确定非货币性福利的具体用途，分配职工薪酬（非货币性福利）。借记“生产成本——基本生产成本/辅助生产成本（××成本对象）”“制造费用——××车间”“管理费用——职工薪酬”“销售费用——职工薪酬（工资）”“研发支出——费用化支出/资本化支出”等账户，贷记“应付职工薪酬——非货币性福利”等账户。

3. 归集、分配制造费用

（1）核算车间日常发生的其他费用（修理费除外）。根据日常发生的各项其他费用发票等，按照费用受益部门，确定各车间的其他费用。借记“制造费用——××车间”“管理费用——办公费”等账户，贷记“银行存款”等账户。

（2）月末，计提折旧。按照固定资产使用部门和用途，编制“折旧费用分配表”。借记“制造费用——××车间”“管理费用——折旧费”“销售费用——折旧费”“研发支出——费用化支出/资本化支出（折旧费）”等账户，贷记“累计折旧”账户。

（3）月末，分配和结转制造费用。月末，确定制造费用分配标准，计算分配率，编制“制造费用分配表”，分配制造费用。借记“生产成本——基本生产成本/辅助生产成本（××成本对象）”账户，贷记“制造费用——××车间”账户。

4. 月末，在完工产品和在产品之间归集和分配生产费用

本期完工产品生产成本＝期初在产品生产成本＋本期发生的生产费用－期末在产品生

产成本

由于“期初在产品生产成本”“本期发生的生产费用”是已知数，所以，在完工产品与月末在产品之间分配费用的方法有两种：一是将前两项之和按一定比例在后两项之间进行分配，从而求得完工产品与月末在产品的成本；二是先确定月末在产品成本，再计算完工产品的成本。无论采用哪种方法，都必须取得在产品数量的核算资料。

生产费用在完工产品与在产品之间的分配，在成本计算工作中是一个重要而又比较复杂的问题。企业应当根据在产品数量的多少、各月在产品数量变化的大小、各项费用比重的大小以及定额管理基础的好坏等具体条件，选择既合理又简便的分配方法。常用的分配方法有以下六种：

（1）不计算在产品成本（即在产品成本为零）。在月末在产品数量很小的情况下，算不算在产品成本对完工产品成本影响不大，为了简化核算工作，可以不计算在产品成本，即在产品成本为零，本月发生的产品生产费用就是完工产品的成本。

（2）在产品成本按年初数固定计算。在月末在产品数量很小，或者在产品数量虽大但各月在产品数量变动不大，月初、月末在产品成本的差额对完工产品成本影响不大的情况下，为了简化核算工作，各月在产品成本可以固定按年初数计算。采用这种方法，某种产品本月发生的生产费用就是本月完工产品的成本。年终时，应根据实地盘点的在产品数量，重新调整计算在产品成本，以避免在产品成本与实际出入过大，影响成本计算的正确性。

（3）在产品成本按其所耗用的原材料费用计算。采用这种方法，在产品成本按所耗用的原材料费用计算，其他费用全部由完工产品成本负担。这种方法适合于原材料费用在产品成本中所占比重较大，而且原材料是在生产开始时一次就全部投入的情况下使用。为了简化核算工作，月末在产品可以只计算原材料费用，其他费用全部由完工产品负担。

（4）约当产量法。所谓约当产量，是指在产品按其完工程度折合成完工产品的产量。比如，在产品 10 件，平均完工 40%，则约当于完工产品 4 件。按约当产量比例分配的方法，就是将月末结存的在产品，按其完工程度折合成约当产量，然后将产品应负担的全部生产费用按完工产品产量和在产品约当产量的比例进行分配的一种方法。

（5）在产品成本按定额成本计算。这种方法是事先经过调查研究、技术测定或按定额资料，对各个加工阶段上的在产品，直接确定一个定额单位成本，月终根据在产品数量，分别乘以各项定额单位成本，即可计算出月末在产品的定额成本。将月初在产品成本加上本月发生费用，减去月末在产品的定额成本，就可算出产成品的总成本了。产成品总成本除以产成品产量，即为产成品的单位成本。

（6）按定额比例分配完工产品和月末在产品成本的方法（定额比例法）。如果各月末在产品数量变动较大，但制定了比较准确的消耗定额，生产费用可以在完工产品和月末在产品之间用定额消耗量或定额费用作比例分配。通常材料费用按定额消耗量比例分配，而其他费用按定额工时比例分配。

5. 月末，结转完工产品成本

企业发生的各项费用，按照成本核算的要求，划清各种费用界限，即经过分类、归集和分配，其中应计入本月各种产品成本的各项费用，按照成本项目直接计入或分配计入各种产品的成本；计入各种产品成本的生产费用，又经过在完工产品和月末在产品之间的分配，从而求得月末在产品的成本和完工产品的成本。

企业的完工产品包括产成品、自制材料及自制工具、模型等低值易耗品，以及为在建工程生产的专用设备和提供的修理劳务等。本月完工产成品验收入库后，其成本应从“生产成本——基本生产成本”账户及所属产品成本明细账的贷方转出，借记“库存商品”账户；完工自制材料、工具、模型等的成本，借记“原材料”“周转材料”等账户；为企业在建工程提供的劳务费用，月末不论是否完工，都应将其实际成本转入“在建工程”账户的借方。“生产成本——基本生产成本”账户的月末余额，就是基本生产车间在产品的成本。

（三）产品成本的明细分类核算

1. “基本生产成本”明细账

为了反映企业为生产产品所消耗的直接材料、直接人工和制造费用等其他各项费用，应在“生产成本”账户下设置“基本生产成本”明细账。“基本生产成本”明细账一般是按照成本项目设置专栏的。

2. “产品成本计算单”

如果企业生产两种以上的产品，为了计算各种产品的实际成本，还需在“基本生产成本明细账”下，按照产品品种设置“产品成本”明细账，通常称为“产品成本计算单”，其格式要根据成本核算要求和所采用的成本核算方法来确定。

3. “辅助生产成本”明细账

企业辅助生产车间所发生的各项费用，一般应在“生产成本”账户下，分别按照辅助生产车间和成本核算对象设置“辅助生产成本”明细账，并按规定的成本项目设置专栏，登记所发生的费用。

4. “制造费用”明细账

企业为生产产品或提供劳务而发生的制造费用，设置“制造费用”明细账。“制造费用明细账”的格式，通常采用按费用明细项目分栏的多栏式明细账。

岗位实训

实训要求：根据经济业务，编制记账凭证和制造费用分配表；计算本月末 A、B 两种完工产品的总成本及 A 产品的在产品成本，然后结转完工产品成本。

资料：中信公司采用品种法计算产品成本。该公司生产 A、B 两种产品，月末在产品成本只包括原材料价值，不分摊薪酬和其他费用，A、B 两种产品的共同费用按工人工资的比例分配。该企业 2016 年 11 月初的产品成本资料见表 2－2－1。

表 2－2－1　　产品成本明细账

品种：A 产品　　数量：100 件　　单位：元

项目	直接材料费	直接人工费	制造费用	合计
月初在产品成本	50 000. 00	0	0	50 000. 00

A 产品 11 月初的在产品数量为 100 件，实际成本为 5 万元，当月实际投产 400 件，B 产品无月初在产品，当月实际投产 200 件。11 月末经盘点，A 产品尚有在产品 150 件，负担的原材料费用为 7 万元，B 产品全部完工。

11 月份发生以下经济业务：

（1）11 月 2 日，领用本月生产产品用的甲、乙两种材料，领料单及发料凭证见表 2－2－2 和表 2－2－3。

表 2－2－2 **领料单**

领用单位：基本生产车间　　2016 年 11 月 2 日　　No.：03456

品名	单位	数量		单价	金额	用途
		请领	实发			
甲材料	千克	260	260	50.00	13 000.00	生产 A 产品用
乙材料	千克	310	310	40.00	12 400.00	生产 B 产品用

2 记账联

仓管员：张平　　领料人：刘茗

表 2－2－3 **发料凭证汇总表**

2016 年 11 月 1—30 日

项目	甲材料			乙材料		
	计量单位	数量	金额	计量单位	数量	金额
A 产品领用	千克	4 000	200 000.00			
B 产品领用				千克	2 300	92 000.00
车间一般耗用	千克	400	20 000.00			
企业管理部门耗用	千克			千克	200	8 000.00
合计		4 400	220 000.00		2 500	100 000.00

2 记账联

制表人：陈梅　　会计主管：张云

（2）11 月 10 日，基本生产车间领用生产用工具一批，实际成本为 5 000 元，采用一次摊销法，领料单见表 2－2－4。

表 2－2－4 **领料单**

领用单位：基本生产车间　　2016 年 11 月 10 日　　No.：03467

品名	单位	数量		单价	金额	用途	备注
		请领	实发				
工具	个	10	10	500.00	5 000.00	车间生产用	一次摊销法
合计					5 000.00		

2 记账联

仓管员：张平　　领料人：刘茗

（3）11 月 30 日，计提本月固定资产折旧费 20 000 元，其中生产车间折旧费 12 000 元，厂部管理部门折旧费 8 000 元。折旧计算表见表 2－2－5。

表 2-2-5 固定资产折旧计算表

2016 年 11 月 30 日 No.：0346

设备使用部门	上月计提折旧额	上月增加设备应提折旧额	上月减少设备应提折旧额	本月应提折旧额	备注
基本生产车间	18 000.00	2 000.00	8 000.00	12 000.00	
企业管理部门	13 000.00		5 000.00	8 000.00	
合计				20 000.00	

2 记账联

制表人：程方 会计主管：张云

（4）11 月 30 日，分配工资 3 万元，其中生产 A 产品的工人工资 1.5 万元，生产 B 产品的工人工资 0.5 万元，车间管理人员工资 0.4 万元，厂部管理人员工资 0.6 万元，详见表 2-2-6。

表 2-2-6 工资费用分配表

单位：中信公司 2016 年 11 月 30 日

项目		生产成本		制造费用	管理费用	合计
		A 产品	B 产品			
直接生产工人工资	A 产品	15 000.00				15 000.00
	B 产品		5 000.00			5 000.00
车间管理人员工资				4 000.00		4 000.00
厂部管理人员工资					6 000.00	6 000.00
合计		15 000.00	5 000.00	4 000.00	6 000.00	30 000.00

会计主管：张云 复核：王兰 制表：程方

（5）11 月 30 日，按工资总额计提“五险一金二费”，见表 2-2-7。

表 2-2-7 “五险一金二费”计算表（简表）

单位：中信公司 2016 年 11 月 30 日

项目	生产成本		制造费用	管理费用	合计
	A 产品	B 产品			
计提依据	15 000.00	5 000.00	4 000.00	6 000.00	30 000.00
医疗保险费（8%）	1 200.00	400.00	320.00	480.00	2 400.00
养老保险费（20%）	3 000.00	1 000.00	800.00	1 200.00	6 000.00
失业保险费（2%）	300.00	100.00	80.00	120.00	600.00
工伤保险费（1%）	150.00	50.00	40.00	60.00	300.00
生育保险费（0.8%）	120.00	40.00	32.00	48.00	240.00
工会经费（2%）	300.00	100.00	80.00	120.00	600.00
职工教育经费（2.5%）	375.00	125.00	100.00	150.00	750.00
住房公积金（10%）	1 500.00	500.00	400.00	600.00	3 000.00
合计	6 945.00	2 315.00	1 852.00	2 778.00	13 890.00

2 记账联

会计主管：张云 复核：王兰 制表：程方

（6）11 月 30 日，分配间接费用，详见表 2－2－8。

表 2－2－8 **制造费用分配表**

2016 年 11 月 30 日

产品名称	分配标准（直接生产工人工资）	分配率（元）	分配金额（元）
A 产品	15 000		
B 产品	5 000		
合计	20 000		42 852

会计主管：张云　　复核：王兰　　制表：程方

参考答案：

1. 编制 11 月发生业务的记账凭证

（1）领用材料（平时领用，在材料明细账中登记领用数量，月末汇总领料单，编制材料费用分配表，填制记账凭证），填制记账凭证如表 2－2－9 所示。

表 2－2－9 **记账凭证**

2016 年 11 月 30 日　　记字第 86 号

摘要	会计科目		√	借方金额								√	贷方金额							
	总账科目	明细科目		十	万	千	百	十	元	角	分		十	万	千	百	十	元	角	分
1—30 日领用	生产成本	基本生产成本（A 产品）		2	0	0	0	0	0	0	0									
材料，用于产		（B 产品）			9	2	0	0	0	0	0									
品生产和管理	制造费用	基本生产车间			2	0	0	0	0	0	0									
	管理费用					8	0	0	0	0	0									
	原材料	甲材料											2	2	0	0	0	0	0	0
		乙材料											1	0	0	0	0	0	0	0
合计				3	2	0	0	0	0	0	0		3	2	0	0	0	0	0	0

附件壹张

会计主管：张云　　记账：江玲　　出纳　　审核：王兰　　制单：程方

（2）11 月 10 日，车间领用生产用工具。填制记账凭证如表 2－2－10 所示。

表 2－2－10　　**记账凭证**

2016 年 11 月 30 日　　记字第 35 号

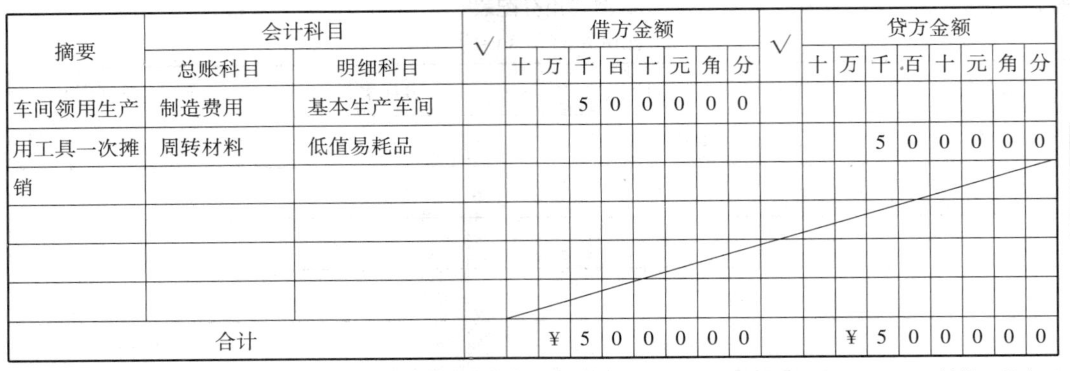

摘要	会计科目		√	借方金额								√	贷方金额							
	总账科目	明细科目		十	万	千	百	十	元	角	分		十	万	千	百	十	元	角	分
车间领用生产	制造费用	基本生产车间				5	0	0	0	0	0									
用工具一次摊	周转材料	低值易耗品													5	0	0	0	0	0
销																				
合计					¥	5	0	0	0	0	0			¥	5	0	0	0	0	0

附件壹张

会计主管：张云　　记账：江玲　　出纳　　审核：王兰　　制单：程方

（3）11 月 30 日，计提固定资产折旧。填制记账凭证如表 2－2－11 所示。

表 2－2－11　　**记账凭证**

2016 年 11 月 30 日　　记字第 102 号

摘要	会计科目		√	借方金额								√	贷方金额							
	总账科目	明细科目		十	万	千	百	十	元	角	分		十	万	千	百	十	元	角	分
计提固定资产	制造费用	基本生产车间			1	2	0	0	0	0	0									
折旧	管理费用	折旧费				8	0	0	0	0	0									
	累计折旧													2	0	0	0	0	0	0
合计				¥	2	0	0	0	0	0	0		¥	2	0	0	0	0	0	0

附件壹张

会计主管：张云　　记账：江玲　　出纳　　审核：王兰　　制单：程方

（4）11 月 30 日，分配职工工资。填制记账凭证如表 2－2－12 所示。

表 2－2－12　　**记账凭证**

2016 年 11 月 30 日　　记字第 105 号

摘要	会计科目		√	借方金额								√	贷方金额							
	总账科目	明细科目		十	万	千	百	十	元	角	分		十	万	千	百	十	元	角	分
分配职工工资	生产成本	基本生产成本（A 产品）			1	5	0	0	0	0	0									
		（B 产品）				5	0	0	0	0	0									
	制造费用	基本生产车间				4	0	0	0	0	0									
	管理费用	工资				6	0	0	0	0	0									
	应付职工薪酬	工资												3	0	0	0	0	0	0
合计				¥	3	0	0	0	0	0	0		¥	3	0	0	0	0	0	0

附件壹张

会计主管：张云　　记账：江玲　　出纳　　审核：王兰　　制单：程方

（5）11 月 30 日，计提 11 月份“五险一金二费”。填制记账凭证如表 2-2-13 所示。

表 2-2-13

记账凭证

2016 年 11 月 30 日　　　　记字第 106 号

摘要	会计科目		√	借方金额								√	贷方金额							
	总账科目	明细科目		十	万	千	百	十	元	角	分		十	万	千	百	十	元	角	分
计提“五险一	生产成本	基本生产成本（A 产品）				6	9	4	5	0	0									
金二费”		（B 产品）				2	3	1	5	0	0									
	制造费用	基本生产车间				1	8	5	2	0	0									
	管理费用	职工薪酬				2	7	7	8	0	0									
	应付职工薪酬	社会保险													2	9	4	0	0	0
		离职后福利													6	6	0	0	0	0
		住房公积金													3	0	0	0	0	0
		工会经费														6	0	0	0	0
		职工教育经费														7	5	0	0	0
合计				¥	1	3	8	9	0	0	0		¥	1	3	8	9	0	0	0

附件壹张

会计主管：张云　　记账：江玲　　出纳　　审核：王兰　　制单：程方

（6）11 月 30 日，分配制造费用，见表 2-2-14。

表 2-2-14

制造费用分配表

2016 年 11 月 30 日

产品名称	分配标准（直接生产工人工资）	分配率（元）	分配金额（元）
A 产品	15 000.00	2.142 6	32 139.00
B 产品	5 000.00	2.142 6	10 713.00
合计	20 000.00		42 852.00

2 记账联

会计主管：张云　　复核：王兰　　制表：程方

计算过程：

分配率 =20 000 +5 000 +12 000 +40 00 +1 852/(15 000 +5 000)

=42 852/20 000 =2.1426

A 产品负担费用 =2.142 6 ×15 000 =32 139（元）

B 产品负担费用 =2.142 6 ×5 000 =10 713（元）

编制记账凭证如表 2-2-15 所示。

表 2-2-15

记账凭证

2016 年 11 月 30 日　　　记字第 107 号

摘要	会计科目		√	借方金额								√	贷方金额							
	总账科目	明细科目		十	万	千	百	十	元	角	分		十	万	千	百	十	元	角	分
分配制造费用	生产成本	基本生产成本（A 产品）			3	2	1	3	9	0	0									
		（B 产品）			1	0	7	1	3	0	0									
	制造费用	基本生产车间												4	2	8	5	2	0	0
合计				¥	4	2	8	5	2	0	0		¥	4	2	8	5	2	0	0

附件壹张

会计主管：张云　　记账：江玲　　出纳　　审核：王兰　　制单：程方

2. 计算 A、B 产品成本

月初在产品成本 + 本月发生费用 - 月末在产品成本 = 完工产品成本

（1）A 产品完工产品生产成本：

50 000 +（200 000 +15 000 +6 945 +32 139）-70 000 =234 084（元）

其中，A 产品本月发生费用：

200 000（原材料）+21 945（职工薪酬）+32 139（制造费用）=254 084（元）

编制成本计算单，见表 2-2-16。

表 2-2-16

产品成本计算单

产品名称：A 产品　　2016 年 11 月　　完工产品数量：350 件　　单位：元

项目	直接材料费	直接人工费	制造费用	合计
月初在产品成本	50 000. 00			50 000. 00
本月发生生产费用	200 000. 00	21 945. 00	32 139. 00	254 084. 00
本月生产费用合计	250 000. 00	21 945. 00	32 139. 00	304 084. 00
完工产品总成本	180 000. 00	21 945. 00	32 139. 00	234 084. 00
单位成本	514. 29	62. 70	91. 82	668. 81
月末在产品成本	70 000. 00	0	0	70 000. 00

会计主管：张云　　审核：王兰　　制表：程方

（2）B 产品完工产品生产成本：

0 +（92 000 +5 000 +2 315 +10 713）-0 =110 028（元）

其中，B 产品本月发生费用：

92 000（原材料）+7 315（职工薪酬）+10 713（制造费用）=110 028（元）

编制 B 产品成本计算单，见表 2-2-17。

表 2-2-17 **产品成本计算单**

产品名称：B 产品　　2016 年 11 月　　完工产品数量：200 件　　单位：元

项目	直接材料费	直接人工费	制造费用	合计
月初在产品成本	0	0	0	0
本月发生生产费用	92 000.00	7 315.00	10 713.00	110 028.00
本月生产费用合计	92 000.00	7 315.00	10 713.00	110 028.00
完工产品总成本	92 000.00	7 315.00	10 713.00	110 028.00
单位成本	460.00	36.575	53.565	550.14
月末在产品成本	0	0	0	0

会计主管：张云　　审核：王兰　　制表：程方

3. 完工产品验收入库

产品入库单见表 2-2-18。

表 2-2-18 **产成品入库单**

交库单位：基本生产车间　　2015 年 6 月 30 日　　**No.：1637**

产品批号	产品名称	计量单位	交付数量	检验情况		实收数量
				合格	不合格	
05	A 产品	件	350	350		350
06	B 产品	件	200	200		200

交库人：刘念　　仓库保管员：孙宏

编制完工产品入库记账凭证，见表 2-2-19。

表 2-2-19 **记账凭证**

2016 年 11 月 30 日　　记字第 108 号

摘要	会计科目		√	借方金额								√	贷方金额							
	总账科目	明细科目		十	万	千	百	十	元	角	分		十	万	千	百	十	元	角	分
完工产品	库存商品	A 产品		2	3	4	0	8	4	0	0									
验收入库		B 产品		1	1	0	0	2	8	0	0									
	生产成本	基本生产成本（A 产品）											2	3	4	0	8	4	0	0
		（B 产品）											1	1	0	0	2	8	0	0
合计				3	4	4	1	1	2	0	0		3	4	4	1	1	2	0	0

附件壹张

会计主管：张云　　记账：江玲　　出纳　　审核：王兰　　制单：程方

岗位任务三　期间费用的核算

任务导入

中信公司2016年11月1—10日发生以下费用：

（1）11月2日，以现金支付招待外地客户就餐费650元。

（2）11月5日，转账购入办公用品共计3 000元，其中行政管理部门1 600元，基本生产车间1 400元。

（3）11月10日，办理100万元中国工商银行承兑汇票，支付工商银行合肥方兴支行承兑手续费500元。

请分析以上3笔业务发生费用的性质，并进行正确划分。

知识准备

期间费用是指企业当期发生的费用中直接计入损益的费用。按发生的地点和用途不同，期间费用可分为销售费用、管理费用和财务费用。

一、销售费用的核算

销售费用是指企业在销售商品和材料、提供劳务的过程中发生的各种费用，包括企业在销售商品过程中发生的保险费、包装费、展览费和广告费、商品维修费、预计产品质量保证损失、运输费、装卸费等，以及为销售本企业商品而专设的销售机构（含销售网点、售后服务网点等）的职工薪酬、业务费、折旧费、固定资产修理费用等经营费用。流通企业在购买商品过程中所发生的小额进货费用也包括在内。

（一）账户设置

为了核算和监督销售费用的发生和结转业务，企业应设置“销售费用”账户进行核算。该账户借方登记企业所发生的各项销售费用，贷方登记期末转入“本年利润”账户的各项销售费用。结转后，该账户应无余额。该账户可按费用项目进行明细核算。

使用该账户时需注意：

（1）“销售费用”账户核算企业销售商品和材料、提供劳务过程中发生的相关费用。发生销售费用时，借记该账户；月末结转“本年利润”时，贷记该账户。

（2）企业发生的与专设销售机构相关的固定资产修理费用等后续支出，也通过“销售费用”账户核算。

（二）销售费用的账务处理

（1）企业在销售商品过程中发生的包装费、保险费、展览费和广告费、运输费、装卸费等费用，借记本账户，取得增值税专用发票还应借记“应交税费——应交增值税（进项税额）”账户，贷记“库存现金”“银行存款”等账户。

（2）发生的为销售本企业商品而专设的销售机构的职工薪酬、业务费等经营费用，借记本账户，贷记“应付职工薪酬”“银行存款”“累计折旧”等账户。

(3) 期末，应将本账户余额转入“本年利润”账户，结转后本账户无余额。

【例2-3-1】 中信公司2016年11月为销售产品发生的不含税展览费、运输费、保险费分别为20 000元、26 000元和12 000元，取得的增值税专用发票上标明的税额分别为1 200元、2 860元、720元。上述费用以银行存款支付。该公司账务处理如下：

借：销售费用——展览费　　20 000.00
　　　　　　——运输费　　26 000.00
　　　　　　——保险费　　12 000.00
　　应交税费——应交增值税（进项税额）　　4 780.00
　　贷：银行存款　　　　62 780.00

【例2-3-2】 中信公司设立在某市的售后服务网点2016年11月发生的各项费用如下：售后网点人员薪酬8 876元，固定资产折旧500元，领用修理用材料1 600元，以银行存款支付其他费用4 525元。该公司账务处理如下：

借：销售费用——职工薪酬　　8 876.00
　　　　　　——折旧费　　500.00
　　　　　　——修理费　　1 600.00
　　　　　　——其他费用　　4 525.00
　　贷：应付职工薪酬——工资　　　　8 876.00
　　　　累计折旧　　　　500.00
　　　　原材料　　　　1 600.00
　　　　银行存款　　　　4 525.00

二、管理费用的核算

管理费用是指企业行政管理部门为组织和管理生产经营活动而发生的各项费用，包括企业在筹建期间发生的开办费、董事会和行政管理部门在企业经营管理中发生的或者应由企业统一负担的公司经费（包括行政管理部门职工工资及福利费、物料消耗、低值易耗品摊销、办公费和差旅费等）、工会经费、职工教育经费、董事会费（包括董事会成员津贴、会议费和差旅费等）、聘请中介机构费、咨询费（含顾问费）、诉讼费、业务招待费、技术转让费、矿产资源补偿费、研究费用、排污费等。

（一）账户设置

为了核算和监督企业为组织和管理企业生产经营所发生的管理费用，企业应设置“管理费用”账户。该账户为损益类账户，借方登记企业发生的各项管理费用，贷方登记期末转入“本年利润”账户的管理费用，结转后该账户无余额。该账户可按费用项目开设明细账户进行明细核算。

温馨提示

◆“管理费用”账户核算企业为组织和管理企业生产经营所发生的管理费用，企业

（商品流通）管理费用不多的，可不设置该账户，该账户的核算内容可并入“销售费用”账户进行核算。

◆ 企业生产车间（部门）和行政管理部门等发生的固定资产修理费用等后续支出，也在“管理费用”账户核算。

◆ 依据财会〔2016〕22号文的规定，全面试行“营业税改征增值税”后，“营业税金及附加”账户名称调整为“税金及附加”账户，该账户核算企业经营活动发生的消费税、城市维护建设税、资源税、教育费附加及房产税、土地使用税、车船使用税、印花税等相关税费。原在“管理费用”账户中列支的“四小税”（房产税、土地使用税、车船税、印花税），本次也同步调整到“税金及附加”账户。

（二）管理费用的账务处理

（1）企业在筹建期间发生的开办费，包括人员薪酬、办公费、培训费、差旅费、印刷费、注册登记费以及不计入固定资产成本的借款费用等在实际发生时，借记“管理费用——开办费”账户，贷记“银行存款”等账户。

（2）行政管理部门人员的职工薪酬，借记“管理费用——职工薪酬”账户，贷记“应付职工薪酬”账户。

（3）行政管理部门计提的固定资产折旧，借记“管理费用——折旧费”账户，贷记“累计折旧”账户。

（4）发生的办公费、水电费、业务招待费、聘请中介机构费、咨询费、诉讼费、技术转让费、研究费用，借记“管理费用——办公费或业务招待费”等账户，贷记“银行存款”“研发支出——费用化支出”等账户。

（5）按规定计算确定的应交矿产资源补偿费，借记“管理费用——矿产资源补偿费”账户，贷记“应交税费——应交矿产资源补偿费”账户。

（6）期末，应将该账户的余额转入“本年利润”账户，借记“本年利润”账户，贷记“管理费用”账户。

【例2-3-3】 中信公司2016年11月10日发生如下报销业务：法律咨询费150 000元，业务员张宏报销差旅费4 500元。前者以银行存款支付，后者以现金支付。账务处理如下：

借：管理费用——咨询费	150 000.00	
——差旅费	4 500.00	
贷：银行存款		150 000.00
库存现金		4 500.00

【例2-3-4】 中信公司2016年11月15日以银行存款支付报销费用共计50 000元，其中：固定电话费2 000元、行政办公室水电费20 000元、业务招待费28 000元。账务处理如下：

借：管理费用——办公费	2 000.00
——水电费	20 000.00
——业务招待费	28 000.00

贷：银行存款　　　　　　　　　　　　　　　　　　　　　　　　50 000.00

【例2-3-5】 中信公司2016年12月31日计交2016年应交的排污费21 600元，以银行存款支付。账务处理如下：

借：管理费用——排污费　　　　　　　　　　　　21 600.00

　　贷：银行存款　　　　　　　　　　　　　　　　　　21 600.00

三、财务费用的核算

财务费用是指企业为筹集生产经营资金而发生的各项费用，包括利息支出（减利息收入）、汇兑损益及相关的手续费、企业发生的现金折扣或收到的现金折扣等。

（一）账户设置

企业发生的财务费用应通过“财务费用”账户核算。该账户为损益类账户，借方登记企业发生的各项财务费用，贷方登记期末结转入“本年利润”账户的财务费用，结转后，该账户应无余额。该账户可按费用项目开设明细账进行明细核算。

温馨提示

◆ 为购建或生产满足资本化条件的资产发生的应予资本化的借款费用，在“在建工程”“制造费用”等账户核算。

◆ 期末结转“本年利润”前，该账户的余额可能在借方，也可能贷方。借方余额为利息支出、汇兑损失等大于利息收入、汇兑收益等的差额，贷方余额为利息支出、汇兑损失等小于利息收入、汇兑收益等的差额，该账户结转“本年利润”后应无余额。

（二）财务费用的账户处理

（1）企业发生的财务费用，借记“财务费用”账户，贷记“银行存款”“未确认融资费用”“应收账款”等账户。发生的应冲减财务费用的利息收入、汇兑损益、现金折扣，借记“银行存款”“应付账款”等账户，贷记“财务费用”账户。

（2）期末，将该账户余额转入“本年利润”账户。如果结转的是借方余额，借记“本年利润”账户，贷记“财务费用”账户。如果结转的是贷方余额，借记“财务费用”账户，贷记“本年利润”账户。

【例2-3-6】 中信公司2016年9月30日收到银行通知，三季度公司发生的短期借款利息6 600元（其中4 400元已预提计入前2个月的“应付利息”账户）以银行存款付清。账务处理如下：

借：财务费用——利息支出　　　　　　　　　　　2 200.00

　　应付利息　　　　　　　　　　　　　　　　　4 400.00

　　贷：银行存款　　　　　　　　　　　　　　　　　　6 600.00

【例2-3-7】 中信公司2016年11月20日将24 080美元兑换为人民币。当天的美元买入价为6.20元，11月1日的美元市场汇率为6.65元，A公司采用外币业务发生当月1日的市场汇率对外币业务进行折算。该公司账务处理如下：

借：银行存款（人民币户）（24 080 ×6.20）　　149 296.00
　　财务费用——汇兑损益　　10 836.00
　　贷：银行存款（美元户）（24 080 ×6.65）　　160 132.00

岗位实训

实训要求：根据原始单据，编制中信公司 2016 年 6 月的记账凭证。

资料：2016 年 6 月，中信公司发生以下期间费用业务：

（1）6 月 1 日，自爱玛公司购入打印纸一批，以现金支付。购货发票见表 2－3－1。

表 2－3－1

安徽省国家税务局通用机打发票					
合国税（2016）印字第 7 号					
发票代码：134011321322					
发票号码：47021421					
开票日期：2016 年 6 月 1 日					
销货单位：爱玛公司					
客户名称：中信公司					
商品名称	规格	单位	数量	单价	金额
打印纸	A4/70g	箱	5	110.00	550.00
打印纸	16k/70g	箱	3	138.00	414.00
合计（人民币大写）：玖佰陆拾肆元整　¥964.00					

（2）6 月 5 日，公司销售 50 件 A 产品，领用不单独计价的包装物 50 只。包装物领料单见表 2－3－2。

表 2－3－2

领料单

领用单位：基本生产车间　　2016 年 6 月 5 日　　**No.：02689**

品名	单位	数量		单价	金额	用途
		请领	实发			
包装物	只	50	50	45.00	2 250.00	包装 A 产品用

2 记账联

仓管员：张平　　领料人：刘茗

（3）6 月 10 日，开出转账支票支付中天广告公司广告费。转账支票存根及广告费专用发票见表 2－3－3、表 2－3－4、表 2－3－5。

表 2－3－3　中国工商银行

转账支票存根（皖）

XIN05600162

附加信息：________________

____

____

____

出票日期：2016 年 6 月 10 日

收款人：合肥中天广告公司
金　额：¥90 100.00
用　途：产品广告费

单位主管：　　　　会计：

表 2－3－4　　**安徽增值税专用发票**　　**No 00193828**

3410083389　　发　票　联　　开票日期：2016 年 6 月 10 日

<table>
<tr><td>购买方</td><td colspan="4">名　　称：中信公司
纳税人识别号：340010468107588036
地 址 、电 话：安徽省合肥市方兴路 666 号 0551－63891383
开户行及账号：工行合肥方兴支行 014008226023671</td><td>密码区</td><td colspan="3">7＋＋9/42152＊＋129＊864＞　加密版本：01
63－＜7503＊＜1＞＊/＜3＜＋80　341008389
2＋＜＜56894588＞＞＊＊＜2569
5920－33/65＋5012＊/＞＞92　00193828</td></tr>
<tr><td colspan="2">货物或应税劳务、服务名称</td><td>规格型号</td><td>单位</td><td>数量</td><td>单价</td><td>金额</td><td>税率</td><td>税额</td></tr>
<tr><td colspan="2">广告费</td><td></td><td></td><td>1</td><td>85 000.00</td><td>85 000.00</td><td>6%</td><td>5 100.00</td></tr>
<tr><td colspan="2">合计</td><td></td><td></td><td></td><td></td><td>¥85 000.00</td><td></td><td>¥5 100.00</td></tr>
<tr><td colspan="2">价税合计（大写）</td><td colspan="7">⊗玖万零壹佰元整　　（小写）¥90 100.00</td></tr>
<tr><td>销售方</td><td colspan="4">名　　称：中天广告公司
纳税人识别号：340601087330423068
地 址 、电 话：安徽省合肥市丹霞路 524 号 0551－7655146
开户行及账号：工行合肥丹霞路支行 4209772384301</td><td>备注</td><td colspan="3">中天广告公司
340601087330423068
发票专用章</td></tr>
</table>

第三联：发票联　购买方记账凭证

收款人：张明　　复核：胡欧　　开票人：范杰　　销售方：（章）

表 2－3－5　　**安徽增值税专用发票**　　**No 00193828**

3410083389　　抵　扣　联　　开票日期：2016 年 6 月 10 日

<table>
<tr><td>购买方</td><td colspan="4">名　　称：中信公司
纳税人识别号：340010468107588036
地 址 、电 话：安徽省合肥市方兴路 666 号 0551－63891383
开户行及账号：工行合肥方兴支行 014008226023671</td><td>密码区</td><td colspan="3">7＋＋9/42152＊＋129＊864＞　加密版本：01
63－＜7503＊＜1＞＊/＜3＜＋80　341008389
2＋＜＜56894588＞＞＊＊＜2569
5920－33/65＋5012＊/＞＞92　00193828</td></tr>
<tr><td colspan="2">货物或应税劳务、服务名称</td><td>规格型号</td><td>单位</td><td>数量</td><td>单价</td><td>金额</td><td>税率</td><td>税额</td></tr>
<tr><td colspan="2">广告费</td><td></td><td></td><td>1</td><td>85 000.00</td><td>85 000.00</td><td>6%</td><td>5 100.00</td></tr>
<tr><td colspan="2">合计</td><td></td><td></td><td></td><td></td><td>¥85 000.00</td><td></td><td>¥5 100.00</td></tr>
<tr><td colspan="2">价税合计（大写）</td><td colspan="7">⊗玖万零壹佰元整　　（小写）¥90 100.00</td></tr>
<tr><td>销售方</td><td colspan="4">名　　称：中天广告公司
纳税人识别号：340601087330423068
地 址 、电 话：安徽省合肥市丹霞路 524 号 0551－7655146
开户行及账号：工行合肥丹霞路支行 4209772384301</td><td>备注</td><td colspan="3">中天广告公司
340601087330423068
发票专用章</td></tr>
</table>

第二联：抵扣联　购买方扣税凭证

收款人：张明　　复核：胡欧　　开票人：范杰　　销售方：（章）

（4）6月15日，以现金报销公司招待费2 650元。单据见表2－3－6所示。

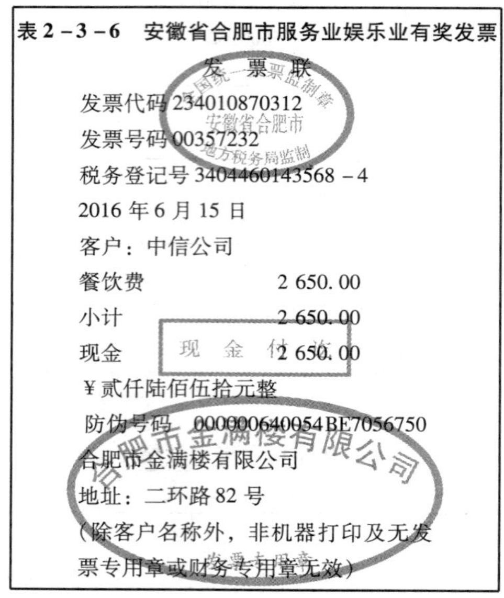

表2－3－6　安徽省合肥市服务业娱乐业有奖发票

发　票　联

发票代码234010870312

发票号码00357232

税务登记号3404460143568－4

2016年6月15日

客户：中信公司

餐饮费　2 650.00

小计　2 650.00

现金　2 650.00

￥贰仟陆佰伍拾元整

防伪号码　000000640054BE7056750

合肥市金满楼有限公司

地址：二环路82号

（除客户名称外，非机器打印及无发票专用章或财务专用章无效）

（5）6月20日，支付委托工行方兴支行办理银行承兑汇票100万元承兑手续费。单据见表2－3－7。

表2－3－7

中国工商银行收费凭条

2016年06月20日

付款人名称	中信公司		付款人账号	01400822600777									
服务项目（凭证种类）	数量	工本费	手续费	小计									上述款项请从我账户中支付。
				百	十	万	千	百	十	元	角	分	
承兑手续费			500.00					5	0	0	0	0	
合计			500.00				￥	5	0	0	0	0	预留印鉴。
币种 （大写）伍佰元整													
以下在购买凭证时填写													
领购人姓名			领购人证件名称										
			领购人证件号码										

（印章：中国工商银行方兴支行 2016.06.20 转账 转讫）

记账联

事后监督：　　　　记账：

参考答案：

（1）6月1日，购买办公用打印纸。记账凭证见表2－3－8。

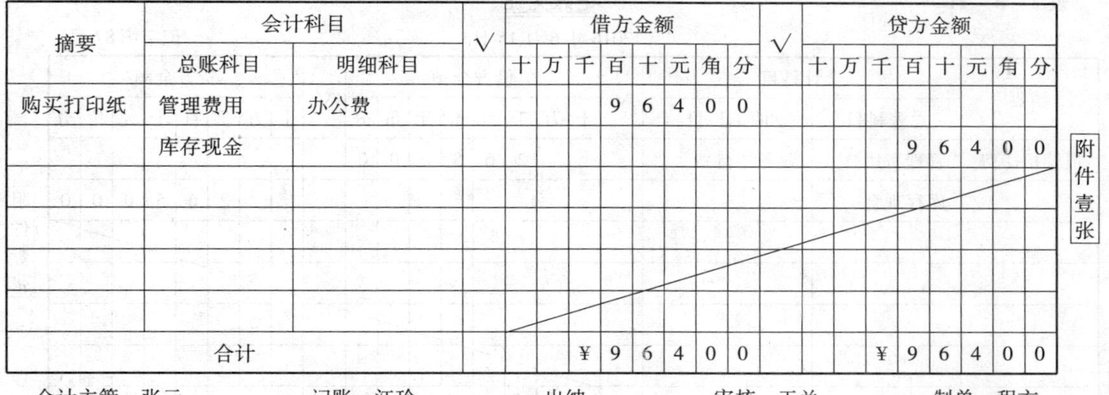

表 2-3-8 记账凭证

2016 年 6 月 1 日 记字第 5 号

摘要	会计科目		√	借方金额								√	贷方金额							
	总账科目	明细科目		十	万	千	百	十	元	角	分		十	万	千	百	十	元	角	分
购买打印纸	管理费用	办公费					9	6	4	0	0									
	库存现金															9	6	4	0	0
合计						¥	9	6	4	0	0				¥	9	6	4	0	0

附件壹张

会计主管：张云　记账：江玲　出纳　审核：王兰　制单：程方

（2）6 月 5 日，领用销售 50 件 A 产品不单独计价的包装物。记账凭证见表 2-3-9。

表 2-3-9 记账凭证

2016 年 6 月 5 日 记字第 25 号

摘要	会计科目		√	借方金额								√	贷方金额							
	总账科目	明细科目		十	万	千	百	十	元	角	分		十	万	千	百	十	元	角	分
领用销售用	销售费用	包装费				2	2	5	0	0	0									
不单独计价	周转材料	包装物													2	2	5	0	0	0
的包装物																				
合计					¥	2	2	5	0	0	0			¥	2	2	5	0	0	0

附件壹张

会计主管：张云　记账：江玲　出纳　审核：王兰　制单：程方

（3）6 月 10 日，开出转账支票支付中天广告公司广告费。记账凭证见表 2-3-10。

表 2-3-10 记账凭证

2016 年 6 月 10 日 记字第 56 号

摘要	会计科目		√	借方金额								√	贷方金额							
	总账科目	明细科目		十	万	千	百	十	元	角	分		十	万	千	百	十	元	角	分
转账支付广告费	销售费用	广告费			8	5	0	0	0	0	0									
	应交税费	应交增值税（进）				5	1	0	0	0	0									
	银行存款	工行												9	0	1	0	0	0	0
合计				¥	9	0	1	0	0	0	0		¥	9	0	1	0	0	0	0

附件壹张

会计主管：张云　记账：江玲　出纳　审核：王兰　制单：程方

（4）6 月 15 日，以现金报销公司招待费 2 650 元。记账凭证见表 2－3－11。

表 2－3－11

记账凭证

2016 年 6 月 15 日　　　　记字第 87 号

摘要	会计科目		√	借方金额								√	贷方金额							
	总账科目	明细科目		十	万	千	百	十	元	角	分		十	万	千	百	十	元	角	分
报销招待费	管理费用	业务招待费				2	6	5	0	0	0									
	库存现金														2	6	5	0	0	0
合计					¥	2	6	5	0	0	0			¥	2	6	5	0	0	0

附件壹张

会计主管：张云　　记账：江玲　　出纳　　审核：王兰　　制单：程方

（5）6 月 20 日，支付委托工行芙蓉路支行办理银行承兑汇票 100 万元承兑手续费。记账凭证见表 2－3－12 所示。

表 2－3－12

记账凭证

2016 年 6 月 20 日　　　　记字第 110 号

摘要	会计科目		√	借方金额								√	贷方金额							
	总账科目	明细科目		十	万	千	百	十	元	角	分		十	万	千	百	十	元	角	分
支付承兑	财务费用	承兑手续费					5	0	0	0	0									
手续费	库存现金															5	0	0	0	0
合计						¥	5	0	0	0	0				¥	5	0	0	0	0

附件壹张

会计主管：刘俊　　记账：张强　　出纳　　审核：张兰　　制单：程丽

复习思考题

1. 什么是费用？如何对费用进行分类？
2. 简述费用的特征和确认原则。
3. 如何正确区分支出、费用和产品成本？
4. 简述生产费用的概念、生产成本核算的基本要求和程序。
5. 产品成本计算有哪几种常见的方法？它们各自适用的范围有哪些？
6. 如何进行产品生产成本的核算？
7. 期间费用包括哪些内容？如何进行核算？

岗位三

总账会计

职业能力目标

知识目标

- 了解总账会计岗位职责。
- 熟悉《存货》《固定资产》《无形资产》《金融工具确认和计量》《长期股权投资》《投资性房地产》《职工薪酬》《借款费用》《资产减值》等会计准则和税法的相关内容。
- 理解各项资产、负债的业务流程和会计处理流程。
- 掌握存货、固定资产、无形资产、金融工具、长期股权投资、投资性房地产、职工薪酬、借款费用、资产减值等业务的账务处理方法。

能力目标

- 具备对存货、固定资产、无形资产、金融工具、长期股权投资、投资性房地产、职工薪酬、借款费用、资产减值等业务的初步职业判断能力。
- 能根据资产、负债业务的原始凭证分析经济业务，熟练运用所学知识按照各项资产、负债的业务流程进行会计处理。
- 能根据相关会计准则和所学知识，解决各项资产、负债业务会计处理过程中的常见问题，根据记账凭证及原始凭证登记账簿，并按规范程序正确结账。

岗位概述

总账会计岗位职责

- 负责现金收支单据的审查，审核出纳现金及银行存款余额是否账实相符。
- 监督月末、年末存货的盘点工作，复核仓库实物账务的准确性及存货盘点表的准确性。每月审核成本会计编制的盘盈盘亏报告表，盘盈、盘亏报财务经理和总经理审批后，按规定进行相关账务处理。
- 负责公司费用的核算，认真审核相关费用单据。
- 负责公司往来债权债务账目的定期检查，按时与往来应付、应收会计核对明细账目，发现呆账及账实不符情况，及时上报财务经理或董事会处理。
- 负责公司各项固定资产的登记、核对，按规定计提折旧，建立固定资立台账。
- 负责定期对已审核的原始凭证进行会计处理，填制记账凭证，并定期传递给财务经理审核，经审核无误后，将其作为正式会计凭证登账。

- 负责稽核工作，对记账凭证进行审核。对各项业务收支实行会计监督。
- 负责编制和登记各类明细账、总账并定期结账。
- 负责整理会计资料。对会计资料及有关经济资料，应按月进行整理、装订，做到单据完整，凭证整洁、美观、易查。
- 负责指导及安排总账助理人员日常工作。完成财务经理安排的其它工作。

典型工作任务

【岗位任务一】存货业务的核算
【岗位任务二】固定资产业务的核算
【岗位任务三】无形资产业务的核算
【岗位任务四】金融资产业务的核算
【岗位任务五】长期股权投资业务的核算
【岗位任务六】投资性房地产业务的核算
【岗位任务七】其他资产的核算
【岗位任务八】负债业务的核算

岗位任务一　存货的核算

任务导入

某百货公司存货的日常核算采用毛利率计算发出存货成本。该百货公司2016年4月的销售收入为500万元，销售成本为460万元，4月末的存货成本为300万元。5月，该百货公司购入存货700万元，当月销售收入600万元，发生销售退回40万元。假定不考虑相关税费。请计算该百货公司2016年5月末的存货成本。

知识准备

一、存货概述

（一）存货的概念与特点

1. 存货的概念

存货是指企业在日常活动中持有以备出售的产成品或商品、处在生产过程中的在产品、在生产过程中或提供劳务过程中耗用的材料和物资等，包括企业为产品生产和商品销售而持有的原材料、在产品、产成品、商品、周转材料等。在大多数企业，存货在流动资产中占有很大比重，是流动资产的重要组成部分。

2. 存货的特点

（1）存货属于有形资产。商标权等无形资产虽然也为企业所持有或耗用，但不属于存货，它是相对于无形资产而言的。

（2）存货属于流动资产。存货通常在一年或超过一年的一个营业周期内被消耗或者销售，因此，具有较强的变现能力，流动性强。

（3）企业持有存货的目的是直接出售或进一步加工后出售，如商品、产成品、原材料、在产品等。

值得注意的是，存货都是为了进行正常生产经营而储存的流动资产。不是为此种目的而储存的资产，都不能够列为企业的存货。例如，特种储备的资产以及按有部门的指令专项储备的资产，只能够列为其他资产；为购置和建造固定资产而储备的专用物资，只能够列为有关的长期资产等。

（二）存货的范围

企业应以所有权的归属而不以物品的存放地点为依据来确定存货的范围，即在盘存日，法定所有权归属企业的一切存货，无论其存放于何处，都应作为企业的存货。

依所有权的归属确定存货范围时，要注意以下四点：

（1）凡是开出销售发票售出，所有权以及相应的风险和报酬已经转移的物品，即使暂时存放于本企业仓库，也不能将其作为本企业的存货，如已开票售出的待运商品等。

（2）凡是未转移所有权以及风险和报酬的发出物品，即使未存放于本企业，也应将其作为本企业的存货，如委托其他单位代销的存货、未出售的外出展销存货等。

（3）凡是所有权以及相应的风险和报酬已经归属于本企业的购入物品，即使未存放于本企业仓库，也应作为本企业的存货，如已经购入而尚未收到的运输途中的货物等。

（4）凡是不属于本企业所有以及相应的风险和报酬未转移到本企业的接受物品，即使存放于本企业仓库，也不能够作为本企业的存货，如受托代销的存货、受托加工的存货等。

（三）存货的分类

构成存货的内容很多，不同存货的具体特点和管理要求各不相同。为了有效地组织各项存货的会计核算，应对存货进行科学分类。从会计处理角度看，存货至少有以下两种分类方法：

1. 按具体内容分类

存货按经济内容分类，通常分为原材料、在产品、半成品、产成品（商品）、周转材料等。

原材料是指用于生产产品并构成产品主要实体的原料及主要材料、辅助材料、外购半成品、修理用备件（备品备件）、包装材料、燃料等。

在产品是指处于生产阶段尚未完工的生产物，包括处于各生产工序正在加工的在制品，以及尚未办理入库手续的制成品等。在产品一般不需要入半成品库。

半成品是指经过一定生产过程并由半成品库验收入库保管，但尚未制造完成，需进一步加工的中间产品，这部分中间产品能够单独计价。半成品一般需要入半成品库。从一个生产车间转到另一生产车间继续加工制造的自制半成品，以及不能单独计价的自制半成品，属于在产品，不作为半成品对待。

产成品是指已经全部完成生产过程并验收入库，达到可出售或交货状态，可以作为商品对外销售或按合同规定的条件交订货单位的产品。产成品既包括存放在成品库的产品，也包括存放在企业所属门市部备售的产品、展览会展出的产品，还包括企业接受外来原材料加工制成的代制品，以及为外单位加工修理完成的代修品等。

周转材料是指能够多次使用但不符合固定资产确认条件的用品，包括用于包装本企业商品的各种包装物与各种工具、管理用具、玻璃器皿、劳动保护用品、在生产经营过程中周转使用的容器等低值易耗品，以及建造承包商的钢模板、木模板、脚手架等周转材料。

2. 按来源分类

存货按来源分类，通常分为外购存货、自制存货、委托外单位加工存货等。

（1）外购存货是从企业外部购入的存货，如商业企业的外购商品、工业企业的外购材料、外购零部件等。

（2）自制存货是由企业制造的存货，如工业企业的自制材料、在产品、产成品等。

（3）委托外单位加工存货，如工业企业的委托加工物资、商业企业的委托加工商品等。

此外，企业的存货中还可能有投资者投入的存货、接受捐赠的存货、盘盈的存货等。

二、存货的初始计量

不同来源的存货，其入账价值的构成各不相同，本章仅对外购存货、自制存货及委托外单位加工存货的入账价值的确定方法进行说明，其他方式（如接受投资、接受捐赠、非货币资产交换、债务重组等）取得存货的入账价值将在其他章节中涉及并讲述。

1. 外购存货的入账价值

原材料、商品、低值易耗品等通过购买而取得的存货的初始成本由采购成本构成。存货的采购成本包括购买价款、相关税费、运输费、装卸费、保险费以及其他可归属于存货采购成本的费用。

（1）购买价款，是指企业购入材料或商品的发票账单上列明的价款，不包括按规定可以抵扣的增值税进项税额。

（2）相关税费，是指企业购买、自制或委托加工存货所发生的消费税、资源税和不能从增值税销项税额中抵扣的进项税额等。

（3）其他可归属于存货采购成本的费用，即采购成本中除上述各项以外的可归属于存货采购成本的费用，如在存货采购过程中发生的仓储费、包装费、运输途中的合理损耗、入库前的挑选整理费用等。这些费用中能够分清负担对象的，应直接计入存货的采购成本；不能分清负担对象的，应选择合理的分配方法，分配计入有关存货的采购成本。该项费用通常按所购存货的重量或采购价格等比例进行分配。

商品流通企业在采购商品过程中发生的运输费、装卸费、保险费以及其他可归属于存货采购成本的费用等，应当计入存货的采购成本，也可以先进行归集，期末再根据所购商品的存销情况进行分摊。已售商品的进货费用，应计入当期损益；未售商品的进货费用，应计入期末存货成本。企业采购商品的进货费用金额较小的，可以在发生时直接计入当期损益。

2. 自制存货的入账价值

自制存货，应将存货在生产过程中的加工成本作为实际成本，包括直接材料、直接人工以及按照一定方法分配转入的制造费用。计算自制存货的成本，应先对发生的加工成本进行归集，把能够直接计入某种产品成本的费用直接计入产品成本，不能直接归属于某种产品的生产费用采用一定标准进行分配，最后再采用成本计算方法，如品种法、分批法、分步法等，计算出完工产品的成本。具体计算方法参见《成本会计》教材，这里不做详述。

3. 委托外单位加工的存货

委托外单位加工的存货，应将实际耗用的原材料或半成品以及往返加工费、运输费、装卸费和保险费等费用以及按规定应计入成本的税金作为实际成本。

三、存货发出的计价

按照《存货》会计准则的规定，企业应采用先进先出法、加权平均法及个别计价法确定发出存货的实际成本。此外，商品流通企业发出存货的计价还可以采用毛利率法和售价金额核算法及计划成本法。本节主要介绍前面几种存货发出计价方法，计划成本法在原材料核算中详述。

由于企业取得存货途径的多样化，存货取得的渠道和批次不同，使得某一种存货在账面上存在不同的实际单位成本。当发出存货时，企业应按各类存货实物流转的情况、企业管理的要求和存货的性质等实际情况，确定发出存货成本的计算方法并计算当期发出存货的实际成本。

（一）实际成本法

1. 先进先出法

先进先出法是假设先收到的存货先发出，并以这种假设的存货流转顺序对发出存货和期末存货进行计价的一种方法。采用这种方法，在收入有关存货时，应在存货明细账中逐笔登记每一批存货的数量、单价和金额；在发出存货时，按照先进先出的原则计价，逐笔登记存货的发出和结存金额。

【例 3-1-1】 科达公司 2016 年 11 月甲材料的收、发、存情况见表 3-1-1。

表 3-1-1　　材料收发资料表

材料名称：甲材料　　计量单位：元/件

2016 年		摘要	入库			发出			结存		
月	日		数量	单价	金额	数量	单价	金额	数量	单价	金额
11	1	期初结存							300	60	
	6	购进	750	66					1 050		
	10	发出				600			450		
	12	购进	900	70					1 350		

续表

2016年		摘要	入库			发出			结存		
月	日		数量	单价	金额	数量	单价	金额	数量	单价	金额
	15	发出				1 200			150		
	22	购进	750	68					900		
	28	发出				450			450		
	30		2 100			2 250			450		

根据表 3－1－1，采用先进先出法计算发出存货成本和期末结存存货成本，见表 3－1－2。

表 3－1－2 **原材料明细分类账**（先进先出法）

名称：甲材料 规格：×× 计量单位：元/件

存货编号：×× 最高存量： 最低存量：

2016年		摘要	入库			发出			结存		
月	日		数量	单价	金额	数量	单价	金额	数量	单价	金额
11	1	期初结存							300	60	18 000
	6	购进	750	66	49 500				1 050		67 500
	10	发出				600		37 800①	450		29 700
	12	购进	900	70	63 000				1 350		92 700
	15	发出				1 200		82 200②	150		10 500
	22	购进	750	68	51 000				900		61 500
	28	发出				450		30 900③	450		30 600
	30		2 400		163 500	2 250		150 900	450	68	30 600

注：①300×60＋300×66＝37 800；②450×66＋750×70＝82 200；③150×70＋300×68＝30 900。

采用先进先出法，其优点是期末存货成本按最近购货的成本确定，比较接近现行的市场价格，企业不能随意挑选存货计价以调整当期利润；缺点是工作量大，计算比较繁琐，对于存货进出频繁的企业更是如此。当物价上涨时，采用该方法会高估企业当期利润和库存存货价值；反之，会低估企业存货价值和当期利润。在通货膨胀情况下，先进先出法会虚增利润，增加企业的税收负担，不利于企业资本保全。该方法比较适用于价格呈下降趋势的存货成本的计价。

2. 加权平均法

加权平均法是按期初结存存货和本期收入存货的数量及实际成本，在期末一次计算存货的本月加权平均单位成本，并以其作为本期发出存货和结存存货的单价，从而求得本期发出存货和结存存货成本的一种方法。这种方法也称为全月一次加权平均法。其计算公式如下：

$$加权平均单价=\frac{期初结存存货实际成本+本期收入存货实际成本}{期初结存存货实际数量+本期收入存货实际数量}$$

$$本期发出存货成本=本期发出存货数量\times加权平均单价$$

期末结存存货成本 = 期末存货数量 × 加权平均单价

注意：加权平均单价除不尽时，应先求期末结存存货成本，然后倒挤出发出存货的成本。

期末结存存货成本 = 期末存货数量 × 加权平均单价

本期发出存货成本 = 期初结存存货实际成本 + 本期收入存货实际成本 − 本期期末结存存货成本

【例 3－1－2】 仍以表 3－1－1 为例，采用加权平均法计算存货成本，见表 3－1－3。

表 3－1－3 **原材料明细分类账（加权平均法）**

名称：A 材料　　规格：× ×　　计量单位：元/件

存货编号：× ×　　最高存量：　　最低存量：

2016 年		摘要	入库			发出			结存		
月	日		数量	单价	金额	数量	单价	金额	数量	单价	金额
11	1	期初结存							300	60	18 000
	6	购进	750	66	49 500				1 050		
	10	发出				600		40 332	450		
	12	购进	900	70	63 000				1 350		
	15	发出				1 200		80 664	150		
	22	购进	750	68	51 000				900		
	28	发出				450		30 249	450		
	30		2 400		163 500	2 250	67.22	151 251	450	67.22	30 249

有关计算步骤如下：

$$加权平均单位成本 = \frac{18\,000 + 163\,500}{300 + 2\,400} = 67.22$$

期末结存存货成本 = 450 × 67.22 = 30 249（元）

本月发出存货成本 =（18 000 + 163 500）− 30 249 = 151 251（元）

采用加权平均法，只在月末一次计算加权平均单价比较简单，而且在物价上涨或下跌时将所计算出来的存货单位成本平均化，对存货成本的分摊较为折中。但是，这种方法平时无法从账面上提供每次发出和结存存货的单价及金额，不利于加强对存货的价值管理。加权平均法适用于价格比较稳定的存货成本的计价。

3. 个别计价法

个别计划法又称个别认定法、分批实际法。这一方法假设存货的成本流转与实物流转一致，按照各种存货，逐一辨认各批发出存货和期末结存存货所属的购进批别或生产批别，分别将其购入或生产时所确定的单位成本作为计算各批发出存货和结存存货成本。其计算公式如下：

每次（批）存货发出成本 = 该次（批）存货发出数量 × 该次（批）存货收入的单位成本

个别计价法的特点是成本流转与实物流转完全一致，因而能够准确地反映本期发出存货和期末结存存货的成本。采用这种方法，需要对发出存货和结存存货在账面上做出详细记录并进行具体认定，以辨认其所属的收入批次，实际操作比较难，工作量大，存货实物流转的操作程序也相当复杂。对于不经常流动的存货、为特定项目专门购入或制造的存货以及提供的劳务，通过个别计价法确定发出存货的成本。个别计价法一般适用于容易识别、存货品种数量不多、单位成本较高的存货计价，如房产、船舶、飞机、重型设备、珠宝、名画等贵重物品。

以上各种存货发出的计价方法各有优缺点，企业应根据本单位的具体情况，恰当地选择和运用。存货发出的计价方法一旦选定，在一个会计年度内不得随意变更。

（二）毛利率法

毛利率法是指用前期实际（或本期计划、本期估计）毛利率乘以本期销售净额，估算本期销售毛利，进而估算本期发出存货成本和期末结存存货成本的一种方法。采用毛利率法估算存货成本的基本程序如下：

（1）确定前期实际（或本期计划、本期估计）毛利率，将其作为估价的依据。

$$毛利率=\frac{销售毛利}{销售净额}\times 100\%$$

（2）从本期销售净额中减除估计销售毛利，估算本期销售成本。

$$销售净额=销售收入-销售退回与折让$$

$$估计销售毛利=销售净额\times 毛利率$$

$$本期销售成本=本期销售净额-销售毛利$$

或 $$=本期销售净额\times（1-毛利率）$$

（3）从本期可供销售商品成本总额中减除本期估计销售成本，估算期末结存存货成本。

$$期末结存存货成本=期初存货成本+本期购货成本-本期销售成本$$

采用毛利率法估算存货成本的关键在于确定一个合理的毛利率，如果毛利率不合理，估算的存货成本就会与实际情况发生较大的背离。采用前期实际毛利率，要求前后各期的毛利率大致相同；而采用本期估计毛利率，则需要根据存货采购成本、销售价格、销售结构等因素的变化，对毛利率进行不断的修正。此外，如果企业的存货品种繁多且毛利率差别较大，为了保证估价结果的的相对合理性，企业应按存货类别，分别确定各类存货的毛利率，据以估算存货成本，不能采用综合毛利率。

【例3-1-3】 科达公司的家用电器商场2016年12月初结存存货成本648 000元，本月购进存货成本4 120 000元，本月销售收入5 656 000元，销售退回与折让10 000元。上季度家用电器的实际毛利率为25%。该公司账务处理如下：

本月销售净额=5 650 000-10 000=5 640 000（元）

本月销售毛利=5 640 000×25%=1 410 000（元）

本月销售成本=5 640 000-1 410 000

或 =5 640 000×(1-25%)

=4 230 000（元）

月末结存存货成本 =（648 000 + 4 120 000）- 4 230 000 = 538 000（元）

毛利率法提供的只是存货成本的近似值，不是对存货的准确计价。为了合理计量期末存货的实际价值，企业一般应当在每季末，采用先进先出法、加权平均法等存货计价方法，对结存存货的成本进行一次准确的计量，然后根据本季度期初存货的成本和本期购进存货的成本，倒减出本季度发出存货的实际成本，据以调整采用毛利率法估算的发出存货成本。

毛利率法是商品批发企业普遍采用的一种存货估价方法。商品批发企业经营的商品种类繁多，若按月采用发出存货的计价方法对每种商品计算并结转销售成本，工作量十分繁重。此外，商品批发企业同类商品的毛利率大致相同，采用毛利率法估算的存货成本也比较接近实际。

（三）售价金额核算法

售价金额核算法是指平时对商品的购进、储存、销售均按售价记账，售价与进价的差额通过“商品进销差价”账户核算，期末计算进销差价率，从而计算本期已销商品应分摊的进销差价，并据以调整本期销售成本的一种方法。有关计算公式如下：

$$\text{商品进销差价率} = \frac{\text{期初库存商品进销差价} + \text{本期购入商品进销差价}}{\text{期初结存商品售价} + \text{本月收入商品售价}} \times 100\%$$

本期已销商品应分摊的进销差价 = 本期商品销售收入 × 进销差价率

本期已销商品实际成本 = 本期商品销售收入 - 本期已销商品应分摊的进销差价

【例 3-1-4】 甲公司是一家零售企业，2016 年 11 月初，该公司某柜组商品进价成本为 20 万元，售价总额为 26 万元；本期购进该商品的进价成本为 10 万元，售价总额为 14 万元；本期销售收入为 18.5 万元。有关计算如下：

进销差价率 =（60 000 + 40 000）÷（260 000 + 140 000）× 100% = 25%

已销商品应分摊的进销差价 = 185 000 × 25% = 46 250（元）

本期销售商品的实际成本 = 185 000 - 46 250 = 138 750（元）

从事商品零售业务的企业（如百货商场、超市等），由于经营的商品种类、品牌、规格等较多，而且要求按商品零售价格标价，可采用售价金额核算法。

四、原材料业务的核算

企业可以根据自身生产经营特点及管理要求，对原材料采用不同的方法进行核算。在我国的会计实务中，根据“原材料”账户记录的价格不同，原材料的核算方法可以分为两种：一是按实际成本计量；二是按计划成本计量。

（一）原材料按实际成本计量

1. 实际成本法的概念

实际成本法是指原材料按实际成本计量。原材料按实际成本计量是指企业对库存的各种材料的收、发、存的核算均按实际成本计价。实际成本法的特点是从原材料的收发凭证到明细账和总账的登记，均按实际成本反映。该方法一般适用于规模较小、存货品种简单、采购业务不多的小型企业。

2. 原材料采购成本的构成

通过购买而取得的原材料的初始成本由采购成本构成。采购成本主要包括购买价款、相关税费、运输费、装卸费、保险费及其他可归属于存货采购成本的费用。

（1）购买价款，是指企业购入材料时发票账单上列明的价款，不包括按规定可以抵扣的增值税进项税额。

（2）相关税费，是指企业购买材料所发生的消费税、资源税和不能从增值税销项税额中抵扣的进项税额等。

（3）其他可归属于存货采购成本的费用，即采购成本中除上述各项以外的可归属于材料采购成本的费用，如在采购过程中发生的仓储费、包装费、运输途中的合理损耗、入库前的挑选整理费用等。

注意：小规模纳税人购入原材料所支付的增值税进项税额，无论是否取得增值税专用发票，所支付的增值税额均计入所购材料的成本。

3. 账户设置

为了反映企业材料所处状态和增减变动以及变动后的结果，会计核算上，一般需要设置“原材料”“在途物资”“应交税费”等账户，并按材料种类设置明细账户。

（1）“在途物资”账户。

“在途物资”账户用来核算企业已付款或已开出承兑商业汇票但尚未到达或已到达但尚未验收入库的各种物资的实际成本，包括买价加上运杂费、装卸费、包装费、保险费和按规定应计入成本的税金及其他费用等。该账户的借方登记企业已付款或已开出承兑商业汇票但尚未到达或尚未验收入库的各种外购物资的实际成本；贷方登记在途物资到达企业验收入库时的实际成本；期末余额在借方，反映企业已购进但尚未到达或尚未验收入库的在途物资的实际成本。该账户应按供应单位和物资品种设置明细账进行明细核算。

（2）“原材料”账户。

“原材料”账户用来核算企业库存的各种材料的实际成本。该账户的借方登记企业已验收入库的原材料的实际成本；贷方登记企业发出材料的实际成本；期末余额在借方，反映期末库存原材料的实际成本。该账户应按照材料的保管地点（仓库），材料的类别、品种和规格等设置明细账进行明细核算。

（3）“应交税费”账户。

“应交税费”账户核算企业按照税法规定计算应交纳的各种税费，包括增值税、消费税、所得税、城市维护建设税及教育费附加等。该账户的贷方登记各种应交未交的税费；借方登记已交或尚可抵扣的税费；期末余额在贷方，表示期末应交未交的各种税费；期末余额在借方，表示多交或留待下期可以抵扣的各种税费。该账户应按各种应交税费的税种设置明细账进行明细核算。

4. 原材料取得的核算

（1）外购材料的核算。

企业购进原材料，一般经过购进和入库两个阶段。企业外购材料时，由于结算方式和采购地点不同，会使结算凭证到达和材料验收入库在时间上往往不一致，因而其账务处理也会有所不同。

Ⅰ. 结算凭证到达，同时将材料验收入库。这是指在办理有关结算的同时，收到材料并验收入库的情况。发生此类业务时，应根据入库材料的实际成本借记“原材料”账户，根据入库材料的增值税借记“应交税费”账户，根据实际付款金额贷记“银行存款”“其他货币资金”等账户，或根据已承兑的商业汇票贷记“应付票据”账户。

【例3-1-5】 科达公司为一般纳税人，2016年11月2日从外地购入甲材料一批，取得的增值税专用发票上注明的价款为20 000元，增值税税额为3 400元，价税合计23 400元；运费由销售单位代垫，取得的运输业增值税专用发票上注明运费为2 000元，增值税税额为220元，价税合计2 220元。全部款项以银行存款支付，甲材料当日收到并验收入库。根据发生的有关购进原材料的经济业务，编制会计分录如下：

借：原材料——甲材料　　22 000.00
　　应交税费——应交增值税（进项税额）　　3 620.00
　　贷：银行存款　　25 620.00

如果科达公司是小规模纳税人，则其账务处理如下：

借：原材料——甲材料　　25 620.00
　　贷：银行存款　　25 620.00

Ⅱ. 结算凭证先到、材料后入库。这是指在办理有关结算时承担了该材料的风险和报酬，但材料尚未到达企业，未验收入库的情况。发生此类业务时，应根据有关结算凭证中记载的已付款材料价格借记“在途物资”账户，根据已付款材料的增值税借记“应交税费——应交增值税（进项税额）”账户，根据实际付款金额贷记“银行存款”或“其他货币资金”账户，或根据已承兑的商业汇票贷记“应付票据”账户等。

【例3-1-6】 科达公司为一般纳税企业，2016年11月5日从兴隆公司购入乙材料一批，增值税专用发票上注明材料价款为50万元，增值税税额为8.5万元。全部款项用一张银行汇票支付，但材料尚未到达企业。有关账务处理如下：

借：在途物资——兴隆公司　　500 000.00
　　应交税费——应交增值税（进项税额）　　85 000.00
　　贷：其他货币资金——银行汇票　　585 000.00

【例3-1-7】 接上例，科达公司于11月12日收到上述乙材料并验收入库。有关账务处理如下：

借：原材料——乙材料　　500 000.00
　　贷：在途物资——兴隆公司　　500 000.00

Ⅲ. 材料先验收入库，结算凭证后到达。这是指企业收到材料并验收入库时即承担该材料的风险和报酬，但尚未付款或尚未签发承兑商业汇票的情况。发生此类业务时，因企业从外埠进货未收到有关结算凭证，尚无法确定入库材料的实际成本，而且材料先到、结算凭证后到是材料运输时间短于结算凭证的传递时间所致，并不是一般的赊购业务。因此，为了简化会计核算手续，在收到材料并验收入库时，可以暂不做账务处理，只将有关的入库单证单独保管，待结算凭证到达后，按结算凭证到达并将材料验收入库的情况处理。但如果会计期末仍有已经入库而未付款的材料，为了反映企业存货及负债的情况，应将其估价入账，借记“原材料”账户，贷记“应付账款”账户，下月初再以红字分录冲回。

【例3-1-8】 科达公司从外埠采用委托收款结算方式购进的丙材料已于11月4日收到并验收入库，但发票账单尚未到达。

11月14日收到丙材料时，因未收到发票账单等结算凭证，所以无法确定材料的实际采购成本，可暂不进行总分类核算，只将材料验收入库，会计部门在有关备查簿中进行记录，不作账务处理。

【例3-1-9】 接上例，11月18日上述丙材料的采购结算凭证到达，增值税专用发票上注明材料价款为50 000元，增值税税额为8 500元，购进材料支付进货运费，取得的增值税专用发票上注明运费为4 000元，增值税税额为440元，装卸费为2 000元。验单后支付全部货款及进货运费、装卸费。相关计算及会计分录如下：

材料成本=50 000+4 000+2 000=56 000（元）

进项税额=8 500+440=8 940（元）

借：原材料　　56 000.00

　　应交税费——应交增值税（进项税额）　　8 940.00

　　贷：银行存款　　64 940.00

【例3-1-10】 科达公司采用托收承付结算方式从外埠购进的丁材料已于11月27日收到并验收入库。12月5日结算凭证到达，货款共计140 400元（其中，材料价款为120 000元，增值税税额为20 400元），购进材料支付运费，取得的运输业增值税专用发票上注明运费为1 800元，增值税税额为198元，装卸费为400元，运输保险费为800元。

11月27日收到丁材料时，因未收到发票、账单等结算凭证，暂不进行总分类核算，只在有关备查簿中进行记录。

11月30日结算凭证未到，按材料价款120 000元估价入账。

借：原材料——丁材料　　120 000.00

　　贷：应付账款　　120 000.00

12月1日将估价入账的材料以红字冲回。

借：原材料——丁材料　　[120 000.00]

　　贷：应付账款　　[120 000.00]

12月5日结算凭证到达，办理付款手续。

材料成本=120 000+1 800+400+800=123 000（元）

进项税额=20 400+198=20 598（元）

借：原材料——丁材料　　123 000.00
　应交税费——应交增值税（进项税额）　　20 598.00
　　贷：银行存款　　143 598.00

Ⅳ. 企业外购原材料可能发生溢余或短缺。

外购的原材料发生短缺或毁损时，企业应及时查明原因，分清经济责任，按不同情况分别进行处理。

企业购进原材料发生短缺，应根据不同的原因和处理结果分别核算。其中，定额内的合理损耗，按其实际成本计入入库原材料成本，即入库材料的总成本不变，提高了入库材料的单位成本；超定额损耗，将其实际成本及应负担的进项税中由保险公司、运输部门或其他过失人赔偿后尚不能弥补的部分作为期间费用记入“管理费用”账户；购进原材料发生的非常损失（包括被盗损失及其他非常损失等），将其实际成本及应负担的进项税中由保险公司及有关责任人赔偿后尚不能弥补的部分作为非常损失记入“营业外支出”账户。发生购进原材料短缺，尚未查明原因或尚未做出处理之前，一般先按短缺原材料的实际成本记入“待处理财产损溢”账户的借方，即借记“待处理财产损溢”账户，贷记“在途物资”等账户；待查明原因做出处理后，再转入有关账户，借记“管理费用”“营业外支出”等账户，贷记“待处理财产损溢”等账户。

【例 3－1－11】 科达公司 11 月 29 日从昌河公司购入甲材料 1 000 千克，单价 40 元，增值税税率 17%，全部款项已转账支付。12 月 4 日原材料到达，验收入库的合格品为 950 千克，缺少的材料原因待查。

11 月 29 日付款时：

借：在途物资——昌河公司　　40 000.00
　应交税费——应交增值税（进项税额）　　6 800.00
　　贷：银行存款　　46 800.00

12 月 4 日材料验收入库时：

假设材料短缺属于自然损耗，则其账务处理如下：

借：原材料——甲材料　　40 000.00
　　贷：在途物资——昌河公司　　40 000.00

此时，甲材料的实际单位成本为 42.10（40 000 ÷ 950）元。

假设该材料短缺是运输部门造成的，应由其赔偿，则相关账务处理如下：

借：原材料——甲材料　　38 000.00
　其他应收款——某运输公司　　2 340.00
　　贷：在途物资——昌河公司　　40 000.00
　　　应交税费——应交增值税（进项税额转出）　　340.00

假设该材料短缺是对方单位少发货造成的，应由其补发货，则相关账务处理如下：

借：原材料——甲材料　　40 000.00
　　贷：在途物资——昌河公司　　40 000.00

假设该材料短缺的原因尚未查明，则其账务处理如下：

借：原材料——甲材料　　38 000.00
　　待处理财产损溢——待处理流动资产损溢　　2 000.00
　　贷：在途物资——昌河公司　　40 000.00

企业购入存货发生溢余的情况很少，如果购入材料出现了溢余，可以先通过“待处理财产损溢”账户核算，待查明原因后再作处理；如属于自然升溢和计量仪器误差造成的溢余，相应降低购入材料的单位成本；如属于供应单位多发货造成的溢余，若是企业需要的物资，则应与供应部门联系补付货款，补做购进，若是本企业不需要的物资，则应退回供货方。

（2）自制材料入库的核算。

自制并验收入库的原材料，应按入库材料的实际成本，借记“原材料”账户，贷记“生产成本——基本生产成本（或辅助生产成本）”账户。

（3）投资者投入的原材料。

投资者投入的原材料，应按投资各方确认的价值，借记“原材料”账户，按专用发票上注明的增值税额，借记“应交税费——应交增值税（进项税额）”账户，按原材料价值占投资方股权总额的比例，贷记“实收资本（或股本）”账户，按其差额，贷记“资本公积”账户。

（4）企业接受捐赠的原材料。

企业接受捐赠的原材料，按确定的实际成本，借记“原材料”账户，按实际成本与现行税率计算的未来应交的所得税费用，贷记“递延所得税负责”账户，按实际支付或应支付的其他相关税费，贷记“银行存款”“应交税费”账户，按以上几项金额的差额，贷记“营业外收入”账户。

5. 原材料发出的核算

企业发出的材料不论其用途如何，都要填制领发料凭证，据以进行发出材料的核算。由于企业发出材料的业务比较频繁，次数多、数量大，为了简化核算，平时一般只按发料凭证登记材料明细账，月末按当月发出材料的有关原始凭证（如领料单、限额领料单等），按用途、领用部门归类汇总，编制“发料凭证汇总表”，据以进行发出材料的总分类核算。

“原材料”账户按实际成本记录时，由于不同批次购入或形成的原材料的单位成本不同，发出、领用原材料时，应按一定方法计算确定发出、领用原材料的实际成本。企业可根据实际情况，选择采用先进先出法、加权平均法或个别计价法等，对不同原材料可采用不同的计价方法，但企业在同一会计年度内不能随意变更同种原材料的计价方法。

在会计核算上，发出原材料时，应按其具体用途反映原材料的实际耗费情况，借记有关账户，贷记“原材料”账户。其中，直接用于产品生产的，应借记“生产成本”账户；用于车间一般耗用的，应借记“制造费用”账户；用于企业管理的，借记“管理费用”账户；为销售产品而消耗的，借记“销售费用”账户；对外销售的材料，计入“其他业务成本”账户；基建部门领用的材料，计入“在建工程”账户；福利部门领用的材料，计入“应付职工薪酬”账户等。

企业发出的原材料，用于增值税的免税项目或非应税项目，如用于基建工程部门、福利部门等，按增值税法的规定，作为一般纳税企业，应将这部分材料应负担的增值税从“进项税额”中转出，计入“应交税费——应交增值税（进项税额转出）”账户，同时计入有关项目的成本费用。

【例 3－1－12】 科达公司采用加权平均法计算发出材料的成本。2016 年 11 月根据当月发料凭证，按领料部门和材料用途，编制“发料凭证汇总表”，见表 2－1－4。

表 3－1－4 发料凭证汇总表

2016 年 11 月 单位：元

项目	生产成本		制造费用	管理费用	其他业务成本	销售费用	合计
	基本生产成本	辅助生产成本					
原材料及主要材料	900 000	140 000					1 040 000
辅助材料	50 000	14 000	28 000	18 000		14 000	124 000
修理用备件		6 000	32 000	28 000	20 000		86 000
外购半成品	70 000						70 000
燃料		30 000					30 000
合计	1 020 000	190 000	60 000	46 000	20 000	14 000	1 350 000

假设计入在建工程的材料系建造仓库领用，则根据发料凭证汇总表编制会计分录如下：

借：生产成本——基本生产成本 1020 000.00
　　　　　——辅助生产成本 190 000.00
　　制造费用 60 000.00
　　管理费用 46 000.00
　　其他业务成本 20 000.00
　　销售费用 14 000.00
　　贷：原材料 1 350 000.00

6. 实际成本法的优缺点及适用范围

原材料按实际成本法核算，对于收发频繁的企业，材料计价工作量是极为繁重的，而且按实际成本计价核算，反映不出材料成本是节约还是超支，不利于反映和考核材料采购业务。因此，这种方法一般适用于原材料收发业务较少的企业。

（二）原材料按计划成本计量

1. 计划成本法的概念

计划成本法是指企业对原材料的收入、发出和结存均按照预先制定的计划成本计价，同时设置“材料成本差异”账户登记计划成本与实际成本之间的差额；月末再通过对原材料成本差异的分摊，将发出材料的计划成本和结存存货的计划成本调整为实际成本进行反映的一种核算方法。

在计划成本法下，存货明细账可以只记收入、发出和结存存货的数量，将数量乘以单位计划成本，即可随时得出存货收、发、存的金额；通过“材料成本差异”账户，计算和调整发出及结存存货的实际成本，简便易行；有了合理的计划成本之后，将实际成本与计划成本进行对比，可以对采购部门进行考核，促使其降低采购成本，节约支出。

采用计划成本法的前提是制定科学合理的计划单位成本，存货的计划成本一般由企业的采购部门和财会等有关部门共同制定，所制定的计划成本应尽可能的接近实际，除特殊情况外，材料的计划单位成本在年度内一般不做调整。

2. 账户设置

（1）“原材料”账户。

“原材料”账户用来核算企业库存的各种材料的计划成本。该账户的借方登记企业已验收入库的原材料的计划成本；贷方登记企业发出材料的计划成本；期末余额在借方，反映期末库存原材料的计划成本。该账户应按照材料的保管地点（仓库），材料的类别、品种和规格等设置明细账进行明细核算。

（2）“材料采购”账户。

“材料采购”账户用来核算企业购入材料物资的采购成本。该账户借方登记按发票账单等原始凭证计算出来的材料物资的实际成本和结转至“材料成本差异”账户贷方的实际成本小于计划成本的节约差异；贷方登记已验收入库材料物资的计划成本和结转至“材料成本差异”账户借方的实际成本大于计划成本的超支差异；期末余额在借方，反映企业已经收到发票账单或已开出、承兑的商业汇票，但尚未到达或尚未验收入库的在途材料物资的实际成本。该账户应按供应单位和材料物资品种设置明细账进行明细核算。

（3）“材料成本差异”账户。

“材料成本差异”账户用来核算企业各种材料的实际成本与计划成本之间的差异额。该账户借方登记各种收入材料的超支差异（实际成本大于计划成本的差异额）和发出材料应分摊的节约差异；贷方登记各种收入材料的节约差异（计划成本大于实际成本的差异额）和发出材料应分摊的超支差异。期末余额如在借方，反映企业库存材料的实际成本大于计划成本的超支差异；期末余额如在贷方，反映企业库存材料的实际成本小于计划成本的节约差异。该账户应分别对“原材料”“周转材料”等，按类别或品种设置明细账进行明细核算。

3. 原材料按计划成本核算的一般程序和方法

会计实务中，在“原材料”账户按计划成本计量的情况下，原材料收发业务一般按下列程序和方法进行会计处理：

（1）采购材料时，按发生的属于材料成本的价款和运杂费等借记“材料采购”，按应予抵扣的进项税额借记“应交税费”，按实际付款额贷记“银行存款”“库存现金”“其他货币资金”等。

（2）月份终了（或在材料入库时），根据已经办理结算的入库外购材料的计划成本，借记“原材料”，贷记“材料采购”；同时，按入库材料的实际成本小于计划成本的差额，借记“材料采购”，贷记“材料成本差异”，或按入库材料的实际成本大于计划成本的差额，借记“材料成本差异”，贷记“材料采购”。

（3）月份终了，对于尚未收到发票账单的收料凭证，应抄列清单，并按计划成本暂估入账，借记“原材料”，贷记“应付账款”，下月初用红字冲回。

（4）发出材料时，根据领用的部门和具体用途，按发出原材料的计划成本，借记“生产成本”“制造费用”“管理费用”“销售费用”“委托加工物资”等，贷记“原材料”账户。

（5）月份终了，将材料成本差异总额在发出材料和期末库存材料之间分摊，按照发出原材料的计划成本分摊的成本差异额，借记“生产成本”“制造费用”“管理费用”“销售费用”“委托加工物资”等，贷记“材料成本差异”（其中，实际成本大于计划成本的超支差异用蓝字登记，实际成本小于计划成本的节约差异用红字登记）。

计算发出材料应负担的成本差异的方法有两种：一是按当月的成本差异率计算；二是按上月的成本差异率计算。为保持会计方法的一贯性，计算方法一经确定，不得随意变更。成本差异率的计算公式为：

$$材料成本差异率=\frac{月初结存材料成本差异+本期收入材料成本差异}{期初结存材料计划成本+本期收入材料计划成本}\times 100\%$$

$$发出材料应负担的成本差异=发出材料计划成本\times 材料成本差异率$$

$$发出材料实际成本=发出材料计划成本\pm 发出材料应负担的成本差异$$

4. 原材料取得核算举例

【例 3-1-13】 科达公司的存货采用计划成本核算。2016 年 9 月，该公司发生以下采购业务：

（1）9 月 5 日，购入一批原材料，增值税专用发票上注明的价款为 100 000 元，增值税税额为 17 000 元。货款已通过银行转账支付，材料也已验收入库。该批原材料的计划成本为 105 000 元。

借：材料采购　　100 000.00
　　应交税费——应交增值税（进项税额）　　17 000.00
　　贷：银行存款　　117 000.00
借：原材料　　105 000.00
　　贷：材料采购　　105 000.00
借：材料采购　　5 000.00
　　贷：材料成本差异——原材料　　5 000.00

（2）9 月 10 日，购入一批原材料，增值税专用发票上注明价款为 160 000 元，增值税税额为 27 200 元。货款已通过银行转账支付，材料尚在运输中。

借：材料采购　　160 000.00
　　应交税费——应交增值税（进项税额）　　27 200.00
　　贷：银行存款　　187 200.00

（3）9 月 16 日，购入一批原材料，材料已运达企业并已验收入库，但发票等结算凭证尚未收到，货款尚未支付。暂不作会计处理。

（4）9 月 18 日，收到 9 月 10 日购进的原材料并验收入库。该批原材料的计划成本为

150 000 元。

借：原材料　　150 000.00
　贷：材料采购　　150 000.00

借：材料成本差异——原材料　　1 000.00
　贷：材料采购　　1 000.00

（5）9 月 22 日，收到 9 月 16 日已入库原材料的发票等结算凭证，增值税专用发票上注明的材料价款为 250 000 元，增值税税额为 42 500 元，开出一张商业汇票抵付。该批原材料的计划成本为 243 000 元。

借：材料采购　　250 000.00
　应交税费——应交增值税（进项税额）　　42 500.00
　贷：应付票据　　292 500.00

借：原材料　　243 000.00
　贷：材料采购　　243 000.00

借：材料成本差异——原材料　　7 000.00
　贷：材料采购　　7 000.00

（6）9 月 25 日，购入一批原材料，增值税专用发票上注明的价款为 200 000 元，增值税税额为 344 000 元。贷款已通过银行转账支付，材料尚在运输途中。

借：材料采购　　200 000.00
　应交税费——应交增值税（进项税额）　　34 000.00
　贷：银行存款　　234 000.00

（7）9 月 27 日，购入一批原材料，材料已运达企业并已验收入库，但发票等结算凭证尚未收到，贷款尚未支付。9 月 30 日，该批材料的结算凭证仍未到达，企业按该批材料的计划成本 80 000 元估价入账。

借：原材料　　80 000.00
　贷：应付账款——暂估应付账款　　80 000.00

下月初，用红字将上述分录予以冲回。

借：原材料　　[80 000.00]
　贷：应付账款——暂估应付账款　　[80 000.00]

待下月收到收到发票等有关结算凭证并支付货款时，按正常程序记账。

在会计实务中，为了简化收入存货和结转存货的成本差异，月末时，再将本月已付款或已开出承兑商业汇票并已验收入库的存货，按实际成本和计划成本分别汇总，一次登记本月存货的增加并计算和结转本月存货的成本差异。

【例 3-1-14】 按【例 3-1-13】中的资料，如果科达公司采用本月末汇总登记存货的增加和结转存货成本差异的方法，则对应业务处理如下：

（1）9 月 5 日的会计分录：

借：材料采购　　100 000.00
　应交税费——应交增值税（进项税额）　　17 000.00

贷：银行存款　　117 000.00

(2) 9 月 10 日的会计分录：

借：材料采购　　160 000.00

应交税费——应交增值税（进项税额）　　27 200.00

贷：银行存款　　187 200.00

(3) 9 月 16 日，购入一批原材料，材料已运达企业并已验收入库，当发票等结算凭证尚未收到，货款尚未支付。暂不作会计处理。

(4) 9 月 18 日的会计分录：

借：原材料　　150 000.00

贷：材料采购　　150 000.00

借：材料成本差异——原材料　　10 000.00

贷：材料采购　　10 000.00

(5) 9 月 22 日的会计分录：

借：材料采购　　250 000.00

应交税费——应交增值税（进项税额）　　42 500.00

贷：应付票据　　292 500.00

(6) 9 月 25 日的会计分录：

借：材料采购　　200 000.00

应交税费——应交增值税（进项税额）　　34 000.00

贷：银行存款　　234 000.00

(7) 9 月 27 日的会计分录：

借：原材料　　80 000.00

应付账款——暂估应付账款　　80 000.00

(8) 9 月 30 日，汇总本月已付款或已开出、承兑汇票并已验收入库的原材料，实际成本和计划成本，登记本月存货的增加，并计算和结转本月存货成本差异。

原材料实际成本 = 100 000 + 160 000 + 250 000 = 510 000（元）

原材料计划成本 = 105 000 + 150 000 + 243 000 = 498 000（元）

原材料成本差异 = 510 000 − 498 000 = 12 000（元）

借：原材料　　498 000.00

贷：材料采购　　498 000.00

借：材料成本差异——原材料　　12 000.00

贷：材料采购　　12 000.00

企业通过外购以外的其他方式取得存货，不需要通过“材料采购”账户确定存货成本差异，而应直接按取得存货的计划成本借记“原材料”等存货账户，按确定的实际成本贷记“生产成本”“委托加工物资”等账户，按实际成本与计划成本之间的差额，借记或贷记“材料成本差异”账户。

【例 3-1-15】 科达公司的甲投资者将一批原材料作为投资投入企业。取得的增值税专用发票上注明材料价款为650 000元，增值税税额为110 500元，投资各方确认将该发票金额作为甲投资者的投入资本，折换为科达公司每股面值1元的股票500 000股。该批原材料的计划成本为660 000元。

借：原材料　660 000.00
　应交税费——应交增值税（进项税额）　110 500.00
　贷：股本——甲股东　500 000.00
　　资本公积——股本溢价　260 500.00
　　材料成本差异——原材料　10 000.00

5. 原材料发出及成本分摊核算举例

【例3-1-16】 2016年9月1日，科达公司结存原材料的计划成本为52 000元，“材料成本差异——原材料”账户的贷方余额为1 000元。该公司9月的材料采购业务见【例3-1-14】资料。经汇总，9月已经付款或已开出承兑商业汇票并验收入库的原材料的计划成本为498 000元，实际成本为510 000元，材料成本差异为超支的12 000元。9月份领用原材料的计划成本为504 000元，其中，基本生产领用350 000元，辅助生产领用110 000元，车间一般耗用16 000元，管理部门领用8 000元，出售20 000元。

（1）按计划成本发出原材料。

借：生产成本——基本生产成本　350 000.00
　　　——辅助生产成本　110 000.00
　制造费用　16 000.00
　管理费用　8 000.00
　其他业务成本　200 000.00
　贷：原材料　504 000.00

（2）计算本月材料成本差异率。

本月材料成本差异率=(-1 000+12 000)÷(52 000+498 000)×100%=2%

在计算本月材料成本差异率时，本月收入存货计划成本金额不包括已验收入库但发票等结算凭证月末尚未到达，企业按计划成本估价入账的原材料金额。

（3）分摊材料成本差异。

生产成本（基本生产成本）=350 000×2%=7 000（元）

生产成本（辅助生产成本）=110 000×2%=2 200（元）

制造费用=16 000×2%=320（元）

管理费用=8 000×2%=160（元）

其他业务成本=20 000 ×2%=400（元）

借：生产成本——基本生产成本　7 000.00
　　　——辅助生产成本　2 200.00
　制造费用　320.00
　管理费用　160.00
　其他业务成本　400.00
　贷：材料成本差异——原材料　10 080.00

6. 计划成本法的优点及适用性

计划成本法具有以下优点：

（1）可以简化存货的日常核算手续。在计划成本法下，同一种存货只有一个单位计划成本，因此，存货明细账平时可以只登记收、发、存数量，而不必登记收、发、存金额。需要了解某项存货的收、发、存金额时，以该项存货的单位计划成本乘以相应的数量即可求得，避免了烦琐的发出存货计价。

（2）有利于考核采购部门的工作业绩。计划成本法的显著特点是可以通过实际成本与计划成本的比较，得出实际成本脱离计划成本的差异，并通过对差异的分析寻求实际成本脱离计划成本的原因，据以考核采购部门的工作业绩，促使采购部门不断减低采购成本。

鉴于上述优点，计划成本法在我国大中型企业中应用得比较广泛。

原材料的日常核算，既可以采用计划成本，也可以采用实际成本，还可以对不同的材料分别采用计划成本或实际成本。具体采用哪种方法，由企业根据具体情况自行决定。一般来说，材料品种繁多的企业，可以采用计划成本进行日常核算；但对于某些品种不多且占产品成本比重较大的原料或主要材料，也可以单独采用实际成本进行核算，以保证产品成本的真实、准确。对于企业规模较小、材料品种简单、采购业务不多的企业，一般采用实际成本进行原材料的日常收发核算。企业在选定材料核算方法后，一般不得随意变更，如需变更，应按变更会计政策的原则进行处理。

五、周转材料业务的核算

（一）周转材料概述

周转材料是指企业能够多次使用、逐渐转移其价值但仍保持原有实物形态、不确认为固定资产的材料，如周转使用的包装物、低值易耗品，以及企业（建造承包商）的钢模板、木模板、脚手架等。

周转材料不多的企业，一般通过“周转材料”核算，当包装物、低值易耗品较多时，可分别通过“包装物”“低值易耗品”核算。本部分内容采用分设“包装物”和“低值易耗品”的方法对周转材料的会计处理进行说明。

（二）低值易耗品

1. 低值易耗品的范围

低值易耗品是指企业在经营过程中所必需的单项价值比较低或使用年限比较短，不能够作为固定资产核算的物资设备和劳动资料等，如工具、管理用具、玻璃器皿、劳动用具，以及在企业生产经营过程中周转使用的包装容器等。这些物资设备在经营过程中可以多次使用，其价值随其磨损程度逐渐转移，形成有关的成本或费用。

2. 低值易耗品取得的核算

企业购入、自制、委托外单位加工完成等验收入库低值易耗品的核算方法与原材料入库的核算方法相同，这里不再重复。

3. 低值易耗品领用的核算

低值易耗品从仓库领用直到报废以前，可以在生产过程中反复使用，其损耗的价值需要采用一定的摊销方法分别记入成本费用。企业可按其价值大小、使用期限长短等情况，采用一次转销法和五五摊销法摊销领用的低值易耗品。对于企业（建造承包商）的钢模板、木模板、脚手架等，还可以用分次摊销法进行摊销。

（1）一次转销法。

一次转销法就是将低值易耗品的成本一次全部计入当期成本、费用的一种方法。采用一次摊销法的企业，领用低值易耗品时，借记"管理费用""生产成本""制造费用"等账户，贷记"周转材料——低值易耗品"账户。低值易耗品报废时，应按报废低值易耗品的残料价值，冲减有关成本、费用，借记"原材料"等账户，贷记"管理费用""生产成本""制造费用"等账户。

【例3-1-17】 科达公司的生产车间2016年9月10日领用工具一批，实际成本3 000元。采用一次转销法。2016年12月6日，该工具报废。残料价值90元已入库。有关账务处理如下：

◆ 9月10日领用工具时：

借：制造费用　　3 000.00

　　贷：周转材料——低值易耗品　　3 000.00

◆ 12月6日工具报废时：

借：原材料　　90.00

　　贷：制造费用　　90.00

一次摊销法的会计核算手续简单，但不利于实物管理，容易造成低值易耗品的实际价值与其账面价值不符。该方法一般适用于价值量较小、使用期限较短且各期领用比较均衡的管理用具和玻璃器皿等低值易耗品。

（2）五五摊销法。

五五摊销法又称五成摊销法，就是在领用低值易耗品时摊销其成本的50%，在低值易耗品报废时再摊销其成本的50%的方法。采用五五摊销法领用低值易耗品时，按领用价值借记"周转材料——低值易耗品（在用）"账户，贷记"周转材料——低值易耗品（在库）"账户；并摊销其账面价值的50%，借记"制造费用""管理费用"等账户，贷记"周转材料——低值易耗品（摊销）"账户。低值易耗品报废时，按报废低值易耗品的账面价值摊销其另外的50%，同时将其残料价值冲减已摊销的成本费用，借记"原材料"账户，贷记"制造费用""管理费用"等账户；同时转销报废低值易耗品的已摊销额，借记"周转材料——低值易耗品（摊销）"账户，贷记"周转材料——低值易耗品（在用）"账户。

【例3-1-18】 科达公司第一车间2016年5月10日领用20套工具，每套工具的实际成本为800元，共计16 000元。2016年12月7日，该工具有6套工具毁损并报废，残料入库300元。有关账务处理如下：

◆ 5月10日，领用低值易耗品时：

借：周转材料——低值易耗品（在用）　　16 000.00

贷：周转材料——低值易耗品（在库） 16 000.00

同时摊销其成本的50%：

借：制造费用 8 000.00

贷：周转材料——低值易耗品（摊销） 8 000.00

◆ 12月7日报废6套工具，按其领用价值的50%摊销：

借：制造费用 2 400.00

贷：周转材料——低值易耗品（摊销） 2 400.00

◆ 残料入库时：

借：原材料 300.00

贷：制造费用 300.00

◆ 同时冲销已报废低值易耗品的摊销数：

借：周转材料——低值易耗品（摊销） 4 800.00

贷：周转材料——低值易耗品（在用） 4 800.00

采用五五摊销法核算低值易耗品，在低值易耗品报废前，账面上一直保持其价值的一半，因此有利于实行会计监督，防止出现大量的账外物资。五五摊销法一般适用于使用期限较长，单位价值较高，每月领用数、报废数比较均衡的低值易耗品，且低值易耗品能够按车间、部门进行数量和金额明细核算的企业。

（3）分次摊销法。

分次摊销法是指根据低值易耗品价值和预计使用期限求得每期摊销额，分次摊入各期成本费用的一种方法。该方法适用于建造承包商的钢模板、脚手架等周转材料的摊销。

分次摊销法一般适用于使用期限较长，单位价值较高，各月领用又不均衡的低值易耗品。

低值易耗品采用计划成本进行日常核算的企业，领用及发出低值易耗品时，还应结转应分摊的成本差异；如果对相关低值易耗品计提了存货跌价准备，还应同时结转已计提的存货跌价准备。

（三）包装物

1. 包装物的范围

包装物是指企业为了包装本企业的商品、产品而储备的各种包装容器，如桶、箱、瓶、坛、袋等。可作为周转材料的包装物，一般仅限于下列四项：①生产经营过程中用于包装商品、产品并作为商品、产品组成部分的包装物；②随同商品、产品出售而不单独收取价款（以下称不单独计价）的包装物；③随同商品、产品出售而单独收取价款（以下称单独计价）的包装物；④出租、出借给购货单位使用的包装物。

进行包装物核算时，应注意以下三点：①单位价值比较小或不能够周转使用的各种包装材料（如纸、绳、铁丝、铁皮等）一般作为原材料核算，不在“包装物”账户核算；②用于储存和保管产品、商品、材料而不对外出售的包装物，一般按其价值大小和使用年限长短，分别在“固定资产”或“低值易耗品”账户核算，不在“包装物”账户核算；③单独列作企业商品、产品的自制包装物，一般作为库存商品处理，而不在“包装物”账户核算。

2. 包装物购入的核算

企业购入、自制、委托外单位加工完成等验收入库包装物的核算方法与原材料入库的核算方法相同，这里不再重复。

3. 包装物领用的核算

(1) 生产领用包装物。

企业生产车间领用的用于包装产品的包装物是产品的组成部分，应将包装物的成本计入产品的生产成本，其核算与生产领用原材料的核算方法相同。应根据生产领用包装物的实际成本借记“生产成本”账户，按其实际成本或计划成本贷记“周转材料——包装物”账户，贷记或借记“材料成本差异”账户。

【例3-1-19】 2016年5月，科达公司生产车间为包装产品而领用了包装盒4 000只，每只包装盒的计划成本为10元。当月包装物的材料成本差异率为2%。有关账务处理如下：

借：生产成本　　40 800.00

　　贷：周转材料——包装物　　40 000.00

　　　　材料成本差异　　800.00

(2) 随同产品或商品出售单独计价的包装物。

随同产品、商品出售单独计价的包装物，实际上就是包装物的出售。在会计核算上，包装物出售同原材料出售的账务处理方法相同，即将出售包装物的收入（不含税收入）记入“其他业务收入”账户。出售包装物时，应按其实际成本借记“其他业务成本”账户，按实际成本或计划成本贷记“周转材料——包装物”账户，贷记或借记“材料成本差异”账户。

【例3-1-20】 科达公司本月领用随同产品出售单独计价的包装袋一批，该批包装袋实际成本为5 000元。该批包装袋售价为5 500元，适用的增值税税率为17%，款项已收存银行。有关账务处理如下：

◆ 出售包装物取得收入时：

借：银行存款　　6 435.00

　　贷：其他业务收入　　5 500.00

　　　　应交税费——应交增值税（销项税额）　　935.00

◆ 结转出售包装物成本时：

借：其他业务成本　　5 000.00

　　贷：周转材料——包装物　　5 000.00

(3) 随同产品出售不单独计价的包装物。

包装物随产品、商品出售但不单独计价时，随产品、商品发出包装物主要是为了确保所销售产品、商品的质量或提供较为良好的销售服务，因此，应将这部分包装物的成本作为企业发生的销售费用。领用包装物时，应按实际成本借记“销售费用”账户，按其实际成本或计划成本贷记“周转材料——包装物”账户，贷记或借记“材料成本差异”账户。

【例 3-1-21】 科达公司某月领用随同产品出售但不单独计价的包装箱，该包装箱的实际成本为 6 500 元。有关账务处理如下：

借：销售费用　　6 500.00

　　贷：周转材料——包装物　　6 500.00

（4）出租、出借包装物。

为了确保周转使用包装物的安全完好，对于企业可以周转使用的包装物，一般采用出租或出借方式提供给客户使用。以出租方式提供包装物时，要求客户支付包装物的租金；以出借方式提供包装物时，不要求客户交付租金。

企业不论以出租方式还是以出借方式发出包装物，均应向客户收取押金，作为客户按规定归还包装物的资金保证。企业应根据收到的押金，借记“银行存款”等，贷记“其他应付款”。企业出租包装物，除收取押金以外，还要收取租金，用以抵补出租包装物的摊销价值及相关支出。企业应根据收到的租金，借记“银行存款”等，贷记“其他业务收入”等。

企业出租的包装物可采用一次摊销法和五五摊销法摊销包装物的成本。领用新包装物时，按实际成本借记“其他业务成本”账户；按实际或计划成本贷记“周转材料——包装物”账户，借记或贷记“材料成本差异”账户。企业出租的包装物，如果由于磨损等原因不能继续使用，应及时办理报废手续。已报废包装物的残料，一般应计价入库，同时冲减其已摊销价值。其中，用于出租的包装物的残料价值，应借记“原材料”等，贷记“其他业务成本”；用于出借的包装物的残料价值，应借记“原材料”等，贷记“销售费用”等。

对于超过退还期限而购货单位仍未退回的包装物，企业可按合同规定没收其押金。企业没收押金时，应根据没收的押金数额，借记“其他应付款”；根据其中所含的增值税额，贷记“应交税费——应交增值税（销项税额）”；根据全部押金扣除增值税后的余额，贷记“其他业务收入”。如果这部分没收的押金收入应交消费税等税费，还应将应交的税费计入其他业务成本，即借记“其他业务成本”，贷记“应交税费——应交消费税”等。

【例 3-1-22】 科达公司出借给兴隆公司 400 个新包装物，每个包装袋的计划成本为 60 元，收取押金 80 元，每月租金为 10 元，租期 6 个月。本月材料成本差异率为 2%。该公司采用一次转销法结转包装物成本。有关账务处理如下：

◆ 收取押金时：

借：银行存款　　32 000.00

　　贷：其他应付款——兴隆公司　　32 000.00

◆ 领用包装物时：

借：其他业务成本　　24 000.00

　　贷：周转材料（包装物）　　24 000.00

同时结转该包装物的成本差异：

借：其他业务成本　　480.00

　　贷：材料成本差异——包装物　　480.00

◆ 收取本月包装物租金时：

借：银行存款 4 680.00

　　贷：其他业务收入 4 000.00

　　　　应交税费用——应交增值税（销项税额） 680.00

◆ 收回出租给兴隆公司的包装物200个，并退还押金。经检查，有50个包装物已经不能继续使用，经批准予以报废，残料作价1 200元入库。有关账务处理如下：

退还押金16 000元时：

借：其他应付款——兴隆公司 16 000.00

　　贷：银行存款 16 000.00

◆ 收回的150个包装物重新入库，不需要作分录，只在备查簿中详细登记。报废50个包装物的残值作价1 200元：

借：原材料 1 200.00

　　贷：其他业务成本 1 200.00

◆ 假设有100个包装物已被兴隆公司损坏无法收回，没收押金8 000元时：

借：其他应付款——兴隆公司 8 000.00

　　贷：其他业务收入 6 840.00

　　　　应交税费——应交增值税（销项税额） 1 160.00

出借包装物实际上是企业向购买单位提供货物的免费包装，以便扩大商品的销量。其会计处理与出租包装物类似。不同之处在于，在出借过程中没有租金收入，因此其成本应计入“销售费用”账户；出借的包装物收回后不能继续使用而报废时，应按其残料价值冲减企业的“销售费用”账户，其他处理与出租包装物的核算基本相同。

六、委托加工物资的核算

（一）委托加工物资概述

委托加工物资是指企业为了满足生产经营的需要，在企业无法加工或加工能力不足的情况下，由企业提供原料及主要材料，通过支付加工费，由受托加工单位按合同要求加工为企业所需的原材料。有时企业还可能将积压的产品、商品等委托加工单位加工为所需原材料。

（二）委托加工物资的核算

1. 委托加工物资的计价

（1）委托加工物资的成本。

企业委托外单位加工物资，其实际成本包括：加工过程中耗用物资的实际成本；支付的加工费和往返运杂费；应由委托加工物资负担的相关税费等。

（2）委托加工物资应负担的税金。

凡属加工物资用于应交增值税项目并取得增值税专用发票的一般纳税人，可将这部分增值税作为进项税额，不计入加工物资的成本；凡属加工物资用于非应纳增值税项目或免征增值税项目的，以及未取得增值税专用发票的一般纳税人和小规模纳税人的加工物资，应将这部分增值税计入加工物资成本。

加工物资应负担的消费税，凡属加工物资收回后直接用于销售的，应将受托方代扣代缴的消费税计入委托加工物资的成本；凡属加工收回后用于连续生产应交消费税产品的，应将受托方代扣代缴的消费税计入“应交税费——应交消费税”账户的借方，待应交消费税的加工物资连续生产完工销售后，抵交其应纳的销售环节消费税。

2. 委托加工物资的总分类核算

会计核算上对委托加工物资的处理有两种方法：一是企业加工业务较多时，单独设置“委托加工物资”账户进行总分类核算，并按委托加工合同和受托加工单位设置明细账户，同时按加工原材料的成本构成项目进行明细核算；二是在企业加工业务较少且加工原材料的成本核算较简单的情况下，不单独设置“委托加工物资”账户，而是通过“原材料”“外购商品”等账户进行核算，即在这些会计账户中设置“委托加工”明细账户对加工原材料的业务进行核算。

无论将何种材料物资委托加工为原材料，其核算原理是相同的。在委托加工原材料的业务中，企业将原料及主要材料或其他需要加工为生产所需原材料的财产物资发出时，并不改变这些被加工的财产的所有权。企业委托其他单位加工原材料，需要按合同规定的结算方式和结算办法支付加工费用；企业将材料拨付加工以及收回加工完成的原材料，还要支付往返的运费等。拨付加工材料的实际成本、支付的加工费用以及运输材料的运费等共同构成加工原材料的实际成本。待加工材料收回后，按一定方法计算加工完成的原材料实际成本。

（1）发出委托加工物资。

企业将委托加工物资发给受托单位加工时，应按发出物资的实际成本，借记“委托加工物资”账户，贷记“原材料”账户等。材料物资采用计划成本核算的，还应同时结转材料成本差异。

（2）支付加工费、运杂费、增值税及消费税。

企业支付的加工费、运杂费和增值税等，借记“委托加工物资”“应交税费——应交增值税（进项税额）”账户，贷记“银行存款”等账户。

企业委托加工的应税消费品，其负担的由受托方代扣代缴的消费税，应分情况处理：委托加工物资收回后直接用于销售的，不再征收消费税，应将消费税计入加工物资成本，借记“委托加工物资”账户，贷记“银行存款”等账户；委托加工物资收回后用于连续生产应税消费品的，委托方按规定准予抵扣的消费税，借记“应交税费——应交消费税”账户，贷记“银行存款”账户。

（3）加工物资完成入库。

企业委托加工的物资加工完成验收入库后，应按收回物资和剩余物资的实际成本，借记“原材料”“库存商品”等账户，贷记“委托加工物资”账户。

【例 3-1-23】 科达公司 11 月 2 日按合同约定，将库存积压的甲材料拨付江明公司进行加工，以制成生产产品所需的乙材料，拨付加工甲材料的实际成本共计 40 000 元。11 月 20 日，以银行存款支付加工费 6 800 元（不含增值税），支付应交消费税 5 200 元。另以现金支付运杂费 1 500 元，取得普通发票。双方适用的增值税税率均为 17%。11 月 27 日，乙材料加工完毕验收入库。有关账务处理如下：

◆ 11 月 2 日，拨付加工材料时：

借：委托加工物资——江明公司　　40 000.00
　　贷：原材料——甲材料　　40 000.00

◆ 11 月 20 日，支付加工费、运杂费和相关税金时：

若公司收回加工后的乙材料用于连续生产应税消费品，则

借：委托加工物资——江明公司　　6 800.00
　　应交税费——应交增值税（进项税额）　　1 156.00
　　　　——应交消费税　　5 200.00
　　贷：银行存款　　13 156.00

若公司收回加工后的乙材料直接用于销售，则

借：委托加工物资——江明公司　　12 000.00
　　应交税费——应交增值税（进项税额）　　1 156.00
　　贷：库存现金　　13 156.00

以现金支付运杂费 1 500 元，则

借：委托加工物资——江明公司　　1 500.00
　　贷：银行存款　　1 500.00

◆ 11 月 27 日，加工完成收回委托加工物资时：

若公司收回加工后的乙材料用于连续生产应税消费品，则

借：原材料——乙材料　　46 950.00
　　贷：委托加工物资——江明公司　　46 950.00

若公司收回加工后的乙材料直接用于销售，则

借：库存商品——乙产品　　52 150.00
　　贷：委托加工物资——江明公司　　52 150.00

七、库存商品的核算

（一）库存商品的范围

商品是指企业为转卖或加工后转卖而储存的存货。主要包括：①企业全部自有的库存商品，包括存放在仓库、门市部和寄销在外库的商品，委托其他单位代管、代销的商品，陈列展览的商品，以及存放在外库或存放在仓库的商品；②加工中的商品，包括企业自行加工的商品和委托其他单位加工的商品；③出租的商品；④接受外来原材料加工制造的代制品和为外单位加工修理的代修品等。

工业企业的库存商品主要是指产成品，即已经完成全部生产过程并验收入库的合乎标准规格和技术条件，可以按照合同约定的条件送交订货单位，或者可以作为商品对外销售的产品，还包括企业接受外来原材料加工制造的代制品和为外单位加工修理的代修品，以及可以降价出售的不合格品。

商品流通企业的库存商品主要是指外购或委托加工完成验收入库用于销售的各种商品。

对于企业自有的库存商品，一般通过“库存商品”等账户进行核算。该账户用来核算企业库存的各种商品的实际成本（或进价）或计划成本（或售价），其借方登记企业入库商品的实际成本（或进价）或计划成本（或售价），贷方登记出库商品的实际成本（或进价）或计划成本（或售价），期末余额在借方，反映企业期末结存商品的实际成本（或进价）或计划成本（或售价）。该账户可按库存商品的种类、品种和规格设置明细账进行明细核算。但房地产开发企业的开发产品，一般以“开发产品”核算；农业企业收获的农产品，一般以“农产品”账户核算。

（二）工业企业完工产品入库的核算

产成品一般应按实际成本进行核算。在这种情况下，产成品的收入、发出和销售，平时只登记数量，不登记金额；月终，计算入库产成品的实际成本；对发出和销售的产成品，可以采用先进先出法、加权平均法、个别计价法等确定其实际成本。

如果工业企业产成品种类较多，也可以按计划成本进行产成品的日常核算，其实际成本与计划成本之间的差异，可以单独设置“产品成本差异”账户进行记录。在这种情况下，产成品的收入、发出可以用计划成本入账，月终，计算入库产品的实际成本，并将实际成本与计划成本之间的差异计入“产品成本差异”账户，然后将产品成本差异在发出、销售和结存的产成品之间进行分配。

【例 3－1－24】 2016 年 11 月 30 日，经计算，科达公司当月完工验收入库 A 产品 3 万件，实际单位生产成本为 50 元；B 产品 8 000 件，实际单位生产成本为 200 元。其账务处理如下：

借：库存商品——A 产品　　1 500 000.00
　　　　　　——B 产品　　1 600 000.00
　贷：生产成本——A 产品　　1 500 000.00
　　　　　　——B 产品　　1 600 000.00

【例 3－1－25】 2016 年 11 月 30 日，科达公司结转已销商品成本。当月售出 A 产品 2 万件，实际单位生产成本为 50 元；销售 B 产品 6 000 件，实际单位生产成本为 200 元。其账务处理如下：

借：主营业务成本——A 产品　　1 000 000.00
　　　　　　　　——B 产品　　1 200 000.00
　贷：库存商品——A 产品　　1 000 000.00
　　　　　　——B 产品　　1 200 000.00

（三）商业企业商品购、销、存的核算

商品流通企业的库存商品，可以采用进价法核算，也可以采用售价核算。各企业应根据具体情况选择一种适合本企业的核算方法。

零售企业的库存商品，通常采用售价金额核算法核算。售价金额核算法是指以售价金额反映商品增减变动及结存情况的核算方法。这种方法又称“售价记账，实物负责制”或

"拨货计价，实物负责制"，是将商品核算方法与商品管理制度相结合的核算制度。

零售企业的库存商品是通过设置和登记"库存商品"账户和"商品进销差价"账户来反映的。

"库存商品"账户的借方、贷方和余额均反映商品的售价，这里的售价是指含税零售价（下同）。该账户可按库存商品的种类、品种和规格设置明细账。

在我国，零售商业企业采用售价金额核算法时，可以分为以下四个环节：

（1）购入商品时，按入库商品的零售价借记"库存商品"账户，按商品的成本贷记"在途物资"等账户，同时按入库商品零售价与入库商品成本的差额贷记（或借记）"商品进销差价"。商品采购过程中发生的采购费用一般计入"销售费用"账户。

（2）商品销售后，按含税销售价格借记"银行存款"等账户，贷记"主营业务收入"账户，并按含税销售价注销已售商品，借记"主营业务成本"账户，贷记"库存商品"账户。

（3）月末计算出已销商品的增值税后，冲减主营业务收入，并反映企业当月实现的销项税，借记"主营业务收入"账户，贷记"应交税费"账户。

（4）月末按一定方法计算已销商品的进销差价后，冲减按含税售价记录的"主营业务成本"账户，将其调整为已销商品的成本，并使"商品进销差价"账户的月末余额反映企业库存未售商品的售价所包含的进销差价，即借记"商品进销差价"账户，贷记"主营业务成本"账户（或以红字借记"主营业务成本"账户，贷记"商品进销差价"账户）。

【例3－1－26】 某零售商店家电组5月份购入空调一批，进价总额150万元，增值税税额25.50万元，运杂费1.20万元，款项已通过银行存款支付，商品已验收入库，该批商品的总售价为294.84万元。当月实现销售收入（含税）187.20万元，销售款项已收存银行。假设期初"库存商品——家电组"明细账的余额为46.80万元，"商品进销差价账户"的余额为22.80万元。有关账务处理如下：

◆ 购进付款时：

	借方	贷方
借：在途物资	1 512 000.00	
应交税费——应交增值税（进项税额）	255 000.00	
贷：银行存款		1 767 000.00

验收入库时：

	借方	贷方
借：库存商品——家电组	2 948 400.00	
贷：在途物资		1 767 000.00
商品进销差价		1 181 400.00

◆ 本月销售商品时：

	借方	贷方
借：银行存款	1 872 000.00	
贷：主营业务收入——家电组		1 872 000.00

同时，

	借方	贷方
借：主营业务成本——家电组	1 872 000.00	
贷：库存商品——家电组		1 872 000.00

◆ 月末，集中计算销项税：

本月销售商品销项税 $=\frac{187.2}{1+17\%}\times 17\%=27.2$（万元）

借：主营业务收入——家电组　　272 000.00

　　贷：应交税费——应交增值税（销项税额）　　272 000.00

◆ 月末，计算与分摊商品进销差价：

商品进销差价率 $=\frac{22.80+118.14}{46.80+294.84}\times 100\%=41.25\%$

已销商品应分摊的进销差价 $=294.84\times 41.25\%=121.6215$（万元）

库存商品保留差价 $=(22.80+118.14)-121.6215=19.3185$（万元）

借：商品进销差价——家电组　　1 216 215.00

　　贷：主营业务成本——家电组　　1 216 215.00

八、存货清查的核算

存货清查是指企业采用一定的方法，确定存货的实际结存数量，并与账面数量进行核对，以确定存货短溢及其原因的一种方法。

企业在进行存货的日常收发及保管过程中，因种种原因可能够造成存货实际结存量与账面结存数量不符，有时还会因非常事项造成存货毁损。为了确保存货账实相符，企业应定期或不定期进行存货盘点。

（一）存货清查的方法

存货清查主要采用实地盘点法，即通过点数、过磅等方法，确定存货实存数量。对大堆、廉价和笨重的存货，可以采用技术推算法或估算法确定其实存数量。有些存货还要通过物理或化学方法来检查和化验其质量等。清查结束后，应及时填写“盘存单”，再按盘存单与存货账簿记录填制“存货盘点盈亏报告表”，确定盘盈、盘亏情况及其原因，并提出处理意见。“存货盘点盈亏报告表”格式见表 3－1－5。

表 3－1－5　　存货盘点盈亏报告表

单位名称：　　年　月　日　　金额单位：

编号	类别及名称	计量单位	单价	实存		账存		对比结果				备注
								盘盈		盘亏		
				数量	金额	数量	金额	数量	金额	数量	金额	

单位负责人签章：＿＿＿＿＿　　填表人签章：＿＿＿＿＿

（二）存货清查的核算

发生存货盘盈（实际结存数量大于账面结存数量）、盘亏（实际结存数量小于账面结存数量）及毁损（非常事项造成的存货损失）时，应及时查明原因，并进行账务处理，以保证账实一致。尚未查明原因或未经批准之前，应先将盘盈、盘亏或毁损的存货计入“待处理财产损溢”账户，待报经批准后，则按审批意见，从该账户结转到有关账户中。

“待处理财产损溢”账户属于资产类账户，该账户的借方登记财产物资的盘亏、毁损数和经批准的盘盈转销数；贷方登记财产物资的盘盈数和经批准的盘亏、毁损转销数；期末余额如在借方，表示期末尚未批准处理财产物资的盘亏、毁损数；期末余额如在贷方，表示期末尚未批准处理财产物资的盘盈数。

1. 存货盘盈的核算

发生存货盘盈时，应按规定的程序报经有关部门（如董事会、管理层或类似机构等）批准后才能做出处理。在批准处理以前，一般先根据盘盈的存货，按同类或类似存货的重置成本计价入账，调整存货账面记录，以使账实一致，即借记“原材料”“库存商品”等账户，贷记“待处理财产损溢——待处理流动资产损溢”账户。

盘盈的存货查明原因后，应按不同的原因及处理决定分别入账，借记“待处理财产损溢——待处理流动资产损溢”账户，贷记有关账户。对于无法确定具体原因的一般应冲减企业的管理费用，借记“待处理财产损溢——待处理流动资产损溢”账户，贷记“管理费用”账户。

【例3-1-27】 2016年11月30日，科达公司进行财产清查，根据发生的有关存货盘盈的经济业务，编制会计分录如下：

（1）盘点原材料，发现甲材料溢余，按重置成本计算其成本为900元，盘盈原因待查。

借：原材料　　900.00
　　贷：待处理财产损溢——待处理流动资产损溢　　900.00

（2）查明原因，盘盈的原材料系收发时的计量误差所致，经批准，冲销企业的管理费用。

借：待处理财产损溢——待处理流动资产损溢　　900.00
　　贷：管理费用　　900.00

2. 存货盘亏和毁损

发生存货盘亏和毁损，在批准处理以前，应先通过“待处理财产损溢——待处理流动资产损溢”进行核算。盘亏和毁损时，一般按盘亏和毁损存货的实际成本（大多按盘亏、毁损的数量和该存货的期初结存单价计算确定）冲减存货的账面记录，借记“待处理财产损溢——待处理流动资产损溢”账户，贷记有关的存货账户。

需要指出的是，根据我国《增值税暂行条例》的规定，企业发生的非正常损失的购进货物以及非正常损失的在产品、产成品所耗用的购进货物或应税劳务的进项税额不得从销项税额中抵扣。因此，非正常损失的存货价值应包括其实际成本和应负担的进项税额两部分，发生非正常毁损（如被盗窃及管理不善造成大量霉烂变质等）时，应按非正常损失的价值借记“待处理财产损溢——待处理流动资产损溢”，按非正常损失存货的实际成本贷记有关存货账户，按非正常损失存货应负担的进项税额贷记“应交税费——应交增值税（进项税额转出）”。因自然灾害造成的存货损失，增值税可以正常抵扣，不需转出。

查明盘亏和毁损的原因后，应按不同的原因及处理决定分别入账，借记有关账户，贷记“待处理财产损溢——待处理流动资产损溢”账户。其中，属于自然损耗产生的定额内合理损耗，一般作为管理费用列支；属于计量收发差错和管理不善等原因造成的存货短缺或毁损，扣除残料价值以及可以收回的保险赔偿和过失人赔偿后的剩余净损失，经批准，也可以作为管理费用列支；属于自然灾害损失、管理不善造成货物被盗以及其他非正常损失，扣除可以收回的保险赔偿及残料价值后的净损失，作为企业的营业外支出处理。

【例3－1－28】 2016年12月30日，科达公司根据发生的有关存货盘亏和毁损的经济业务，编制会计分录如下：

◆ 盘亏甲材料，实际成本为400元，原因待查。

借：待处理财产损溢——待处理流动资产损溢　　400.00
　　贷：原材料　　400.00

◆ 查明原因，盘亏甲材料系定额内合理损耗，批准作为管理费用列支。

借：管理费用　　400.00
　　贷：待处理财产损溢——待处理流动资产损溢　　400.00

【例3－1－29】 2016年12月16日，科达公司因发生水灾对财产进行清查盘点。其中，产成品毁损额按实际成本计算为5 000元，产成品耗用的原材料的进项税额为350元，企业已通知保险公司。

◆ 清查发生毁损的产成品时：

借：待处理财产损溢——待处理流动资产损溢　　5 000.00
　　贷：库存商品　　5 000.00

◆ 经批准，水灾造成的产成品损失做如下处理：残料估价300元，可以由保险公司赔偿的损失为4 000元，由企业负担的损失为700元。

借：原材料　　300.00
　　其他应收款——保险公司　　4 000.00
　　营业外支出　　700.00
　　贷：待处财产损溢——待处理流动资产损溢　　5 000.00

需要强调的是，企业清查的各种存货及其他资产的损溢，应于期末前查明原因，并根据企业的管理权限，经批准后，在期末结账前处理完毕。如果清查的各种财产损溢在期末结账前尚未批准，在对外提供财务报表时，应先按上述处理原则进行处理，并在会计报表附注中说明；如果其后批准处理的金额与已处理的金额不一致，还应作为资产负债表日后事项调整会计报表相关项目的金额。

九、期末存货计价

企业存货会计的主要问题是要对存货进行正确的计量。它取决于存货实物数量的确定是否准确和采用何种期末计价原则。

（一）存货期末计价

存货期末计价是指会计期末对存货价值的重新计量。根据我国企业会计准则的有关规定，资产负债表日，企业应当按照成本与可变现净值孰低计量。当存货成本低于可变现净值时，存货按成本计量；当存货成本高于可变现净值时，存货按可变现净值计量，同时按照成本高于可变现净值的差额计提存货跌价准备，计入当期损益。

（二）可变现净值及其确定

1. 存货的可变现净值

可变现净值是指在日常活动中，存货的估计售价减去至完工时估计将要发生的成本、估计的销售费用以及相关税费后的金额。可见，可变现净值实质上是指存货在正常生产经营环境下可获得的未来净现金流入，而不是存货的售价（市价或合同价）。也就是说，以存货预计取得的收入为基础，在扣除销售存货过程中可能发生的相关税费和销售费用，以及为达到预定可销售状态还可能发生的进一步加工成本等支出后的余额，才是存货的可变现净值。

2. 存货可变现净值的确定

存货可变现净值的确定必须有可靠的证据，不仅要以取得的确凿证据为基础，而且要考虑持有存货的目的、资产负债表日后事项的影响等因素。

确定可变现净值的确凿证据，是指对确定存货的可变现净值有直接影响的可靠依据，包括产品或商品的市场销售价格、与企业产品或商品相同或类似商品的市场销售价格、供货方提供的有关资料、销售方提供的有关资料、生产成本资料等证据。持有存货的目的，是指持有存货是为了销售还是加工后销售等。资产负债表日后事项的影响因素，是指存货预计未来产品更新换代、消费者偏好等市场情况。在实际工作中，企业应对直接销售的存货和用于生产的存货分别确定可变现净值。其中：

（1）产成品、商品和用于出售的材料等直接用于出售的存货，在正常生产经营过程中，应当以该存货的估计售价减去估计的销售费用和相关税费后的金额确定其可变现净值。

（2）用于生产的材料、在产品或自制半成品等需要经过加工的存货，在正常生产经营过程中，应当以所生产的产成品的估计售价减去至完工时估计将要发生的成本、估计的销售费用以及相关税费后的金额确定其可变现净值。

（3）为执行销售合同或者劳务合同而持有的存货，通常应当以合同价格作为其可变现净值的计量基础，以合同售价减去估计的销售费用和相关税费或减去至完工时估计将要发生的成本、估计的销售费用后的金额确定其可变现净值。如果企业持有的存货数量多于销售合同的订货数量，超出订货合同部分的存货的可变现净值应当以一般销售价格（公允价格）为计量基础，以一般销售价格减去估计的销售费用和相关税费或减去至完工时估计将要发生的成本、估计的销售费用后的金额确定其可变现净值。

（三）成本与可变现净值的比较

按成本与可变现净值法计价时，可以采用不同的方法对成本与可变现净值进行比较。比较的方法主要有三种：单项比较法、分类比较法、总额比较法。这三种方法的区别可以通过表 2－1－7 的数据加以说明。

1. 单项比较法

按单项比较法比较时，只要某存货项目的可变现净值低于其成本，就将该存货项目按可变现净值计价，不考虑其他存货的可变现净值是否低于成本，不受其他存货可变现净值大小的影响。

2. 类别比较法

按存货类别比较时，只要某类存货的可变现净值低于其成本，就将该类存货按可变现净值计价，不考虑其他类存货的可变现净值是否低于成本，不受其他类别存货市价的影响。采用这种方法时，有些存货的可变现净值高于其成本，有些存货的可变现净值低于其成本，有些存货的可变现净值等于其成本，按该类存货可变现净值总额计价就会将不同存货项目的可变现净值同成本的差异相互抵销，使得不同存货项目的可变现净值与成本的关系不能清晰地反映。

3. 总额比较法

按存货总额比较时，只有全部存货的可变现净值低于全部存货的成本时，才按可变现净值计价。这种情况下，不仅会将不同存货项目之间可变现净值与成本的差异相互抵销，而且还会将不同存货类别之间可变现净值与成本之间的差异相互抵销，使得不同存货项目的可变现净值与成本的关系，以及不同类别存货的可变现净值与成本的关系无法清晰地反映。

表 3－1－6　　　成本与可变现净值的比较

项目	历史成本	可变现净值	单项比较法	分类比较法	总额比较法
A 种	2 000	1 600	1 600		
B 种	3 000	3 200	3 000		
甲类存货	5 000	4 800		4 800	
C 种	4 000	4 600	4 000		
D 种	6 000	5 800	5 800		
乙类存货	10 000	10 400		10 000	
合计	15 000	15 200	14 400	14 800	15 000

在会计实务中，为了反映存货成本与市价比较的详细情况，一般按存货的项目进行成本与可变现净值的比较，如果存货项目过多，也可以按存货类别进行成本与可变现净值的比较。不论企业使用哪种方法，原则上应保持各期方法的一致性。

（四）存货发生减值的迹象与计量

1. 存货发生减值的主要迹象

会计实务中，一般根据以下迹象判断存货发生了减值，并计提存货跌价准备，确认存货减值损失：①市价持续下跌，并且在可预见的未来无回升的希望；②企业使用该项原材料生产的产品的成本大于产品的销售价格；③企业因产品更新换代，原有库存原材料已不适应新产品的需要，而该原材料的市场价格又低于其账面成本；④因企业所提供的商品或劳务过时或消费者偏好改变而使市场需求发生变化，导致产品价格逐渐下跌；⑤其他足以证明该项存货实质上已经发生减值的情形。

2. 存货跌价准备的计量

存贷发生减值迹象时，应采用合理方法对存货成本与可变现净值进行比较。若存货可变现净值低于存货成本，应将该差额作为存货跌价准备，抵减存货成本，以反映存货的可变现净值。

备抵法是指在资产负债表日，先按存货可变现净值低于成本的差额确认存货跌价损失，提取存货跌价准备，计入资产减值损失；以后减记存货价值的影响因素已经消失的，减记的金额应予以恢复，并在原已计提的存货跌价准备金额内转回，转回金额计入当期损益的一种方法。

采用备抵法计提存货跌价准备时，应设置和登记“存货跌价准备”账户。该账户属于资产类账户，是资产的备抵调整账户，用于核算企业提取的存货跌价准备。该账户的贷方登记存货可变现净值低于成本的差额；借方登记已计提跌价准备的存货的价值以后又得以恢复的金额和其他原因冲减已计提的存货跌价准备的金额；期末余额在贷方，反映企业已计提的存货跌价准备。

在计量存货跌价准备时，应注意以下问题：

（1）当存在以下一项或若干项情况时，表明存货价值为零，此时应将存货账面价值（存货成本减去该存货计提的存货跌价准备后的余额）全额计提跌价准备并计入当期损益。这些情况包括：已霉烂变质的存货，已过期且无转让价值的存货，生产中已不再需要并且已无使用价值和转让价值的存货，其他足以证明已无使用价值和转让价值的存货。

（2）已计提跌价准备的存货转出时（如销售、消耗、换出、损失等），转出存货部分所计提的跌价准备，也应一并转出，即转出存货以账面价值计量。

（3）为生产而持有的材料以及为继续加工生产而拥有的在产品、委托加工物资等是否计提跌价准备，不能只考虑其自身的可变现净值与其成本的关系，而应以其完成生产过程后的成品的可变现净值与成品的生产成本的关系为判断基础，即如果用其生产的成品的可变现净值不低于成品的成本，无论其市场价格是否下降，这些材料、在产品仍以成本计量；如果用其生产的成品的可变现净值低于成品的成本，且其价格明显下降，这些材料、在产品应按可变现净值计量，并按其差额计提存货跌价准备。

（4）当减记存货价值（计提存货跌价准备）的影响因素已经消失时，应在原已计提的存货跌价准备的金额内转回，按转回金额冲减资产减值损失和存货跌价准备。转回的存货跌价准备与计提该准备的存货项目或类别应当直接对应，转回的金额以该存货跌价准备额为限。

【例3-1-30】 科达公司2013年开始采用成本与可变现净值孰低法进行期末存货的计价，并运用备抵法进行相应的账务处理。2013年末存货的账面成本为10万元，预计可变现净值9万元。有关账务处理如下：

2013年末应计提的存货跌价准备为10 000元：

借：资产减值损失——计提的存货跌价准备　　10 000.00

　　贷：存货跌价准备　　10 000.00

假设2014年末该存货的预计可变现净值为8.5万元，则应计提的跌价准备为5 000（100 000-85 000-10 000）元：

借：资产减值损失——计提的存货跌价准备　　5 000.00

　　贷：存货跌价准备　　5 000.00

假设2015年末该存货的可变现净值有所恢复，预计可变现净值为9.7万元，则应冲减计提的存货跌价准备为12 000【(100 000-97 000)-15000】元。有关账务处理如下：

借：存货跌价准备　　12 000.00

　　贷：资产减值损失——计提的存货跌价准备　　12 000.00

假设2016年末该存货的可变现净值有所恢复，预计可变现净值为10.5万元，则应冲减计提的存货跌价准备为3 000元（因存货跌价准备的账面余额只有3 000元）。

借：存货跌价准备　　3 000.00

　　贷：资产减值损失——计提的存货跌价准备　　3 000.00

企业应在当前财务报告附注中披露与存货跌价准备有关的下列信息：存货可变现净值的确定依据，存货跌价准备的计提方法，当期计提的存货跌价准备的金额，当期转回的存货跌价准备的金额以及计提和转回的有关情况。

岗位实训

实训要求：根据资料编制相关会计分录，并计算月末库存材料的实际成本。

资料：科达公司为增值税一般纳税人，材料按计划成本计价核算。甲材料计划单位成本为每千克20元。“原材料”账户月初借方余额30 000元；“材料成本差异”账户月初贷方余额1 700元；“材料采购”账户月初借方余额84 000元，系上月已付款的甲材料4 000千克。该企业2016年11月份有关资料如下：

（1）11月4日，企业上月已付款的甲材料4 000千克如数收到，已验收入库。单据见表3-1-7。

（2）11月21日，从东风公司购入甲材料8 000千克，取得的增值税专用发票上注明材料价款为160 000元，增值税税额为27 200元；取得的运输业增值税发票上注明运费为2 100元，增值税税额为231元。企业已用转账支票支付各种款项，材料尚未到达。相关单据见表3-1-8至表3-1-10（增值税专用发票抵扣联已单独收存，余同）。

表 3－1－7　　收料单

供应单位：　　　　　　　　　　　　　　　　　　　　编号：

材料类别：甲材料　　　　2016 年 11 月 04 日　　　　收料仓库：

材料编号	材料名称	规格	计量单位	数量		实际价格				计划价格	
				应收	实收	单价	发票金额	运杂费	合计	单价	金额
0221	甲材料		千克	4 000	4 000	21. 00	84 000. 00		84 000. 00	20. 00	80 000. 00
备注：											

会计联

部门经理：　　　　会计：刘俊　　　　仓库：徐薇　　　　经办人：赵辉

表 3－1－8　　河南增值税专用发票　　No 36512258

发票联

开票日期：2016 年 11 月 21 日

购买方	名　　称：科达公司 纳税人识别号：340010468107588036 地 址 、电 话：安徽省合肥市芙蓉路 666 号 0551－36891252 开户行及账号：工行合肥芙蓉路支行 01400822600777	密码区	7＋＋9/42152＊＋129＊864 >　加密版本：01 63－<7503＊<1>＊/<3<＋80　4400033183 2＋<<56894588>>＊＊<2569 5920－33/65＋5012＊/>>92　00470194

货物或应税劳务、服务名称	规格型号	单位	数量	单价	金额	税率	税额
甲材料		千克	8 000	20. 00	160 000. 00	17%	27 200. 00
合计					¥160 000. 00		¥27 200. 00
价税合计（大写）	⊗拾捌万柒仟贰佰元整				（小写）¥187 200. 00		

销售方	名　　称：东风公司 纳税人识别号：410233566589957521 地 址 、电 话：河南省郑州市石林路 785 号 0371－26652552 开户行及账号：工行郑州石林支行 25065562238649	备注	东风公司 410233566589957521 发票专用章

第三联：发票联　购买方记账凭证

收款人：　　　　复核：　　　　开票人：　　　　销售方：（章）

表 3－1－9　中国工商银行

转账支票存根（皖）

附加信息：

出票日期：2016 年 11 月 21 日

收款人：东风公司
金　额：189 531. 00
用　途：购买材料

单位主管：王立　　　　会计：周文

表 3-1-10　　货物运输业增值税专用发票　　No 14567488602

3400065442　　发　票　联　　开票日期：　年　月　日

<table>
<tr><td>承运人及
纳税人识别号</td><td colspan="3">合肥市顺通运输有限公司
34266525688924</td><td>密码区</td><td colspan="3">7 + +9/42152 * +129 * 864 >　加密版本：01
63 - <7503 * <1 > * / <3 < +80　4400033183
2 + < <56894588 > > * * <2569
5920 - 33/65 +5012 * / > >92　00470194</td></tr>
<tr><td>实际受票方及
纳税人识别号</td><td colspan="3">科达公司
340010468107588036</td><td></td><td colspan="3"></td></tr>
<tr><td>收货人及
纳税人识别号</td><td colspan="3">科达公司
340010468107588036</td><td>发货人及
纳税人识别号</td><td colspan="3">东风公司
410233566589957521</td></tr>
<tr><td>起运地、经由、到达地</td><td colspan="7"></td></tr>
<tr><td>费用项目及金额</td><td colspan="3">费用项目　金额　费用项目　金额
运输甲材料　2 100.00</td><td>运输货物信息</td><td colspan="3"></td></tr>
<tr><td>合计金额</td><td>¥2 100.00</td><td>税率</td><td>11%</td><td>税额</td><td>¥231.00</td><td>机器编号</td><td></td></tr>
<tr><td>价税合计（大写）</td><td colspan="5">⊗贰仟叁佰叁拾壹元整</td><td colspan="2">（小写）¥2 331.00</td></tr>
<tr><td>车种车号</td><td></td><td>车船吨位</td><td></td><td rowspan="2">备注</td><td colspan="3" rowspan="2">合肥市顺通运输有限公司
34266525688924
发票专用章</td></tr>
<tr><td>主管税务机关及代码</td><td colspan="3"></td></tr>
</table>

收款人：　复核人：　开票人：马赫　承运人：（章）

第三联：发票联 受票方记账凭证

（3）11 月 26 日，从东风公司购入的甲材料到达，验收入库时发现短缺 40 千克，经查为途中定额内自然损耗，按实收数量验收入库。单据见表 3-1-11。

表 3-1-11　　收料单

供应单位：　　编号：

材料类别：甲材料　　2016 年 11 月 26 日　　收料仓库：

材料编号	材料名称	规格	计量单位	数量		实际价格				计划价格	
				应收	实收	单价	发票金额	运杂费	合计	单价	金额
0221	甲材料		千克	8 000	7 960	20.36	160 000.00	2 100	162 100.00	20.00	159 200.00
备注：缺少的 40 千克属于定额内自然损耗											

部门经理：　会计：刘俊　仓库：徐薇　经办人：赵辉

会计联

（4）11 月 30 日，汇总本月发料凭证，本月共发出甲材料 7 000 千克，其中生产产品领用 5 000 千克，车间一般领用 1 200 千克，行政管理部门领用 800 千克。单据见表 3-1-12。

表 3-1-12　　发料凭证汇总表

2016 年 11 月 30 日　　单位：千克

应借科目	应贷科目：原材料——甲材料			合计
	1—10 日	11—20 日	21—30 日	
生产成本	2 000	1 600	1 400	5 000
制造费用	700	500		1 200
管理费用		500	300	800
合计	2 700	2 600	1 700	7 000

部门经理：　　会计：　　仓库：　　经办人：

（5）计算本月材料成本差异率，并编制本月发出材料应负担的成本差异会计分录。单据见表 3-1-13。

表 3-1-13　　材料成本差异率计算表

年　月　日　　金额单位：

材料成本差异		原材料计划成本		材料成本差异率（%）
期初结存	本期增加	期初结存	本期增加	

审核：　　制单：

参考答案：

（1）借：原材料　　80 000.00
　　材料成本差异　　4 000.00
　　贷：材料采购　　84 000.00

（2）借：材料采购　　189 531.00
　　贷：应交税费——应交增值税（进项税额）　　27 431.00
　　　银行存款　　162 100.00

（3）借：原材料　　159 200.00
　　材料成本差异　　2 900.00
　　贷：材料采购　　162 100.00

（4）借：生产成本　　100 000.00
　　制造费用　　24 000.00
　　管理费用　　16 000.00
　　贷：原材料　　140 000.00

（5）差异率：(-1 700+4 000+2 900)/(30 000+80 000+159 200)=1.93%

发出材料应负担的成本差异：

借：生产成本　　1 930.00
　　制造费用　　463.20
　　管理费用　　308.80
　　贷：材料成本差异　　2 702.00

岗位任务二　固定资产的核算

任务导入

某公司为增值税一般纳税人，适用的增值税税率为17%。该公司董事会决定于2016年6月30日对某生产用固定资产进行技术改造。2016年6月30日，该固定资产的账面原值为3 000万元，已计提折旧为1 200万元，已计提减值准备为300万元；改造过程中发生支出合计800万元，符合固定资产确认条件，被更换的部件原值为300万元，则该固定资产更新改造后的入账价值为多少万元？对后期折旧额的计提有没有影响？

知识准备

一、固定资产概述

（一）固定资产的定义

我国《企业会计准则第4号——固定资产》具体准则给固定资产做了较为明确的定义，指出固定资产是同时满足下列特征的有形资产：①为生产商品、提供劳务、出租或经营管理而持有的；②使用寿命超过一个会计年度。

企业在生产经营过程中，并不是将所有的劳动资料全部列为固定资产。一般来说，生产经营用的劳动资料使用年限在1年以上，单位价值较高，应列为固定资产；否则，应列为低值易耗品。

（二）固定资产的分类

在企业中，固定资产的数量是很多的，为了便于固定资产的实物管理和价值核算，需要对固定资产进行科学、合理的分类。一般可以按如下标准对固定资产进行分类：

1. 按经济用途分类

按照经济用途可以将固定资产划分为经营用固定资产和非经营用固定资产两大类。

经营用固定资产是指直接参加或直接服务于生产经营过程的各种固定资产，如用于企业生产经营的房屋、建筑物、机器设备、运输设备、工具器具等。

非经营用固定资产是指不直接服务于生产经营过程的各种固定资产，如用于职工住宅、公共福利设施、文化娱乐、卫生保健等方面的房屋、建筑物、设施和器具等。

2. 按使用情况分类

按照使用情况可以将固定资产划分为使用中固定资产、未使用固定资产、出租固定资产和不需用固定资产四大类。

使用中固定资产是指企业正在使用的经营用固定资产和非经营用固定资产。企业的房屋及建筑物无论是否在实际使用，都应视为使用中固定资产。由于季节性生产经营或进行大修理等原因而暂时停止使用以及存放在生产车间或经营场所备用、轮换使用的固定资产，也属于使用中固定资产。

未使用固定资产是指已购建完成但尚未交付使用的新增固定资产以及进行改建或扩建等暂时脱离生产经营过程的固定资产。

不需用固定资产是指本企业多余或不适用的待处置的固定资产。

除上述基本分类外，固定资产还可按其他标准进行分类。如按固定资产的所有权分类，可分为自有的和租入的固定资产；按固定资产的来源分类，可分为外购的、自行建造的、投资者投入的、融资租入的、改建扩建新增的、接受抵债取得的、非货币性资产交换换入的、接受捐赠的以及盘盈形成的固定资产等。

在会计实务中，企业为了更好地满足固定资产管理和核算的需要，会将几种分类标准结合起来，采用综合的标准对固定资产进行分类。企业应当根据固定资产的定义，结合本企业的具体情况，制定适合本企业的固定资产目录、分类方法、每类或每项固定资产的折旧年限、折旧方法，为进行固定资产的实物管理和价值核算提供依据。

（三）固定资产的计价

为了正确反映固定资产价值的增减变动，应按一定的标准对固定资产进行计价。固定资产的计价标准一般有三种，即原始价值、重置价值和折余价值。

1. 原始价值

原始价值也称为原价或原值，指购建的固定资产在达到可使用状态之前所发生的全部耗费的货币表现。企业采用不同方式购建的固定资产，其原值的构成有所不同。一般来说，企业从外部取得的固定资产，其原值中包括固定资产的买价、运输途中发生的各种包装运杂费以及使用前发生的各种安装调试费；企业自行建造的固定资产，其原值中包括建造过程中发生的全部耗费。固定资产原值的具体构成，本书将在后面结合取得固定资产的具体方式讲述。

2. 重置价值

重置价值是指企业在当前条件下，重新购置同样的固定资产所需的全部耗费的货币表现。盘盈的固定资产、接受捐赠的固定资产等，应以重置价值作为计价标准进行计价。

3. 折余价值

折余价值也称净值，指固定资产原值减去已提折旧后的余额。折余价值是计算固定资产盘盈、盘亏、出售、报废、毁损等的依据。

二、固定资产取得的核算

（一）账户设置

为了反映固定资产的增减变动，应设置“固定资产”“累计折旧”“工程物资”和“在建工程”等账户。

1. “固定资产”账户

“固定资产”账户用于核算企业固定资产原价的增减变动和结存情况。该账户借方登记增加固定资产的原价，贷方登记减少固定资产的原价，期末余额在借方，表示企业期末实有固定资产的原价。为了反映固定资产的明细资料，企业应设置“固定资产卡片”账，按固定资产的类别、使用部门和每项固定资产进行明细核算。

2. “累计折旧”账户

“累计折旧”账户属于“固定资产”账户的备抵调整账户，用于核算企业固定资产的累计折旧。该账户贷方登记计提的固定资产折旧，借方登记因减少固定资产而转销的已提折旧，期末余额在贷方，表示提取的固定资产折旧累计数。该账户只进行总分类核算，不进行明细分类核算。如果需要查明某项固定资产已提折旧的累计数，可以根据固定资产卡片登记的固定资产原价、折旧率和已使用时间等资料计算。“固定资产”账户的期末借方余额减去“累计折旧”账户的期末贷方余额，反映企业固定资产的净值。

3. “工程物资”账户

“工程物资”账户，用于核算企业各项工程物资实际成本的增减变动和结存情况。该账户借方登记验收入库的工程物资的实际成本，贷方登记领用的工程物资的实际成本，期末余额在借方，表示库存的工程物资的实际成本。该账户应按工程物资的品种设置明细账。

4. “在建工程”账户

“在建工程”账户用于核算各项工程的实际成本。该账户借方登记各项工程发生的实际成本，贷方登记已完工程的实际成本，期末余额在借方，表示未完工程的实际成本。该账户应按建筑工程、安装工程、技术改造工程、其他支出等项目设置明细账，进行明细分类核算。

企业取得的固定资产主要包括外购的固定资产、自行建造的固定资产和投资者投入的固定资产等。外购方式是企业取得固定资产的主要方式。

（二）外购的固定资产

企业购入的固定资产，有些不需要安装即可投入使用，有些则需要安装后才能使用；可能采用现购结算方式，也可能采用赊购结算方式。企业应根据不同情况，采用不同的核算方法。

1. 购入不需安装的固定资产

企业购入不需要安装的固定资产，可以立即投入使用，因此，会计处理比较简单，即按购入固定资产时实际支付的买价、运输费、装卸费、专业人员服务费和其他相关税费等，借记“固定资产”账户，可以抵扣的增值税进项税额，借记“应交税费——应增值税（进项税额）”账户，贷记“银行存款”等账户。

【例 3-2-1】 2016 年 10 月 12 日，科达公司购入一台不需要安装就可投入使用的 A 设备，取得的增值税专用发票上注明设备价款为 500 000 元，增值税税额为 85 000 元，发生的保险费为 5 000 元，运杂费为 7 600 元，以银行存款转账支付。假定不考虑其他相关税费。科达公司账务处理如下：

借：固定资产——A 设备　　512 600.00

　　应交税费——应交增值税（进项税额）　　85 000.00

贷：银行存款　　597 600.00

2. 购入需要安装的固定资产

外购需要安装固定资产是指企业购入的固定资产需要经过安装才能交付使用。企业购入固定资产时实际支付的买价、运输费、装卸费、专业人员服务费和其他相关税费等，均应先通过“在建工程”账户核算，待安装完毕达到预定使用状态时，再由“在建工程”账户转入“固定资产”账户。企业购入固定资产时，按实际支付的买价、运输费、装卸费和其他相关税费等，借记“在建工程”账户，贷记“银行存款”等账户；发生的专业人员服务费等，借记“在建工程”账户，贷记“银行存款”等账户；安装完毕达到预定可使用状态时，按其实际成本，借记“固定资产”账户，贷记“在建工程”账户。

【例3-2-2】 2016年11月13日，科达公司购入一台需要安装的B设备，取得的增值税专用发票上注明的设备价款为360 000元，增值税税额为61 200元，支付的装卸费为1 000元，款项已通过银行转账支付；安装设备时，领用原材料一批，其账面成本为20 000元，未计提存货跌价准备，购进该批原材料时支付的增值税进项税额为3 400元；应支付安装工人薪酬4 400元。假定不考虑其他相关税费。科达公司账务处理如下：

◆ 支付设备价款、装卸费合计为361 000（360 000+1 000）元。

借：在建工程——B设备　　361 000.00

　　应交税费——应交增值税（固定资产进项税额）　　61 200.00

　　贷：银行存款　　422 200.00

◆ 领用本公司的原材料、支付安装工人薪酬等费用合计24 400（20 000+4 400）元。

借：在建工程——B设备　　24 400.00

　　贷：原材料　　20 000.00

　　　　应付职工薪酬——工资　　4 400.00

◆ 设备安装完毕达到预定可使用状态时，结转成本385 400（361 000+24 400）元。

借：固定资产——B设备　　385 400.00

　　贷：在建工程——B设备　　385 400.00

（三）自行建造的固定资产

自行建造的固定资产是指企业利用自己的力量自营建造以及出包给他人建造的固定资产。企业自营建造的固定资产原值，原则上应包括建造期间的全部支出，如直接材料、直接人工、其他与自营建造固定资产相关的支出以及在固定资产达到使用状态前发生的长期负债利息等。企业出包建造的固定资产，以实际支付的全部工程价款以及应负担的长期负债利息等作为原值。企业自行建造的固定资产如为房屋及建筑物，则购进货物或接受劳务支付的增值税进项税额不得抵扣，应计入自行建造房屋及建筑物成本。企业不论采用何种方式自行建造固定资产，均应通过“在建工程”账户进行核算。

1. 采用自营方式建造固定资产

企业自营工程耗用的材料物资，一般应单独进行核算。企业购入自营工程所需材料物资时，应根据实际支付的全部价款的买价和应计入工程物资成本的包装运杂费等，借记“工程物资”账户；根据可以抵扣的增值税进项税额，借记“应交税费”账户；贷记“银行存款”等账户。

企业自营工程领用材料物资时，应根据实际成本，借记“在建工程”账户，贷记“工程物资”账户。

企业自营工程领用本企业存货时，应将该存货的实际成本计入自营工程成本，借记“在建工程”账户，贷记“库存商品”账户。

企业自营工程应负担的职工工资和职工福利费等，应借记“在建工程”账户，贷记“应付职工薪酬”账户。

企业的辅助生产经营部门为自营工程提供的水、电、设备安装、运输等产品或劳务，应根据实际成本和应负担的税金，借记“在建工程”账户，贷记“生产成本”账户。

企业自营工程发生的其他支出，应借记“在建工程”账户，贷记“银行存款”等账户。

企业自营建造的固定资产在交付使用前应负担的长期负债利息，应计入自营工程成本，借记“在建工程”账户，贷记“长期借款”等账户。

企业自营工程中发生的报废损失，应计入工程成本；发生的残料收入，应冲减工程成本，借记“原材料”账户，贷记“在建工程”账户。

工程物资盘点时，如发现盘亏，应将盘亏物资的实际成本计入工程成本，借记“在建工程”账户，贷记“工程物资”账户；盘盈的工程物资，做相反的处理。

企业自营建造的固定资产在交付使用时，应根据自营工程的实际成本，借记“固定资产”账户，贷记“在建工程”账户。

已交付使用的固定资产办理竣工结算时，如该项固定资产的实际原值大于原入账价值，应对原入账价值进行调整，借记“固定资产”账户，贷记“在建工程”账户；如果实际原值小于原入账价值，做相反处理。

【例3－2－3】 2016年7月，科达公司准备自行建造一座C仓库，为此购入工程物资一批，价款为600万元，支付的增值税进项税额为102万元，款项以银行存款支付。7—12月，工程先后领用工程物资600万元；剩余工程物资转为该公司的原材料，其所含的增值税进项税额可以抵扣；领用生产用原材料一批，实际成本为50万元，未计提存货跌价准备，购进该批原材料时支付的增值税进项税额为8.5万元；工程领用库存商品一批，实际成本为80万元，计税价格为100万元；应支付工程人员薪酬100万元；自营工程应负担的长期借款利息为9万元。12月底，工程达到预定可使用状态并交付使用。假定科达公司适用的增值税税率为17%，不考虑其他相关税费。科达公司账务处理如下：

（1）购入为工程准备的物资。

借：工程物资	6 000 000.00	
应交税费——应交增值税（进项税额）	1 020 000.00	
贷：银行存款		7 020 000.00

（2）工程领用物资。

借：在建工程——C仓库	6 000 000.00	

贷：工程物资 6 000 000.00

(3) 工程领用原材料。

借：在建工程——C仓库 500 000.00

贷：原材料 500 000.00

(4) 辅助生产车间为工程提供劳务支出。

借：在建工程——C仓库 800 000.00

贷：库存商品 800 000.00

(5) 计提工程人员薪酬。

借：在建工程——C仓库 1 000 000.00

贷：应付职工薪酬——工资 1 000 000.00

(6) 自营工程应负担的长期借款利息为9万元。

借：在建工程 90 000.00

贷：长期借款 90 000.00

(7) 6月底，工程达到预定可使用状态并交付使用。

借：固定资产 8 390 000.00

贷：在建工程——C仓库 8 390 000.00

2. 采用出包方式建造固定资产

如果企业没有多余的生产能力，可以采用出包的方式建造固定资产，进而形成出包工程。出包工程是指企业委托建筑公司等其他单位进行的固定资产建造工程。出包方式多用于企业房屋和建筑物的新建、改建及扩建工程等。在出包方式下，固定资产建造工程支出由承包单位核算，出包企业只需按出包合同约定，向承包单位支付工程价款，并将支付的全部工程价款作为固定资产成本入账，会计处理比较简单。在这种方式下，“在建工程”账户实际上成为了企业与承包单位的结算账户，企业将与承包单位结算的工程价款作为工程成本，通过“在建工程”账户核算。企业按合同约定向承包单位预付工程款以及与承包单位办理工程价款结算时，借记“在建工程”账户，贷记“银行存款”等账户；工程达到预定可使用状态时，按实际发生的全部支出，借记“固定资产”账户，贷记“在建工程”账户。

【例3-2-4】 2016年9月18日，科达公司以出包方式建造D仓库，合同总金额为800万元。按照与承包单位签订的承包合同的约定，科达公司需事前支付工程款300万元，剩余工程款于工程完工结算时补付。科达公司账务处理如下：

(1) 按合同约定时间预付工程款。

借：在建工程——D仓库 3 000 000.00

贷：银行存款 3 000 000.00

(2) 工程完工补付剩余工程款。

借：在建工程——D仓库 5 000 000.00

贷：银行存款 5 000 000.00

(3) 计算并结转工程成本。

借：固定资产——D 仓库 8 000 000.00

贷：在建工程——D 仓库 8 000 000.00

（四）租入的固定资产

1. 固定资产的租赁形式

租赁是指在约定的期间内，出租人将资产使用权让与承租人以获取租金的协议。租赁按其性质和形式的不同，可以分为经营租赁和融资租赁两种。

（1）经营租赁。

经营租赁是指除融资租赁以外的其他租赁。承租企业为满足生产经营上的临时性或季节性需要，从其他企业租入固定资产，并按合同约定支付租金的固定资产租赁业务，就属于经营租赁。这种租赁形式的主要特点有：①租赁期限短。承租人只是为了满足经营上的季节性、临时性需要，才租入固定资产，并不打算长期拥有该项资产，所以，经营租赁期限相对较短，一般不包括租赁资产的全部耐用期限。②与资产所有权有关的主要风险和报酬实质上并未转移。租赁资产的所有权最终仍归出租人所有，出租人保留租赁资产的大部分风险和报酬，租赁资产的折旧、修理费用等，均由出租人承担。③租赁期满后，承租人将租赁资产退还给出租人；也可以根据一方的需求，提前解除租约。

（2）融资租赁。

融资租赁是指租入单位采用融资性租赁的方式租入固定资产。融资租赁是为了满足企业生产经营的长期需要而租入资产的一种方式。当企业急需某种固定资产（一般为设备），直接购买需支付大额资金，而企业资金又不是很充足时，可采用融资租赁方式先租入固定资产，以期尽快投入使用，然后再以分期支付租赁费的方式支付固定资产价款及其他有关费用，固定资产的所有权最终可能转移，也可能不转移。

融资租赁具有以下特点：①由承租人向出租人提出所需的固定资产，然后由出租人融通资金，购入承租人所需的固定资产，并租给承租人使用。承租人对租赁资产的型号、规格等都有特殊的要求，如果不进行较大的重新改制，其他企业通常难以使用。②租赁期较长，一般占租赁资产尚可使用年限的大部分。这里的"大部分"，实务上是指租赁期占租赁开始日租赁资产尚可使用年限的75%以上。③与租赁资产有关的主要风险与报酬转移给承租方。被租赁的固定资产由承租人负责维修、保养、保险、纳税及提取折旧，持有固定资产的主要风险实际上由承租人承担。④租金分期支付。承租人按合同约定，分期向出租人支付租金。租金一般包括租赁固定资产的买价、利息、出租人的合理利润等。⑤租赁合同不可以解除。租赁合同一旦签订，不可中途解约。租赁期满，承租人应根据租赁合同约定，或是续租，或是退租，或是以很低的名义价格留购。这里的名义价格一般要远远低于租赁期满时租赁资产的公允价值，实务上的比例为5%以内。

2. 经营租赁固定资产的核算

如果一项租赁在实质上没有转移与租赁资产所有权有关的全部风险和报酬，那么该项租赁应认定为经营租赁。在经营租赁方式下，由于与租赁资产所有权有关的全部风险和报酬在实质上没有转移给承租企业，因此，承租企业不需承担租赁资产的主要风险。其会计处理比较简单，不需将所取得的租入资产的使用权资本化，相应地，也不必将所承担的付款义务列作负债。

对于经营租赁的租金，承租人应当在租赁期内各个期间按照直线法计入相关资产成本或当期损益；其他方法更为系统合理的，也可采用其他方法。

承租企业确认各期租金费用时，借记“制造费用”“管理费用”“销售费用”“长期待摊费用”等账户，贷记“其他应付款”等账户。实际支付租金时，借记“其他应付款”等账户，贷记“银行存款”“库存现金”等账户。

为了确保经营租赁资产的安全，承租方应设置“经营租入资产备查簿”，做备查登记。

在经营租赁中，承租人在租赁谈判和签订租赁合同过程中发生的，可归属于租赁项目的手续费、律师费、差旅费、印花税等初始直接费用，应当计入当期损益。

【例3-2-5】 2014年1月1日，科达公司采用经营租赁方式从江明公司租入一台D生产设备，租赁期为3年。该生产设备价值为4 000 000元，预计使用年限为12年。租赁合同约定：租赁期开始日为2014年1月1日，科达公司预付租金600 000元，第1年年末支付租金200 000元，第2年年末支付租金300 000元，第3年年末支付租金400 000元；租赁期满，江明公司收回D生产设备，3年的租金总额为1 500 000元。假设科达公司在每年年末确认租金费用，并按时支付租金。

科达公司年平均租金=1 500 000÷3=500 000（万元）

科达公司的账务处理如下：

（1）2014年1月1日，预付租金。

借：长期待摊费用——租金　　600 000.00
　　贷：银行存款　　600 000.00

（2）2014年12月31日，确认租金费用。

借：制造费用　　500 000.00
　　贷：长期待摊费用——租金　　300 000.00
　　　　银行存款　　200 000.00

（3）2015年12月31日，确认租金费用。

借：制造费用　　500 000.00
　　贷：长期待摊费用——租金　　200 000.00
　　　　银行存款　　300 000.00

（3）2016年12月31日，确认租金费用。

借：制造费用　　500 000.00
　　贷：长期待摊费用——租金　　100 000.00
　　　　银行存款　　400 000.00

3. 融资租赁固定资产的核算

（1）融资租赁固定资产入账价值的确定原则。

企业采用融资租赁方式租入的固定资产，虽然在法律上资产的所有权在租赁期间仍然属于出租人，但由于资产的租赁期基本上包括了资产的有效使用期限，承租企业实质上获得了租赁资产所能够提供的主要经济利益，同时承担了与资产所有权有关的风险，因此，承租企业应将融资租入资产作为一项固定资产入账，同时确认相应的负债，并采用与自有应折旧资产相一致的折旧政策计提折旧。

融资租入"固定资产"的入账价值按租赁开始日租赁资产的公允价值与最低租赁付款额的现值两者中较低者来确定，而最低租赁付款额作为"长期应付款"入账核算，二者的差额作为"未确认融资费用"。

（2）与融资租赁固定资产入账价值的确定相关的概念。

Ⅰ. 最低租赁付款额的现值。

最低租赁付款额的现值，按我国会计准则的规定，是指几乎相当于租赁开始日租赁资产的公允价值。"几乎相当于"在实务上是指90%以上（含90%）的比例。

所谓最低租赁付款额，是指在租赁期内，承租企业应支付或可能被要求支付的各种款项（不包括或有租金和履约成本），加上由承租企业或与其有关的第三方担保的资产余值。

这里"最低"的含义是指出租人在租赁开始日对承租人的最小债权。在租赁开始日，它是能够被承租人确定的。"最低"的含义是相对于或有租金、履约成本而言的。

Ⅱ. 或有租金、履约成本、资产余值。

或有租金是指金额不固定、以时间长短以外的其他因素（如销售百分比、使用量、物价指数等）为依据计算的租金。它的发生与否有赖于未来事项的发生与否予以证实。因此，我国会计准则规定，"或有租金"不包括在最低租赁付款额之内，而在其实际发生时计入当期的费用。

履约成本是指在租赁期内为租赁资产支付的各种使用成本，如技术咨询和服务费、人员培训费、维修费、保险费等。这些费用一般都是由于承租人正常使用资产而应支付的费用。

资产余值是指租赁开始日估计的租赁期满时租赁资产的公允价值。如果承租企业有购买租赁资产的选择权，所订立的购价预计将远低于行使选择权时租赁资产的公允价值，因而在租赁开始日就可以合理确定承租企业将会行使这种选择权，此时购买价格应包括在最低租赁付款额内。

Ⅲ. 折现率。

承租企业在计算最低租赁付款额的现值时，需要考虑折现率的问题。我国会计准则对折现率的使用有明确的规定，企业单位需严格按照下列顺序选用：①出租人的租赁内含利率；②租赁合同约定的利率；③同期银行贷款利率。

这样做的理由是，出租人的租赁内含利率比其他利率更具有客观性，而且出租人一般都会披露。如果任由承租人选择折现率，可能会产生由于承租人对折现率的选择而使最低租赁付款额的现值远低于租赁固定资产公允价值的情况。其结果是，企业可能将融资租赁作为经营租赁来核算，进而粉饰企业的财务状况。

租赁内含利率是指在租赁开始日，使最低租赁收款额的现值与未担保余值的现值之和等于租赁资产公允价值与出租人的初始直接费用之和的折现率。出租人的初始直接费用是指出租人在租赁谈判和签订租赁合同过程中发生的手续费、差旅费、律师费及印花税等支出。

Ⅳ. 未确认融资费用。

固定资产的入账价值与最低租赁付款额之间的差额，按我国会计准则的规定作为未确认融资费用入账，并在租赁期内按合理的方法分期摊销，计入各期财务费用。在分摊未确认的融资费用时，承租人应采用一定的方法加以计算。这些方法包括实际利率法、直线法、年数总和法等。我国会计准则规定，承租人在分摊未确认融资费用时，应当采用实际利率法。在实际利率法下，各年应分摊的未确认融资费用按照各年未偿还租赁负债额的现值（长期应付款减去未确认融资费用余额）乘以实际利率进行计算。

（3）融资租入固定资产的账务处理。

为与企业自有固定资产相区别，企业应对融资租入固定资产单设“融资租入固定资产”明细账户进行核算。

企业应在租赁期开始日，将租赁开始日租赁资产的公允价值与最低租赁付款额现值两者中较低者，加上在租赁谈判和签订租赁合同过程中发生的、可直接归属于租赁项目的手续费、律师费、差旅费、印花税等初始直接费用，作为租入资产的入账价值，借记“固定资产——融资租入固定资产”账户；按最低租赁付款额，贷记“长期应付款”账户；按发生的初始直接费用，贷记“银行存款”等账户；按其差额，借记“未确认融资费用”账户。

每期支付租金费用时，借记“长期应付款”账户，贷记“银行存款”账户。如果支付的租金中包含履约成本，按履约成本金额，借记“制造费用”“管理费用”等账户，贷记“银行存款”账户。

每期采用实际利率法分摊未确认融资费用时，按当期应分摊的未确认融资费用金额，借记“财务费用”账户，贷记“未确认融资费用”账户。

租赁期满，合同约定将租赁资产所有权转归承租企业的，企业应进行转账，将固定资产从“融资租入固定资产”明细账户转入有关明细账户。

【例3－2－6】 2013年12月31日，科达公司与江明公司签订了一份矿泉水生产线融资租赁合同。租赁合同约定：租赁期开始日为2013年12月31日；租赁期为3年，每年年末支付租金2 000 000元；租赁期满，矿泉水生产线的估计残余价值为400 000元，其中科达公司担保余值为300 000元，未担保余值为100 000元。该矿泉水生产线于2013年12月31日运抵科达公司，当日投入使用；科达公司采用年限平均法计提固定资产折旧，于每年年末一次确认融资费用并计提折旧。假定该矿泉水生产线为全新生产线，租赁开始日的公允价值为6 000 000元；租赁内含利率为6%。2016年12月31日，科达公司将该矿泉水生产线归还给江明公司（查表可知，当i＝6%，n＝3时，其年金现值系数为0.839 6）。

科达公司账务处理如下：

（1）2013年12月31日，租入固定资产。

最低租赁付款额现值＝2 000 000×2.6730＋300 000×0.839 6＝5 597 880（元）

融资租入固定资产入账价值为5 597 880元。

未确认融资费用＝6 300 000－5 597 880＝702 120（元）

借：固定资产——融资租入固定资产　　5 597 880.00

　　未确认融资费用　　702 120.00

　　贷：长期应付款　　6 300 000.00

（2）2014 年 12 月 31 日，支付租金、分摊融资费用并计提折旧。

未确认融资费用的分摊结果见表 3－2－1。

应提折旧 =（5 597 880 － 300 000）÷ 3 = 1 765 960（元）

借：长期应付款　　2 000 000.00

　贷：银行存款　　2 000 000.00

借：财务费用　　335 872.80

　贷：未确认融资费用　　335 872.80

借：制造费用　　1 765 960.00

　贷：累计折旧　　1 765 960.00

2015 年及 2016 年支付租金、分摊融资费用并计提折旧的账务处理，比照 2014 年相关账务处理，见表 3－2－1。

表 3－2－1　　未确认融资费用分摊表　　单位：元

日期	租金	确认的融资费用	应付本金的减少额	应付本金余额
	①	② = 期初④ × 6%	③ = ① － ②	④ = 期初④ － ③
2014 年初				5 597 880
2014 年末	2 000 000	335 872.80	1 664 127.20	3 933 752.80
2015 年末	2 000 000	236 025.17	1 763 974.83	2 169 777.97
2016 年末	2 000 000	130 222.03 *	1 869 777.97	200 000
合计	6 000 000	702 120	5 297 880	

注：“*”项表示尾数调整。

（3）2016 年 12 月 31 日，归还矿泉水生产线。

借：长期应付款　　300 000.00

　累计折旧　　5 297 880.00

　贷：固定资产——融资租入固定资产　　5 597 880.00

【例 3－2－7】 2012 年 12 月 21 日，科达公司与江明公司签订了一份 A 生产线融资租赁合同。租赁合同约定：租赁期开始日为 2008 年 1 月 1 日；租赁期为 5 年，每年年末支付租金 500 000 元；租赁期满，该生产线的估计残余价值为 400 000 元，其中科达公司担保余值为 100 000 元，未担保余值为 20 000 元。该生产线于 2012 年 12 月 31 日运抵科达公司，当日投入使用；科达公司采用年限平均法计提固定资产折旧，于每年年末一次确认融资费用并计提折旧。假定该生产线为全新生产线，租赁开始日的公允价值为 2 000 000 元，租赁贴现利率为 10%。2017 年 12 月 31 日，科达公司将该生产线归还给江明公司。（查表可知：当 i = 10%，n = 5 时，其年金现值系数为 3.790 8，复利现值系数为 0.620 9）

科达公司账务处理如下：

（1）2012 年 12 月 31 日，融资租入固定资产。

最低租赁付款额现值 = 500 000 × 3.7908 + 100 000 × 0.6209 = 1957 490（元）

因为，该生产线的最低租赁付款额现值 < 该生产线的租赁日的公允价值，所以，融资租入固定资产的入账价值为 1957 490 元。

未确认融资费用 = 最低租赁付款额 - 最低租赁付款额现值

= (500 000 × 5 + 100 000) - 1 957 490 = 642 510（元）

借：固定资产——融资租入固定资产　　1 957 490.00

　　未确认融资费用　　642 510.00

　　贷：长期应付款——江明公司　　2 600 000.00

（2）2013 年 12 月 31 日，支付租金、分摊融资费用并计提折旧。

未确认融资费用的分摊结果见表 3-2-2。

应提折旧 = (1 957 490 - 100 000) ÷ 5 = 371 498（元）

借：长期应付款——江明公司　　500 000.00

　　贷：银行存款　　500 000.00

借：财务费用　　195 749.00

　　贷：未确认融资费用　　195 749.00

借：制造费用　　371 498.00

　　贷：累计折旧　　371 498.00

2014—2017 年支付租金、分摊融资费用并计提折旧的账务处理，比照 2013 年相关账务处理，见表 3-2-2。

表 3-2-2　　未确认融资费用的分摊　　单位：元

日期	租金	确认的融资费用	应付本金的减少额	应付本金余额
	①	② = 期初④ × 10%	③ = ① - ②	④ = 期初④ - ③
2013 年初				1 957 490
2013 年末	500 000	195 749	304 251	1 653 239
2014 年末	500 000	165 324	334 676	1 318 563
2015 年末	500 000	131 856 *	368 144	950 419
2016 年末	500 000	95 042	404 958	545 461
2017 年末	500 000	54 539 *	445 461	100 000
合计	2 500 000	642 510	1 857 490	

注：“ * ”项代表尾数调整。

（3）2017 年 12 月 31 日，归还 A 生产线。

借：长期应付款——江明公司　　100 000.00

　　累计折旧　　1 857 490.00

　　贷：固定资产——融资租入固定资产　　1 957 490.00

（五）其他方式取得的固定资产的核算

1. 接受捐赠的固定资产

接受捐赠的固定资产，应根据具体情况合理确定其入账价值。一般分为两种情况：

（1）捐赠方提供了有关凭据的，以凭据上标明的金额加上应支付的相关税费作为入账价值。

（2）捐赠方没有提供有关凭据的，按如下顺序确定其入账价值：①同类或类似固定资产存在活跃市场的，以同类或类似固定资产的市场价格估计的金额加上应支付的相关税费作为入账价值；②同类或类似固定资产不存在活跃市场的，以该接受捐赠固定资产预计未来现金流量的现值加上应支付的相关税费作为入账价值。

企业接受捐赠的固定资产在按照上述会计规定确定入账价值后，应按照税法规定的入账价值与适用的所得税税率计算所得税，作为递延所得税负债，固定资产入账价值与递延所得税负债之间的差额计入当期损益，通过“营业外收入”账户进行核算。

【例3-2-8】 科达公司接受一台全新专用甲设备的捐赠，捐赠者提供的增值税专用发票上注明价款为100 000元，增值税税额为17 000元，办理产权过户手续时支付相关税费5 000元，该公司适用25%的所得税税率，则

设备入账价值=100 000+5 000=105 000（元）

递延所得税负债=117 000×25%=29 250（元）

营业外收入=117 000-29 250=87 750（元）

借：固定资产——甲设备　　105 000.00

　　应交税费——应交增值税（固定资产进项税额）　　17 000.00

　　贷：递延所得税负债　　29 250.00

　　　　营业外收入——捐赠利得　　87 750.00

　　　　银行存款　　5 000.00

2. 盘盈的固定资产

企业需要定期与不定期地对固定资产进行清查，通过清查，确定企业的固定资产是否与账簿记录相一致。如果通过清查发现有的固定资产在企业账簿上并没有做记录，就是实大于账了，这在会计上被称为固定资产的盘盈。

盘盈的固定资产应通过“以前年度损益调整”账户进行核算。对于发现盘盈的固定资产，如果同类或类似固定资产存在活跃市场，应以同类或类似固定资产的市场价格减去按该项固定资产新旧程度估计价值损耗后的余额作为入账价值；如果同类或类似固定资产不存在活跃市场，应按盘盈固定资产的预计未来现金流量的现值计价入账。

【例3-2-9】 科达公司在固定资产清查中发现一台乙仪器没有记录在账簿中。该仪器当前市场价格为20 000元，根据其新旧程度估计价值损耗5 000元。

盘盈的仪器的入账价值=20 000-5 000=15 000（元）

借：固定资产——乙仪器　　15 000.00

　　贷：以前年度损益调整　　15 000.00

此外，有关债务重组取得的固定资产和以非货币性资产交换取得的固定资产在后面有关章节介绍。

三、固定资产折旧的核算

（一）固定资产折旧概述

1. 固定资产折旧的概念

我国企业会计准则对固定资产折旧定义的表述为：固定资产折旧是指在固定资产使用

寿命内，按照确定的方法对应计折旧额进行系统分摊。

固定资产损耗可分为有形损耗和无形损耗。有形损耗是指固定资产在使用过程中由于磨损而发生的使用性损耗和由于受自然力影响而发生的自然损耗。无形损耗是指由于技术进步、消费偏好的变化、经营规模扩充等原因而引起的损耗，这种损耗的特点是固定资产在物质形态上仍具有一定的服务潜力，但已不再适用或继续使用已不经济。一般而言，有形损耗决定固定资产的最长使用年限，即物质使用年限；无形损耗决定固定资产的实际使用年限，即经济使用年限。

2. 影响固定资产折旧的因素

企业分期计算提取折旧时，应考虑的因素有固定资产原值、固定资产的预计净残值和固定资产的使用年限。

（1）固定资产原值。固定资产原值是决定固定资产折旧数额提取的基本因素。企业提取固定资产折旧额的基本依据也是固定资产原值。

（2）固定资产的预计净残值。固定资产的预计净残值是固定资产报废时预计可以收回的残余价值扣除预计清理费用后的净额。固定资产的残值收入一般大于清理费用，因而净残值一般为正数。然而固定资产的净残值究竟为多少，这在固定资产报废前是不得而知的，只能靠人为判断和估计。为了避免人们随意估计净残值以调整折旧额，所得税暂行条例及其实施细则规定，预计净残值一般在固定资产原值的5%内确定。

（3）固定资产的使用寿命。固定资产使用寿命的长短直接影响各期应提的折旧额。企业确定固定资产使用寿命，应当考虑下列因素：①预计生产能力或实物产量；②预计有形损耗和无形损耗；③法律或者类似规定对资产使用的限制。

以上三项因素中，固定资产应计提折旧总额是不论采用何种计提折旧方法均应考虑的因素。如果按完成的工作量计提折旧，则还应考虑固定资产预计工作总量。

企业应当根据固定资产的性质和使用情况，合理确定固定资产的使用寿命和预计净残值。固定资产的使用寿命、预计净残值一经确定，不得随意变更。

3. 固定资产折旧的范围

应计提折旧的固定资产，在会计上称为折旧性资产。我国现行会计准则规定，除以下情况外，企业应对所有固定资产计提折旧：①已提足折旧仍继续使用的固定资产；②按规定单独估价作为固定资产入账的土地。

固定资产提足折旧后，不管能否继续使用，均不再提取折旧；提前报废的固定资产，也不再补提折旧。提足折旧是指已经提足该项固定资产的应计折旧额。应提的折旧总额为固定资产原价减去预计残值加上预计清理费用。

已达到预定可使用状态但尚未办理竣工决算的固定资产，应当按照估计价值确定其成本，并计提折旧；待办理竣工决算后，再按照实际成本调整原来的暂估价值，但不需要调整原已计提的折旧额。

融资租入的固定资产，应当采用与自有应计提折旧资产相一致的折旧政策。能够合理确定租赁期满时将会取得租赁资产所有权的，应当在租赁资产尚可使用年限内计提折旧；无法合理确定租赁期满时能否取得租赁资产所有权的，应当在租赁期与租赁资产尚可使用年限两者中较短的期间内计提折旧。

处于更新改造过程停止使用的固定资产，应将其账面价值转入在建工程，不再计提折旧，待更新改造项目达到预定可使用状态转为固定资产后，再按照重新确定的折旧方法和该项固定资产尚可使用寿命计提折旧。

因进行大修理而停用的固定资产，应当照提折旧，计提的折旧额应计入相关资产成本或当期损益。这项规定与我国过去对固定资产折旧范围的规定有很大的不同。这主要是出于谨慎性原则的考虑。

4. 固定资产折旧计提的时间

企业在具体计提折旧时，一般应按月提取折旧，当月增加的固定资产，当月不提折旧，从下月起计提折旧；当月减少的固定资产，当月照提折旧，从下月起不提折旧。

（二）折旧的计算方法

固定资产的折旧方法是将应计折旧总额在固定资产各使用期间进行分配时采用的具体计算方法。现行企业会计准则规定，企业可选择的折旧方法包括年限平均法、工作量法、年数总和法、双倍余额递减法等。企业应当根据固定资产的性质、受有形损耗和无形损耗影响的方式及程度，结合科技发展、环境、自身经营管理需要及其他因素，合理选择固定资产折旧方法。折旧方法一经确定，不得随意变更，如需变更，应将变更的内容及原因在变更当期的会计报表附注中说明。企业应当根据固定资产的性质和使用情况，合理确定其折旧年限和净残值并以此作为计提折旧的依据。

企业对固定资产进行改良后，应当根据调整后的固定资产成本及本企业的使用情况，合理估计折旧年限和净残值，提取折旧。

1. 年限平均法

年限平均法也称直线法，是指以固定资产预计使用年限为分摊标准，将固定资产的应提折旧总额均衡地分摊到使用各年的一种方法。采用这种折旧方法，各年折旧额相等，不受固定资产使用频率和生产量多少的影响，因而也称固定费用法。年限平均法计算折旧公式如下：

$$\text{年折旧额}=\frac{\text{原始价值}-\text{预计净残值}}{\text{预计使用年限}}$$

在实务中，固定资产折旧是根据折旧率计算的。折旧率是指折旧额占原始价值的比重。用公式表示如下：

$$\text{年折旧率}=\frac{\text{年折旧额}}{\text{原始价值}}\times 100\%=\frac{1-\text{预计净残值率}}{\text{预计使用年限}}\times 100\%$$

$$\text{月折旧率}=\text{年折旧率}\div 12$$

其中，
$$\text{预计净残值率}=\frac{\text{预计净残值}}{\text{原始价值}}\times 100\%$$

$$\text{年折旧额}=\text{原始价值}\times\text{年折旧率}$$

$$\text{月折旧额}=\text{年折旧额}\div 12$$

【例 3－2－10】 科达公司的一台机器设备原始价值为 92 000 元，预计净残值率为

4%，预计使用5年，采用年限平均法计提折旧。

$$年折旧率 = \frac{1-4\%}{5} \times 100\% = 19.2\%$$

月折旧率 = 19.2% ÷ 12 = 1.6%

年折旧额 = 92 000 × 19.2% = 17 664（元）

月折旧额 = 17 664 ÷ 12 = 1 472（元）（或者 92 000 × 1.6%）

采用年限平均法计算的各年折旧额见表3-2-3。

表3-2-3　　采用年限平均法计算的各年折旧额　　单位：元

使用年次	年折旧额	累计折旧额	账面净值
购置时			92 000
1	17 664	17 664	74 336
2	17 664	35 328	56 672
3	17 664	52 992	39 008
4	17 664	70 656	21 344
5	17 664	88 320	3 680
合计	88 320	—	—

从上面的计算过程可以看出年限平均法的优缺点。

年限平均法的优点：计算过程简便，容易理解，是会计实务中应用最广泛的一种方法。

年限平均法的缺点：①只注重固定资产的使用时间，而忽视了使用状况，使固定资产无论物质磨损程度如何，都计提同样的折旧费用，这显然不合理。②固定资产各年的使用成本负担不均衡。一般来说，随着资产的变旧，所需要的修理、保养等费用将会逐年增加，而年限平均法确定的各年折旧费用是相同的，这就会出现固定资产使用早期负担费用偏低而后期负担偏高的情况，从而违背了收入与费用相配比的原则。

2. 工作量法

工作量法是以固定资产预计可完成的工作总量为分摊标准，根据各年实际完成的工作量计算折旧的一种方法。采用这种折旧方法，各年折旧额的大小随工作量的变动而变动，因而也称为变动费用法。采用工作量法计算折旧的原理和年限平均法相同，只是将分配折旧额的标准由使用年限改成了工作量，因此，工作量法实际上是年限平均法的一种演变。所以，工作量法也被归类为直线法。使用工作量法计算折旧分两个步骤，首先要计算固定资产单位工作量的折旧额，在此基础上，根据每期实际工作量的多少计算当期的折旧额。其计算过程用公式表示如下：

单位工作量折旧额 = 原始价值 ×（1 - 预计净残值率）÷ 预计总工作量

年折旧额 = 某年实际完成的工作量 × 单位工作量折旧额

采用工作量法，不同的固定资产应按不同的工作量标准计算折旧，如机器设备应按工作小时计算折旧，运输工具应按行驶里程计算折旧，建筑施工机械应按工作台班时数计算折旧等。

【例 3－2－11】 科达公司的一台施工机械按工作量法计提折旧。该机械的原始价值为 150 000 元，预计净残值率为 3%，预计可工作 20 000 个台班时数。该设备投入使用后，各年的实际工作台班时数假定为：第 1 年 7 200 小时，第 2 年 6 800 小时，第 3 年 4 500 小时，第 4 年 1 500 小时。

$$单位台班小时折旧额=\frac{150\,000\times(1-3\%)}{20\,000}=7.275（元）$$

各年折旧额的计算结果见表 3－2－4 所示。

表 3－2－4 按工作量法计算的各年折旧额 单位：元

使用年次	实际工作量	单位台班小时折旧额	各年折旧额	累计折旧额	账面净值
购置时				150 000	
1	7 200	7. 275	52 380	52 380	97 620
2	6 800	7. 275	49 470	101 850	48 150
3	4 500	7. 275	32 737. 5	134 587. 5	15 412. 5
4	1 500	7. 275	10 912. 5	145 500	4 500
合计	20 000	7. 275	145 500		

从上面的计算过程可以看出工作量法的优缺点。

工作量法的优点和年限平均法一样，比较简单实用，而且工作量法以固定资产的工作量为分配固定资产成本的标准，使各年计提的折旧额与固定资产的使用程度成正比例关系，体现了收入与费用相配比的会计原则。

工作量法的缺点也很明显，它将有形损耗看作引起固定资产折旧的唯一因素，固定资产不使用则不计提折旧，而事实上，由于无形损耗的客观存在，固定资产即使不使用也会发生折旧。工作量法在计算固定资产前后期折旧时采用了一致的单位工作量的折旧额，而实际上这一折旧额在各期是不一样的，因为固定资产在使用的过程中单位工作量所带来的经济效益是不一样的，因而折旧额也应该是不一样的，而工作量法却忽视了这一点。

工作量法适用于使用情况很不均衡、使用的季节性较为明显的大型机器设备、施工机械以及运输单位或其他企业专业车队的客、货运汽车等固定资产折旧的计算。

3. 年数总和法

年数总和法是加速折旧法的一种。加速折旧法又称递减折旧法，是指固定资产折旧费用在使用早期提得较多，使用后期提得较少，以使固定资产的大部分成本在使用早期尽快得到补偿，从而相对加快折旧速度的一种计算折旧的方法。与直线法相比，加速折旧法既不意味着要缩短折旧年限，也不意味着要增大或减少应提折旧额，只是对应提折旧总额在各使用年限之间的分配上采用了递减的方式而不是平均的方式。不论采用加速折旧法还是直线法，在整个固定资产预计使用年限内计提的折旧总额都是相等的。我国企业会计准则规定，企业可以采用年数总和法和双倍余额递减法两种加速折旧法。

年数总和法也称合计年限法，是指将固定资产的原价减去预计净残值后的净额，乘以一个以各年年初固定资产尚可使用年限做分子、以预计使用年限逐年数字之和做分母的逐年递减的分数计算每年折旧额的一种方法。其计算公式如下：

$$年折旧率 = \frac{尚可使用年限}{预计使用年限的年数总和} \times 100\%$$

$$预计使用年限的年数总和 = n \times (n+1) \div 2$$

$$月折旧率 = 年折旧率 \div 12$$

$$月折旧额 = (固定资产原价 - 预计净残值) \times 月折旧率$$

【例 3－2－12】 科达公司的一台 A 设备采用年数总和法计提折旧。该设备的原始价值为 100 000 元，预计使用 5 年，预计净残值为 3 100 元。

预计使用年限的年数总和 =5×(5+1) ÷2 =15

各年折旧率见表 3－2－5。

表 3－2－5　　采用年数总和法计算的各年折旧率

使用时间	尚可使用年限	折旧率
第 1 年	5	5/15
第 2 年	4	4/15
第 3 年	3	3/15
第 4 年	2	2/15
第 5 年	1	1/15

采用年数总和法计算的各年折旧额见表 3－2－6。

表 3－2－6　　采用年数总和法计算的各年折旧额　　单位：元

使用年次	年折旧额	累计折旧额	账面净值
购置时			100 000
1	32 300	32 300	67 700
2	25 840	58 140	41 860
3	19 380	77 520	22 480
4	12 920	90 440	9 560
5	6 460	96 900	3 100
合计	96 900		

4. 双倍余额递减法

双倍余额递减法是在不考虑固定资产预计净残值的情况下，以双倍的直线折旧率作为加速折旧率，乘以各年年初固定资产账面净值计算各年折旧额的一种方法。采用双倍余额递减法计算折旧额时简化了折旧率的计算。这种简化的过程体现在两个方面：一是直线折旧率不考虑固定资产的净残值，可以理解为在最初计算折旧时是将其视为 0 的；二是双倍余额递减法直接以直线折旧率乘以 2 来确定，而不是采用复杂的公式计算。

采用双倍余额递减法计算折旧额时，由于每年年初固定资产账面净值没有扣除预计净残值，所以，在计算固定资产折旧到期的前两年折旧时，将固定资产净值扣除预计净残值后的余额平均摊销。有关双倍余额递减法折旧额的计算用公式表示如下：

$$年折旧率=\frac{2}{预计使用的年限}\times 100\%$$

$$月折旧率=年折旧率\div 12$$

$$某年的折旧额=该年年初固定资产账面净值\times 年折旧率$$

$$月折旧额=该年年初固定资产账面净值\times 月折旧率$$

【例 3-2-13】 沿用【例 3-2-12】资料，采用双倍余额递减法计算各年折旧额。

$年折旧率=\frac{2}{5}\times 100\%=40\%$

A 设备采用双倍余额递减法计算的各年折旧额见表 3-2-7。

表 3-2-7　　采用双倍余额递减法计算的各年折旧额　　单位：元

使用年次	折旧率	年折旧额	累计折旧额	账面净值
购置时				100 000
1	40%	40 000	40 000	60 000
2	40%	24 000	64 000	36 000
3	40%	14 400	78 400	21 600
4	—	9 250 *	87 650	12 350
5	—	9 250 *	96 900	3 100
合计		96 900		

注：“ * ”项表示最后两年的年折旧额，即（21 600 - 3 100）÷2 = 9 250（元）。

在会计实务中，现行会计制度规定，为简化折旧的计算，在固定资产预计使用年限到期前两年改用年限平均法，这样做的理由是，在采用双倍余额递减法最初计算折旧时并没有考虑固定资产净残值 3 100 元，但在固定资产最后处置时，其账面净值按要求仍不得低于固定资产净残值 3 100 元，要做到这一点，就必须对固定资产使用到期前的剩余几年的折旧额进行调整。

5. 固定资产折旧的账务处理

企业提取的固定资产折旧是通过“累计折旧”账户进行核算的。该账户是“固定资产”的备抵账户，两者相抵的差额即固定资产的净值。“累计折旧”账户只进行总分类核算，不进行明细分类核算。需要查明某项固定资产的已提折旧，可以根据固定资产卡片上所记载的该项固定资产原价、折旧率和实际使用年限等资料进行计算。

企业各月计算提取固定资产折旧时，可以在上月计提折旧的基础上，对上月固定资产的增减情况进行调整后，计算确定当月应计提的固定资产折旧额。即：

本月应计提折旧额 = 上月固定资产计提的折旧额 + 上月增加固定资产应计提的月折旧额 - 上月减少固定资产应计提的月折旧额

企业计提的固定资产折旧，应当根据固定资产的用途，分别计入相关资产的成本或当期损益。例如，基本生产车间使用的固定资产，其计提的折旧应计入制造费用；管理部门使用的固定资产，其计提的折旧应计入管理费用；销售部门使用的固定资产，其计提的折旧应计入销售费用；未使用固定资产，其计提的折旧应计入管理费用等。

为了便于折旧的核算，企业一般通过编制"固定资产折旧计算表"进行折旧的计算和分配，并以此作为折旧核算的原始凭证。

【例3-2-14】 2016年9月30日，科达公司编制的固定资产折旧计算表见表3-2-8。

表3-2-8 **固定资产折旧计算表**

2016年9月30日 单位：元

使用部门	固定资产项目	上月折旧额	上月增加固定资产		上月减少固定资产		本月折旧额	费用分配
			原价	月折旧额	原价	月折旧额		
一车间	厂房	120 000					120 000	制造费用
	机械设备	300 000	150 000	3 000	100 000	4 000	299 000	
	其他设备	50 000					50 000	
	小计	470 000					469 000	
二车间	厂房	100 000					100 000	
	机械设备	150 000	200 000	5 000	300 000	6 000	149 000	
	小计	250 000					249 000	
厂部	办公楼	80 000					80 000	管理费用
	办公设备	50 000			40 000	2000	48 000	
	运输工具	20 000			160 000	2 000	18 000	
	小计	150 000					146 000	
销售部门	办公楼	50 000					50 000	销售费用
	门市部	60 000					60 000	
	小计	110 000					110 000	
其他	经营出租	5 000					5 000	其他业务成本
合计		875 000		8 000		14 000	880 000	

根据表3-2-8中的数据，折旧费用分配的会计分录为：

借：制造费用——一车间 469 000.00

　　　　　　　　二车间 249 000.00

　　销售费用 110 000.00

　　管理费用 146 000.00

　　其他业务成本 5 000.00

　　贷：累计折旧 880 000.00

6. 固定资产折旧的复核

固定资产准则规定，企业至少应当于每年年度终了，对固定资产的使用寿命、预计净残值和折旧方法进行复核。

在固定资产使用过程中，其所处的经济环境、技术环境以及其他环境与最初预计固定资产使用寿命和预计净残值时相比，有可能发生了很大的变化。如果固定资产的使用寿命、预计净残值的预期数与原先的估计数有差异，应当相应调整固定资产的使用寿命、预计净残值，并按照会计估计变更的有关规定进行处理。

在固定资产使用过程中，与其有关的经济利益预期实现方式有可能发生重大改变。如果固定资产给企业带来经济利益的方式预期会发生重大变化，企业应相应改变固定资产折旧方法。例如，某企业以前年度采用年限平均法计提固定资产折旧，在年度复核中发现，与该固定资产相关的技术发生了很大变化，采用年限平均法计提折旧已很难反映该项固定资产给企业带来经济利益的方式，据此提供的会计信息会影响会计信息使用者作出恰当的经济决策。为了避免出现这种情况，企业应当于该年度终了将年限平均法改为加速折旧法，并按照会计估计变更的有关规定进行处理。具体账务处理在后面章节介绍。

企业在计提折旧时，可以根据具体情况，选择各种折旧计算方法。但是，需要指出的是，按照可比性原则，某种折旧方法一经选定，不得随意改变，以保证会计核算方法的前后期一致，便于进行比较分析。如果企业根据具体情况的变化决定改变折旧方法，其变更时间一般应为年初，以保持年度内折旧方法的一致，并将变更理由及折旧方法改变后对损益的影响在会计报表附注中予以揭示。

四、固定资产后续支出的核算

（一）固定资产后续支出的确认原则

固定资产后续支出是指固定资产在使用过程中发生的更新改造支出、修理费用等。企业的固定资产投入使用后，为了适应新技术发展的需要，或者维护或提高固定资产的使用效能，往往需要对现有固定资产进行维护、改建、扩建或改良。后续支出的处理原则为：与固定资产有关的更新改造等后续支出，符合固定资产确认条件的，应当计入固定资产成本，同时将被替换部分的账面价值扣除；与固定资产有关的修理费用等后续支出，不符合固定资产确认条件的，应当计入当期损益。

在具体实务中，对于固定资产发生的下列各项后续支出，通常的处理方法为：

（1）固定资产日常修理费用一般直接作为当期费用。

（2）企业固定资产改良支出应当资本化。但是，企业以经营租赁方式租入的固定资产发生的改良支出，应作为长期待摊费用，合理进行摊销。

（3）融资租入固定资产发生的固定资产后续支出，比照自有固定资产处理。发生的固定资产装修费用等，满足固定资产确认条件的，应在两次装修间隔期间、剩余租赁期与固定资产尚可使用年限三者中较短的期间内，采用合理的方法单独计提折旧。

（4）如果不能区分是固定资产修理还是固定资产改良，或固定资产修理和固定资产改良结合在一起，则企业应当判断与固定资产有关的后续支出是否满足固定资产的确认条件。如果该后续支出满足了固定资产的确认条件，后续支出应当资本化；否则，后续支出应当确认为当期费用。

（5）固定资产装修费用，满足资本化确认条件的，装修费用应当计入固定资产账面价值，并在“固定资产”账户下单设“固定资产装修”明细账户进行核算，在两次装修间隔期间与固定资产尚可使用年限两者中较短的期间内，采用合理的方法单独计提折旧。如果在下次装修时与该项固定资产相关的“固定资产装修”明细账户仍有账面价值，应将该账面价值一次全部计入当期营业外支出。

（二）后续支出费用化的核算

一般情况下，固定资产投入使用之后，由于固定资产磨损、各组成部分耐用程度的不同，可能会导致固定资产的局部损坏。为了维持固定资产的正常运转和使用，充分发挥其使用效能，企业会对固定资产进行必要的维护。固定资产的日常维护支出只是确保固定资产的正常工作状况，通常不满足固定资产的确认条件，应在发生时计入期间费用，不得采用预提或待摊方式处理。

按照企业会计准则的规定，企业生产车间和行政部门等发生的固定资产修理费用等后续支出作为“管理费用”处理，企业发生的与专设销售机构相关的固定资产修理费用等后续支出作为“销售费用”处理。

【例3-2-15】 2016年9月18日，科达公司对某生产线进行修理，修理过程中领用原材料一批，价值为300 000元，为购买该批原材料支付的增值税进项税额为51 000元，应支付维修人员薪酬为20 000元。科达公司账务处理如下：

借：管理费用——修理费	320 000.00	
贷：原材料		300 000.00
应付职工薪酬——工资		20 000.00

（三）后续支出资本化的核算

固定资产发生可资本化的后续支出时，企业一般应将该固定资产的原价、已计提的累计折旧和减值准备转销，将其账面价值转入在建工程，并停止计提折旧。发生的可资本化的后续支出，通过“在建工程”账户核算。在固定资产发生的后续支出完工并达到预定可使用状态时，再从在建工程转为固定资产，并按重新确定的使用寿命、预计净残值和折旧方法计提折旧。

【例3-2-16】 甲公司是一家饮料生产企业，有关业务资料如下：

（1）2014年12月，该公司自行建成了一条饮料生产线并投入使用，建造成本为600 000元；采用年限平均法计提折旧；预计净残值率为固定资产原价的3%，预计使用年限为6年。

（2）2016年12月31日，由于生产的产品适销对路，现有这条饮料生产线的生产能力已难以满足公司生产发展的需要，但若新建生产线成本过高、周期过长，于是公司决定对现有生产线进行改扩建，以提高其生产能力。假定该生产线未发生过减值。

（3）2017年4月30日，完成了对这条生产线的改扩建工程，达到预定可使用状态。改扩建过程中发生以下支出：用银行存款购买工程物资一批，增值税专用发票上注明的价款为210 000元，增值税税额为35 700元，已全部用于改扩建工程；发生有关人员薪酬84 000元。

（4）该生产线改扩建工程达到预定可使用状态后，大大提高了生产能力，预计尚可使用年限为7年。假定改扩建后的生产线的预计净残值率为改扩建后其账面价值的4%；折旧方法仍为年限平均法。

假定甲公司按年度计提固定资产折旧，整个过程不考虑其他相关税费。甲公司账务处理如下：

（1）饮料生产线改扩建后生产能力大大提高，能够为企业带来更多的经济利益，改扩建的支出金额也能够可靠计量，因此该后续支出符合固定资产的确认条件，应计入固定资产的成本。

固定资产后续支出发生前，该条饮料生产线的应计折旧额 = 600 000 ×（1 − 3%）
= 582 000（元）

年折旧额 = 582 000 ÷ 6 = 97 000（元）

2015 年 1 月 1 日至 2016 月 12 月 31 日，各年计提固定资产折旧：

借：制造费用　　97 000.00

　　贷：累计折旧　　97 000.00

（2）2016 年 12 月 31 日，将该生产线的账面价值 406 000（600 000 − 97 000 × 2）元转入在建工程。

借：在建工程——饮料生产线　　406 000.00

　　累计折旧　　194 000.00

　　贷：固定资产——饮料生产线　　600 000.00

（3）发生改扩建工程支出。

借：工程物资　　210 000.00

　　应交税费——应交增值税（进项税额）　　35 700.00

　　贷：银行存款　　245 700.00

借：在建工程——饮料生产线　　294 000.00

　　贷：工程物资　　210 000.00

　　　　应付职工薪酬　　84 000.00

（4）2017 年 4 月 30 日，生产线改扩建工程达到预定可使用状态，转为固定资产。

借：固定资产——饮料生产线　　700 000.00

　　贷：在建工程——饮料生产线　　700 000.00

（5）2017 年 4 月 30 日，转为固定资产后，按重新确定的使用寿命、预计净残值和折旧方法计提折旧。

应计折旧额 = 700 000 ×（1 − 4%）= 672 000（元）

月折旧额 = 672 000 ÷（7 × 12）= 8 000（元）

2017 年应计提的折旧额为 64 000（8 000 × 8）元，会计分录为：

借：制造费用　　64 000.00

　　贷：累计折旧　　64 000.00

2018—2023 年每年应计提的折旧额为 96 000（8 000 × 12）元，会计分录为：

借：制造费用　　96 000.00

　　贷：累计折旧　　96 000.00

2024 年应计提的折旧额为 32 000（8 000 × 4）元，会计分录为：

借：制造费用　　32 000.00
　　贷：累计折旧　　32 000.00

企业发生的一些固定资产后续支出可能涉及替换原固定资产的某组成部分，如对某项机器设备进行检测时，发现其中的电机（未单独确认为一项固定资产）出现难以修复的故障，将其拆除，重新安装了一个新电机。当发生的后续支出符合固定资产确认条件时，应将其计入固定资产成本，同时将被替换部分的账面价值扣除，以避免将替换部分的成本和被替换部分的成本同时计入固定资产成本，导致固定资产成本重复计算。

【例3-2-17】 2014年6月30日，科达公司的一台生产用升降机械出现故障，经检修发现其中的电动机磨损严重，需要更换。该升降机购买于2010年6月30日，科达公司已将其整体作为一项固定资产进行了确认，原价400 000元（其中的电动机在2010年6月30日的市场价格为85 000元），预计净残值为0，预计使用年限为10年，采用年限平均法计提折旧。为继续使用该升降机械并提高其工作效率，科达公司决定对该机械进行改造，为此购买了一台更大功率的电动机代替原电动机。新购置电动机的价款为82 000元，增值税税额为13 940元，款项已通过银行转账支付；改造过程中，辅助生产车间提供了劳务支出15 000元。假定原电动机磨损严重，没有任何价值；不考虑其他相关税费。科达公司账务处理如下：

（1）固定资产转入在建工程。

本例中的更新改造支出符合固定资产的确认条件，应予资本化；同时，应终止确认原电动机价值。2014年6月30日，原电动机的价值为51 000【85 000－（85 000÷10）×4】元。

借：营业外支出——处置非流动资产损失　　51 000.00
　　在建工程——升降机械　　189 000.00
　　累计折旧——升降机械　　160 000.00
　　贷：固定资产——升降机械　　400 000.00

（2）更新改造支出。

借：工程物资——新电动机　　82 000.00
　　应交税费——应交增值税（进项税额）　　13 940.00
　　贷：银行存款　　95 940.00

借：在建工程——升降机械　　95 940.00
　　贷：工程物资——新电动机　　82 000.00
　　　　生产成本——辅助生产成本　　15 000.00

（3）在建工程转回固定资产。

借：固定资产——升降机械　　286 000.00
　　贷：在建工程——升降机械　　286 000.00

企业对固定资产进行定期检查发生的大修理费用，符合资本化条件的，可以计入固定资产成本，不符合资本化条件的，计入当期损益。

（四）经营租入固定资产改良支出

经营租入固定资产发生的改良支出，应通过“长期待摊费用”账户核算，并在剩余租赁期与租赁资产尚可使用年限两者中较短的期间内，采用合理的方法进行摊销，一般采用年限平均法摊销。

【例3-2-18】 2016年5月20日，科达公司对采用经营租赁方式租入的一间门面房进行改良，发生如下有关支出：领用产品160 000元，该批产品的公允价值为200 000元；辅助生产车间为生产线改良提供的劳务支出为8 000元；发生有关人员薪酬25 000元。2016年12月31日，门面房改良工程完工，达到预定可使用状态并交付使用。假定该生产线预计尚可使用年限为8年，剩余租赁期为6年；采用直线法进行摊销；不考虑其他因素。科达公司账务处理如下：

（1）改良工程领用原材料。

借：在建工程——经营租赁资产改良　　194 000.00

　　贷：库存商品　　160 000.00

　　　　应交税费——应交增值税（销项税额）　　34 000.00

（2）辅助生产车间为改良工程提供服务。

借：在建工程——经营租赁资产改良　　8 000.00

　　贷：生产成本——辅助生产成本　　8 000.00

（3）发生工程人员薪酬。

借：在建工程——经营租赁资产改良　　25 000.00

　　贷：应付职工薪酬——工资　　25 000.00

（4）改良工程完工，达到预定可使用状态并投入使用。

借：长期待摊费用——经营租赁资产改良支出　　227 000.00

　　贷：在建工程　　227 000.00

（5）2016年进行摊销。

年摊销额 = 227 000 ÷ 6 = 37 833.33（元）

借：销售费用　　37 833.33

　　贷：长期待摊费用——经营租赁资产改良支出　　37 833.33

五、固定资产处置的核算

（一）固定资产终止确认的条件

固定资产的处置包括固定资产的出售、转让、报废或毁损、对外投资、非货币性资产交换、债务重组等。

固定资产满足下列条件之一的，应当予以终止确认：

（1）该固定资产处于处置状态。处于处置状态的固定资产不再用于生产商品、提供劳务、出租或经营管理，因此不再符合固定资产的定义，应予终止确认。

（2）该固定资产预期通过使用或处置不能产生经济利益。固定资产的确认条件之一是

“与该固定资产有关的经济利益很可能流入企业”，如果一项固定资产预期通过使用或处置不能产生经济利益，就不再符合固定资产的定义和确认条件，应予终止确认。

（二）固定资产的处置程序及会计处理

企业出售、转让、报废固定资产或发生固定资产毁损，应当将处置收入扣除账面价值和相关税费后的金额计入当期损益。固定资产的账面价值是固定资产成本扣减累计折旧和累计减值准备后的金额。

为了反映转入清理过程的固定资产的账面价值、清理费支出、变价收入和其他收入的取得以及清理净损益的情况，应设置“固定资产清理”账户。该账户借方登记清理过程中发生的各项费用，包括转入清理过程的固定资产的账面价值、清理过程中发生的清理费用以及销售不动产等应交纳的税金；贷方登记清理过程中发生的各项收入，包括转让收入、残料收入以及应向保险公司或有关责任者收取的赔款等。该账户贷方发生额大于借方发生额的差额，为清理过程中发生的净收益，应作为营业外收入从该账户借方转出；反之，则为清理过程中发生的净损失，应作为营业外支出从该账户的贷方转出。经过上述结转后，该账户应无余额。

固定资产处置的具体程序如下：

（1）固定资产转入清理。固定资产转入清理时，按固定资产的账面价值，借记“固定资产清理”账户，按已计提的累计折旧，借记“累计折旧”账户，按已计提的减值准备，借记“固定资产减值准备”账户，按固定资产原价，贷记“固定资产”账户。

（2）发生的清理费用。企业在固定资产清理过程中发生的相关税费及其他费用，应借记“固定资产清理”账户，贷记“银行存款”“应交税费”等账户。

（3）出售收入、残料等的处理。企业收回出售固定资产的价款、残料价值和变价收入等，应冲减清理支出，借记“银行存款”“原材料”等账户，贷记“固定资产清理”“应交税费——应交增值税”等账户。

（4）保险赔款的处理。企业计算或收到的应由保险公司或过失人赔偿的损失，应借记“其他应收款”“银行存款”等账户，贷记“固定资产清理”账户。

（5）清理净损益的处理。固定资产清理完成后，属于生产经营期间正常处理净损失的，借记“营业外支出——处置非流动资产损失”账户，贷记“固定资产清理”账户；属于生产经营期间由于自然灾害等非正常原因造成的，借记“营业外支出——非常损失”账户，贷记“固定资产清理”账户。固定资产清理完成后的净收益，借记“固定资产清理”账户，贷记“营业外收入”账户。

1. 固定资产出售

企业对多余、闲置或不再需用的固定资产，可出售给其他需要该项固定资产的企业，以收回资金，避免资源的浪费。出售固定资产的损益是指出售固定资产取得的价款与固定资产账面价值、发生的清理费用以及出售不动产交纳的相关税金之间的差额。

【例3-2-19】 科达公司因经营管理的需要，将8号办公楼出售，出售的价款为200万元。办公楼的原始价值为500万元，累计折旧400万元。出售前公司对房屋进行了适当整修，并支付整修费用 20 万元。不考虑相关税费。账务处理如下：

（1）注销固定资产原价及累计折旧。

借：固定资产清理　　1 000 000.00

　　累计折旧　　4 000 000.00

　　贷：固定资产——8 号办公楼　　5 000 000.00

（2）支付整修费用。

借：固定资产清理　　200 000.00

　　贷：银行存款　　200 000.00

（3）收到出售价款。

借：银行存款　　2 000 000.00

　　贷：固定资产清理　　2 000 000.00

（4）结转固定资产清理净收益。

净收益 =2000 000 - 1000 000 - 200 000 = 800 000（元）

借：固定资产清理　　800 000.00

　　贷：营业外收入——处置非流动资产利得　　800 000.00

2. 固定资产报废

固定资产报废有到期正常报废、提前报废和超龄使用后报废三种情况。无论是何种情况的报废，其损益的计算方法是一样的，都是指报废时固定资产的残料变价收入与固定资产账面价值、发生的清理费用之间的差额。

【例 3-2-20】 科达公司的一台甲设备进入报废程序。该设备原价 200 000 元，累计折旧 190 000 元。报废时，以现金支付清理费用 600 元，残料变价收入 3 000 元。相关账务处理如下：

（1）设备报废，注销原价及累计折旧。

借：固定资产清理　　10 000.00

　　累计折旧　　190 000.00

　　贷：固定资产——甲设备　　200 000.00

（2）支付报废设备清理费用 600 元。

借：固定资产清理　　600.00

　　贷：库存现金　　600.00

（3）残料变现。

借：银行存款　　3 000.00

　　贷：固定资产清理　　3 000.00

（4）结转报废净损失。

报废净损失 =10 000 +600 - 3 000 =7 600（元）

借：营业外支出——处置非流动资产损失　　7 600.00

　　贷：固定资产清理　　7 600.00

3. 固定资产盘亏

固定资产的出售、报废和毁损都会造成固定资产在量上的减少。出售和报废是企业主动对固定资产进行处置。毁损虽然不带有主动的意味，但是企业一般也会及时的发现和确认，但有时企业固定资产的减少并不容易被及时发现，所以企业需要定期与不定期地对固定资产进行清查。通过清查，可以确定企业的固定资产是否有减少的情况。如果通过清查发现账簿记录的企业拥有的固定资产的实物并不存在，那么就出现了固定资产盘亏。

盘亏的固定资产应通过“待处理财产损溢——待处理固定资产损溢”账户进行核算。发现盘亏的固定资产，在未报经批准处理前，要先按账面原价和累计折旧及时予以注销，其账面净值转入“待处理财产损溢——待处理固定资产损溢”账户；待报经批准处理后，再将净值转入相关账户，如果是由财产责任人或保险公司赔偿，则转为“其他应收款”账户；有关人员和保险公司赔偿后仍然有损失的，其差额作为企业的“营业外支出——固定资产盘亏”入账。

【例 3-2-21】 科达公司在固定资产的定期清查中发现少了一台电机，该电机账面原价为 8 万元，已提折旧 2 万元。

(1) 报经批准处理前，注销盘亏电机原价与累计折旧。

借：待处理财产损溢——待处理固定资产损溢　　60 000.00
　　累计折旧　　20 000.00
　　贷：固定资产——电机　　80 000.00

(2) 经批准，盘亏电机由保险公司赔偿 45 000 元，财产责任人王磊赔偿 5 000 元，其余的净损失转为企业的“营业外支出”处理。

借：营业外支出——固定资产盘亏　　10 000.00
　　其他应收款——某保险公司　　45 000.00
　　　　　　　——王磊　　5 000.00
　　贷：待处理财产损溢——待处理固定资产损溢　　60 000.00

六、固定资产减值的核算

（一）固定资产减值的迹象

企业在资产负债表日，应当判断固定资产是否存在可能发生减值的迹象。如果固定资产存在减值迹象，应当进行减值测试，估计固定资产的可收回金额。可收回金额低于账面价值的，应当按照可收回金额低于账面价值的差额，计提减值准备。

固定资产可收回金额应当根据固定资产的公允价值减去处置费用后的净额与固定资产预计未来现金流量的现值两者之间较高者确定。

固定资产账面价值是指固定资产成本扣减累计折旧和累计减值准备后的金额。

固定资产减值迹象是固定资产是否需要进行减值测试的必要前提。固定资产可能发生减值的迹象主要从外部信息来源和内部信息来源两方面加以判断。

1. 从企业外部信息来源来判断固定资产是否存在减值

从企业外部信息来源来看，以下情况均属于固定资产可能发生减值的迹象，企业需要据此估计固定资产的可收回金额，决定是否需要确认减值损失。

（1）出现了固定资产的市价在当期大幅度下降，其跌价幅度高于因时间的推移或者正常使用而预计的下跌。

（2）企业经营所处的经济、技术或者法律等环境以及固定资产所处的市场在当期或者将在近期发生重大变化，从而对企业产生不利影响。

（3）市场利率或者其他市场投资报酬率在当期已经提高，从而影响企业计算固定资产预计未来现金流量现值的折现率，导致固定资产可收回金额大幅度降低等。

2. 从企业内部信息来源来判断固定资产是否存在减值

从企业内部信息来源来看，以下情况均属于固定资产可能发生减值的迹象，企业需要据此估计固定资产的可收回金额，决定是否需要确认减值损失。

（1）企业有证据表明固定资产已经陈旧过时或者实体已经损坏。

（2）固定资产已经或者将被闲置、终止使用或者计划提前处置。

（3）企业内部报告的证据表明固定资产的经济绩效已经低于或者将低于预期，比如固定资产所创造的净现金流量或者实现的营业利润远远低于原来的预算或者预计金额等。

（二）固定资产减值的确定与会计处理

企业应设置“资产减值损失”和“固定资产减值准备”账户进行固定资产减值核算。

固定资产可收回金额低于账面价值时，应当将固定资产的账面价值减记至可收回金额，减记的金额确认为固定资产减值损失，借记“资产减值损失”账户，贷记“固定资产减值准备”账户。固定资产减值损失一经确认，在以后期间不得转回。但是，遇到固定资产处置、出售、对外投资等情况，同时符合固定资产终止确认条件的，企业应当将固定资产减值准备予以转销。

企业当期确认的固定资产减值损失反映在利润表中，减少当期利润；计提的固定资产减值准备应当作为资产的备抵项目，反映在资产负债表中，减少期末资产，从而可以如实反映企业资产价值。

【例3-2-22】 2016年年末，科达公司根据减值测试结果，确定本年年初取得的一项固定资产可收回金额为800万元，其账面价值为900万元。该固定资产可收回金额低于其账面价值100万元，并确认为减值损失。其会计分录如下：

借：资产减值损失——固定资产减值损失　　　　1 000 000.00

　　贷：固定资产减值准备　　　　　　　　　　　　1 000 000.00

固定资产计提减值准备后，固定资产账面价值将根据计提的减值准备相应抵减，在未来期间计提固定资产折旧时，应当以新的固定资产账面价值为基础重新计算和计提每期折旧额。

岗位实训 ▶▶▶

实训要求：根据资料，进行相关账务处理。

资料：科达公司购建设备的有关资料如下：

（1）2015年9月10日，购置一台需要安装的生产设备，增值税专用发票上注明设备价款为 68 万元，增值税税额为 11.56 万元，购买该设备支付的运费为 1.2 万元，增值税税额为 0.132 万元，开出商业承兑汇票一张，支付全部款项。相关单据见表 3－2－9 至表 3－2－11。

表 3－2－9 河南增值税专用发票 No 3325622003

3400123569 发票联 开票日期：2015 年 9 月 10 日

购买方	名　称：科达公司 纳税人识别号：340010468107588036 地 址 、电 话：安徽省合肥市芙蓉路 666 号 0551－36891252 开户行及账号：工行合肥芙蓉路支行 01400822600777	密码区	7++9/42152*+129*864> 加密版本：01 63－<7503*<1>*/<3<+80 3400025451 2+<<56894588>>**<2569 5920－33/65+5012*/>>92 009261246

货物或应税劳务、服务名称	规格型号	单位	数量	单价	金额	税率	税额
生产设备	NK0023	台	1	680 000.00	680 000.00	17%	115 600.00
合计					¥680 000.00		¥115 600.00
价税合计（大写）	⊗柒拾玖万伍仟陆佰元整				（小写）¥795 600.00		

销售方	名　称：联众有限责任公司 纳税人识别号：410326556712579305 地 址 、电 话：河南省郑州市松竹路 785 号 0371－23814673 开户行及账号：工行郑州松竹支行 25003255892472	备注	联众有限公司 410326556712579305 发票专用章

收款人：　　复核：　　开票人：李科　　销售方：（章）

第三联：发票联 购买方记账凭证

表 3－2－10 货物运输业增值税专用发票 No 0856728147

3400743256 发票联 开票日期：2015 年 09 月 10 日

承运人及纳税人识别号	丰华运输有限公司 30868992767124983	密码区	7++9/42152*+129*864> 加密版本：01 63－<7503*<1>*/<3<+80 3400025451 2+<<56894588>>**<2569 5920－33/65+5012*/>>92 009261246
实际受票方及纳税人识别号	科达公司 340010468107588036		
收货人及纳税人识别号	科达公司 340010468107588036	发货人及纳税人识别号	联众有限责任公司 410326556712579305
起运地、经由、到达地			

费用项目及金额	费用项目	金额	费用项目	金额	运输货物信息	
	运输生产设备	12 000.00				

合计金额	¥12 000.00	税率	11%	税额	¥1 320.00	机器编号	82017539012
价税合计（大写）	⊗壹万叁仟叁佰贰拾元整				（小写）¥13 320.00		
车种车号		车船吨位		备注	丰华运输有限公司 30868992767124983 发票专用章		
主管税务机关及代码							

收款人：　　复核人：　　开票人：李继宏　　承运人：（章）刘坤

第三联：发票联 受票方记账凭证

表 3－2－11 **商业承兑汇票（卡片）1**

出票日期（大写）贰零壹伍年玖月壹拾日

付款人	全　称	科达公司	收款人	全　称	联众有限责任公司
	账　号	01400822600777		账　号	25003255892472
	开户银行	工行合肥芙蓉路支行		开户银行	工行郑州松竹支行
出票金额		人民币（大写）捌拾万玖仟零贰拾元整		亿千百十万千百十元角分	¥809020000
汇票到期日（大写）		贰零壹伍年壹拾贰月壹拾日	付款人开户行	行号	012763981268
交易合同号码		GX2015983		地址	工行合肥芙蓉路支行
科达公司 财务专用章　李弘基　出票人签章			备注		

此联承兑人留存

（2）2015 年 10 月 23 日，为安装设备领用生产用钢材 5 吨，单价为 6 000 元，实际成本为 30 000 元，增值税税额为 5 100 元。领料单见表 3－2－12。

表 3－2－12 **领料单**

领料部门：工程部

用途：安装生产设备　　2015 年 10 月 23 日　　第　号

材料			单位	数量		成本									
						单价	总价								
编号	名称	规格		请领	实发		百	十	万	千	百	十	元	角	分
	钢材		吨	5	5	6 000.00		¥	3	0	0	0	0	0	0

会计联

部门经理：　　会计：　　仓库：徐薇　　经办人：赵立

（3）2015 年 12 月 31 日，该设备安装完成并交付使用。该设备预计使用年限为 5 年，预计净残值为 2 万元，采用双倍余额递减法计提折旧。单据见表 3－2－13。

表 3－2－13 **固定资产竣工交接单**

2015 年 12 月 31 日

承建单位：联众有限责任公司				使用单位：科达公司		
名称及型号	单位	数量	原始价值	已提折旧	净值	预计使用年限
生产设备 NK0023	台	1				5 年
	竣工日期		722 000.00	0		
	2015.12.31					

部门经理：　　会计：　　仓库：　　经办人：

（4）2016 年 12 月 31 日，计提设备折旧费。折旧计算表见表 3－2－14。

表 3－2－14

固定资产折旧计算表

2016 年 12 月 31 日

使用部门	项目名称	原值	预计使用年限	预计净残值	年折旧率	年折旧额	累计折旧额
生产车间	生产设备						

部门经理：　　　　会计：　　　　仓库：　　　　经办人：

（5）2017 年 6 月 30 日，因调整经营方向，将该设备出售给华力有限责任公司，开出的增值税专用发票上注明价款为 32 万元，增值税税额为 5.44 万元，收到款项并存入银行。假定不考虑与该设备出售有关的税费。相关单据见表 3－2－15 至表 3－2－17。

表 3－2－15

固定资产清理单

2017 年 6 月 30 日

资产名称	编号	开始使用时间	已使用年限	已提折旧	清理费用
生产设备	NK0023	2015 年 12 月 31 日	1 年零 6 个月		

表 3－2－16

安徽增值税专用发票　　No 02466893301

3400078422　　此联不作报销、扣税凭证使用　　开票日期：2017 年 6 月 30 日

购买方
名　　称：华力有限责任公司
纳税人识别号：342200353056655631
地 址 、电 话：安徽省六安西苑路 362 号 0564－3465672
开户行及账号：工行六安西苑支行 02012322365986

密码区
7 + +9/42152 * +129 * 864 >　　加密版本：01
63 - <7503 * <1 > */ <3 < +80　　3400025451
2 + < <56894588 > > * * <2569
5920 -33/65 +5012 */ > >92　　009261246

货物或应税劳务、服务名称	规格型号	单位	数量	单价	金额	税率	税额
生产设备	NK0023	台	1	320 000.00	320 000.00	17%	54 400.00
合计					¥320 000.00		¥54 400.00
价税合计（大写）	⊗叁拾柒万肆仟肆佰元整				（小写）¥374 400.00		

销售方
名　　称：科达公司
纳税人识别号：340010468107588036
地 址 、电 话：安徽省合肥市芙蓉路 666 号 0551－36891252
开户行及账号：工行合肥芙蓉路支行 01400822600777

备注

科达公司 340010468107588036 发票专用章

收款人：　　复核：　　开票人：周文　　销售方：（章）

第一联：记账联 销售方记账凭证

表 3-2-17　　　　中国工商银行　进账单（收账通知）　3

2017 年 6 月 30 日

出票人	全　称	华力有限责任公司	收款人	全　称	科达公司
	账　号	02012322365986		账　号	01400822600777
	开户银行	工行六安西苑支行		开户银行	工行合肥芙蓉路支行
金额	人民币（大写）叁拾柒万肆仟肆佰元整		亿 千 百 十 万 千 百 十 元 角 分		¥ 3 7 4 4 0 0 0 0
票据种类	转账支票	票据张数	壹张		
票据号码	略				
	复核　记账			收款人开户银行签章	

中国工商银行 芙蓉路支行 2017.06.30 转账 转讫

此联是收款人开户银行交给收款人的收账通知

参考答案：

（1）借：在建工程　692 000.00

　　应交税费——应交增值税（进项税额）　116 920.00

　　贷：银行存款　808 920.00

（2）借：在建工程　30 000.00

　　贷：原材料——钢材　30 000.00

（3）借：固定资产　722 000.00

　　贷：在建工程　722 000.00

（4）年折旧率 = 2/5 * 100% = 40%

2016 年折旧额 = 722 000 × 40% = 280 800（元）

借：制造费用　280 800.00

　贷：累计折旧　280 800.00

（5）2017 年 6 月 30 日应计提折旧额 =（722 000 - 280 800）× 40% ÷ 2 = 88 240

借：制造费用　88 240.00

　贷：累计折旧　88 240.00

借：固定资产清理　352 960.00

　累计折旧　369 040.00

　贷：固定资产　722 000.00

借：银行存款　374 400.00

　贷：固定资产清理　320 000.00

　　应交税费——应交增值税（销项税额）　54 400.00

借：营业外支出　32 960.00

　贷：固定资产清理　32 960.00

岗位任务三　无形资产的核算

任务导入

某科技公司2016年3月1日开始自行开发成本管理软件，研究阶段发生材料费用25万元，开发阶段发生开发人员薪酬125万元，支付租金5万元。开发阶段的支出满足资本化条件。2016年3月16日，该公司自行开发成功该成本管理软件，并依法申请了专利，支付注册费1.2万元，律师费2.3万元。2016年3月20日，该公司为向社会展示其成本管理软件举办了大型宣传活动，支付费用17万元，则该公司该项无形资产的入账价值应为多少万元?

知识准备

一、无形资产概述

（一）无形资产的概念和特征

1. 无形资产的概念

无形资产是指企业拥有或者控制的没有实物形态的可辨认非货币性资产，主要包括专利权、非专利技术、商标权、著作权、特许权等。

2. 无形资产的特征

无形资产具有三个主要特征：

（1）不具有实物形态。它通常体现为一种权利、技术或能够获得超额利润的能力。不具有实物形态是无形资产区别于其他有形资产的一个显著标志。

（2）具有可辨认性。

（3）属于非货币性长期资产。货币性资产是指企业持有的货币资金和将以固定或可确定的金额收取的资产，包括银行存款、应收账款、应收票据及准备持有至到期的债券投资等。非货币性资产是指货币性资产以外的资产。

（二）无形资产的确认条件

无形资产同时满足以下条件时，才能予以确认：

（1）与该无形资产有关的经济利益很可能流入企业；

（2）该无形资产的成本或者价值能够可靠地计量。

（三）无形资产的内容及分类

1. 无形资产的内容

（1）专利权。

专利权是指国家专利主管机关依法授予发明创造专利申请人对其发明创造在法定期限内所享有的专有权利，包括发明专利权、实用新型专利权和外观设计专利权。

（2）商标权。

商标权是指企业在某类指定的商品或产品上使用特定的名称、标记或图案的权利。商标权包括独占使用权和禁止权两个方面。我国商标法规定，商标权的有效期限为10年。

（3）著作权。

著作权又称版权，指作者对其创作的文学、科学和艺术作品依法享有的某些特殊权利。著作权包括精神权利（人身权利）和经济权利（财产权利）两个方面。精神权利包括发表权、署名权、修改权和保护作品完整权。

（4）土地使用权。

土地使用权是指国家准许某企业在一定期间内对国有土地享有开发、利用、经营的权利。企业可以通过行政划拨、外购、投资者投入等方式取得土地的使用权。取得土地使用权有时可能不花费任何代价，如企业所拥有的未入账的土地使用权，不能将其作为无形资产核算。取得土地使用权时花费的支出，应予以资本化，作为无形资产核算。

（5）非专利技术。

非专利技术指未经公开也未申请专利，但在生产经营活动中已经采用了的、不享有法律保护，但为发明人所垄断，具有实用价值的各种技术和经验，如设计图纸、资料、数据、技术规范、工艺流程、材料配方、管理制度和方法等。非专利技术具有经济性、机密性和动态性等特点。如果是自己研究开发的，研究过程中发生的相关费用，会计核算上一般将其全部作为当期费用处理，不作为无形资产核算。如果是从外部购入的，应对实际发生的一切支出予以本金化，作为无形资产入账核算。

（6）特许权。

特许权又称经营特许权、专营权，是指企业在某一地区经营或销售某种特定商品的权利或是一家企业接受另一家企业使用其商标、商号、技术秘密等的权利。

前者一般是由政府机构授权准许企业使用或在一定地区享有经营某种业务的特权，如水电、烟草专卖；后者指企业间依照签订的合同，有限期或无限期使用另一家企业的某些权利，如连锁店使用总店的名称。会计上的特许权主要是指后一种情况。

2. 无形资产的分类

为了加强对无形资产的管理，可以按不同标准对其进行分类。

（1）按取得方式的不同，无形资产可分为外购的、自制的、投资者投入的及其他方式取得的无形资产。

（2）按使用寿命是否可以确定，无形资产可分为使用寿命有限的无形资产和使用寿命不确定的无形资产。商标权、专利权属于使用寿命有限的无形资产，而非专利技术属于使用寿命不确定的无形资产。

（3）投资者投入无形资产的成本，应当按照投资合同或协议约定的价值确定，但合同或协议约定价值不公允的除外。

二、无形资产的核算

（一）账户设置

为了核算无形资产的取得、摊销和处置等情况，企业应当设置“无形资产”“累计摊销”等账户。

1. “无形资产”账户

“无形资产”账户用来核算企业无形资产的增减变动情况。该账户借方登记企业取得的无形资产的成本；贷方登记企业处置的无形资产的账面余额；期末余额在借方，表示无形资产的成本。该账户应按无形资产类别进行明细核算。

2. “累计摊销”账户

“累计摊销”账户属于“无形资产”的调整账户，用来核算企业对使用寿命有限的无形资产计提的累计摊销额。该账户贷方登记企业计提的无形资产的摊销额；借方登记处置无形资产转出的摊销额；期末余额在贷方，表示无形资产的累计摊销额。

（二）无形资产取得的核算

1. 外购的无形资产

外购的无形资产的成本包括购买价款、相关税费以及直接归属于使该项资产达到预定用途所发生的其他支出。

按照规定，如果企业购买无形资产的价款超过正常信用条件延期支付，实质上具有融资性质的，无形资产的初始成本以购买价款的现值为基础确定。实际支付的价款与购买价款的现值之间的差额，应当在信用期间内采用实际利率法进行摊销，计入当期损益。

【例3-3-1】 科达公司从外部某单位购入A项专利权，价款200 000元，增值税税率为6%，增值税税额为12 000元，科达公司为该项专利权支付律师费3 000元，登记注册费12 000元，均以银行存款付讫。会计分录为：

借：无形资产——专利权A	215 000.00	
应交税费——应交增值税（进项税额）	12 000.00	
贷：银行存款		227 000.00

2. 自行开发的无形资产

对企业自行进行的研究开发项目，应当对研究阶段与开发阶段分别进行核算。

（1）研究阶段。

研究阶段是指为获取并理解新的科学或技术知识而进行的独创性的有计划调查。

研究阶段是探索性的，是为进一步的开发活动进行资料及相关方面的准备，已进行的研究活动将来是否会转入开发、开发后是否会形成无形资产等均具有较大的不确定性。这一阶段不会形成阶段性成果，因此，研究阶段的有关支出在发生时应当费用化，计入当期损益（管理费用）。

（2）开发阶段。

开发阶段是指在进行商业性生产或使用前，将研究成果或其他知识应用于某项计划或设计，以生产出新的具有实质性改进的材料、装置、产品等的阶段。相对于研究阶段，开发阶段在很大程度上具备了形成一项新产品或新技术的基本条件。此时，如果企业能够证明开发支出符合无形资产的定义及相关确认条件，则将其开发支出予以资本化，确认为无形资产。

根据《企业会计准则》的规定，对企业内部开发项目发生的开发支出，同时满足下列条件的，才能确认为无形资产（开发阶段的支出不能全部资本化，必须符合相关条件）：①完成该无形资产以使其能够使用或出售在技术上具有可行性；②具有完成该无形资产并使用或出售的意图；③无形资产产生经济利益的方式，包括能够证明运用该无形资产生产的产品存在市场或无形资产自身存在市场，无形资产将在内部使用的，应当证明其有用性；④有足够的技术、财务和其他资源支持，以完成该无形资产的开发，并有能力使用或出售该无形资产；⑤归属于该无形资产开发阶段的支出能够可靠地计量。

无法区分研究阶段和开发阶段的支出，应当在发生时作为管理费用，全部计入当期损益。

为了核算企业进行研究与开发无形资产过程中发生的各项支出，企业应设置“研发支出”账户。

企业自行开发无形资产发生的研发支出，不满足资本化条件的，借记“研发支出——费用化支出”账户；满足资本化条件的，借记“研发支出——资本化支出”账户，贷记“原材料”“银行存款”“应付职工薪酬”等账户。

企业研究开发项目达到预定用途形成无形资产的，应按“研发支出——资本化支出”账户的余额，借记“无形资产”账户，贷记“研发支出——资本化支出”账户。

期末，企业应将“研发支出”账户归集的费用化支出金额转入“管理费用”账户，借记“管理费用”账户，贷记“研发支出——费用化支出”账户。

【例3-3-2】 2016年1月1日，科达公司董事会批准研发某项新型技术，截至12月31日，该公司在研究开发过程中发生材料费用200万元，人工费用100万元，以及以存款支付的其他费用60万元，总计360万元，其中，符合资本化条件的支出为310万元。2016年12月31日，该项新型技术已经达到预定用途。科达公司账务处理如下：

（1）2016年发生研发支出。

借：研发支出——费用化支出	500 000.00	
——资本化支出	3 100 000.00	
贷：原材料		2 000 000.00
应付职工薪酬		1 000 000.00
银行存款		600 000.00

（2）2016年12月31日，该项新型技术已经达到预定用途。

借：管理费用	500 000.00	
无形资产	3 100 000.00	
贷：研发支出——费用化支出		500 000.00

——资本化支出　　3 100 000.00

3. 投资者投入无形资产

企业接受投资者投入的无形资产，应当按照投资合同或协议约定的价值确定，合同或协议约定价值不公允的除外。

企业按所确认的无形资产的成本，借记“无形资产”账户；按该项投资在被投资企业注册资本中所占的份额，贷记“实收资本（或股本）”账户；按无形资产成本高于所享有投资份额的差额，贷记“资本公积”账户。

【例3-3-3】 科达公司决定增加注册资本至20 000万元，现接受昌河公司以一项专利权的投资，双方协议价1 200万元，占增资后注册资本的5%。假定不考虑其他相关税费。科达公司账务处理如下：

借：无形资产—专利权　　200 000 000.00

　　贷：实收资本——昌河公司　　10 000 000.00

　　　　资本公积——资本溢价　　2 000 000.00

（三）无形资产摊销的核算

1. 使用寿命的估计

对有使用年限的无形资产，按照以下顺序确定：①有法律法规规定的，如商标权、专利权、著作权；②无法律法规规定的，看合同是否有规定年限；③参照其他单位类似无形资产的使用寿命；④上述三种情况都无法确定的，则界定为使用寿命不确定的无形资产。

无形资产的使用寿命能够合理确定的，应在其使用寿命内按照一定的方法合理摊销，期末进行减值测试。

对使用寿命不确定的无形资产，持有期间无需摊销，但必须在每期期末进行减值测试。

2. 使用寿命有限的无形资产

（1）摊销期及摊销方法的确定。

无形资产的摊销期自其可供使用（即达到预定用途）时起至终止确认时止。当月增加的无形资产当月开始摊销，当月减少的无形资产当月不再摊销。

在无形资产的使用寿命内系统地分摊其应摊销金额有多种方法。这些方法包括直线法、生产总量法等。企业选择的无形资产摊销方法，应能够反映与该项无形资产有关的经济利益的预期实现方式，并一致地运用于不同会计期间；无法可靠确定其预期实现方式的，应当采用直线法进行摊销。

（2）残值的确定。

无形资产的残值一般为零，但下列情况除外：①有第三方承诺在无形资产使用寿命结束时购买该无形资产；②可以根据活跃市场得到预计残值信息，并且该市场在无形资产使用寿命结束时可能存在。

残值确定以后，在持有无形资产的期间内，至少应于每年年末进行复核，预计其残值与原估计金额不同的，应按照会计估计变更进行处理。

(3) 使用寿命有限的无形资产摊销的会计处理。

摊销时，应当考虑该项无形资产所服务的对象，并以此为基础将其摊销价值计入相关资产的成本或者当期损益。

借：管理费用（或制造费用等）

　　贷：累计摊销

【例3-3-4】 科达公司从外单位购入某项专利权的成本为240万元，增值税税率为6%，增值税税额为14.4万元，估计使用寿命为8年，该项专利用于产品的生产；同时，购入一项商标权，实际成本为400万元，增值税税额为24万元，估计使用年限为10年。假定这两项无形资产的净残值均为零。购买价款均已以银行存款支付。科达公司账务处理如下：

(1) 取得无形资产时：

借：无形资产——专利权	2 400 000.00	
——商标权	4 000 000.00	
应交税费——应交增值税（进项税额）	384 000.00	
贷：银行存款		6 400 000.00

(2) 按年摊销：

借：制造费用——专利权摊销	300 000.00	
管理费用——商标权摊销	400 000.00	
贷：累计摊销		700 000.00

3. 使用寿命不确定的无形资产

使用寿命不确定的无形资产不需要进行摊销，但要在每期期末按照法定要求进行减值测试，经减值测试表明已发生减值的，应计提相应的减值准备。其相关的账务处理为：借记“资产减值损失”账户，贷记“无形资产减值准备”账户。

4. 无形资产使用寿命的复核

企业至少应于每年年度终了对无形资产的使用寿命进行复核，如果有证据表明其使用寿命不同于以前的估计，则对于使用寿命有限的无形资产，应改变其摊销年限及摊销方法，并按照会计估计变更进行处理。

对于使用寿命不确定的无形资产，如果有证据表明其使用寿命是有限的，应当按照会计估计变更处理，并按照关于使用寿命有限的无形资产的处理原则进行处理。

(四) 无形资产减值的核算

如果无形资产将来为企业创造的经济价值不足以补偿无形资产的现有账面价值，则说明无形资产发生了减值，具体表现为无形资产的现有账面价值超过其可回收的金额。无形资产发生减值时，应计提相应的减值准备，且一经计提，不允许转回。企业期末计提无形资产减值准备的账务处理如下：

借：资产减值损失

　　贷：无形资产减值准备

（五）无形资产的处置和报废

1. 无形资产出租

企业让渡无形资产使用权形成的租金收入和发生的相关费用，分别确认为其他业务收入和其他业务成本。

【例3-3-5】 2016年10月，科达公司将一项专利权出租给昌河公司使用，合同约定，科达公司按月收取使用费，同时负责技术指导，当月取得租金收入30 000元，计提技术指导人员薪酬3 000元。有关账务处理如下：

借：银行存款	30 000.00	
贷：其他业务收入		30 000.00
借：其他业务成本	3 000.00	
贷：应付职工薪酬——工资		3 000.00

2. 无形资产出售（转让无形资产所有权）

无形资产出售是指企业放弃该项无形资产的所有权。企业应将所取得的价款与无形资产账面价值的差额计入当期损益。

企业出售无形资产，应将收取的价款借记“银行存款”；将取得的价款与该无形资产账面价值（成本减去累计摊销和已计提的减值准备）的差额确认为处置非流动资产的利得或损失，计入当期营业外收支。

【例3-3-6】 科达公司所拥有的某项商标权的成本为400万元，已摊销金额为240万元，已计提的减值准备为50万元。该公司于当期出售该商标权的所有权，取得出售收入200万元，增值税税率为6%，增值税税额为12万元。科达公司账务处理如下：

借：银行存款	2 000 000.00	
累计摊销	2 400 000.00	
无形资产减值准备	500 000.00	
贷：无形资产		4 000 000.00
应交税费——应交增值税（销项税额）		120 000.00
营业外收入——处置非流动资产利得		780 000.00

3. 无形资产报废

如果无形资产预期不能为企业带来经济利益，例如，该无形资产已被其他新技术所替代，应将其报废并予转销，其账面价值转作当期损益。转销时，应按已计提的累计摊销，借记“累计摊销”账户；按其账面余额（原值），贷记“无形资产”账户；按其差额，借记“营业外支出”账户。已计提减值准备的，还应同时结转减值准备。

【例3-3-7】 2016年12月31日，科达公司某项专利的账面余额为400万元。该专利权的摊销期限为10年，采用直线法进行摊销，已摊销5年。该专利权的残值为零，已累计计提减值准备120万元。假定以该专利权生产的产品已没有市场，预期不能再为企业带来经济利益。假定不考虑其他相关因素。科达公司账务处理如下：

借：累计摊销　　　　　　　　　　　　　　　　　　2 000 000.00

　　无形资产减值准备　　　　　　　　　　　　　　1 200 000.00

　　营业外支出——处置非流动资产损失　　　　　　　800 000.00

　　贷：无形资产——专利权　　　　　　　　　　　　　　　4 000 000.00

岗位实训

实训要求：根据资料，进行相关账务处理。

资料：某公司2014—2016年与专利权业务有关的资料如下：

（1）2014年1月6日，以银行存款购入一项专利权，开出的增值税专用发票上注明价款为30万元，增值税税额为1.8万元。该专利权的预计使用年限为10年，采用直线法摊销该专利权。

表3-3-1　　　　**安徽省增值税专用发票**　　　　**No 9890021503**

3400078623　　　　发 票 联　　　　开票日期：2014年1月6日

购买方	名　　称：科达公司 纳税人识别号：340010468107588036 地 址 、电 话：安徽省合肥市芙蓉路666号0551-63891252 开户行及账号：工行合肥芙蓉路支行01400822600777	密码区	7 + +9/42152 * +129 * 864 >　加密版本：01 63 - <7503 * <1 > */ <3 < +80　3400025451 2 + < <56894588 > > * * <2569 5920 -33/65 +5012 */ > >92　009261246

货物或应税劳务、服务名称	规格型号	单位	数量	单价	金额	税率	税额
发明专利		项	1	3000 000.00	300 000.00	6%	18 000.00
合计					¥300 000.00		¥18 000.00
价税合计（大写）	⊗叁拾壹万捌仟元整				（小写）¥318 000.00		

销售方	名　　称：万丰科技有限公司 纳税人识别号：340023786942194731 地 址 、电 话：安徽省合肥市高河路351号0551-63825539 开户行及账号：光大银行合肥高河支行0231008678835226	备注	万丰科技有限公司 340023786942194731 发票专用章

收款人：　　　　复核：　　　　开票人：李红　　　　销售方：（章）

第三联：发票联 购买方记账凭证

（2）计算2014年12月31日专利权的摊销金额。

表3-3-2　　　　**无形资产摊销表**

2014年12月31日　　　　单位：元

名称	购入日期	截止日期	摊销方法	预计摊销年限	本期应摊销金额	累计摊销	账面余额
专利权	2013.12.16	2023.12.16	直线法	10年			

部门经理：　　　　会计：　　　　保管人：　　　　制单：

（3）2015年12月31日对该专利权进行减值测试时，该专利权的预计未来现金流量现值是19万元。减值测试后该资产的使用年限不变，计算该专利权2015年年底计提的减值准备金额。

表 3－3－3　　无形资产摊销表

2014 年 12 月 31 日　　单位：元

名称	购入日期	截止日期	摊销方法	预计摊销年限	本期应摊销金额	累计摊销	账面余额
专利权	2013. 12. 16	2023. 12. 16	直线法	10 年			

部门经理：　　会计：　　保管人：　　制单：

表 3－3－4　　资产减值测试表——无形资产减值准备

2015 年 12 月 31 日　　单位：元

项目	减值现象描述	减值迹象判断依据	资产账面价值	可收回金额	计提减值准备金额
专利权					
减值测试参与人员		资产管理部门			
		技术部门人员			
		生产部门人员			
		财务部门（或财务负责人）			

部门经理：　　会计：　　保管人：　　制单：

（4）2016 年 4 月 12 日，将该专利权对外出售，取得价款 21 万元，增值税税额为 1.26 万元，价款已收存银行（不考虑相关税费）。

表 3－3－5　　安徽增值税专用发票　　No 02466893301

3400065538　　此联不作报销、扣税凭证使用　　开票日期：2017 年 6 月 30 日

购买方	名　　称：安捷公司 纳税人识别号：340236353781264936 地 址 、电 话：安徽省宣城市华乐路 106 号 0563－53226781 开户行及账号：工行宣城华乐支行 02322756912542	密码区	7＋＋9/42152＊＋129＊864＞　加密版本：01 63－＜7503＊＜1＞＊/＜3＜＋80　3400025451 2＋＜＜56894588＞＞＊＊＜2569 5920－33/65＋5012＊/＞＞92　009261246

货物或应税劳务、服务名称	规格型号	单位	数量	单价	金额	税率	税额
发明专利		项	1	320 000. 00	320 000. 00	17%	54 400. 00
合计					¥320 000. 00		¥54 400. 00
价税合计（大写）	⊗叁拾柒万肆仟肆佰元整				（小写）¥374 400. 00		

销售方	名　　称：科达公司 纳税人识别号：340010468107588036 地 址 、电 话：安徽省合肥市芙蓉路 666 号 0551－63891252 开户行及账号：工行合肥芙蓉路支行 01400822600777	备注	科达公司 340010468107588036 发票专用章

第一联：记账联　销售方记账凭证

收款人：　　复核：　　开票人：周文　　销售方：（章）

表 3－3－6 **中国工商银行 进账单（收账通知） 3**

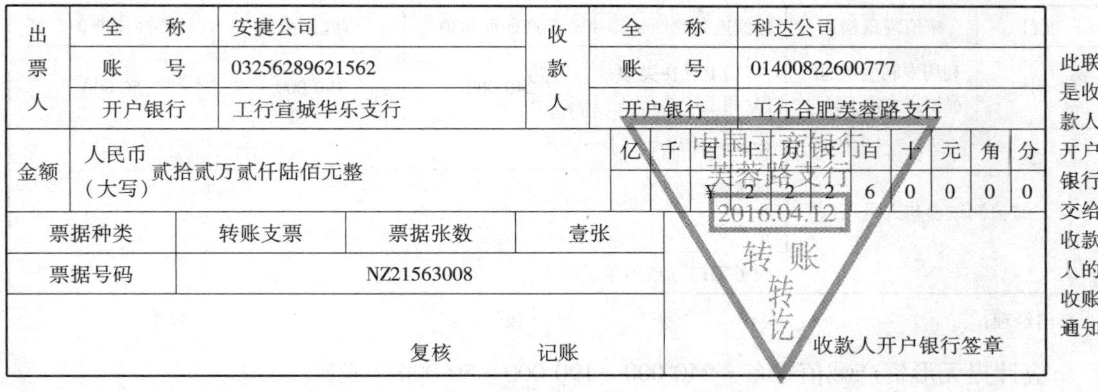

2016 年 4 月 12 日

出票人	全称	安捷公司	收款人	全称	科达公司
	账号	03256289621562		账号	01400822600777
	开户银行	工行宣城华乐支行		开户银行	工行合肥芙蓉路支行

金额	人民币（大写）贰拾贰万贰仟陆佰元整	亿	千	百	十	万	千	百	十	元	角	分
				¥	2	2	2	6	0	0	0	0

票据种类	转账支票	票据张数	壹张
票据号码	NZ21563008		

复核 记账 收款人开户银行签章

中国工商银行 芙蓉路支行 2016.04.12 转账 转讫

此联是收款人开户银行交给收款人的收账通知

参考答案：

（1）借：无形资产 300 000. 00

应交税费——应交增值税（进项税额） 18 000. 00

贷：银行存款 318 000. 00

（2）2014 年 12 月 31 日的摊销额：300 000 ÷ 10 = 30 000. 00（元）

借：管理费用 30 000. 00

贷：累计折旧 30 000. 00

表 3－3－2 **无形资产摊销表**

2014 年 12 月 31 日

单位：元

名称	购入日期	截止日期	摊销方法	预计摊销年限	本期应摊销金额	累计摊销	账面余额
专利权	2014. 1. 6	2023. 12. 16	直线法	10 年	30 000	30 000	270 000

部门经理： 会计： 保管人： 制单：

（3）2014 年 12 月 31 日的摊销额：300 000 ÷ 10 = 30 000（元）

借：管理费用 30 000. 00

贷：累计折旧 30 000. 00

表 3－3－3 **无形资产摊销表**

2014 年 12 月 31 日

单位：元

名称	购入日期	截止日期	摊销方法	预计摊销年限	本期应摊销金额	累计摊销	账面余额
专利权	2013. 12. 16	2023. 12. 16	直线法	10 年	30 000	60 000	240 000

部门经理： 会计： 保管人： 制单：

表 3-3-4 资产减值测试表——无形资产减值准备

2015 年 12 月 31 日 单位：元

项目	减值现象描述	减值迹象判断依据	资产账面价值	可收回金额	计提减值准备金额
专利权	利用专利生产的产品销量大幅下降	市场上存在类似专利生产的产品	240 000	190 000	50 000
减值测试参与人员		资产管理部门			
		技术部门人员			
		生产部门人员			
		财务部门（或财务负责人）			

部门经理： 会计： 保管人： 制单：

应计提无形资产减值准备 = 240 000 - 190 000 = 50 000（元）

借：资产减值损失 50 000.00

　　贷：无形资产减值准备 50 000.00

（4）2016 年 4 月 12 日专利权出售前应摊销的金额 = 300 000 ÷ 10 ÷ 12 × 3

= 7 500（元）

借：银行存款 210 000.00

　　累计摊销 67 500.00

　　无形资产减值准备 50 000.00

　　贷：无形资产 300 000.00

　　　　应交税费——应交增值税（销项税额） 12 600.00

　　　　营业外收入 14 900.00

岗位任务四　金融资产业务的核算

任务导入

为了提高闲置资金的收益率，利用闲置资金从二级市场上购买股票以赚取差价，2017 年 3 月 10 日，科达公司在华西证券公司开设了资金账户，委托华西证券买卖股票，并从建设银行基本账户中向证券市场资金账户划入 61 万元，购买了西城公司发行的股票 50 万股，并准备随时变现，每股价格 11.20 元，支付股票交易税费中包括印花税、佣金、过户费等共 10 万元。小李作为科达公司的记账人员，该如何正确划分该类资产？又该如何正确地进行账务处理？

知识准备

一、金融资产的概念和分类

（一）金融资产的概念

金融资产是指拥有形成现实的或潜在的债权的合同的一方（通常指金融工具的持有

方）所持有的金融工具。金融资产的最大特征是能够在市场交易中为其所有者提供即期或远期的货币收入流量。

金融资产主要包括货币资金、应收账款、应收票据、其他应收款、贷款等货币债权、股票、公司债券等有价债券。

（二）金融资产的分类

根据2006年财政部颁布的《企业会计准则第22号——金融工具确认和计量》（简称《金融工具确认和计量》）中的规定，可将金融资产划分为四类。

1. 以公允价值计量且其变动计入当期损益的金融资产

该项金融资产包括交易性金融资产和直接指定为以公允价值计量且其变动计入当期损益的金融资产。

交易性金融资产是指企业为了近期内出售而持有的金融资产。企业以赚取差价为目的，随时准备待价出售而从二级市场购入的股票、债券、基金等，就属于交易性金融资产。

此处的直接指定为以公允价值计量且其变动计入当期损益的金融资产，主要是指企业基于风险管理、战略投资需要等所作的指定，企业不能随意将某项金融资产直接指定为以公允价值计量且其变动计入当期损益的金融资产。例如，企业采用衍生工具对某可供出售金融资产进行套期保值，但是由于套期的有效性未能达到企业会计准则规定的要求而无法采用套期会计方法，在这种情况下，如果将该金融资产直接指定为以公允价值计量且其变动计入当期损益的金融资产，可以更好地反映风险管理的实际情况，提供更相关的会计信息，那么企业就可以作出这种指定。

2. 持有至到期投资

持有至到期投资是指到期日固定、回收金额固定或可确定，且企业有明确意图和能力持有至到期的非衍生金融资产，主要指债券。

3. 贷款和应收款项

贷款和应收款项是指在活跃市场中没有报价、回收金额固定或可确定的非衍生金融资产，如应收款项、应收票据等。

4. 可供出售金融资产

可供出售金融资产是指初始确认时即被指定为可供出售的非衍生金融资产，以及除贷款和应收款项、持有至到期投资和以公允价值计量且其变动计入当期损益的金融资产。

企业对取得的金融资产如何分类，主要取决于管理者的意图，金融资产的分类一旦确定，就不得随意改变。

二、交易性金融资产的核算

（一）交易性金融资产的确认

根据《金融工具确认和计量》准则的规定，常见的交易性金融资产确认的条件主要有：①取得该金融资产的目的，主要是为了近期内出售。②属于进行集中管理的可辨认金融工具组合的一部分，且有客观证据表明企业近期采用短期获利方式对该组合进行管理等。

应当注意的是，在活跃市场中没有报价、以公允价值不能可靠计量的权益工具投资，不得直接指定为以公允价值计量且其变动计入当期损益的金融资产。

此处所指的活跃市场是指同时具有以下特征的市场：①市场内交易的对象具有同质性；②可随时找到自愿交易的买方和卖方；③市场价格信息是公开的。

（二）账户设置

企业的交易性金融资产投资应设置以下账户进行会计核算：

1. 交易性金融资产

“交易性金融资产”账户核算企业为交易目的所持有的债权投资、股票投资、基金投资等交易性金融资产的公允价值和企业持有的直接指定为以公允价值计量且其变动计入当期损益的金融资产。该账户可按交易性金融资产的类别和品种，分别设置“成本”“公允价值变动”等明细账户进行明细核算。

（1）企业取得交易性金融资产，按其公允价值，借记本账户（成本）；按发生的交易费用，借记“投资收益”账户；按已到付息期但尚未领取的利息或已宣告但尚未发放的现金股利，借记“应收利息”或“应收股利”账户；按实际支付的金额，贷记“银行存款”等账户。

（2）交易性金融资产持有期间被投资单位宣告发放的现金股利，或在资产负债表日按分期付息、一次还本债券投资的票面利率计算的利息，借记“应收股利”或“应收利息”账户，贷记“投资收益”账户。

（3）资产负债表日，交易性金融资产的公允价值高于其账面余额的差额，借记“交易性金融资产（公允价值变动）”账户，贷记“公允价值变动损益”账户；公允价值低于其账面余额的差额，作相反的会计分录。

（4）出售交易性金融资产，应按实际收到的金额，借记“银行存款”等账户；按该金融资产的账面余额，贷记“交易性金融资产”；按其差额，贷记或借记“投资收益”账户。同时，将原计入该金融资产的公允价值变动转出，借记或贷记“公允价值变动损益”账户，贷记或借记“投资收益”账户。

（5）期末“交易性金融资产”账户的余额在借方，反映企业持有的交易性金融资产的公允价值。

2. 公允价值变动损益

“公允价值变动损益”账户核算企业交易性金融资产、交易性金融负债指定为以公允价值计量且其变动计入当期损益的金融资产或金融负债等公允价值变动形成的应计入当期损益的利得或损失。该账户可按交易性金融资产、交易性金融负债等进行明细核算。

公允价值变动损益的主要账务处理如下：

（1）资产负债表日，企业应按交易性金融资产的公允价值高于其账面余额的差额，借记“交易性金融资产——公允价值变动”账户，贷记“公允价值变动损益”账户；公允价值低于其账面余额的差额，作相反的会计分录。

（2）出售交易性金融资产时，应将原计入该金融资产的公允价值变动转出，借记或贷记“公允价值变动损益”账户，贷记或借记“投资收益”账户。

（3）期末，应将“公允价值变动损益”账户的余额转入“本年利润”账户，结转后该账户无余额。

3. 投资收益

“投资收益”账户核算企业确认的投资收益或投资损失。该账户可按投资项目进行明细核算。期末，应将该账户余额转入“本年利润”账户，结转后无余额。

4. 应收利息

“应收利息”账户核算企业交易性金融资产、持有至到期投资等应收取的利息。该账户可按借款人或被投资单位进行明细核算。企业取得的交易性金融资产，按支付的价款中所包含的已到付息期但尚未领取的利息，借记“应收利息”账户；按交易性金融资产的公允价值，借记“交易性金融资产——成本”账户；按发生的交易费用，借记“投资收益”账户；按实际支付的金额，贷记“银行存款”等账户。该账户期末余额在借方，反映企业尚未收回的利息。

5. 应收股利

“应收股利”账户核算企业应收取的现金股利和应收取的其他单位分配的利润。该账户可按被投资单位进行明细核算，期末余额在借方，反映企业尚未收回的现金股利或利润。

（三）交易性金融资产的业务核算

1. 交易性金融资产的初始计量

企业取得交易性金融资产，按其公允价值，借记“交易性金融资产（成本）”账户；按发生的交易费用，借记“投资收益”账户；按已到付息期但尚未领取的利息或已宣告但尚未发放的现金股利，借记“应收利息”或“应收股利”账户；按实际支付的金额，贷记“银行存款”或其他货币资金等账户。

【例3-4-1】 2016年8月12日，科达公司委托国元证券公司从上海证券交易所购入B上市公司股票100万股，并按照管理者的意图将其划分为交易性金融资产。该笔股票投资在购买日的公允价值为1 000万元，另支付相关交易费用1.5万元，购买股票款1 001.5万元，从存出投资款中支付。根据有关资料，确认交易性金融资产入账价值。相关会计分录如下：

（1）8月12日，购入B公司股票时：

借：交易性金融资产——B公司股票（成本）　　10 000 000.00

　　贷：其他货币资金——存出投资款　　10 000 000.00

（2）支付相关交易费用时：

借：投资收益　　15 000.00

　　贷：其他货币资金——存出投资款　　15 000.00

2. 持有交易性金融资产期间的现金股利和利息核算

交易性金融资产在持有期间，被投资单位宣告发放的现金股利，或在资产负债表日按分期付息、一次还本债券投资的票面利率计算的利息，借记"应收股利"或"应收利息"账户，同时贷记"投资收益"账户。

【例3－4－2】 2016年1月5日，科达公司购入A公司发行的公司债券，该笔债券于2015年1月1日发行，面值为100万元，票面年利率为5%，债券利息按年支付。科达公司将其划分为交易性金融资产，从银行存款中支付价款108万元（其中包括已宣告尚未发放的债券利息5万元），另支付交易费用0.2万元。2016年1月20日，科达公司收到该笔债券的利息5万元。2017年1月20日，科达公司收到债券利息5万元。相关账务处理如下：

（1）2016年1月5日，根据证券买卖结算清单编制会计分录：

	借方	贷方
借：交易性金融资产——A公司债券（成本）	1 030 000.00	
应收利息——A公司	50 000.00	
投资收益	2 000.00	
贷：银行存款		1 082 000.00

（2）2016年1月20日，科达公司收到A公司债券利息5万元。

	借方	贷方
借：银行存款	50 000.00	
贷：应收利息		50 000.00

（3）2016年12月31日，科达公司计提应收A公司债券利息收入5万元。

	借方	贷方
借：应收利息——A公司	50 000.00	
贷：投资收益		50 000.00

（4）2017年1月20日，科达公司收到A公司债券利息收入5万元。

	借方	贷方
借：银行存款	50 000.00	
贷：应收利息——A公司		50 000.00

3. 交易性金融资产的后续计量

根据《金融工具确认和计量》准则的规定，在资产负债表日，企业资产采用公允价值计量模式时，交易性金融资产的期末账面价值便是在该时点上的公允价值，与前次账面价值之间的差异，即公允价值变动金额需计入当期损益，应借记或贷记"交易性金融资产——公允价值变动"账户，贷记或借记"公允价值变动损益"账户。

温馨提示

财政部、国家税务总局明确规定，在计税时，持有期间的"公允价值变动损益"不予考虑，只有在实际处置时，所取得的价款在扣除其历史成本后的差额才计入处置期间的应纳税所得额，可见交易性金融资产的计税基础仍为其历史成本。

【例3－4－3】 2016年12月31日，假定上述科达公司购入的A公司的债券市价为105万元，则科达公司所购A公司债券的公允价值变动额为2（105－103）万元。会计分录如下：

借：交易性金融资产——A 公司债券（公允价值变动）　　20 000.00
　　贷：公允价值变动损益　　20 000.00

月末，将损益类账户结转“本年利润”：

借：公允价值变动损益　　20 000.00
　　贷：本年利润　　20 000.00

4. 交易性金融资产的处置

企业因为市价看涨或出于资金需要出售交易性金融资产时，应将该交易性金融资产出售时的公允价值与其初始入账金额之间的差额确认为投资收益，同时将之前记入的“公允价值变动损益”转为当期的“投资收益”。

企业应按实际收到的金额，借记“银行存款”账户；按该交易性金融资产的账面价值，贷记“交易性金融资产”账户；按其差额，贷记或借记“投资收益”账户。同时，将原计入该交易性金融资产的公允价值变动损益转出，借记或贷记“公允价值变动损益”账户，贷记或借记“投资收益”账户。

【例 3-4-4】 2017 年 3 月 10 日，假定科达公司出售了所持有的 A 公司债券，售价为 107 万元，会计分录如下：

（1）出售所持有的 A 公司的债券款实收 107 万元：

借：银行存款　　1 070 000.00
　　贷：交易性金融资产——A 公司债券（成本）　　1 030 000.00
　　　　——A 公司债券（公允价值变动）　　20 000.00
　　　　投资收益　　20 000.00

（2）将已确认的公允价值变动损益转出：

科达公司将 A 公司的债券出售，实际投资收益应为 4（107－103）万元，其中前期 2 万元的公允价值变动利得，在其出售时得以实现。所以，应将已确认的公允价值变动损益（未实现利得）确认为已实现的投资收益。其转出分录如下：

借：公允价值变动损益　　20 000.00
　　贷：投资收益　　20 000.00

月末，将损益类账户结转“本年利润”：

借：投资收益　　40 000.00
　　贷：本年利润　　40 000.00

同时：

借：本年利润　　20 000.00
　　贷：公允价值变动损益　　20 000.00

三、应收款项的核算

（一）应收款项概述

应收款项主要是指企业生产经营过程中发生的各项债权，包括应收账款、应收票据、预付账款和其他应收款等。随着市场经济的不断发展，企业之间为了扩大市场占有率，越来越多的运用商业信用进行促销，应收款项占企业总资产的比例越来越大。因此，企业应加强对应收款项的管理，以提高资金的使用效率。

（二）应收账款业务的核算

1. 应收账款概述

（1）应收账款的确认。

应收账款是指企业在正常经营活动中，由于销售商品或提供劳务等而应向购货或接受劳务单位收取的款项，主要包括企业出售商品、材料、提供劳务等应向有关债务人收取的价款及代购货方垫付的运杂费等。

应收账款的确认与收入的确认标准密切相关。按照收入的确认标准，企业在销售商品时，如果同时符合以下四个条件，即可确认为收入：①企业已将商品所有权上的主要风险和报酬转移给买方；②企业既没有保留通常与所有权相联系的继续管理权，也没有对已售出的商品实施控制；③与交易相关的经济利益能够流入企业；④相关的收入和成本能够可靠地计量。由于大多数商品的销售在交易发生时就具备了这些条件，因此，应收账款应于收入实现时确认。

（2）应收账款的计价。

应收账款是因企业销售商品或提供劳务等产生的债权，应当按照实际发生额记账。其入账价值包括：销售货物或提供劳务的价款、增值税，以及代购货方垫付的包装费、运杂费等。在确认应收账款的入账价值时，应当考虑有关的折扣因素。

Ⅰ. 商业折扣。

商业折扣是指企业为促进销售而在商品标价上给予的扣除。例如，企业为鼓励客户多买商品可能规定：购买 10 件以上商品给予客户 10% 的折扣，购买 20 件以上商品给予客户 15% 的折扣。此外，企业为了尽快出售一些残次、陈旧的商品，也可能打折销售。

商业折扣在销售时即已发生，并不构成最终成交价格的一部分。企业销售商品涉及商业折扣的，应当按照扣除商业折扣后的金额即实际成交价格确定销售商品收入金额。

Ⅱ. 现金折扣。

现金折扣指债权人为了鼓励债务人在规定的期限内尽早偿还货款而给予客户的债务扣除。现金折扣通常发生在以赊销方式销售商品及提供劳务的交易中。企业为了鼓励客户提前偿还货款，通常与债务人达成协议，债务人在不同期限内付款可享受不同比例的折扣。现金折扣一般以符号“折扣/付款期限”表示。例如，客户在 10 天内付款可按价款给予 2% 的折扣，用符号“2/10”表示；在 20 天内付款可按价款给予 1% 的折扣，用符号“1/20”表示；在 30 天内付款则不给折扣，用符号“N/30”来表示。现金折扣发生在企业销售商品之后，企业销售商品后现金折扣是否发生以及发生多少要视买方的付款情况而定。企业在确认销售商品收入时，不能确定现金折扣金额，因此，企业销售商品涉及现金折扣的，应当按照扣除现金折扣前的金额确定销售商品收入金额。现金折扣实际上是企业为了尽快回笼资金而发生的理财费用，应在实际发生时计入当期财务费用。

存在现金折扣的情况下，应收账款入账价值的确定有两种方法：一种是总价法；另一种是净价法。总价法是将未减去现金折扣的金额作为应收账款的入账价值。净价法是将扣减最大现金折扣后的金额作为应收账款的入账价值。

根据我国企业会计制度的规定，企业应收账款的入账价值应按总价法确定，即卖方以扣除折扣前的金额作为应收账款的入账金额；现金折扣只有买方在折扣期内支付时才予以确认。如果买方在付款折扣期限内付款，其少付的金额销售方作为理财支出，借记“财务费用”。

2. 应收账款的核算

应收账款的核算是通过“应收账款”账户进行的，该账户属资产类账户。企业销售商品或材料等发生应收款项时，借记“应收账款”账户，贷记“主营业务收入”“应交税金——应交增值税（销项税额）”“其他业务收入”等账户；收回款项时，借记“银行存款”等账户，贷记“应收账款”账户。

企业代购货单位垫付包装费、运杂费时，借记“应收账款”账户，贷记“银行存款”等账户；收回代垫费用时，借记“银行存款”等账户，贷记“应收账款”账户。

如果企业应收账款改用应收票据结算，在收到承兑的商业汇票时，借记“应收票据”账户，贷记“应收账款”账户。

在没有商业折扣的情况下，应收账款应按应收的全部金额入账，借记“应收账款”账户，贷记“主营业务收入”“应交税费——应交增值税（销项税额）”账户。

在有商业折扣的情况下，应收账款和销售收入按扣除商业折扣后的金额入账。

在有现金折扣的情况下，采用总价法核算。企业发生的应收账款在有现金折扣的情况下，销售时按未扣减现金折扣的销售额入账，借记“应收账款”账户，贷记“主营业务收入”账户“应交税费——应交增值税（销项税额）”等账户。在折扣期内收到款项时，按实际收款额，借记“银行存款”账户；按发生的现金折扣，借记“财务费用”账户；按应收账款的入账价值，贷记“应收账款”账户。

【例 3-4-5】 科达公司为增值税一般纳税人。2016 年 12 月 3 日，科达公司赊销一批商品给利民公司，按价目表的价格计算，货款金额总计 10 000 元，给买方的商业折扣为 10%，适用的增值税税率为 17%。代垫运杂费 500 元（假设不作为计税基数），2016 年 12 月 25 日收到款项。

2016 年 12 月 3 日赊销时：

借：应收账款——利民公司	11 030.00	
贷：主营业务收入		9 000.00
应交税费——应交增值税（销项税额）		1 530.00
银行存款		500.00

2016 年 12 月 25 日收到款项时：

借：银行存款	11 030.00	
贷：应收账款——利民公司		11 030.00

【例3-4-6】 科达公司于2016年9月1日向江明公司销售一批商品，货款为30 000元，增值税税额为5 100元，现金折扣条件为“2/10，1/10，n/30”。

（1）9月1日销售实现时，应按总价确认收入。

借：应收账款——江明公司　35 100.00
　　贷：主营业务收入　30 000.00
　　　　应交税费——应交增值税（销项税额）　5 100.00

（2）如果江明公司9月8日付款，则会计分录为：

借：银行存款　34 500.00
　　财务费用　600.00
　　贷：应收账款——江明公司　35 100.00

（3）如果江明公司9月19日付款，则会计分录为：

借：银行存款　34 800.00
　　财务费用　300.00
　　贷：应收账款——江明公司　35 100.00

（4）如果江明公司9月29日付款，则会计分录为：

借：银行存款　35 100.00
　　贷：应收账款——江明公司　35 100.00

（三）应收票据业务的核算

1. 应收票据概述

应收票据是指企业持有的还没有到期、尚未兑现的商业票据。商业汇票是一种由出票人签发的，委托付款人在指定日期无条件支付确定金额给收款人或持票人的票据。

商业汇票按承兑人不同，分为商业承兑汇票和银行承兑汇票。商业承兑汇票是指由付款人签发并承兑，或由收款人签发交由付款人承兑的汇票。银行承兑汇票是指由在承兑银行开立存款账户的存款人（这里也是出票人）签发，由承兑银行承兑的票据。

商业汇票按是否计息可分为不带息商业汇票和带息商业汇票。

在我国，应收票据一般按其面值计价，即企业收到应收票据时，应按照票据的票面价值入账。

会计实务上，一般不对应收票据计提坏账准备。

2. 应收票据的计价

为了反映和监督应收票据取得、票款收回等经济业务，企业应设置“应收票据”账户，借方登记取得的应收票据的面值和计提的票据利息，贷方登记到期收回票款或到期前向银行贴现的应收票据的票面余额，期末余额在借方，反映企业尚未收回且未申请贴现的应收票据的面值和应计利息。该账户应按照商业汇票的种类设置明细账户，并设置“应收票据备查簿”，逐笔登记每一张应收票据的种类、号数、签发日期、票面金额、交易合同号、承兑人、背书人的姓名或单位名称、到期日、贴现日、贴现率、贴现净额、收款日期、收款金额等事项。

（1）不带息应收票据。

不带息票据的到期价值等于应收票据的面值。企业销售商品、产品或提供劳务收到开出、承兑的商业汇票时，按应收票据的面值，借记“应收票据”账户，按实现的营业收入，贷记“主营业务收入”账户，按专用发票上注明的增值税税额，贷记“应交税费——应交增值税（销项税额）”账户。应收票据到期收回时，按票面金额，借记“银行存款”账户，贷记“应收票据”账户。商业承兑汇票到期，承兑人违约拒付或无力支付票款，企业收到银行退回的商业承兑汇票、委托收款凭证、未付票款通知书或拒绝付款证明等，借记“应收账款”账户，贷记“应收票据”账户。

（2）带息应收票据。

企业收到的带息应收票据，除按照上述原则进行核算外，还应于期末按规定计提票据利息，并增加应收票据的账面余额，同时冲减“财务费用”。到期不能收回的带息应收票据，转入“应收账款”账户核算后，期末不再计提利息，其所包含的利息在有关备查簿中进行登记，待实际收到时再冲减收到当期的财务费用。

票据利息的计算公式为：

$$应收票据利息 = 应收票据票面金额 \times 票面利率 \times 期限$$

上式中，“利率”一般指年利率；“期限”指签发日至到期日的时间间隔（有效期）。票据的期限，有按日表示和按月表示两种。

票据期限按日表示时，应从出票日起按实际经历天数计算。通常出票日和到期日只能计算其中的一天，即“算头不算尾”或“算尾不算头”。

票据期限按月表示时，应以到期月份中与出票日相同的那一天为到期日，而不论各月份实际日历天数多少。如果票据签发日为某月的最后一天，其到期日应为若干月后的最后一天。例如：11 月 30 日签发的 3 个月期限的商业汇票，到期日为下一年 2 月 28 日或 29 日；2 月 28 日签发的 5 个月期限的商业汇票，到期日为 7 月 31 日，依此类推。

带息应收票据到期收回款项时，应按收到的本息，借记“银行存款”账户；按账面余额，贷记“应收票据”账户；按其差额（未计提利息部分），贷记“财务费用”账户。

【例 3-4-7】 科达公司于 2016 年 9 月 1 日收到昌和公司当日开出的商业承兑汇票一张以抵前欠货款，面值为 120 000 元，票面利率为 6%，期限为 6 个月。

（1）9 月 1 日收到票据时：

借：应收票据　　　　120 000.00

　　贷：应收账款——昌和公司　　　　120 000.00

（2）年度终了（2016 年 12 月 31 日），计提利息。

票据利息 = 120 000 × 6% ÷ 12 × 4 = 2 400（元）

借：应收票据　　　　2400.00

　　贷：财务费用　　　　2400.00

（3）2017 年 3 月 1 日，票据到期收回款项。

收款金额 = 120 000 ×（1 + 6% ÷ 12 × 6）= 123 600（元）

2017 年 3 月 1 日计提的票据利息 = 120 000 × 6% ÷ 12 × 2 = 1 200（元）

借：银行存款　　　　123 600.00

贷：应收票据　　122 400.00

　　财务费用　　1 200.00

【例3-4-8】 科达公司2016年9月1日销售一批产品给和谐公司，货已发出，增值税专用发票上注明销售收入为200 000元，增值税税额为34 000元。收到和谐公司交来的商业承兑汇票一张，期限为6个月，票面利率为5%。

相关会计分录如下：

(1) 收到票据时：

借：应收票据　　234 000.00

　　贷：主营业务收入　　200 000.00

　　　　应交税费——应交增值税（销项税额）　　34 000.00

(2) 年度终了（2016年12月31日），计提票据利息。

234 000×5%÷12×4=3 900（元）

借：应收票据　　3 900.00

　　贷：财务费用　　3 900.00

(3) 票据到期，收回货款。

收款金额=234 000×(1+5%÷12×6) =239 850（元）

2017年3月1日计提票据利息=234 000×5%÷12×2=1 950（元）

借：银行存款　　239 850.00

　　贷：应收票据　　237 900.00

　　　　财务费用　　1 950.00

3. 应收票据的转让

企业可以将自己持有的商业汇票背书转让。背书是指在票据背面或者粘单上记载有关事项并签章的票据行为。票据被拒绝承兑、拒绝付款或者超过付款提示期限的，不得背书转让。背书转让的，背书人应当承担票据责任。

企业将持有的应收票据背书转让以取得所需物资时，按应计入取得物资成本的价值，借记“在途物资”或“原材料”“库存商品”等账户；按专用发票上注明的增值税额，借记“应交税费——应交增值税（进项税额）”账户；按应收票据的账面余额，贷记“应收票据”账户，如有差额，借记或贷记“银行存款”等账户。

如为带息应收票据，企业将持有的应收票据背书转让以取得所需物资时，按应计入取得物资成本的价值，借记“物资采购”或“原材料”“库存商品”等账户；按专用发票上注明的增值税税额，借记“应交税费——应交增值税（进项税额）”账户；按应收票据的账面余额，贷记“应收票据”账户；按尚未计提的利息，贷记“财务费用”账户，按应收或应付的金额，借记或贷记“银行存款”等账户。

【例3-4-9】 华泰公司于2017年4月15日将票面价值为1 755 000元的应收票据背书转让，以取得生产经营所需的甲材料，该材料价值1 500 000元，适用的增值税税率为17%。应作如下会计处理：

借：原材料　　1 500 000.00

应交税费——应交增值税（进项税额）　　255 000. 00
　　贷：应收票据　　1 755 000. 00

4. 应收票据的贴现

应收票据贴现是指持票人因急需资金，将未到期的商业汇票背书后转让给银行，银行受理后，从票面金额中扣除按银行的贴现率计算确定的贴现息后，将余额付给贴现企业的业务活动。在贴现中，企业付给银行的利息称为贴现利息，银行计算贴现利息的利率称为贴现率，按照中国人民银行《支付结算办法》的规定，企业从银行获得的票据到期值扣除贴现日至汇票到期前一日的利息后的货币收入，称为贴现所得。

带息应收票据的到期值，是其面值加上按票据载明的利率计算的票据全部期间的利息。不带息应收票据的到期值就是其面值。

$$贴现期 = 票据期限 - 企业已持有票据期限$$

$$贴现利息 = 票据到期值 \times 贴现率 \times 贴现期$$

$$贴现所得 = 票据到期值 - 贴现利息$$

在会计上，企业应根据贴现的商业汇票是否带有追索权分别采用不同的方法进行处理。

（1）银行拥有追索权。银行时应收票据有追索权，是指贴现后的票据，在票据到期时如果票据承兑人无力向贴现银行支付票款，则银行将向申请贴现的企业提示票据，申请贴现企业负有偿还票据的连带责任。

企业将未到期的应收票据向银行贴现，应按扣除其贴现息后的净额，借记“银行存款”账户；按贴现息部分，借记“财务费用”账户；按应收票据的账面价值，贷记“短期借款”账户。

【例 3 -4 -10】 兴隆公司 2016 年 10 月 31 日销售货物一批，销售收入为 1 600 000 元，增值税税额为 272 000 元，收到商业承兑汇票一张。汇票签发承兑日为 10 月 31 日，期限为 90 天，年利率为 9%，到期日为 2017 年 1 月 29 日，贴现日为 2016 年 11 月 30 日，贴现年利率为 7. 2%。

要求：计算票据到期利息、到期值、贴现利息和贴现金额。

（1）票据到期利息 =1 872 000 ×9% ×90/360 =42 120（元）

（2）票据到期值 =1 872 000 +42 120 =1 914 120（元）

（3）贴现利息 =1 914 120 ×7. 2% ×60/360 =22 969. 44（元）

（4）贴现金额 =1 914 120 −22 969. 44 =1 891 150. 56（元）

小知识

贴现期是指从票据贴现日至票据到期日的期间，可以是整月，也可以是天数，一般以实际天数来表示。例如，2 月 25 日（当年 2 月为 28 天）将 1 月 20 日签发的承兑期限为 60 天、到期日为 3 月 21 日的商业汇票贴现，贴现天数计算为 44 天，即 2 月的 24 天加上 3 月的 20 天。但按照银行规定，承兑人在异地的，计算贴现利息时应另加 3 天的划款日期。

【例3－4－11】 华泰公司2016年3月1日销售一批商品，售价10 000元，增值税税率为17%，收到3月1日签发的3个月期的不带息应收票据一张。因资金紧张，于4月1日到银行贴现，银行贴现率为12%。银行拥有追索权。

到期值＝面值＝10 000元

贴现息＝10 000×12%×2/12＝200元

贴现所得＝10 000－200＝9 800元

借：银行存款　　9 800.00

　　财务费用　　200.00

　　贷：短期借款　　10 000.00

【例3－4－12】 兴隆公司于2016年4月20日将其持有的一张由华泰公司承兑的商业票据向银行贴现，且银行拥有追索权。该票据是2016年3月20日开出的，面值为10 000元，不带息，期限为6个月。银行贴现率为12%。

4月20日票据贴现，取得款项时：

贴现息＝10 000×12%÷12×5＝500（元）

贴现净值＝10 000－500＝9 500（元）

借：银行存款　　9 500.00

　　财务费用　　500.00

　　贷：短期借款　　10 000.00

商业承兑汇票贴现后，华泰公司到期付款时：

借：短期借款　　10 000.00

　　贷：应收票据　　10 000.00

商业承兑汇票贴现后，华泰公司到期无力付款，而由兴隆公司代为偿付时，兴隆公司的账务处理：

借：短期借款　　10 000.00

　　贷：银行存款　　10 000.00

同时，将应收票据转为应收账款：

借：应收账款——华泰公司　　10 000.00

　　贷：应收票据　　10 000.00

（2）银行不拥有追索权。如果银行对应收票据不拥有追索权，则应收票据贴现如同应收账款的直接出售，所有的兑现风险和利益在出手时全部转移给银行。

企业将未到期的应收票据向银行贴现，应按扣除其贴现息后的净额，借记“银行存款”账户，按贴现息部分，借记“财务费用”账户，按应收票据的账面价值，贷记“应收票据”账户。

在【例3－4－11】中，如果银行不拥有追索权，则会计分录如下：

借：银行存款　　9 800.00

　　财务费用　　200.00

　　贷：应收票据　　10 000.00

（四）预付账款业务的核算

1. 预付账款概述

预付账款是指企业按照购货合同规定预付给供应单位的款项。预付账款是企业暂时被供货单位占用的资金。企业预付货款后，有权要求对方按照购货合同约定发货。预付账款必须以购销双方签订的购货合同为条件，按照约定的程序和方法进行核算。

为了反映和监督预付账款的增减变动情况，企业应设置“预付账款”账户，借方登记预付的款项和补付的款项，贷方登记收到采购货物时按发票金额冲销的预付账款数和因预付货款多余而退回的款项，期末余额一般在借方，反映企业实际预付的款项。

2. 预付账款的账户设置

预付款项不多的企业，可以不设“预付账款”账户，而直接在“应付账款”账户核算，但在编制“资产负债表”时，应当将“预付账款”和“应付账款”项目的金额分别反映。

3. 预付账款的核算

预付账款的核算包括预付款项和收回货物两个方面。

（1）预付款项的会计处理。根据购货合同的约定向供应单位预付款项时，借记“预付账款”账户，贷记“银行存款”账户。

（2）收回货物的会计处理。企业收到所购货物时，根据有关发票账单金额，借记“原材料”或“在途物资”“应交税费——应交增值税（进项税额）”等账户，贷记“预付账款”账户；当预付货款小于采购货物所需支付的款项时，应将不足部分补付，借记“预付账款”账户，贷记“银行存款”账户；当预付货款大于采购货物所需支付的款项时，对收回的多余款项，应借记“银行存款”账户，贷记“预付账款”账户。

【例3-4-13】 2011年10月7日，兴隆公司向利民公司采购材料，按合同约定，预付款项为30 000元，以银行存款支付。会计分录如下：

借：预付账款——利民公司　　30 000.00
　　贷：银行存款　　30 000.00

10月11日，收到材料和单据后，材料价款45 000元，增值税税额为7 650元。会计分录如下：

借：原材料　　45 000.00
　　应交税费——应交增值税（进项税额）　　7 650.00
　　贷：预付账款——利民公司　　52 650.00

10月11日，用银行存款补付22 650元，会计分录如下：

借：预付账款——利民公司　　22 650.00
　　贷：银行存款　　22 650.00

（五）其他应收款的核算

1. 其他应收款概述

其他应收款是指除应收票据、应收账款、预付账款以外的其他各种应收、暂付款项。

其主要内容包括：①应收的各种赔款、罚款，如因企业财产等遭受意外损失而应向保险公司收取的赔款等；②应收的出租包装物租金；③应向职工收取的各种垫付款项，如为职工垫付的水电费，应由职工负担的医药费、房租等；④备用金，如向企业各有关部门拨出的备用金；⑤存出保证金，如租入包装物支付的押金；⑥预付账款转入；⑦其他各种应收、暂付款项。

备用金是企业预付给职工和企业内部有关单位作差旅费、零星采购、零星开支等用途的款项。备用金管理制度可以分为定额备用金制度和非定额备用金制度两种。

备用金采用先领后用、用后报销的办法，即由会计部门根据企业内部各单位或职工日常零星开支的需要，预先付给一定数额的现金，支出后凭单据向会计部门报销，报销时由财会部门对各原始凭证进行审核，根据核定的报销数付给现金，补足备用金定额。

2. 其他应收款的核算

企业应设置“其他应收款”账户对其他应收款进行核算。该账户属资产类账户，借方登记发生的各种其他应收款，贷方登记企业收到的款项和结转情况，余额一般在借方，表示应收未收的其他应收款项。企业应在“其他应收款”账户下，按债务人设置明细账户，进行明细核算。

实行定额备用金制度的企业，对于领用的备用金，应当定期向财务会计部门报销。财务会计部门根据报销数用现金补足备用金定额时，借记“管理费用”等账户，贷记“库存现金”或“银行存款”账户，报销数和拨补数都不再通过“其他应收款”账户核算。

企业发生备用金以外的其他应收款时，借记“其他应收款”账户，贷记“库存现金”“银行存款”“营业外收入”等账户；收回备用金以外的其他应收款时，借记“库存现金”“银行存款”“应付职工薪酬”等账户，贷记“其他应收款”账户。

企业应当定期或者至少于每年年度终了对其他应收款进行检查，预计可能发生的坏账损失，并计提坏账准备。对于不能收回的其他应收款，应查明原因，追究责任。对确实无法收回的，按照企业的管理权限，经股东大会或董事会、经理（厂长）会议或类似机构批准作为坏账损失，冲减提取的坏账准备。

（1）备用金的账务处理。

备用金是指企业报给单位内部各职能科室用作零星开支的备用现金。备用金的核算通过在“其他应收款”账户下设置明细账户“备用金”进行。

【例3-4-14】 兴隆公司对备用金采取定额预付制。2016年5月，该公司发生如下业务：

（1）5月5日，设立管理部门定额备用金，由李红负责管理。管理部门的定额备用金核定定额为300元，财务科开出现金支票。

借：其他应收款——备用金（李红）　　300.00

　　贷：银行存款　　300.00

（2）5月16日，李红交来普通发票120元，报销管理部门购买办公用品的支出，财务科以现金补足该定额备用金。

借：管理费用　　120.00

　　贷：库存现金　　120.00

（3）5 月 22 日，经批准减少管理部门定额备用金的核定定额 100 元，李红将 100 元交回财务科。

借：库存现金　　100.00

　　贷：其他应收款——备用金（李红）　　100.00

（4）5 月 30 日，由于机构变动，经批准撤销管理部门定额备用金，李红交回购买办公用品支出的普通发票 30 元及现金 170 元。

借：管理费用　　30.00

　　库存现金　　170.00

　　贷：其他应收款——备用金（李红）　　200.00

（2）暂付款的账务处理。

暂付款是指企业暂付给其他单位或个人，以后根据具体情况收回和报销的款项。以下以差旅费为例说明暂付款的会计处理。

【例 3-4-15】 总经理赵大山出差，预借差旅费 2 000 元。

借：其他应收款——赵大山　　2 000.00

　　贷：银行存款　　2 000.00

赵大山出差归来报账，共报销 2 100 元。

借：管理费用　　2 100.00

　　贷：其他应收款——赵大山　　2 000.00

　　　　库存现金　　100.00

（3）为职工垫付应收款的账务处理。

为职工垫付应收款是指企业为职工代垫房租、水电费，为其家属垫付医药费等款项。具体会计处理如下：

为职工垫付房租、水电费时：

借：其他应收款

　　贷：银行存款

期末，从应付工资中扣除代垫款项：

借：应付职工薪酬

　　贷：其他应收款

（4）存出保证金的账务处理。

存出保证金是指企业租入包装物和其他资产时向对方支付的保证金和押金等。下面以租入包装物为例，说明存出保证金的账务处理。

【例 3-4-16】 2016 年 11 月 9 日，兴隆公司随商品购进租入包装物一批，支出押金 3 000 元。

借：其他应收款——存出保证金　　3 000.00

　　贷：银行存款　　3 000.00

2016年11月20日，归还租入包装物，收回押金：

借：银行存款　　　　　　　　　　　　　　　　　3 000. 00

　　贷：其他应收款——存出保证金　　　　　　　　　　3 000. 00

（5）应收租金、赔款、罚款存出保证金的账务处理。

应收租金的会计处理：

借：其他应收款——应收租金

　　贷：其他业务收入

应收赔款、罚款的会计处理：

借：其他应收款

　　贷：营业外收入

知识拓展

包装物押金的纳税规定

一般规定：包装物不作价随同产品销售，而是收取押金（收取酒类产品的包装物押金除外），且单独核算又未过期的，此项押金不应并入应税消费品的销售额中征税。但对因逾期未收回的包装物不再退还的和已收取的时间超过12个月的押金，应并入应税消费品的销售额，按照应税消费品的适用税率征收消费税。

特殊规定：对酒类产品生产企业销售酒类产品（黄酒、啤酒除外）而收取的包装物押金，无论押金是否返还以及会计上如何核算，均需并入酒类产品销售额中，依酒类产品的适用税率征收消费税。

企业其他应收款与其他单位的资产交换，或者以其他资产换入其他单位的其他应收款等，比照“应收账款”账户的相关核算规定进行会计处理。

企业应当定期或者至少于每年年度终了对其他应收款进行检查，预计其可能发生的坏账损失，并计提坏账准备。企业对不能收回的其他应收款应当查明原因，追究责任。对确实无法收回的，按照企业的管理权限，经股东大会或董事会，或经理（厂长）会议或类似机构批准作为坏账损失，冲销提取的坏账准备。

经批准作为坏账的其他应收款，借记“坏账准备”账户，贷记“其他应收款”账户。已确认并转销的坏账损失，如果以后又收回，按实际收回的金额，借记“其他应收款”账户，贷记“坏账准备”账户；同时，借记“银行存款”账户，贷记“其他应收款”账户。“其他应收款”账户应按其他应收款的项目分类，并按不同的债务人设置明细账，进行明细核算。“其他应收款”账户期末余额在借方，反映企业尚未收回的其他应收款。

（六）应收款项减值的核算

1. 应收账款减值损失的确认

企业在资产负债表日对应收款项的账面价值进行检查，有客观证据表明应收款项发生减值的，应当将应收款项的账面价值减记至预计未来现金流量现值，减记的金额确认为减值损失，计提坏账准备。应收款项发生减值的客观证据主要包括：①债务人发生了严重的财务困难；②债务人违反了合同条款，如发生违约或者逾期等；③债权人出于法律或者经济等方面的考虑，对发生财务困难的债务人做出让步；④债务人很可能倒闭或进行其他债务重组。

2. 坏账准备业务的核算

企业的应收账款可能由于种种原因不能收回，这些不能收回的账款称为坏账，由于坏账而发生的损失称为坏账损失。

我国《企业会计准则》规定，坏账损失应通过“资产减值损失”账户进行核算。

（1）坏账损失的确认。

企业确认坏账时，应遵循财务报告的目标和会计核算的基本原则，具体分析各应收账款的特性、金额的大小、信用期限、债务人的信誉和当时的经营情况等因素。一般来讲，企业对有确凿证据表明确实无法收回的应收款项，如债务单位已撤销、破产、资不抵债、现金流量严重不足等，根据企业管理权限，经股东大会或董事会，或类似机构批准，作为坏账损失。

企业应当在期末分析各项应收款项的可收回性，并预计可能产生的坏账损失。对预计可能发生的坏账损失，计提坏账准备。企业计提坏账准备的方法由企业自行确定。企业应当制定计提坏账准备的政策，明确计提坏账准备的范围、提取方法、账龄的划分和提取比例，按照法律、行政法规的规定报有关各方备案，并备置于企业所在地。坏账准备的计提方法一经确定，不得随意变更。如需变更，应当在会计报表附注中予以说明。

在确定坏账准备的计提比例时，除有确凿证据表明该项应收款项不能收回或收回的可能性不大外（如债务单位已撤销、破产、资不抵债、现金流量严重不足、发生严重的自然灾害等导致停产而在短时间内无法偿付债务等，以及 3 年以上的应收款项），下列各种情况不能全额计提坏账准备：①当年发生的应收款项；②计划对应收款项进行重组；③与关联方发生的应收款项；④其他已逾期但无确凿证据表明不能收回的应收款项。

应当指出的是，对已确认为坏账的应收账款，并不意味着企业放弃了其追索权，一旦重新收回，应及时入账。

（2）坏账损失的核算。

我国《企业会计准则》规定，企业应采用备抵法核算应收账款的坏账。

备抵法是根据收入和费用配比的原则，按期估计坏账损失，列为坏账费用，形成坏账准备，在实际发生坏账时冲销坏账准备的方法。

在备抵法下，企业应设置“坏账准备”账户。该账户是各种应计提坏账准备的应收款项的抵减调整账户。根据我国会计准则，应计提坏账准备的范围主要包括应收账款、预付账款、应收票据、其他应收款等。本节主要以应收账款为例说明坏账的核算方法。

在备抵法下，按期估计坏账损失时，借记“资产减值损失”账户，贷记“坏账准备”账户；实际发生坏账时，借记“坏账准备”账户，贷记“应收账款”账户。在资产负债表上，应收账款项目应按应收账款账户余额减去应收账款提取坏账准备后的净额反映。

采用备抵法核算应收账款的坏账时，必须采用一定的方法合理估计各会计期间的坏账损失。按期估计坏账损失的方法主要有三种，即应收款项余额百分比法、账龄分析法和赊销百分比法。

Ⅰ. 应收款项余额百分比法。应收款项余额百分比法是按应收款项余额的一定比例估计坏账损失的方法。采用这种方法时，每期所估计的坏账损失应根据坏账损失占应收款项余额的经验比例和该期应收款项的余额确定。当期末坏账准备与应收款项账面余额的比例高于或低于确定的计提比例时，应对已经计提的坏账准备进行调整，冲回多提或补提少提的坏账准备，使得坏账准备的余额等于应收款项的余额乘以确定的坏账估计比率。

采用应收款项余额百分比法对坏账费用进行会计处理的要点是：①企业首次计提坏账准备时，根据期末应收款项的余额和企业确定的坏账估计比率计算的估计坏账，借记“资产减值损失”账户。②发生坏账时，按实际发生的坏账数额，借记“坏账准备”账户，贷记“应收账款”账户。③已经确认坏账的应收账款又收回时，根据收回数额，借记“应收账款”账户，贷记“坏账准备”账户；同时，借记“银行存款”等账户，贷记“应收账款”账户。④会计期末估计的坏账损失与“坏账准备”账户的余额有差异时，应对“坏账准备”账户的余额进行调整，使调整后的“坏账准备”账户的贷方余额与估计的坏账数额一致。

Ⅱ. 账龄分析法。账龄分析法是按应收账款账龄的长短，根据以往的经验确定坏账损失百分比，并据以估计坏账损失的方法。这里所说的账龄，是指客户所欠账款的时间。虽然应收账款能否收回及其回收的程度与应收账款的过期长短并无直接联系，但一般来说，账龄越长，账款不能收回的可能性就越大，因此企业可以按应收账款的账龄估计坏账。账龄分析法就是依据这一前提来估计坏账损失的。

Ⅲ. 销货百分比法。赊销百分比法是以赊销金额的一定百分比估计坏账损失的方法。根据以往的经验，百分比一般按赊销金额中平均发生坏账损失的比率加以计算确定。各期按当期赊销金额的一定比率估计坏账损失，是因为应收账款的坏账只与赊销有关，而与现销无关，赊销业务越多，赊销金额越大，发生坏账的可能性也就越大，因此企业可以根据历史经验估计发生坏账占赊销金额的比率，并按此比率估计各期赊销金额中可能发生的坏账。

【例3-4-17】 兴隆公司从2015年开始计提坏账准备，2015年年末应收账款的余额为2 400 000元，提取坏账准备的比例为5‰。

(1) 2015年年末，坏账准备提取额=2 400 000×5‰=12 000（元）

借：资产减值损失　　12 000.00

　　贷：坏账准备　　12 000.00

(2) 2016年3月，确认坏账3 200元无法收回：

借：坏账准备　　3 200.00

　　贷：应收账款　　3 200.00

(3) 2016年年末，公司应收账款余额为2 880 000元。

应提坏账准备=2 880 000×5‰-12 000+3200=5 600（元）

借：资产减值损失　　5 600.00

　　贷：坏账准备　　5 600.00

(4) 2017年3月，确认坏账3 200元无法收回：

借：坏账准备　　3 200.00
　　贷：应收账款　　3 200.00

(5) 2017 年 7 月，公司上年已冲销的坏账又收回：

借：应收账款　　3 200.00
　　贷：坏账准备　　3 200.00

同时：

借：银行存款　　3 200.00
　　贷：应收账款　　3 200.00

(6) 2017 年年末，应收账款余额为 2 000 000 元。

计提坏账准备 =2 000 000 ×5‰ −14 400 −3200 = −7 600（元）

借：坏账准备　　7 600.00
　　贷：资产减值损失　　7 600.00

【例 3 −4 −18】 科达公司 2015 年年末应收账款余额为 1 000 000 元，提取坏账准备的比例为 1%；2016 年发生坏账损失 9 000 元，其中江明公司 5 000 元，利民公司 4 000 元，年末应收账款余额为 800 000 元；2017 年已冲销的上年利民公司应收账款 4 000 元又收回，期末应收账款为 600 000 元。

根据上述资料，计算各年应计提的坏账准备金额，并编制坏账损失和计提坏账准备的会计分录。

(1) 2015 年年末：

应计提的坏账准备 =1 000 000 ×1% =10 000（元）

借：资产减值损失　　10 000.00
　　贷：坏账准备　　10 000.00

(2) 2016 年：

借：坏账准备　　9 000.00
　　贷：应收账款——江明公司　　5 000.00
　　　　　　　　——利民公司　　4 000.00

应计提坏账准备 =800 000 ×1% −(10 000 −9 000) =7 000（元）

借：资产减值损失　　7 000.00
　　贷：坏账准备　　7 000.00

(3) 2017 年：

借：应收账款——利民公司　　4 000.00
　　贷：坏账准备　　4 000.00

同时：

借：银行存款　　4 000.00
　　贷：应收账款——利民公司　　4 000.00

应计提坏账准备 =600 000 ×1% −(8 000 +4 000) = −6 000（元）

借：坏账准备　　6 000.00
　　贷：资产减值损失　　6 000.00

四、持有至到期投资的核算

（一）持有至到期投资概述

1. 持有至到期投资的概念

持有至到期投资是指到期日固定、回收金额固定或可确定，且企业有明确意图和能力持有至到期的非衍生金融资产。目前，常见的持有至到期投资的金融资产主要是债券性投资。根据《金融工具确认和计量》准则的规定，企业从二级市场上购入的固定利率国债、浮动利率公司债券等，符合持有至到期投资条件的，可以划分为持有至到期投资。

2. 持有至到期投资的特征

持有至到期投资通常具有长期性质，但期限较短（1 年以内）的债券投资，符合持有至到期投资条件的，也可将其划分为持有至到期投资。

持有至到期投资具有三个特征：①到期日固定、回收金额固定或可确定。②有明确意图持有至到期。持有者有明确意图将金融资产投资持有至到期是指投资者在取得投资时意图是明确的，除非遇到一些企业所不能控制、预期不会重复发生且难以合理预计的独立事件，否则将持有至到期。③有能力持有至到期。有能力持有至到期是指企业有足够的财力且不受外部因素影响而将投资持有至到期。

企业应当在资产负债表日对持有意图和能力进行评价。发生变化的，应当将其重分类为可供出售金融资产处理。

3. 到期前处置或重分类对所持有剩余非衍生金融资产的影响

企业将尚未到期的某项持有至到期投资在本会计年度内出售或重分类为可供出售金融资产的金额，相对于该类投资在出售或重分类前的总额较大时，应当将该类投资的剩余部分重分类为可供出售金融资产，且在本会计年度及以后两个完整的会计年度内不得再将该金融资产划分为持有至到期投资。

（二）账户设置

企业的持有至到期投资应设置以下账户进行会计核算：

1. 持有至到期投资

“持有至到期投资”账户核算企业持有至到期投资的摊余成本。该账户可按持有至到期投资的类别和品种，分别以“成本”“利息调整”“应计利息”等进行明细核算。该账户期末余额在借方，反映企业持有至到期投资的摊余成本。

小知识

金融资产的摊余成本是指该金融资产的初始确认金额经下列调整后的结果：①扣除已偿还的本金；②加上或减去采用实际利率法将该初始确认金额与到期日之间的差额进行摊销形成的累积摊销额；③扣除已发生的减值损失（仅适用于金融资产）。

2. 持有至到期投资减值准备

“持有至到期投资减值准备”账户核算企业持有至到期投资的减值准备。该账户可按持有至到期投资的类别和品种进行明细核算；期末余额在贷方，反映企业已计提但尚未转销的持有至到期投资减值准备。

3. 资产减值损失

“资产减值损失”属于损益类账户，用来核算企业计提各项资产减值准备所形成的损失。该账户可按资产减值损失的项目进行明细核算；期末，应将该账户余额转入“本年利润”账户，结转后该账户无余额。

企业的应收款项、存货、长期股权投资、持有至到期投资等资产发生减值的，按应减记的金额，借记“资产减值损失”账户，贷记“坏账准备”“存货跌价准备”“持有至到期投资减值准备”等账户。

企业计提坏账准备、存货跌价准备、持有至到期投资减值准备等，相关资产的价值又得以恢复的，应在原已计提的减值准备金额内，按恢复增加的金额，借记“坏账准备”“存货跌价准备”“持有至到期投资减值准备”等账户，贷记“资产减值损失”账户。

（三）持有至到期投资的计量

1. 持有至到期投资的初始计量

企业单位的“持有至到期投资”应当以取得时的公允价值和相关的交易费用之和作为初始确认金额。实际支付的价款中包含的已到付息期但尚未领取的债权利息，应单独确认为“应收利息”。

此处的交易费用，是指可直接归属于购买、发行或处置金融工具新增的外部费用。新增的外部费用是指企业不购买、发行或处置金融工具就不会发生的费用。

交易费用包括支付给代理机构、咨询公司、券商等的手续费和佣金及其他必要支出，不包括债券溢价、折价、融资费用、内部管理成本及其他与交易不直接相关的费用。

企业取得的持有至到期投资，应按该债券投资的面值，借记“持有至到期投资——成本”；按支付的价款中包含的已到付息期但尚未领取的利息，借记“应收利息”账户；按实际支付的金额，贷记“银行存款”等账户；按其差额，借记或贷记“持有至到期投资（利息调整）”，利息调整将在持有期间按照实际利率法进行分期摊销。

由于持有至到期投资在到期前通常不会出售或重分类，其到期日固定，可收回金额确定，所以在初始确认时，就应当有条件确认其实际利率，并在该持有至到期投资预期存续期内保持不变。有关实际利率的计算方法将在“财务管理”课程中介绍。

【例 3-4-19】 2017 年 1 月 1 日，科达公司购入 C 公司当日发行的公司债券，面值为 100 万元，发行价为 102 万元，交易费用为 0.624 4 万元，债券期限为 3 年，票面年利率为 8%，债券按年付息，到期还本。科达公司以银行存款支付购买债券款 102.624 4 万元，并将其划分为持有至到期投资，经计算，所购 C 公司债券的实际利率为 7%。

根据上述资料可知，科达公司溢价购入 C 公司债券，编制会计分录如下：

借：持有至到期投资——C 公司债券（成本） 1 000 000.00

——C 公司债券（利息调整）　　26 244.00

贷：银行存款　　1 026 244.00

【例 3－4－20】 2017 年 1 月 8 日，科达公司购入 D 公司发行的公司债券，该债券的发行日为 2016 年 1 月 1 日，面值为 100 万元，购买价为 106 万元（含已到付息期但尚未领取的利息 8 万元），交易费用为 0.6 万元，债券期限为 3 年，票面利率为 8%，债券利息按年支付，本金到期支付。科达公司以银行存款支付买价及交易费用共 106.6 万元，并将其划分为持有至到期投资。

根据上述资料可知，科达公司是折价购入 D 公司债券，根据相关资料，编制会计分录如下：

借：持有至到期投资——D 公司债券（成本）　　1 000 000.00

应收利息——D 公司　　80 000.00

贷：持有至到期投资——D 公司债券（利息调整）　　14 000.00

银行存款　　1 066 000.00

2. 持有至到期投资的后续计量

（1）持有至到期投资后续计量的基本原理。

在企业所购债券的投资总成本大于或小于债券面值的情况下，债券的票面利率与实际利率就不一致了。当企业所购债券的投资总成本大于债券面值时，债券的票面利率大于实际利率；当企业所购债券的投资总成本小于债券面值时，债券的票面利率小于实际利率。

按照现行《金融工具确认和计量》准则的规定，企业应当采用实际利率法，按照摊余成本对持有至到期投资进行后续计量。

实际利率法是指按照金融资产的实际利率计算摊余成本及各期利息收入的方法。

实际利率应当在取得持有至到期投资时确定，在该持有至到期投资预期存续期间或适用的更短期间内保持不变。实际利率与票面利率差别较小的，也可按票面利率计算利息收入，计入投资收益。在实际利率法下，应收利息和利息收入的计算公式如下：

应收利息＝票面金额×票面利率

利息收入＝应收利息－利息收入

（2）分期付息，到期还本购入企业债券的计量。

资产负债表日，持有至到期投资为分期付息、一次还本债券投资的，应按票面利率计算确认的应收未收利息，借记“应收利息”账户；按持有至到期投资摊余成本和实际利率计算确定的利息收入，贷记“投资收益”账户；按其差额，借记或贷记“持有至到期投资（利息调整）”。

【例 3－4－21】 根据【例 3－4－19】的资料，以后 3 年，每年计提利息、对“利息调整”按照实际利率法进行摊销，并且每年收取利息，最后一年收回本金。假设科达公司按年计算利息。

◆ 计算各年的应收利息和确认利息收入。

根据应收利息和利息收入的计算公式编制利息及利息调整分摊计算表，见表 3－4－1。

表 3-4-1　　实际利率法下利息及利息调整分摊计算表　　单位：元

时间	应收利息（8%）	利息收入（7%）	利息调整数	期末摊余成本
	①	②	③=①-②	④=上期末摊余成本-③
2017.1.8				1 026 244
2017.12.31	80 000	71 837	8 163	1 018 081
2018.12.31	80 000	71 266	8 734	1 009 347
2019.12.31	80 000	70 653	9 437（尾差）	1 000 000
合计	240 000	213 756	26 244	

◆ 2017 年 12 月 31 日，计提应收利息和确认利息收入。

借：应收利息——C 公司　　80 000.00

　　贷：投资收益　　71 837.00

　　　　持有至到期投资——C 公司债券（利息调整）　　8 163.00

收到利息时：

借：银行存款　　80 000.00

　　贷：应收利息　　80 000.00

◆ 2018 年 12 月 31 日，计算应收利息和确认利息收入。

借：应收利息——C 公司　　80 000.00

　　贷：投资收益　　71 266.00

　　　　持有至到期投资——C 公司债券（利息调整）　　8 734.00

收到利息时：

借：银行存款　　80 000.00

　　贷：应收利息——C 公司　　80 000.00

◆ 2019 年 12 月 31 日，计算应收利息和确认利息收入。

借：应收利息——C 公司　　80 000.00

　　贷：投资收益　　70 653.00

　　　　持有至到期投资——C 公司债券（利息调整）　　9 347.00

收到本金和利息时：

借：银行存款　　1 080 000.00

　　贷：持有至到期投资——C 公司债券（成本）　　1 000 000.00

　　　　应收利息——C 公司　　80 000.00

（3）到期一次还本付息的计量。

到期一次还本付息债券投资与上述分期付息到期还本债券投资相比，在应收利息的账务处理上有所不同，其应收利息通过“持有至到期投资（应计利息）”账户核算。

资产负债表日，持有至到期投资为一次还本付息债券投资的，应于资产负债表日，按票面利率计算确定的应收未收利息，借记“持有至到期投资（应计利息）”账户；按持有至到期投资摊余成本和实际利率计算确定的利息收入，贷记“投资收益”账户；按其差额，借记或贷记“持有至到期投资（利息调整）”。

【例3-4-22】 2017年1月1日，江明公司购入C公司发行的公司债券，该笔债券的发行日为2017年1月1日，面值为100万元，发行价为102万元，交易费用为0.6244万元，债券期限为3年，票面年利率为8%，债券到期一次还本付息。江明公司从银行存款中支付购买债券款102.6244万元，并将其划分为持有至到期投资，经计算，所购C公司债券的实际利率为6.515%。

(1) 2017年1月1日，江明公司溢价购入C公司债券。

借：持有至到期投资——C公司债券（成本） 1 000 000.00
——C公司债券（利息调整） 26 244.00
贷：银行存款 1 026 244.00

(2) 计算各年的应收利息和确认利息收入。

根据应收利息和利息收入的计算公式，编制利息及利息调整分摊计算表（见表3-4-2）。

表3-4-2 实际利率法下利息及利息调整分摊计算表 单位：元

时间	应收利息（8%）	利息收入（6.515%）	利息调整数	未调整金额	期末摊余成本
	①	②	③=①-②	④=上期④-③	⑤=上期末摊余成本-③
2017年初				26 244	1 026 244
2017年末	80 000	66 860	13 140	13 104	1 093 104
2018年末	80 000	71 215	8 785	4 319	1 164 319
2019年末	80 000	75 681	4 319	0	1 240 000
合计	240 000	213 756	26 244	—	—

(3) 2017年12月31日，计提应收利息和确认利息收入。

借：持有至到期投资——C公司债券（应计利息） 80 000.00
贷：投资收益 66 860.00
持有至到期投资——C公司债券（利息调整） 13 140.00

(4) 2018年12月31日，计提应收利息和确认利息收入。

借：持有至到期投资——C公司债券（应计利息） 80 000.00
贷：投资收益 71 215.00
持有至到期投资——C公司债券（利息调整） 8 785.00

(5) 2019年12月31日，计提应收利息和确认利息收入。

借：持有至到期投资——C公司债券（应计利息） 80 000.00
贷：投资收益 75 681.00
持有至到期投资——C公司债券（利息调整） 4 319.00

(6) 2020年1月，到期收回本息。

借：银行存款 1 240 000.00
贷：持有至到期投资——C公司债券（成本） 1 000 000.00
——C公司债券（应计利息） 240 000.00

想一想

在持有至到期投资中，企业所购债券采取分期付息和到期一次还本付息这两种形式下，二者在实际利率的确定、利息收入的确定、期末摊余成本额的确定以及会计科目的运用上有何不同？

3. 资产负债表日进行减值测试

（1）资产减值的确认。

资产减值是指资产的可收回金额低于其账面价值。可收回金额应当根据资产的公允价值减去处置费用后的净额与资产预计未来现金流量的现值两者之间较高者确定。

企业应当在资产负债表日对以公允价值计量且其变动计入当期损益的金融资产以外的金融资产的账面价值进行检查，有客观证据表明该金融资产发生减值的，应当计提减值准备。表明金融资产发生减值的客观证据是指金融资产初始确认后实际发生的、对该金融资产的预计未来现金流量有影响，且企业能够对该影响进行可靠计量的事项。

（2）金融资产发生减值的客观证据。

金融资产发生减值的客观证据包括下列各项：①发行方或债务人发生严重财务困难；②债务人违反了合同条款，如偿付利息或本金发生违约或逾期等；③债权人出于经济或法律等方面考虑，对发生财务困难的债务人作出让步；④债务人很可能倒闭或进行其他财务重组；⑤因发行方发生重大财务困难，该金融资产无法在活跃市场继续交易；⑥债务人经营所处的技术、市场、经济或法律环境等发生重大不利变化，使权益工具投资人可能无法收回投资成本；⑦权益工具投资的公允价值发生严重或非暂时性下跌等。

（3）持有至到期投资减值测试。

在资产负债表日，企业单位对持有至到期投资进行减值测试。以摊余成本计量的金融资产发生减值时，应当将该金融资产的账面价值减记至预计未来现金流量（不包括尚未发生的未来信用损失）现值，减值的金额确定为资产减值损失，计入当期损益。如果持有至到期投资的预计未来现金流量小于其摊余成本，则表明该项持有至到期投资发生了减值。此时，企业应当计提持有至到期投资减值准备。已计提减值准备的持有至到期投资价值以后又得以恢复的，应当在原已计提的减值准备金额内，按恢复增加的金额进行减值准备转回处理。

资产负债表日，持有至到期投资发生减值的，按应减记的金额，借记“资产减值损失”账户，贷记“持有至到期投资减值准备”账户。已计提减值准备的持有至到期投资价值以后又得以恢复的，应在原已计提的减值准备金额内，按恢复增加的金额，借记“持有至到期投资减值准备”账户，贷记“资产减值损失”账户。

【例3－4－23】 2016年12月31日，科达公司对持有的H公司债券进行减值测试，有足够的证据表明该债券发生了减值，预计该债券未来期间现金流量的现值为98万元，而其账面摊余成本为100万元。相关会计分录如下：

借：资产减值损失　　20 000.00

　　贷：持有至到期投资减值准备　　20 000.00

（4）出售持有至到期投资。

持有至到期投资一般不会出售，但是遇有企业因资金周转困难出售持有至到期投资时，应按实际收到的金额，借记“银行存款”等账户，已计提减值准备的，借记“持有至到期投资减值准备”，按其账面余额，贷记“持有至到期投资（成本、利息调整、应计利息）”，按其差额，贷记或借记“投资收益”账户。

【例3-4-24】 2017年5月20日，由于B公司债券价格持续下跌，兴隆公司决定将其持有的B公司债券全部出售，收取价款585万元，该债券被划分为持有至到期投资。出售日，该“持有至到期投资——B公司债券（成本）”明细账户余额为570万元，该“持有至到期投资——B公司债券利息调整”明细账户借方余额为10万元，持有至到期投资减值准备5万元。兴隆公司编制会计分录如下：

借：银行存款	5 850 000.00	
持有至到期投资减值准备	50 000.00	
贷：持有至到期投资——B公司债券（成本）		5 700 000.00
——B公司债券（利息调整）		100 000.00
投资收益		100 000.00

五、可供出售金融资产的核算

（一）可供出售金融资产概述

可供出售金融资产是指初始确认时即被指定为可供出售的非衍生金融资产，以及没有划分为持有至到期投资、贷款和应收款项、以公允价值计量且其变动计入当期损益的金融资产的金融资产。通常情况下，可供出售金融资产包括企业从二级市场上购入的债券投资、股票投资、基金投资等，但这些金融资产没有被划分为交易性金融资产或持有至到期投资。

（二）可供出售金融资产核算应设置的会计账户

为了反映和监督可供出售金融资产的取得、收取现金股利或利息和出售等情况，企业应当设置“可供出售金融资产”“其他综合收益”“投资收益”等账户进行核算。

“可供出售金融资产”账户核算企业持有的可供出售金融资产的公允价值。“可供出售金融资产”账户的借方登记可供出售金融资产的取得成本、资产负债表日其公允价值高于账面余额的差额、可供出售金融资产转回的减值损失等；贷方登记资产负债表日其公允价值低于账面余额的差额、可供出售金融资产发生的减值损失、出售可供出售金融资产时结转的成本和公允价值变动。企业应当按照可供出售金融资产的类别和品种，分别设置“成本”“利息调整”“应计利息”“公允价值变动”等明细账户进行核算。

“其他综合收益”账户核算企业可供出售金融资产公允价值变动形成的应计入所有者权益的利得或损失等。“其他综合收益”账户的借方登记资产负债表日企业持有的可供出售金融资产的公允价值低于账面价值的差额等；贷方登记资产负债表日企业持有的可供出售金融资产的公允价值高于账面价值的差额等。

可供出售金融资产发生减值的，也可以单独设置“可供出售金融资产减值准备”账户。

（三）可供出售金融资产的账务处理

1. 可供出售金融资产的取得

企业取得的可供出售金融资产应当按照公允价值计量，取得可供出售金融资产所发生的交易费用应当计入可供出售金融资产的初始入账金额。

企业取得可供出售金融资产支付的价款中包含已宣告但尚未发放的现金股利或已到付息期但尚未领取的债权利息，应当单独确认为应收项目，不构成可供出售金融资产的初始入账金额。

（1）企业取得可供出售金融资产，应当按照该金融资产取得时的公允价值与交易费用之和，借记“可供出售金融资产——成本”账户；按照支付的价款中包含已宣告但尚未发放的现金股利，借记“应收股利”账户；按照实际支付的金额，贷记“其他货币资金——存出投资款”等账户。

（2）企业取得可供出售金融资产为债权投资的，应当按照该债权的面值，借记“可供出售金融资产——成本”账户；按照实际支付的价款中包含的已到付息期但尚未领取的利息，借记“应收利息”账户；按照实际支付的金额，贷记“银行存款”等账户；按照其差额，借记或贷记“可供出售金融资产——利息调整”账户。

为了便于理解可供出售金融资产与交易性金融资产的会计处理的主要区别，下面举例说明。

【例 3-4-25】 2017 年 1 月 20 日，科达公司从上海证券交易所购入 A 上市公司股票 1 000 000 股，并将其划分为可供出售金融资产。该笔股票投资在购买日的公允价值为 10 000 000 元。另支付相关交易费用金额为 25 000 元。甲公司编制会计分录如下：

（1）2017 年 1 月 20 日，购买 A 上市公司股票。

借：可供出售金融资产——A 上市公司——成本　　10 000 000.00

　贷：其他货币资金——存出投资款　　10 000 000.00

（2）支付相关交易费用。

借：可供出售金融资产——A 上市公司——成本　　25 000.00

　贷：其他货币资金——存出投资款　　25 000.00

在上例中，取得可供出售金融资产所发生的相关交易费用 25 000 元应计入可供出售金融资产的初始入账金额，而不是像交易性金融资产那样计入当期投资收益处理。

【例 3-4-26】 2016 年 1 月 1 日，科达公司购入 B 公司发行的公司债券。该笔债券于 2015 年 7 月 1 日发行，面值为 25 000 000 元，票面利率为 4%。上年债券利息于下年初支付。甲公司将其划分为可供出售金融资产，支付价款为 26 000 000 元（其中包含已到付息期但尚未领取的债权利息 500 000 元），另支付交易费用 300 000 元。2016 年 1 月 8 日，甲公司收到该笔债券利息 500 000 元。2017 年初，甲公司又收到债券利息 1 000 000 元。甲公司编制会计分录如下：

（1）2016 年 1 月 1 日，购入 B 公司发行的公司债券。

借：可供出售金融资产——B 公司债券——成本　　25 000 000.00
　　　　　　　　——B 公司债券——利息调整　　800 000.00
　　应收利息——B 公司　　500 000.00
　　贷：其他货币资金——存出投资款　　26 300 000.00

（2）2016 年 1 月 8 日，收到购买价款中包含的已到付息期但尚未领取债券利息。

借：其他货币资金——存出投资款　　500 000.00
　　贷：应收利息——B 公司　　500 000.00

（3）2016 年 12 月 31 日，对 B 公司的公司债券确认利息收入。

借：应收利息——B 公司　　1 000 000.00
　　贷：投资收益　　1 000 000.00

（4）2017 年初，收到持有 B 公司的公司债券的利息。

借：其他货币资金——存出投资款　　1 000 000.00
　　贷：应收利息——B 公司　　1 000 000.00

在上例中，取得可供出售金融资产所支付价款中包含了已到付息期但尚未领取的债券利息 500 000 元，应当计入“应收利息”账户，而不计入“可供出售金融资产”账户；相关交易费用 300 000 元，应当计入“可供出售金融资产”账户，同时，考虑到该债券投资在持有期间应采用实际利率计算确定利息收入，该交易费用应当计入“可供出售金融资产”账户下“公司债券”的“利息调整”明细账户。

2. 可供出售金融资产持有期间获得的现金股利、债券利息

企业在持有可供出售金融资产的会计期间，所涉及的会计处理主要有三个方面：①在资产负债表日确认债券利息收入；②在资产负债表日反映其公允价值变动；③在资产负债表日核算可供出售金融资产发生的减值损失。

（1）企业在持有可供出售金融资产期间取得的现金股利或债券利息，应当作为投资收益进行会计处理。

可供出售金融资产为分期付款、一次还本债券投资的，在资产负债表日，企业应当按照可供出售债券的面值和票面利率计算确定的应收未收利息，借记“应收利息”账户；按照可供出售债券的摊余成本和实际利率计算确定的利息收入，贷记“投资收益”账户；按照其差额，借记或贷记“可供出售金融资产——利息调整”账户。

可供出售金融资产为一次还本付息债券投资的，在资产负债表日，企业应当按照可供出售债券的面值和票面利率计算确定的应收未收利息，借记“可供出售金融资产——应计利息”账户；按照可供出售债券的摊余成本和实际利率计算确定的利息收入，贷记“投资收益”账户；按照其差额，借记或贷记“可供出售金融资产——利息调整”账户。

（2）在资产负债表日，可供出售金融资产应当按照公允价值计量，可供出售金融资产公允价值变动应当作为其他综合收益，计入所有者权益，不构成当期利润。

资产负债表日，可供出售金融资产的公允价值高于其账面余额的差额，借记“可供出售金融资产——公允价值变动”账户，贷记“其他综合收益”账户；公允价值低于其账面余额的差额，作相反的会计分录。

【例 3-4-27】 承【例 3-4-26】，假定 2016 年 6 月 30 日，科达公司购买的 B 公司债券的公允价值（市价）为 27 800 000 元；2016 年 12 月 31 日，甲公司购买的 B 公司债券的公允价值（市价）为 25 600 000 元。假定不考虑其他因素。甲公司编制会计分录如下：

（1）2016 年 6 月 30 日，确认 B 公司债券的公允价值变动时：

借：可供出售金融资产——公允价值变动　　2 000 000.00

　　贷：其他综合收益——可供出售金融资产公允价值变动　　2 000 000.00

（2）2016 年 12 月 31 日，确认 B 公司债券的公允价值变动时：

借：其他综合收益——可供出售金融资产公允价值变动　　2 200 000.00

　　贷：可供出售金融资产——B 公司债券——公允价值变动　　2 200 000.00

在上例中，2016 年 6 月 30 日，B 公司债券的公允价值为 27 800 000 元，账面余额为 25 800 000 元，公允价值大于账面余额 2 000 000 元，应计入“其他综合收益”账户的贷方；2016 年 12 月 31 日，B 公司债券的公允价值变为 25 600 000 元，账面余额为 27 800 000 元，公允价值小于账面余额 2 200 000，应计入“其他综合收益”账户的借方。还需要说明的是，上例仅涉及对 B 公司债券在资产负债表日公允价值变动的核算问题，不涉及相关利息收入和应收利息的核算问题。

（3）资产负债表日，确定可供出售金融资产发生减值的，应当将应减记的金额作为资产减值损失进行会计处理，同时直接冲减可供出售金融资产或计提相应的资产减值准备。对于已确认减值损失的可供出售金融资产，在随后的会计期间内公允价值已上升且客观上与确认原减值损失事项有关的，应当在原已确认的减值损失范围内转回，同时调整资产减值损失或所有者权益。

资产负债表日，确定可供出售金融资产发生减值的，应当按照应减记的金额，借记“资产减值损失”账户；按照应从所有者权益中转出原计入资本公积的累计损失金额，贷记“其他综合收益”账户；按照其差额，贷记“可供出售金融资产——减值准备”账户。

对于已确认减值损失的可供出售金融资产，在随后的会计期间内公允价值已上升且客观上与确认原减值损失事项有关的，应当在原已确认的减值损失范围内按已恢复的金额，借记“可供出售金融资产——减值准备”账户，贷记“资产减值损失”账户；但可供出售金融资产为股票等权益工具投资的，借记“可供出售金融资产——减值准备”账户，贷记“其他综合收益”账户。

3. 可供出售金融资产的出售

企业出售可供出售金融资产，应当将取得的价款与账面余额之间的差额作为投资损益进行会计处理，同时，将原计入该金融资产的公允价值变动转出，由其他综合收益转为投资收益。如果对可供出售金融资产计提了减值准备，还应同时结转减值准备。

企业出售可供出售金融资产，应当按照实际收到的金额，借记“其他货币资金——存出投资款”等账户；按该可供出售金融资产的账面余额，贷记“可供出售金融资产——成本、公允价值变动、利息调整、应计利息”等账户；按照其差额，贷记或借记“投资收益”账户；同时，按照应从所有者权益中转出的公允价值累计变动额，借记或贷记“其他综合收益”等账户，贷记或借记“投资收益”账户。

六、长期应收款的核算

（一）长期应收款概述

根据2007年新会计准则的规定，由于分期收款销售商品的核算方法与以前不同，新增加“长期应收款”账户。

长期应收款指的是企业融资租赁产生的应收款项和采用递延方式分期收款、实质上具有融资性质的销售商品和提供劳务等经营活动产生的应收款项。

企业应设置“长期应收款”账户，核算企业融资租赁产生的应收款项和采用递延方式分期收款、实质上具有融资性质的销售商品和提供劳务等经营活动产生的应收款项。

（二）长期应收款的核算

企业的长期应收款项包括融资租赁产生的应收款项、采用递延方式具有融资性质的销售商品和提供劳务等产生的应收款项等，通过“长期应收款”账户核算。实质上构成对被投资单位净投资的长期权益，也通过该账户核算。该账户可按债务人进行明细核算。本科目的期末余额在借方，反映企业尚未收回的长期应收款。

（1）出租人融资租赁产生的应收租赁款，在租赁期开始日，应按租赁开始日最低租赁收款额与初始直接费用之和，借记“长期应收款”账户；按未担保余值，借记“未担保余值”账户；按融资租赁资产的公允价值（最低租赁收款额和未担保余值的现值之和），贷记“融资租赁资产”账户；按融资租赁资产的公允价值与账面价值的差额，借记“营业外支出”账户或贷记“营业外收入”账户；按发生的初始直接费用，贷记“银行存款”等账户；按其差额，贷记“未实现融资收益”账户。

（2）采用递延方式分期收款销售商品或提供劳务等经营活动产生的长期应收款，满足收入确认条件的，按应收的合同或协议价款，借记“长期应收款”账户；按应收合同或协议价款的公允价值（折现值），贷记“主营业务收入”等账户；按其差额，贷记“未实现融资收益”账户。涉及增值税的，还应进行相应的处理。

【例3-4-28】 2017年1月1日，科达公司采用分期收款方式销售昌和公司一批产品，该批产品成本为400万，公允价值为500万，销售合同中规定价税合计为585万，增值税85万在当时收托款项，剩余的500万在以后的两年内每年年底收取250万。相关账务处理如下：

借：长期应收款——昌和公司	500.00	
银行存款	85.00	
贷：主营业务收入		500.00
应交税费——应交增值税		85.00
借：主营业务成本	400.00	
贷：库存商品		400.00
借：所得税费用	62.50	

贷：递延所得税负债　62.50

（3）如有实质上构成对被投资单位净投资的长期权益，被投资单位发生的净亏损应由本企业承担的部分，在“长期股权投资”的账面价值减记至零以后，还需承担的投资损失应以“长期应收款”账户中实质上构成了对被投资单位净投资的长期权益部分账面价值减记至零为限，继续确认投资损失，借记“投资收益”账户，贷记“长期应收款”账户。除上述已确认投资损失外，投资合同或协议中约定仍应承担的损失，确认为预计负债。

岗位实训

实训要求：根据原始凭证，进行账务处理。

资料：华泰股份有限公司为了提高闲置资金的收益率，利用闲置资金以赚取差价为目的从二级市场上购买股票。华泰股份有限公司在华西证券开设了资金账户，申请开通网上交易。股票交易税费包括印花税（只对出让方征收）和佣金。印花税为成交金额的1‰，佣金按成交金额的0.5‰收取（最低5元）。为了简化核算，该公司在每年的6月30日和12月31日对交易性金融资产的公允价值进行调整。2015年华泰股份有限公司交易性金融资产有关业务如下：

（1）5月10日，从中国工商银行基本户中向证券资金账户划入200 000元。相关单据见表3-4-3和表3-4-4。

表3-4-3　中国工商银行银证转账回单

日期：2015年05月10日

客户名称	华泰股份有限公司	证券公司名称	华西证券股份有限公司	券商代码	1044000
开户银行	工商银行合肥经开区支行	证券公司营业部	华西证券学院营业部	证券机构号	1018
注册账户	622201380621842	证券资金账户	5000002211398		
银行结算账户余额	¥3 155 898.00				
转账金额	¥200 000.00				
转账大写金额	人民币贰拾万元整				

表3-4-4　记账凭证

2015年5月10号　记字第1号

摘要	总账科目	明细账科目	记账	借方金额	记账	贷方金额
划转资金	其他货币资金	存出投资款		200 000.00		
	银行存款	工行				200 000.00
合计				¥200 000.00		¥200 000.00

附件壹张

财务主管：李明　记账：张华　审核：王芳　出纳：方琼　制单：李玲

（2）5月10日，购入大华公司股票5 000股，并准备随时变现，每股买价12.60元，同时支付相关税费 31.5 元。相关单据见表 3－4－5 至表 3－4－7。

表 3－4－5　　成交过户交割单

2015/5/10　　华西证券学院路营业部　　成交过户交割凭单　　证券买入

股东号码：A2357989　　证券名称：大华公司（060119）

股东姓名：华泰股份有限公司　　成交数量：5 000

公司代码：61028　　成交价格：12.60

委托序号：600118　　成交金额：63 000.00

申报时间：150510　　标准佣金：31.50

成交时间：150510　　印花税：0.00

委托费：0.00

实付金额：63 031.50

上次股票余额：0　　本次股票余额：5 000

当日资金余额：136 968.50

表 3－4－6　　记账凭证

2015 年 5 月 10 日　　记字第 2 号

摘要	总账科目	明细账科目	记账	借方金额	记账	货方金额
购买股票	交易性金融资产	大华公司股票（成本）		63 000.00		
	其他货币资金	存出投资款				63 000.00
合计				￥63 000.00		￥63 000.00

附件壹张

财务主管：李明　　记账：张华　　审核：王芳　　出纳：方琼　　制单：李玲

表 3－4－7　　记账凭证

2015 年 5 月 10 日　　记字第 3 号

摘要	总账科目	明细账科目	记账	借方金额	记账	货方金额
支付相关税费	投资收益			31.50		
	其他货币资金	存出投资款				31.50
合计				￥31.50		￥31.50

附件壹张

财务主管：李明　　记账：张华　　审核：王芳　　出纳：方琼　　制单：李玲

（3）6 月 22 日，购入大华公司股票 5 000 股，并准备随时变现，每股买价 12.00 元，同时支付相关税费 30 元。相关单据见表 3－4－8 至表 3－4－10。

表 3－4－8 **成交过户交割单**

2015/6/22　　华西证券学院路营业部　　成交过户交割凭单　　证券买入

股东号码：A2357989　　证券名称：大华公司（060119）

股东姓名：华泰股份有限公司　　成交数量：5 000

公司代码：61028　　成交价格：12.00

委托序号：200198　　成交金额：60 000.00

申报时间：150622　　标准佣金：30.00

成交时间：150622　　印花税：0.00

委托费：0.00

实付金额：60 030.00

上次股票余额：5 000　　本次股票余额：10 000

当日资金余额：76 938.50

表 3－4－9 **记账凭证**

2015 年 6 月 22 号　　记字第 4 号

摘要	总账科目	明细账科目	记账	借方金额	记账	贷方金额
购买股票	交易性金融资产	大华公司股票（成本）		60 000.00		
	其他货币资金	存出投资款				60 000.00
合计				¥60 000.00		¥60 000.00

附件壹张

财务主管：李明　　记账：张华　　审核：王芳　　出纳：方琼　　制单：李玲

表 3－4－10 **记账凭证**

2015 年 6 月 22 号　　记字第 5 号

摘要	总账科目	明细账科目	记账	借方金额	记账	贷方金额
支付相关税费	投资收益			30.00		
	其他货币资金	存出投资款				30.00
合计				¥30.00		¥30.00

附件壹张

财务主管：李明　　记账：张华　　审核：王芳　　出纳：方琼　　制单：李玲

（4）6 月 25 日，大华公司宣告发放现金股利，每 10 股派 0.99 元现金股利（税后）。相关公告及凭证见表 3－4－11 和表 3－4－12。

表 3-4-11　　大华股份有限公司 2014 年度股东大会决议公告

一、会议召开和出席情况

……

二、提案审议情况

1……

……

4. 审议通过了《2014 年度利润分配方案》

同意股数 916 906 800 股，占出席会议股东所持表决权股份总数的 99-989836%，反对 93 000 股，弃权 200 股。

以公司 2014 年年末总股本 917 000 000 股为基准，每 10 股派送现金红利 1.10 元（税后 0.99 元），计 100 870 000 元。

5. ……

……

三、律师见证情况

……

四、备查情况

……

大华股份有限公司

2015 年 6 月 25 日

表 3-4-12　　记账凭证

2015 年 6 月 25 号　　记字第 6 号

摘要	总账科目	明细账科目	记账	借方金额	记账	货方金额
宣告发放股利	应收股利	大华公司		990.00		
	投资收益					990.00
合计				¥990.00		¥990.00

附件壹张

财务主管：李明　　记账：张华　　审核：王芳　　出纳：方琼　　制单：李玲

（5）6 月 30 日，大华公司收盘价 12.40 元。相关单据见表 3-4-13 和表 3-4-14。

表 3-4-13　　公允价值变动损益计算表

2015 年 6 月 30 日

交易性金融资产	数量	市场价格	账面价值	公允价值变动损益
大华公司	10 000	124 000	123 000	1 000
合计	10 000	124 000	123 000	1 000

会计：张华　　复核：王芳　　制单：李玲

表 3 -4 -14 **记账凭证**

2015 年 6 月 30 号 记字第 7 号

摘要	总账科目	明细账科目	记账	借方金额	记账	贷方金额
公允价值变动	交易性金融资产	公允价值变动		1 000.00		
	公允价值变动损益					1 000.00
合计				¥1 000.00		¥1 000.00

附件壹张

财务主管：李明 记账：张华 审核：王芳 出纳：方琼 制单：李玲

（6）7 月 15 日，收到大华公司的现金股利。相关单据见表 3 -4 -15 和表 3 -4 -16。

表 3 -4 -15 **成交过户交割单**

2015/7/15 华西证券学院路营业部 成交过户交割凭单 红利入账

股东号码：A2357989 证券名称：大华公司（060119）

股东姓名：华泰股份有限公司 成交数量：10 000

公司代码：61028 成交价格：0.099

委托序号：200124 成交金额：990.00

申报时间：150111 标准佣金：

成交时间：150508 印花税：

委托费：

实付金额：990.00

上次股票余额： 本次股票余额：10 000

当日资金余额：77 928.50

表 3 -4 -16 **记账凭证**

2015 年 7 月 15 号 记字第 8 号

摘要	总账科目	明细账科目	记账	借方金额	记账	贷方金额
收到现金股利	其他货币资金	存出投资款		990.00		
	应收股利	大华公司				990.00
合计				¥990.00		¥990.00

附件壹张

财务主管：李明 记账：张华 审核：王芳 出纳：方琼 制单：李玲

（7）10 月 25 日，以每股 16.88 元的价格转让 6 000 股大华公司股票（其中 5 000 股是 5 月 10 日购入的，另外 1 000 股是 6 月 22 日购入的），同时支付相关税费 151.92 元。相关单据见表 3 -4 -17 至表 3 -4 -19。

表 3-4-17

成交过户交割单

2015/10/25　华西证券学院路营业部　成交过户交割凭单　证券卖出

股东号码：A2357989　证券名称：大华公司（060119）

股东姓名：华泰股份有限公司　成交数量：6 000

公司代码：61028　成交价格：16.88

委托序号：200154　成交金额：101 280.00

申报时间：150111　标准佣金：50.64

成交时间：150508　印花税：101.28

委托费：

实付金额：101 128.08

上次股票余额：10 000　本次股票余额：40 000

当日资金余额：179 056.58

表 3-4-18

记账凭证

2015 年 10 月 25 日　记字第 9 号

摘要	总账科目	明细账科目	记账	借方金额	记账	货方金额
转让股票	其他货币资金	存出投资款		101 128.08		
	交易性金融资产	公允价值变动		600.00		
		成本				75 000.00
	投资收益					26 728.08
合计				¥101 728.08		¥101 728.08

附件壹张

财务主管：李明　记账：张华　审核：王芳　出纳：方琼　制单：李玲

表 3-4-19

记账凭证

2015 年 10 月 25 号　记字第 10 号

摘要	总账科目	明细账科目	记账	借方金额	记账	货方金额
结转公允价值变动	投资收益			600.00		
	公允价值变动损益					600.00
合计				¥600.00		¥600.00

附件壹张

财务主管：李明　记账：张华　审核：王芳　出纳：方琼　制单：李玲

（8）12 月 31 日，当天大华公司收盘价每股 15.58 元。相关单据见表 3-4-20 和表 3-4-21。

表 3-4-20　　公允价值变动损益计算表

2015 年 12 月 31 日

交易性金融资产	数量	市场价格	账面价值	公允价值变动损益
大华公司	4 000	62 320	49 600	12 720
合计	4 000	62 320	49 600	12 720

会计：张华　　复核：王芳　　制单：李玲

表 3-4-21　　记账凭证

2015 年 12 月 31 日　　记字第 11 号

摘要	总账科目	明细账科目	记账	借方金额	记账	贷方金额
公允价值变动	交易性金融资产	公允价值变动		12 720.00		
	公允价值变动损益					12 720.00
合计				¥12 720.00		¥12 720.00

附件壹张

财务主管：李明　　记账：张华　　审核：王芳　　出纳：方琼　　制单：李玲

复习思考题

1. 金融资产主要包括哪些内容？
2. 交易性金融资产有哪些特征？
3. 带息票据计算利息时，票据期限如何确定？
4. 应收票据贴现所得如何计算？
5. 应收账款的内容有那些？何时可以确认？
6 企业采用备抵法进行坏账核算时，估计坏账损失的方法有哪些？
7. 其他应收款核算哪些内容？
8. 持有至到期投资有哪些特征？
9. 资产负债表日，持有至到期投资发生减值，企业该如何进行账务处理？
10. 长期应收款核算哪些内容？

岗位任务五　长期股权投资业务的核算

任务导入 ▶▶▶

甲公司 2016 年度与投资相关的交易或事项如下：

(1) 1 月 1 日，从市场购入 2 000 万股乙公司发行在外的普通股（未对乙公司造成重大影响），准备随时出售，每股成本 8 元，甲公司对乙公司不具有控制、共同控制或重大影响。

(2) 1 月 1 日，取得戊公司 25% 股权，成本为 1 200 万元，甲公司能对戊公司的财务和经营政策施加重大影响。

（3）1月1日，取得丁公司80%的股权，成本1 000万元，购买日取得丁公司的控制权；甲公司与丁公司无关联关系。

根据上述资料，不考虑其他因素，指出该公司的投资应当做何种金融资产核算，并指出理由。

【分析】

（1）甲公司对乙公司的股权投资，应当作为交易性金融资产进行核算。

理由：甲公司对乙公司的投资，不具有控制、共同控制、重大影响，且公允价值能够可靠计量，且随时准备出售，所以应该划分为交易性金融资产。

（2）甲公司针对戊公司的股权，应当作为长期股权投资核算。

理由：甲公司对戊公司的股权投资达到重大影响，应当作为长期股权投资核算。

（3）甲公司对丁公司的股权投资，应当作为长期股权投资核算。

理由：甲公司对丁公司的股权投资达到控制，应当作为长期股权投资核算。

知识准备 ▶▶▶

一、长期股权投资概述

（一）长期股权投资的确认

1. 长期股权投资的含义

长期股权投资是指投资方对被投资单位实施控制、重大影响的权益性投资，以及对其合营企业的权益性投资。除此之外，其他权益性投资不作为长期股权投资进行核算，而应当按照《金融工具确认和计量》的规定进行会计核算。

2. 长期股权投资的内容

本章所指的长期股权投资的核算内容包括三种情况。

（1）对子公司的投资，指投资企业能够对被投资单位实施控制的权益性投资。

在确定能否对被投资单位实施控制时，投资方应当按照《企业会计准则第33号——合并财务报表》的有关规定进行判断。投资方能对被投资单位实施控制的，被投资单位为其子公司。投资方属于《企业会计准则第33号——合并财务报表》规定的投资性主体且子公司不纳入合并财务报表的情况除外。

控制是指投资方拥有对被投资方的决策权，通过参与被投资方的相关活动而享有可变回报，并且有能力运用对被投资方的决策权影响其回报金额。

控制的情形表现为两种：①投资企业直接拥有被投资单位50%以上的表决权资本；②投资企业虽然直接拥有被投资单位50%或以下的表决权资本，但具有实质控制权。

投资企业对被投资单位具有实质控制权的情形有四种：①通过与其他投资者的协议，投资企业拥有被投资单位50%以上表决权资本的控制权；②根据章程或协议，投资企业有权控制被投资单位的财务和经营政策；③投资企业有权任免被投资单位董事会等类似权力机构的多数成员；④在董事会或类似权力机构会议上有半数以上投票权。

（2）对合营企业的投资，指投资企业与其他合营方一同对被投资单位实施共同控制的权益性投资。

共同控制是指按照相关约定对某项安排所共有的控制，并且该安排的相关活动必须经过分享控制权的参与方一致同意后才能决策。企业与其他方对被投资单位实施共同控制的，被投资单位为本企业的合营企业。

（3）对联营企业投资，指投资企业对被投资单位具有重大影响的权益性投资。

重大影响是指投资方对被投资单位的财务和经营政策有参与决策的权力，但并不能控制或者与其他方一起控制这些政策的制定。在确定能否对被投资单位施加重大影响时，应当考虑投资方和其他方持有的被投资单位当期可转换公司债券、当期可执行认股权证等潜在表决权因素。投资方能对被投资单位施加重大影响的，被投资单位为其联营企业。

在确定被投资单位是否为合营企业时，应当按照《企业会计准则第40号——合营安排》的有关规定进行判断。

投资企业通常可以通过以下一种或几种情形来判断是否对被投资单位具有重大影响：①在被投资单位的董事会或类似权力机构中派有代表。在这种情况下，由于在被投资单位的董事会或类似权力机构中派有代表，并享有实质性的参与决策权，投资方可以通过该代表参与被投资单位财务和经营政策的制定，达到对被投资单位施加重大影响。②参与被投资单位财务和经营政策制定过程。在这种情况下，在制定政策过程中可以为其自身利益提出建议和意见，从而对被投资单位施加重大影响。③与被投资单位之间发生重要交易。有关的交易因对被投资单位的日常经营具有重要性，进而可以在一定程度上影响被投资单位的生产经营决策。④向被投资单位派出管理人员。在这种情况下，管理人员有权主导被投资单位的相关活动，从而对被投资单位施加重大影响。⑤向被投资单位提供关键技术资料。因被投资单位的生产经营需要依赖投资方的技术或技术资料，表明投资方对被投资单位具有重大影响。

需要注意的是，存在上述一种或多种情形并不意味着投资方一定对被投资方具有重大影响。投资企业需要综合考虑所有事实和情况来做出恰当的判断。

（二）长期股权投资的核算方法

长期股权投资的核算方法有两种：一是成本法，二是权益法。

1. 成本法核算的长期股权投资的范围

企业能对被投资单位实施控制的长期股权投资，即企业对子公司的长期股权投资，应当采用成本法核算，投资企业为投资性主体且子公司不纳入其合并财务报表的除外。

对子公司的长期股权投资采用成本法核算，主要是为了避免在子公司实际发放现金股利或利润之前，母公司垫付资金发放现金股利或利润等情况，从而解决了原来权益法下投资收益不能足额收回导致超分配的问题。

2. 权益法核算的长期股权投资的范围

企业对被投资单位具有共同控制或重大影响时，长期股权投资应当采用权益法核算。

（1）企业对被投资单位具有共同控制的长期股权投资，即企业对合营企业的长期股权投资。

（2）企业对被投资单位具有重大影响的长期股权投资，即企业对联营企业的长期股权投资。

投资企业对联营企业的权益性投资，其中一部分通过风险投资机构、共同基金、信托公司或包括投连险基金在内的类似主体间接持有。无论以上主体是否对这部分投资具有重大影响，投资企业都可以按照《金融工具确认和计量》的有关规定，对间接持有的该部分投资选择以公允价值计量且其变动计入当期损益，并对其余部分采用权益法核算。

为了反映和监督企业长期股权投资的取得、持有和处置等情况，企业应当设置“长期股权投资”“投资收益”“其他综合收益”等账户。

“长期股权投资”账户核算企业持有的长期股权投资，借方登记长期股权投资取得时的初始投资成本以及采用权益法核算时按被投资单位实现的净损益、其他综合收益和其他权益变动等计算的应分享的份额；贷方登记处置长期股权投资的账面余额或采用权益法核算时被投资单位宣告分派现金股利或利润时企业按持股比例计算应享有的份额，以及按被投资单位发生的净亏损、其他综合收益和其他权益变动等计算的应分担的份额；期末余额在借方，反映企业持有的长期股权投资的价值。

该账户应当按照被投资单位进行明细核算。长期股权投资核算采用权益法的，应当分别对“投资成本”“损益调整”“其他综合收益”“其他权益变动”进行明细核算。

3. 长期股权投资的初始确认

不同形式下形成的长期股权投资，在初始投资成本的确定上存在一定的差异，下面分别加以介绍。

（1）同一控制下的企业合并形成的长期股权投资。

对于同一控制下的企业合并，从能对参与各方在合并前及合并后均实施最终控制的一方来看，最终控制方在企业合并前及合并后能够控制的资产并没有发生变化。合并方对被合并方的长期股权投资，其成本代表的是在被合并方账面所有者权益中享有的份额。为此，参与合并的各方均按照其净资产的账面价值合并，合并后，各合并主体的权益不能因企业合并而增加或减少。

同一控制下的企业合并，其长期股权投资的初始投资成本的确定会以合并方的出资方式不同而有所不同。

Ⅰ. 合并方以支付现金、转让非现金资产或承担债务方式作为合并对价，应当在合并日以取得被合并方所有者权益账面价值的份额作为长期股权投资初始投资成本。长期股权投资的初始投资成本与支付的现金、转让的非现金资产及所承担的债务账面价值之间的差额，应当调整资本公积——资本溢价（或者股本溢价）；资本公积——资本溢价（或者股本溢价）的余额不足冲减的，调整留存收益。

具体进行会计处理时，合并方在合并日按取得被合并方所有者权益账面价值的份额，借记“长期股权投资”账户；按应享有被投资单位已宣告但尚未发放的现金股利或利润，借记“应收股利”账户；按支付的合并对价的账面价值，贷记有关资产或者负债账户，如为贷方差额，贷记“资本公积——资本溢价（或者股本溢价）”账户，如为借方差额，应借记“资本公积——资本溢价（或者股本溢价）”账户，不足冲减的，调整留存收益。

Ⅱ. 合并方以发行权益性证券作为合并对价的，应以发行权益性证券的面值总额作为股本，长期股权投资初始投资成本与发行权益性证券面值总额之间的差额，应当调整资本公积——资本溢价（或者股本溢价），不足冲减的，调整留存收益。

具体进行会计处理时，合并方在合并日应按取得被合并方所有者权益账面价值的份额，借记“长期股权投资”账户；按应享有被投资单位已宣告但尚未发放的现金股利或利润，借记“应收股利”账户；按发行权益性证券的面值，贷记“股本”账户，如为贷方差额，贷记“资本公积——资本溢价”账户，如为借方差额，借记“资本公积——资本溢价（或者股本溢价），不足冲减的，借记“盈余公积” “利润分配——未分配利润”账户。

上述在同一控制下，按照合并日应享有被合并方账面价值所有者权益的份额确定长期股权投资的初始投资成本时，以合并前合并方与被合并方的会计政策、会计期间一致为前提。如果合并前合并方与被合并方的政策、会计期间不同，应首先按照合并方的会计政策对被合并方资产、负债的账面价值进行调整，再以此为基础计算确定形成长期股权投资的初始投资成本。

【例3-5-1】 2016年3月20日，科达公司以银行存款委托银河证券公司购入同一控制下的贝特公司已宣告但尚未分派现金股利的股票100 000股，每股面值1元，每股买入价15.6元，其中0.6元为已宣告尚未分派的现金股利；另发生相关税费9 000元。有关证券买卖结算清单见表3-5-1、表3-5-2。所购贝特公司股票作为长期投资，拥有贝特公司35%的股份，是贝特公司第一大股东，取得了实质性控制权。购买日贝特公司所有者权益账面价值为600万元。经查，科达公司目前“资本公积”账户的余额为贷方50万元。

表3-5-1 **银河证券公司长江路第一营业部**

2016年3月20日

资金流水凭条

资金账号	050899	客户	贝特公司	银行	光大银行
发生时间	10：20：12	流水号	479	币种	人民币
上次余额	1 800 000.00	本次余额			
发生金额	1 569 000.00	备注			
发生金额（大写）	壹佰伍拾陆万玖仟元整		（银行转讫章略）		

操作员：187　　审核：张玲　　客户签章：（略）

表 3－5－2　　**银河证券公司第一营业部**

2016 年 3 月 20 日	人民币	成交过户交割单	[买入]

公司代码：600083	申请编号：5748
证券账号：987564	证券名称：贝特公司
资金账号：050764	成交数量：100 000
股东名称：科达公司	成交价格：15.6
申报时间：10：15：33	成交金额：1 560 000.00
成交时间：10：22：14	佣金：4 318.00
上次余额：1 800 000.00	印花税：4 680.00
实际收付：－1 569 000.00	过户费：2.00
资金余额：231 000.00	委托费：0.00
股票余额：100 000 股	其他费用：0.00

科达公司拥有贝特公司所有者权益的份额＝6 000 000×20%＝1 200 000（元）

借：长期股权投资——贝特公司　　1 200 000.00

　　资本公积——资本溢价　　309 000.00

　　应收股利——贝特公司　　60 000.00

　　贷：银行存款　　1 569 000.00

【例 3－5－2】科达公司于 2016 年 3 月 23 日取得同一控制下的东胜公司 60% 的股权。为与东胜公司合并，科达公司发行了 1 000 万股普通股，每股面值 1 元，每股发行价 2 元，作为合并对价。合并日，科达公司和东胜公司的所有者权益构成情况见表 3－5－3。

表 3－5－3　　**科达公司和东胜公司的所有者权益构成情况**

项目	金额	
	科达公司	东胜公司
股本	30 000 000	11 000 000
资本公积	15 000 000	5 000 000
盈余公积	8 000 000	3 000 000
未分配利润	12 000 000	3 000 000
合计	65 000 000	22 000 000

科达公司拥有东胜公司所有者权益的份额＝22 000 000×60%＝13 200 000（元）

借：长期股权投资——东胜公司　　13 200 000.00

　　贷：股本　　10 000 000.00

　　　　资本公积——资本溢价　　3 200 000.00

（2）非同一控制下的企业合并形成的长期股权投资。

在购买日，非同一控制下的控股合并中，购买方应当以确定的企业合并成本作为长期股权投资的初始投资成本。企业合并成本包括购买方付出的资产、发生或承担的负债、发行的权益性证券的公允价值之和。在购买日，应按企业合并成本（不含应自被投资单位收取的现金股利或利润），借记“长期股权投资”账户；按享有被投资单位已宣告但尚未发放的现金股利或利润，借记“应收股利”账户；按支付合并对价的账面价值，贷记有关资产或借记有关负债账户；按其差额，贷记“营业外收入”或“投资收益”等账户，或借记“营业外支出”“投资收益”等账户；按发生的直接相关费用，借记“管理费用”账户，贷记“银行存款”等账户。

非同一控制下的控股合并涉及以库存商品等作为合并对价的，应按库存商品的公允价值，贷记“主营业务收入”或“其他业务收入”账户，同时结转相关的成本。以可供出售金融资产作为合并对价的，原可供出售金融资产持有期间公允价值变动形成的其他综合收益应一并转入投资收益，借记“其他综合收益”账户，贷记“投资收益”账户。

【例3-5-3】 科达公司于2016年4月22日取得乙公司65%的股权。合并中，科达公司支付的有关资产在购买日的账面价值与公允价值见表3-5-4。科达公司为核实乙公司的资产价值，聘请有关机构对该项合并进行评估，支付评估费30万元。假定投资与被投资双方不存在任何关联关系。

表3-5-4　科达公司资产在购买日的账面价值与公允价值　单位：元

项目	账面原值	累计折旧或累计摊销	账面净值	公允价值
固定资产	7 000 000	1 800 000	5 200 000	6 000 000
专利技术	1 400 000	400 000	1 000 000	900 000
银行存款	2 000 000		2 000 000	2 000 000
合计			8 200 000	8 900 000

科达公司账务处理如下：

借：长期股权投资　8 900 000.00
　　累计折旧　1 800 000.00
　　累计摊销　400 000.00
　　管理费用　300 000.00
　贷：固定资产　7 000 000.00
　　　无形资产　1 400 000.00
　　　银行存款　2 000 000.00
　　　营业外收入　700 000.00

(3) 以企业合并以外的方式取得的长期股权投资。

除控股合并形成的长期股权投资应遵循特定的会计处理原则外，其他方式取得的长期股权投资，取得时初始投资成本的确定应遵循以下规定：

Ⅰ. 以支付现金取得的长期股权投资。

以支付现金取得的长期股权投资，应当以实际支付的购买价款作为长期股权投资的初始投资成本，包括与取得长期股权投资直接相关的费用、税金及其他必要支出。所支付价款中包含的被投资单位已宣告但尚未发放的现金股利或利润应作为应收项目核算，不构成取得长期股权投资的成本。

【例3-5-4】 2016年11月23日，科达公司以银行存款购入黎明公司已宣告但尚未分派现金股利的股票200 000股，每股面值1元，每股买入价为20.5元，其中0.5元为已宣告但尚未分派的现金股利；另外发生相关税费10 000元。所购股票作为长期股权投资，拥有黎明公司15%的股份。根据相关资料，编制如下会计分录：

所购股票的初始投资成本 = 200 000 × 20 + 10 000 = 4 010 000（元）

	借方	贷方
借：长期股权投资——黎明公司	4 010 000.00	
应收股利——黎明公司	100 000.00	
贷：银行存款		4 110 000.00

Ⅱ. 以发行权益性证券方式取得的长期股权投资。

以发行权益性证券方式取得的长期股权投资，其成本为所发行权益性证券的公允价值，但不包括被投资单位已宣告但尚未发放的现金股利或利润。为发行权益性证券支付给有关证券承销机构等的手续费、佣金等与权益性证券发行直接相关的费用，不构成取得长期股权投资的成本。按照《企业会计准则第37号——金融工具列报》的规定，该部分费用应从权益性证券的溢价发行收入中扣除，权益性证券的溢价收入不足冲减的，应冲减盈余公积和未分配利润。

【例3-5-5】 2016年11月12日，科达公司通过增发500万股自身的公司股票（每股面值1元，每股公允价值4元），取得尖峰公司18%的股权。为增发股票，另外发生相关佣金、手续费等500 000元。根据相关资料，编制如下会计分录：

增发股票取得尖峰公司股权时：

	借方	贷方
借：长期股权投资——尖峰公司	20 000 000.00	
贷：股本		5 000 000.00
资本公积——股本溢价		15 000 000.00

支付相关佣金、手续费时：

	借方	贷方
借：资本公积——股本溢价	500 000.00	
贷：银行存款		500 000.00

Ⅲ. 投资者投入的长期股权投资。

投资者投入的长期股权投资，应当以投资合同或协议约定的价值作为初始投资成本，合同或协议约定价值不公允的除外。

投资者投入的长期股权投资是指投资者以其持有的对第三方的投资作为出资投入企业，接受投资的企业在确定所取得的长期股权投资的初始投资成本时，原则上应以投资方在投资合同或协议中约定的价值作为其初始投资成本。

如果投资各方在投资合同或协议中约定的价值明显高于或低于该项投资的公允价值，应以公允价值作为长期股权投资的初始投资成本。

投资者投入的长期股权投资，应按确定的长期股权投资成本，借记“长期股权投资”账户，贷记“实收资本”或“股本”等账户。

温馨提示

长期股权投资的初始投资成本，应分为企业合并（控股合并）和非企业合并两种情况确定。

表 3－5－5　　初始投资成本确认总结

<table>
<tr><th>初始投资类型</th><th>影响程度</th><th>初始计量</th><th>初始确认</th></tr>
<tr><td rowspan="2">合并方式取得的长期股权投资</td><td rowspan="2">控制</td><td>同一控制下的企业合并</td><td>应享有被合并方所有者权益账目价值的份额</td></tr>
<tr><td>非同一控制下的企业合并</td><td rowspan="2">以支付对价的公允价值为基础确定</td></tr>
<tr><td>合并以外的其他方式取得的长期股权投资</td><td colspan="2">共同控制
重大影响</td></tr>
</table>

合并方为进行企业合并发生的有关费用指合并方为进行企业合并发生的各项直接相关费用，如为进行企业合并支付的审计费用、资产评估费用以及有关法律咨询费用等增量费用。

表 3－5－6　　相关费用的总结

<table>
<tr><th>初始投资的类型</th><th>直接相关费用</th><th>非直接相关费用</th></tr>
<tr><td>合并方式取得的长期股权投资</td><td>发生时计入当期损益（管理费用）</td><td rowspan="2">发行股票的，计入资本公积——资本（股本）溢价</td></tr>
<tr><td>合并以外的其他方式取得的长期股权投资</td><td>计入初始投资成本</td></tr>
</table>

二、长期股权投资业务的核算

（一）成本法

1. 长期股权投资成本法概述

（1）长期股权投资成本法的定义及适用范围。

成本法是指长期股权投资按投资成本计价核算的方法。在成本法下，长期股权投资按其初始投资成本计价，在持有期间，除了投资企业追加投资或收回投资外，长期股权投资的账面价值一般应保持不变。

企业能对被投资单位实施控制的长期股权投资，即企业对子公司的长期股权投资，应采用成本法核算。

（2）成本法下长期股权投资核算的账户设置。

对采用成本法核算的长期股权投资，为了核算和监督长期股权投资增减变动及结余情况，企业应设置“长期股权投资”“应收股利”“投资收益”“长期股权投资减值准备”等账户。

在成本法下，“长期股权投资”账户核算企业持有的采用成本法核算的长期股权投资。

该账户属于资产类账户，借方登记长期股权投资取得时的成本；贷方登记收回长期股权投资的成本；期末余额在借方，反映企业持有的长期股权投资的价值。该账户按被投资单位进行明细核算。

2. 长期股权投资成本法的初始计量

长期股权投资的期限一般比较长，不准备随时出售。长期股权投资既可以通过企业合并形成，也可以通过支付现金、发行权益性证券、非货币性资产交换、债务重组等企业合并以外的其他方式取得。

投资企业取得长期股权投资时，应当按照初始投资成本计价。追加投资时，投资企业应当调整长期股权投资的成本。

除企业合并形成的长期股权投资以外，以支付现金、非现金资产等方式取得的长期股权投资，应当按照上述规定确定的长期股权投资初始投资成本，借记“长期股权投资”账户，贷记“其他货币资金——存出投资款”等账户。如果实际支付的价款中包含已宣告但尚未分派的现金股利或利润，应借记“应收股利”账户。

【例3-5-6】 2016年1月10日，科达公司从上海证券交易所购买银河股份有限公司发行的股票15 000 000股，准备长期持有，从而拥有银河股份有限公司51%的股份。每股买入价为5元，购买该股票时发生有关税费1 350 000元，款项已支付。科达公司编制如下会计分录：

借：长期股权投资——银河股份有限公司　　76 350 000.00
　贷：其他货币资金——存出投资款　　76 350 000.00

3. 长期股权投资成本法的后续计量

在长期股权投资成本法下，被投资单位宣告分派现金股利或利润时，企业按应享有的份额确认当期投资收益，借记“应收股利”账户，贷记“投资收益”账户。

【例3-5-7】 2016年5月15日，科达公司在上海证券交易所购买诚远股份有限公司的股票200 000股作为长期投资，每股买入价为15.2元，每股价格中包含0.2元的已宣告分派的现金股利，另支付相关税费70 000元。科达公司编制如下会计分录：

借：长期股权投资——诚远股份有限公司　　987 000.00
　　应收股利——诚远股份有限公司　　20 000.00
　贷：其他货币资金——存出投资款　　1 007 000.00

假定科达公司2016年6月20日收到诚远股份有限公司分来的购买该股票时已宣告分派的现金股利40 000元。

借：其他货币资金——存出投资款　　40 000.00
　贷：应收股利——诚远股份有限公司　　40 000.00

取得长期股权投资时，如果实际支付的价款中包含已宣告但尚未分派的现金股利或利润，应借记“应收股利”账户，不记入“长期股权投资”账户。

长期股权投资持有期间被投资单位宣告分派现金股利或利润时，投资企业按应享有的份额确认当期投资收益，借记“应收股利”账户，贷记“投资收益”账户。

【例 3-5-8】 承【例 3-5-7】，假定科达公司于 2016 年 7 月 10 日收到诚远股份有限公司宣告分派 2015 年现金股利的通知，应分得现金股利 5 000 元。科达公司编制如下会计分录：

借：应收股利——诚远股份有限公司　　　　5 000.00

　贷：投资收益　　　　　　　　　　　　　　5 000.00

投资企业在确认自被投资单位分得的现金股利或利润后，应当考虑长期股权投资是否发生了减值。在判断该类长期股权投资是否存在减值迹象时，应当关注长期股权投资的账面价值是否大于享有被投资单位净资产账面价值的份额等情况。出现类似情况时，应当按照《企业会计准则第 8 号——资产减值》的规定对长期股权投资进行减值测试，可收回金额低于长期股权投资账面价值的，应当计提减值准备。

小经验

在成本法下，被投资方发放股票股利时，投资方不用进行账务处理，但应进行备查登记。

4. 长期股权投资成本法的优缺点

成本法的优点：①长期股权投资账户能真实地反映企业长期股权投资的实际成本；②账务处理比较清晰明了；③对投资收益的确认更加符合稳健性要求。

成本法的缺点：在成本法下，"长期股权投资"账户本身无法直接反映投资方在被投资方所有者权益中所享有的权益份额。

（二）权益法

1. 长期股权投资权益法概述

（1）长期股权投资权益法的定义及适用范围。

权益法是指投资以初始投资成本计量后，在投资持有期间根据投资企业享有被投资单位所有者权益份额的变动对投资的账面价值进行调整的方法。

投资企业对被投资单位具有共同控制或重大影响的长期股权投资，即对合营企业投资以及联营企业投资，应当采用权益法核算。权益法核算的理念其实是将投资企业和被投资单位看成一个整体，所以当被投资方所有者权益发生变动时，投资方要相应地按照持股比例调整长期股权投资的价值。

（2）权益法下长期股权投资核算的账户设置。

对采用权益法核算的长期股权投资，为了核算和监督长期股权投资增减变动及结余情况，企业应设置"长期股权投资""应收股利""投资收益""其他综合收益""长期股权投资减值准备"等账户。"长期股权投资"账户核算企业持有的采用权益法核算的长期股权投资，其"T"形账户结构如图 3-5-1 所示。该账户应分别设置"投资成本""损益调整""其他综合收益""其他权益变动"等明细账户进行明细核算。

借方	长期股权投资　　贷方
①长期股权投资取得时的成本 ②按被投资单位实现的净利润计算应享有的份额 ③按被投资单位实现的净利润和其他综合收益以及所有者权益的其他变动增加额计算应享有的份额	①收回长期股权投资的的价值 ②按被投资单位宣告分派现金股利或利润时企业持股比例计算应享有的份额 ③按被投资单位发生的净亏损和其他综合收益以及所有者权益的其他变动减少额计算应分担的份额
期末余额：反映企业长期股权投资的价值	

图 3－5－1　长期股权投资账户

2. 长期股权投资权益法的初始计量

权益法下长期股权投资的初始计量除企业合并形成的长期股权投资以外，以现金方式取得的长期股权投资，应以实际支付的购买价格作为初始投资成本，包括与取得长期股权投资直接相关的费用、税金及其他必要支出。但是，所支付价款中包含的被投资单位已宣告尚未发放的现金股利或利润应作为应收项目核算，不构成长期股权投资的成本。

投资企业对联营企业或合营企业进行投资后，对于取得投资时投资成本与应享有被投资单位可辨认净资产公允价值之间的差额，应按不同情况分别处理：

（1）长期股权投资的初始投资成本大于投资时应享有被投资单位可辨认净资产公允价值份额的，该部分差额本质上是投资企业在取得投资过程中通过购买作价体现出的与所取得股权份额相对应的商誉及不符合确认条件的资产价值。因此，不调整长期股权投资的初始投资成本，借记"长期股权投资——投资成本"账户，贷记"其他货币资金——存出投资款"等账户。

（2）长期股权投资的初始投资成本小于取得投资时应享有被投资单位可辨认净资产公允价值份额的，两者之间的差额体现为双方在交易作价过程中转让方的让步，该部分经济利益流入应作为收益处理，计入取得投资当期的营业外收入，同时调整增加长期股权投资的账面价值。借记"长期股权投资——投资成本"账户，贷记"其他货币资金——存出投资款"等账户，按其差额，贷记"营业外收入"。

被投资单位可辨认净资产的公允价值，应当比照《企业会计准则第 20 号——企业合并》的有关规定确定。

投资方对联营企业的权益性投资，其中一部分通过风险投资机构、共同基金、信托公司或包括投连险基金在内的类似主体间接持有的，无论以上主体是否对这部分投资具有重大影响，投资方都可以按照《金融工具确认和计量》的有关规定，对间接持有的该部分投资选择以公允价值计量且其变动计入损益，并对其余部分采用权益法核算。

【例 3－5－9】 科达公司于 2016 年 1 月取得丁公司 40% 的股权，支付价款 3 200 万元。取得投资时被投资单位净资产账面价值为 7 000 万元（见表 3－5－7）。假定被投资单位各项可辨认资产、负债的公允价值与其账面价值相同。

表 3-5-7　　丁公司所有者权益在购买日的账面价值　　单位：万元

项目	账面价值
实收资本	2 000
资本公积	3 000
盈余公积	600
未分配利润	1 400
合计	7 000

在丁公司的生产经营决策过程中，所有股东均按持股比例行使表决权。科达公司在取得丁公司的股权后，派人参与了丁公司的生产经营决策。因能对丁公司施加重大影响，科达公司对该投资应当采用权益法核算。

本例中，长期股权投资初始投资成本（3 200 万元）>取得投资时应享有被投资单位可辨认净资产公允价值份额（2 800 万元），因而不用调整长期股权投资的初始投资成本。科达公司应进行以下账务处理：

借：长期股权投资——丁公司（投资成本）　　32 000 000.00

　　贷：银行存款　　32 000 000.00

如果本例中取得投资时被投资单位可辨认净资产的公允价值为 10 000 万元，科达公司按持股比例 40% 计算确定应享有 4 000 万元，则初始投资成本与应享有被投资单位可辨认净资产公允价值份额之间的差额 800 万元应计入取得投资当期的营业外收入，账务处理如下：

科达公司应享有的所有者权益的份额 = 10 000 × 40% = 4 000（万元）

差额 = 4 000 − 3 200 = 800（万元）

借：长期股权投资——丁公司（投资成本）　　40 000 000.00

　　贷：银行存款　　32 000 000.00

　　　　营业外收入　　8 000 000.00

3. 长期股权投资权益法的后续计量

（1）持有期间被投资单位实现的净收益的核算。

第一，投资企业取得长期股权投资后，应当按照应享有或应分担的被投资单位实现净利润或发生净亏损的份额（法律或章程规定不属于投资企业的净损益除外），调整长期股权投资的账面价值，并确认为当期投资损益。投资企业根据被投资单位实现的净利润计算应享有的份额，求出享有的净利润后，编制会计分录：

借：长期股权投资——损益调整

　　贷：投资收益

第二，投资企业按照被投资单位宣告分派的现金股利或利润计算应分得的部分，相应减少长期股权投资的账面价值，编制会计分录：

借：应收股利（应收利润）

　　贷：长期股权投资——损益调整

投资企业在确认应享有被投资单位实现的净损益的份额时，应当以取得投资时被投资单位各项可辨认净资产等的公允价值为基础，对被投资单位的净利润进行调整后确认。

投资企业在对权益法下的长期股权投资确认投资收益和其他综合收益时，还需要注意以下两个方面：

一是被投资单位采用的会计政策及会计期间与投资企业不一致的，应当按照投资企业的会计政策及会计期间对被投资单位的财务报表进行调整，并据以确认投资收益和其他综合收益等。

二是投资企业计算确认应享有或应分担被投资单位的净损益时，与联营企业、合营企业之间发生的未实现内部交易损益按照应享有的比例计算归属于投资企业的部分，应当予以抵销，在此基础上确认投资收益。投资企业与被投资单位发生的未实现内部交易损失，按照《企业会计准则第 8 号——资产减值》等的有关规定属于资产减值损失的，应当全额确认。

比如，以取得投资时被投资单位固定资产、无形资产的公允价值为基础计提的折旧额或摊销额，相对于被投资单位已计提的折旧额、摊销额之间存在差额的，应按其差额对被投资单位净损益进行调整，并按调整后的净损益和持股比例计算确认投资收益。

根据重要性要求，在进行有关调整时，如果无法可靠确定投资时被投资单位各项可辨认资产等的公允价值，或者投资时被投资单位可辨认资产等的公允价值与其账面价值之间的差额较小，或者其他原因导致无法对被投资单位的净损益进行调整，可以按照被投资单位的账面净损益与持股比例计算确认投资收益，但应在附注中说明这一事实及原因。

【例 3-5-10】 沿用【例 3-5-9】资料，假定长期股权投资初始投资成本大于投资时应享有被投资单位可辨认净资产公允价值份额的情况下，取得投资当年被投资单位实现账面净利润 900 万元。投资企业与被投资单位均以公历年度作为会计年度，二者之间采用的会计政策不存在差别，由于投资时被投资单位各项资产、负债的账面价值与其公允价值相同，因而不需要对被投资单位实现的净损益进行调整，投资企业应确认的投资收益为 360 万元，即当期应享有的投资收益为 360 万元（900×40%）。

编制会计分录如下：

借：长期股权投资——丁公司（损益调整）　　3 600 000.00

　　贷：投资收益　　3 600 000.00

【例 3-5-11】 2015 年 12 月 22 日，科达公司购入惠腾公司 35% 的股权，购买价款为 2 000 万元，并自取得股份之日起派人参与惠腾公司的生产经营决策。取得投资日，惠腾公司净资产公允价值为 8 000 万元，除表 3-5-8 中所列示的项目外，其账面上其他资产、负债的公允价值与账面价值相同。

表 3-5-8　投资日惠腾公司部分资产的账面价值与公允价值　　单位：万元

项目	账面价值	已计提折旧或摊销	公允价值	惠腾公司预计使用年限	科达公司取得投资后剩余使用年限
存货	800		900		
固定资产	1 600	400	1540	8	7
无形资产	600	120	400	10	8
合计	2 800	320	3 000		

假定惠腾公司2015年实现净利润1 000万元，其中在科达公司取得投资时的账面存货有90%对外出售。科达公司与惠腾公司的会计年度及采用的会计政策均相同。

科达公司在确定其应享有的投资收益时，应当在惠腾公司实现净利润的基础上，根据取得投资时有关资产的账面价值与公允价值差额的影响进行调整（不考虑所得税的影响）。

惠腾公司调整后的净利润 = 1 000 - (900 - 800) × 90% - (1540 ÷ 7 - 1 600 ÷ 8) + (600 ÷ 10 - 400 ÷ 8)
= 1 000 - 90 - 20 + 10
= 900（万元）

科达公司应享有的份额 = 900 × 35% = 315（万元）

借：长期股权投资——惠腾公司（损益调整）　　3 150 000.00
　贷：投资收益　　3 150 000.00

2016年4月23日，惠腾公司宣告分派现金股利500万元，科达公司按35%的股权计算，应分得175万元现金股利，应作如下会计分录：

借：应收股利　　1 750 000.00
　贷：长期股权投资——惠腾公司（损益调整）　　1 750 000.00

（2）投资后企业确认被投资单位发生净亏损的核算。

被投资单位发生净亏损的，借记“投资收益”账户，贷记“长期股权投资——损益调整”账户，但以“长期股权投资”账户的账面价值减记至零为限；还需承担的投资损失，应将其他实质上构成对被投资单位净投资的“长期应收款”等的账面价值减记至零为限；除按照以上步骤已确认的损失外，按照投资合同或协议约定，将承担的损失确认为预计负债。除上述情况仍未确认的应分担被投资单位的损失，应在备查簿中登记。发生损失的被投资单位以后实现净利润的，应按与上述相反的顺序进行处理。

以“长期股权投资”账户的账面价值减记至零为限所指“长期股权投资”账户，是指“长期股权投资——对××单位投资”这个明细账户，该明细账户通常又由“投资成本”“损益调整”“其他综合收益”“其他权益变动”4个二级明细账户组成，账面价值减至零即意味着“对××单位投资”的这4个二级明细账户余额合计为零。

上述所讲“其他实质上构成对被投资单位净投资的‘长期应收款’等”通常是指投资企业对被投资单位的长期债权，该债权没有明确的清收计划，且在可预见的未来期间不准备收回的，实质上构成对被投资单位的净投资。但是，该类长期权益不包括投资企业与被投资单位之间因销售商品、提供劳务等日常活动所产生的长期债权。

发生亏损的被投资单位以后实现净利润的，投资企业计算应享有的份额，如有未确认投资损失的，应先弥补未确认的投资损失，弥补损失后仍有余额的，依次借记“长期应收款”账户和“长期股权投资——损益调整”账户，贷记“投资收益”账户。

【例3-5-12】 2014年1月1日，科达公司以银行存款4 500万元购入大华公司40%的股权，取得投资时被投资单位账面所有者权益为10 000万元（假定该时点被投资单位各项可辨认资产、负债的公允价值与账面价值相同）。购入若干年内，大华公司每年的净利润状况如下：

（1）2014年度，大华公司实现净利润3 000万元。

(2) 2015 年 3 月 5 日，大华公司宣告发放现金股利 2 000 万元

(3) 2015 年 5 月 8 日，收到大华公司发放的现金股利 800 万元，存入银行。

(4) 2015 年度，大华公司净亏损 5 000 万元。

(5) 2016 年度，大华公司净亏损 8 000 万元。假定科达公司年末账上有“长期应收款——大华公司”200 万元。

(6) 2017 年度，大华公司实现净利润 4 000 万元。

科达公司各年的账务处理如下：

(1) 购入大华公司的股份。

借：长期股权投资——大华公司（投资成本） 45 000 000. 00

贷：其他货币资金——存出投资款 45 000 000. 00

(2) 2014 年度，大华公司实现净利润。

借：长期股权投资——大华公司（损益调整） 12 000 000. 00

贷：投资收益 12 000 000. 00

(3) 2015 年 3 月 5 日，大华公司宣告发放现金股利。

借：应收股利 8 000 000. 00

贷：长期股权投资——大华公司（损益调整） 8 000 000. 00

(4) 2015 年 5 月 8 日，收到大华公司发放的现金股利，存入银行。

借：银行存款 8 000 000. 00

贷：应收股利 8 000 000. 00

(5) 2015 年度，大华公司发生净亏损。

借：投资收益 20 000 000. 00

贷：长期股权投资——大华公司（损益调整） 20 000 000. 00

(6) 2016 年度，大华公司继续发生净亏损。

此时，长期股权投资账户余额 =4 500 +1 200 −800 −2 000 =2 900（万元）

科达公司应分担的亏损额 =8 000 ×40% =3 200（万元）

科达公司本期应确认的投资损失额 =2 900 +200 =3 100（万元）

超额损失 =3 200 −3 100 =100（万元）

科达公司这 100 万元的超额损失在账外备查簿中登记。

编制会计分录如下：

借：投资收益 31 000 000. 00

贷：长期股权投资——大华公司（损益调整） 29 000 000. 00

长期应收款——大华公司 2 000 000. 00

(7) 2017 年度，大华公司实现净利润 4 000 万元。

科达公司应享有大华公司的所有者权益 =4 000 ×40% =1 600（万元）

科达公司应享有大华公司 1 600 万元的净利润，应先扣除未确认的 100 万元亏损分担额，剩下部分 200 万元用于恢复长期应收款的账面价值，1 300 万元用于恢复长期股权投资的账面价值，同时确认投资收益。

借：长期股权投资——大华公司（损益调整） 13 000 000. 00

长期应收款——大华公司 2 000 000. 00

贷：投资收益　　15 000 000.00

（三）其他综合收益的处理

在权益法下，被投资单位确认的其他综合收益及其变动也会影响到被投资单位所有者权益总额，进而影响投资企业应享有的被投资单位所有者权益的份额。因此，当被投资单位其他综合收益发生变动时，投资企业应当按照归属于本企业的部分，相应调整长期股权投资的账面价值，同时增加或减少其他综合收益。

【例3-5-13】 科达公司持有佳通公司25%的股份，并能对佳通公司施加重大影响。本期，佳通公司将作为存货的房地产转换为以公允价值模式计量的投资性房地产，转换日公允价值大于账面价值1 500万元，计入了其他综合收益。不考虑其他因素的影响，科达公司当期按照权益法核算应确认的其他综合收益的会计处理如下：

按权益法核算科达公司应确认的其他综合收益=1 500×25%=375（万元）

借：长期股权投资——其他综合收益　　3 750 000.00

　　贷：其他综合收益　　3 750 000.00

（四）对被投资单位除净损益以外的所有者权益的其他变动

持有长期股权投资期间，投资企业对于被投资单位除净损益、其他综合收益和利润分配以外的所有者权益的其他变动，应当按照持股比例计算应享有的份额，借记或贷记“长期股权投资——其他权益变动”账户，贷记或借记“资本公积——其他资本公积”账户。被投资单位除净损益、其他综合收益和利润分配以外的所有者权益的其他变动，主要包括：被投资单位接受其他股东的资本性投入、被投资单位发行可分离交易的可转换公司债券中包含的权益成分、以权益结算的股份支付等。

【例3-5-14】 科达公司持有南方公司30%的股份，能对南方公司施加重大影响。南方公司为上市公司，当期南方公司的母公司给予南方公司捐赠2 000万元，该捐赠实质上属于资本性投入，南方公司将其计入资本公积（股本溢价）。不考虑其他因素的影响。科达公司账务处理如下：

应享有被投资单位的所有者权益的其他变动=2 000×30%=600（万元）

借：长期股权投资——南方公司（其他权益变动）　　6 000 000.00

　　贷：资本公积——其他资本公积　　6 000 000.00

三、长期股权投资减值的核算

（一）长期股权投资减值的处理原则

投资企业应当关注长期股权投资的账面价值是否大于享有被投资单位所有者权益账面价值的份额等类似情况。出现类似情况时，投资企业应当按照《企业会计准则第8号——资产减值》对长期股权投资进行减值测试，其可收回金额低于账面价值的，应当将该长期股权投资的账面价值减记至可收回金额，减记的金额确认为减值损失，计入当期损益，同时计提相应的资产减值准备。

长期股权投资减值损失一经确认，在以后会计期间不得转回。但遇到出售等处置时，“长期股权投资减值准备”可以转销。

（二）长期股权投资减值的核算

为了核算和监督长期股权投资减值准备的计提与转销等业务，企业应设置“长期股权投资减值准备”账户。该账户是“长期股权投资”的备抵账户，借方登记转销的长期股权投资减值准备；贷方登记资产负债表日计提的长期股权投资减值准备；期末余额在贷方，反映企业已计提但尚未转销的长期股权投资减值准备。该账户按被投资单位设置明细账户进行明细核算。

投资企业计提长期股权投资减值准备，应当通过设置“长期股权投资减值准备”账户进行核算。投资企业按照应减记的金额，借记“资产减值损失——计提的长期股权投资减值准备”账户，贷记“长期股权投资减值准备”账户。

【例3-5-15】 科达公司对立明公司进行长期股权投资，采用成本法核算。假定2016年立明公司发生巨额亏损，2016年年末科达公司对立明公司进行长期股权投资按当时的市场收益率对未来现金流量折现确定的现值为500万元，长期股权投资的账面价值为600万元。那么，科达公司需计提100万元减值准备。

借：资产减值损失　　1 000 000.00
　　贷：长期股权投资减值准备——立明公司　　1 000 000.00

四、长期股权投资处置的核算

投资企业处置长期股权投资时，按照实际取得的价款与长期股权投资账面价值的差额确认为投资损益，采用与被投资单位直接处置相关资产或负债相同的基础，按相应比例对原计入其他综合收益的部分进行会计处理，同时按照结转的长期股权投资的投资成本比例结转“资本公积——其他资本公积”账户的相关金额。如果对长期股权投资计提了减值准备，还应同时结转已计提的长期股权投资减值准备。

投资企业处置长期股权投资时，应按照实际收到的金额，借记“银行存款”等账户；按照原已计提的减值准备，借记“长期股权投资减值准备”账户；按照该长期股权投资的账面余额，贷记“长期股权投资”账户，按照尚未领取的现金股利或利润，贷记“应收股利”账户；按照其差额，贷记或借记“投资收益”账户。

同时，应当采用与被投资单位直接处置相关资产或负债相同的基础，对相关的其他综合收益进行会计处理。按照上述原则，可以转入当期损益的其他综合收益，应按结转的长期股权投资的投资成本比例结转原记入“其他综合收益”账户的金额，借记或贷记“其他综合收益”账户，贷记或借记“投资收益”账户。

同时，还应按照结转的长期股权投资的投资成本比例结转原记入“资本公积——其他资本公积”账户的金额，借记或贷记“资本公积——其他资本公积”账户，贷记或借记“投资收益”账户。

【例3-5-16】 科达公司原持有东阳公司40%的股权，2016年12月23日，科达公司决定出售东阳公司10%的股权，出售时科达公司对东阳公司长期股权投资的构成为：投资成本 1 800 万元，损益调整 480 万元，可转入损益的其他综合收益 100 万元，其他权益变动 200 万元。出售时，取得价款 705 万元。科达公司的账务处理如下：

出售的长期股权投资账面价值 = (1 800 + 480 + 100 + 200) ÷ 40% × 10%

= 6 450 000（元）

借：银行存款　　7 050 000.00

　贷：长期股权投资——东阳公司（投资成本）　　4 500 000.00

　　　　　　　　——东阳公司（损益调整）　　1 200 000.00

　　　　　　　　——东阳公司（其他综合收益）　　250 000.00

　　　　　　　　——东阳公司（其他权益变动）　　500 000.00

　　投资收益　　600 000.00

同时，将原计入其他综合收益或资本公积的部分按比例转入当期损益。

借：资本公积——其他资本公积　　500 000.00

　　其他综合收益　　250 000.00

　贷：投资收益　　750 000.00

投资企业因处置部分股权投资等原因丧失了对被投资单位的共同控制或重大影响的，处置后的剩余股权应当改按《金融工具确认和计量》的相关规定进行会计处理。

投资企业因处置部分权益性投资等原因丧失了对被投资单位的控制的，在编制个别财务报表时，处置后的剩余股权能对被投资单位实施共同控制或施加重大影响的，应当改按权益法核算，并对该剩余股权视同自取得时即采用权益法核算进行调整；处置后的剩余股权不能对被投资单位实施共同控制或施加重大影响的，应当改按《金融工具确认和计量》的相关规定进行会计处理。在编制合并财务报表时，应当按照《企业会计准则第 33 号——合并财务报表》的相关规定进行会计处理。

岗位实训

实训要求：

（1）根据原始凭证要素，审核有关原始凭证。

（2）根据审核无误的原始凭证，编制记账凭证。

（3）登记“长期股权投资”明细账户，并进行月结。

资料：江明公司发生以下经济事项：

（1）2015 年 6 月 28 日，开出支票转账 800 万元到银河证券公司第一营业部的资金账户。有关单据见表 3 - 5 - 9 和表 3 - 5 - 10。

表 3 - 5 - 9　　**银河证券公司第一营业部**

2015 年 6 月 28 日　　资金流水凭条

资金账号	50506618	客户	江明公司	银行	
发生日期	2015.6.28	流水号	346	币种	人民币
上次余额	100 000.00	本次余额	5 100 000.00		
发生金额	8 000 000.00	备注			
发生金额（大写）	捌佰万元整　（银行转讫章略）				

操作柜员：0834　　审核：马进　　客户签章：（略）

表 3-5-10　中国工商银行

转账支票存根

支票号码　VI0102456

科　　目__________

对方科目__________

出票日期：2015 年 06 月 28 日

收款人：银河证券第一营业部
金　额：¥8 000 000.00
用　途：存出投资款

单位主管：胡杰　　　　　　会计：张玲

（2）2015 年 7 月 1 日，江明公司以存出投资款购入非同一控制下的海洋公司股票 800 000 股，占甲公司全部有表决权股份的 30%，采用权益法核算。有关单据见表 3-5-11。

表 3-5-11　　银河证券公司第一营业部

2015 年 07 月 01 日　　人民币　　　　成交过户交割单　　［买入］

公司代码：7788	申请编号：19982
证券账号：345678	证券名称：海洋公司
资金账号：750922	成交数量：800 000
股东名称：江明公司	成交价格：8.00
申报时间：10：25：3	成交金额：6 400 000.00
成交时间：10：26：6	佣金：35 000.00
上次余额：8 100 000.00	印花税：6 500.00
实际收付：-6 441 501.00	过户费：1.00
资金余额：1 658 499.00	委托费：0.00
股票余额：800 000 股	其他费用：0.00

（3）2015 年 12 月 31 日，海洋公司公告 2015 年度实现净利润 4 000 万元。

（4）2016 年 3 月 9 日，海洋公司公告股东大会决定按照 10 派 6 派发现金股利，本公司仍拥有海洋公司股票 800 000 股，有关单据见表 3-5-12。

表 3-5-12　　海洋公司 2015 年度股东大会决议

一、会议召开和出席情况

略

二、提案审议情况

1. 略
2. 略
3. 略
4. 审议通过了《2015 年度利润分配方案》

2015 年共实现净利润 4000 万元，根据公司章程，按 10% 计提法定盈余公积，发放现金股利每 10 股派发 6 元。

股东（授权代表）　　　签章（略）

2016 年 3 月 9 日

（5）2016 年 3 月 15 日，本公司仍然拥有海洋公司股票 800 000 股，收到海洋公司按照 10 派 6 派发的现金股利，有关单据见表 3－5－13。

表 3－5－13　　**中国工商银行　进账单（收账通知）　3**

2016 年 03 月 15 日　　第 36479715 号

持票人	全　称	海洋公司	收款人	全　称	江明公司										
	账　号	6223102343247653		账　号	6223123164332314										
	开户银行	工行合肥前进支行		开户银行	工行合肥翡翠路支行										
金额	人民币（大写）	肆拾捌万元整			亿	千	百	十	万	千	百	十	元	角	分
							¥	4	8	0	0	0	0	0	0
票据种类	转账支票	票据张数	壹张	开户银行盖章											
票据号码	略														
	复核　　记账														

（印章：中国工商银行 翡翠路支行 2016.03.15 转账 转讫）

此联是开户银行交给持（出）票人的回单

（6）2016 年 12 月 31 日，海洋公司公告 2013 年度发生净亏损为 2 000 万元，2013 年度不分红。本公司仍拥有海洋公司股票 800 000 股。

（7）2017 年 12 月 31 日，海洋公司公告 2017 年度净利润为 1 000 万元；海洋公司股东大会决定按照 10 派 4 派发现金股利，本公司仍拥有海洋公司股票 800 000 股。

（8）2018 年 3 月 10 日，海洋公司公告股东大会决定按照 10 派 4 派发现金股利，本公司仍拥有海洋公司股票 800 000 股，有关单据见表 3－5－14。

表 3－5－14　　**海洋公司 2017 年度股东大会决议**

一、会议召开和出席情况

略

二、提案审议情况

1. 略
2. 略
3. 略
4. 审议通过了《2016 年度利润分配方案》

2017 年共实现净利润 1000 万元，根据公司章程，按 10% 计提法定盈余公积，发放现金股利每 10 股派发 4 元。

股东（授权代表）　　签章（略）

2018 年 3 月 10 日

（9）2018 年 3 月 25 日，本公司仍拥有海洋公司股票 800 000 股。当日收到海洋公司按照 10 派 4 派发的现金股利。单据见表 3－5－15。

表 3－5－15 中国工商银行 进账单（收账通知） 3

2016 年 03 月 25 日 第 3214865 号

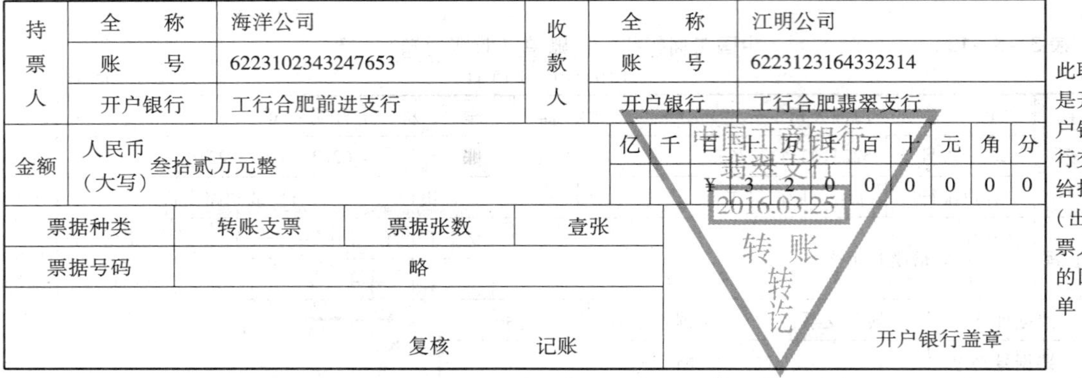

持票人	全　称	海洋公司	收款人	全　称	江明公司
	账　号	6223102343247653		账　号	6223123164332314
	开户银行	工行合肥前进支行		开户银行	工行合肥翡翠支行

金额	人民币（大写）叁拾贰万元整	亿	千	百	十	万	千	百	十	元	角	分
				¥	3	2	0	0	0	0	0	0

票据种类	转账支票	票据张数	壹张
票据号码	略		
	复核　记账		开户银行盖章

中国工商银行 翡翠支行 2016.03.25 转账 转讫

此联是开户银行交给持（出）票人的回单

参考答案：

（1）借：其他货币资金——存出投资款　　8 000 000.00

　　贷：银行存款——工商银行　　8 000 000.00

表 3－5－16 记账凭证

2015 年 6 月 28 日　　记字第 45 号

摘要	总账科目	明细账科目	记账	借方金额	贷方金额
开出转账支票到证券公司	其他货币资金	存出投资款		8 000 000	
	银行存款	工商银行			8 000 000
合计				8 000 000	8 000 000

财务主管：　记账：　出纳：　审核：　制单：

（2）借：长期股权投资——海洋公司（投资成本）　　6 441 501.00

　　贷：其他货币资金——存出投资款　　6 441 501.00

表 3－5－17 记账凭证

2015 年 7 月 1 日　　记字第 4 号

摘要	总账科目	明细账科目	记账	借方金额	贷方金额
购买股票	长期股权投资	海洋公司（投资成本）		6 441 501	
	其他货币资金	存出投资款			6 441 501
合计				6 441 501	6 441 501

财务主管：　记账：　出纳：　审核：　制单：

（3）借：长期股权投资——海洋公司（损益调整）　　3 600 000.00

贷：投资收益 3 600 000.00

表 3-5-18

记账凭证

2015 年 12 月 31 日

记字第 87 号

摘要	总账科目	明细账科目	记账	借方金额	贷方金额
确认实现利润	长期股权投资	海洋公司（损益调整）		3 600 000	
	投资收益				3 600 000
合计				3 600 000	3 600 000

财务主管： 记账： 出纳： 审核： 制单：

（4）借：应收股利 480 000.00

贷：长期股权投资——海洋公司（损益调整） 480 000.00

表 3-5-19

记账凭证

2015 年 3 月 9 日

记字第 24 号

摘要	总账科目	明细账科目	记账	借方金额	贷方金额
分派现金股利	应收股利			480 000	
	长期股权投资	海洋公司（损益调整）			480 000
合计				480 000	480 000

财务主管： 记账： 出纳： 审核： 制单：

（5）借：银行存款——工商银行 480 000.00

贷：应收股利 480 000.00

表 3-5-20

记账凭证

2016 年 3 月 15 日

记字第 54 号

摘要	总账科目	明细账科目	记账	借方金额	贷方金额
收到现金股利	银行存款			480 000	
	应收股利				480 000
合计				480 000	480 000

财务主管： 记账： 出纳： 审核： 制单：

（6）借：投资收益 6 000 000.00

贷：长期股权投资——海洋公司（损益调整） 6 000 000.00

表 3-5-21

记账凭证

2016 年 12 月 31 日　　　　记字第 85 号

摘要	总账科目	明细账科目	记账	借方金额	贷方金额
发生亏损	投资收益			6 000 000	
	长期股权投资	海洋公司（损益调整）			6 000 000
合计				6 000 000	6 000 000

财务主管：　　记账：　　出纳：　　审核：　　制单：

（7）借：长期股权投资——海洋公司（损益调整）　　3 000 000.00

　　贷：投资收益　　3 000 000.00

表 3-5-22

记账凭证

2017 年 12 月 31 日　　　　记字第 74 号

摘要	总账科目	明细账科目	记账	借方金额	贷方金额
实现利润	长期股权投资	海洋公司（损益调整）		3 000 000	
	投资收益				3 000 000
合计				3 000 000	3 000 000

财务主管：　　记账：　　出纳：　　审核：　　制单：

（8）借：应收股利　　320 000.00

　　贷：长期股权投资——海洋公司（损益调整）　　320 000.00

表 3-5-23

记账凭证

2018 年 3 月 10 日　　　　记字第 63 号

摘要	总账科目	明细账科目	记账	借方金额	贷方金额
分派现金股利	应收股利			320 000	
	长期股权投资	海洋公司（损益调整）			320 000
合计				320 000	320 000

财务主管：　　记账：　　出纳：　　审核：　　制单：

（9）借：银行存款——工商银行　　320 000.00

　　贷：应收股利　　320 000.00

表 3-5-24　　　　记账凭证

2018 年 3 月 25 日　　　　记字第 73 号

摘要	总账科目	明细账科目	记账	借方金额	贷方金额
收到现金股利	银行存款	工商银行		320 000	
	应收股利				320 000
合计				320 000	320 000

财务主管：　　记账：　　出纳：　　审核：　　制单：

复习思考题

1. 什么是长期股权投资？其核算内容有哪些？
2. 同一控制下企业合并与非同一控制下企业合并在账务处理上有何区别？
3. 什么是成本法？什么是权益法？它们各自适用于什么核算范围？
4. 成本法与权益法的账务处理方法有何不同？
5. 长期股权投资持有期间，被投资单位出现亏损时，投资企业应如何进行账务处理？
6. 长期股权投资减值准备应如何计提？
7. 长期股权投资在处置时，如何进行账务处理？

岗位任务六　投资性房地产业务的核算

任务导入

2016 年 4 月 20 日，甲公司与乙公司签订了一项经营租赁合同，约定自 2016 年 6 月 1 日起，甲公司以年租金 2 000 000 元租赁使用乙公司拥有的一块 80 000 平方米的场地，租赁期为 8 年。2016 年 11 月 1 日，甲公司又将这块场地转租给丙公司，以赚取租金差价，租赁期为 6 年。假设以上交易不违反国家相关规定。

问题：对甲公司而言，租入的场地是否应确认为投资性房地产？对乙公司而言，出租场地是否应确认为投资性房地产？

知识准备

一、投资性房地产概述

房地产是土地和房屋及其权属的总称。在我国，土地归国家或集体所有，企业只能取得土地使用权。房地产中的土地，是指土地使用权。房屋，是指土地上的房屋等建筑物及构筑物。

投资性房地产是指为赚取租金或资本增值，或两者兼有而持有的房地产。投资性房地产应当能够单独计量和出售。

（一）投资性房地产的特征

投资性房地产具有以下特征：

（1）投资性房地产是一种经营性活动。投资性房地产的主要形式是出租建筑物、出租土地使用权，这实质上属于一种让渡资产使用权行为，房地产租金就是让渡资产使用权取得的使用费收入，是企业为完成其经营目标所从事的经营性活动以及与之相关的其他活动形成的经济利益总流入。投资性房地产的另一种形式是持有并准备增值后转让的土地使用权，尽管其增值收益通常与市场供求、经济发展等因素相关，但目的是为了增值后转让以赚取增值收益，也是企业为完成其经营目标所从事的经营性活动以及与之相关的其他活动形成的经济利益总流入。

（2）投资性房地产在用途、状态、目的等方面区别于作为生产经营场所的房地产和用于销售的房地产。

企业持有的房地产除了用作自身管理、生产经营活动场所和对外销售之外，出现了将房地产用于赚取租金或增值收益的活动，这种活动甚至成为个别企业的主营业务，这就需要将投资性房地产单独作为一项资产进行核算和反映，与自用的厂房、办公楼等房地产和作为存货（已建完工商品房）的房地产加以区别，从而更加清晰地反映企业所持有房地产的构成情况和盈利能力。

（二）投资性房地产的确认条件

投资性房地产只有在符合定义，并同时满足下列条件时，才能予以确认：①与该投资性房地产相关的经济利益很可能流入企业。②该投资性房地产的成本能够可靠地计量。

对于已出租的土地使用权、已出租的建筑物，其作为投资性房地产的确认时点一般为租赁期开始日，即土地使用权、建筑物进入出租状态、开始赚取租金的日期。对持有并准备增值后转让的土地使用权，其作为投资性房地产的确认时点为企业将自用土地使用权停止自用，准备增值后转让的日期。

（三）投资性房地产的范围

投资性房地产的范围主要包括：已出租的土地使用权、持有并准备增值后转让的土地使用权和已出租的建筑物。

1. 已出租的土地使用权

已出租的土地使用权，是指企业通过出让或转让方式取得并以经营租赁方式出租的土地使用权。企业计划用于出租但尚未出租的土地使用权，不属于此类。对于以经营租赁方式租入土地使用权再转租给其他单位的，不能确认为投资性房地产。

“任务导入”中，对甲公司而言，这项土地使用权不能予以确认，也不属于投资性房地产；对乙公司而言，自租赁期开始日（2016 年 6 月 1 日）起，这项土地使用权属于投资性房地产。

2. 持有并准备增值后转让的土地使用权

持有并准备增值后转让的土地使用权，是指企业通过出让或转让方式取得并准备增值后转让的土地使用权，这类土地使用权很可能给企业带来资本增值收益，符合投资性房地产的定义。但是，按照国家有关规定认定的闲置土地，不属于持有并准备增值后转让的土地使用权，也就不属于投资性房地产。

3. 已出租的建筑物

已出租的建筑物是指企业拥有产权并以经营租赁方式出租的房屋等建筑物，包括自行建造或开发活动完成后用于出租的建筑物。企业以经营租赁方式租入再转租的建筑物不属于投资性房地产。

企业在判断和确认已出租的建筑物时，应当把握以下要点：

（1）用于出租的建筑物，是指企业拥有产权的建筑物，企业以经营租赁方式租入再转租的建筑物不属于投资性房地产。

（2）已出租的建筑物是企业已经与其他方签订了租赁协议，约定以经营租赁方式出租的建筑物。一般应自租赁协议规定的租赁期开始日起，经营租出的建筑物才属于已出租的建筑物。

（3）企业将建筑物出租，按租赁协议向承租人提供的相关辅助服务在整个协议中不重大的，应当将该建筑物确认为投资性房地产。

4. 不属于投资性房地产的范围

下列项目不属于投资性房地产：

（1）自用房地产。自用房地产是指为生产商品、提供劳务或者经营管理而持有的房地产。企业自用的办公楼、生产车间、厂房等属于固定资产；企业生产经营用的土地使用权属于无形资产。

（2）作为存货的房地产。作为存货的房地产是指房地产开发企业在正常经营过程中销售的或为销售而正在开发的商品房和土地。这部分房地产属于房地产开发企业的存货，不属于投资性房地产。

实务中，存在某项房地产部分自用或作为存货出售、部分用于赚取租金或资本增值的情形。如果某项房地产不同用途的部分能够单独计量和出售，应当分别确认为固定资产（或无形资产、存货）和投资性房地产；不能单独计量和出售的、用于赚取租金或资本增值的部分，不确认为投资性房地产。

二、采用成本模式计量的投资性房地产的核算

（一）投资性房地产的取得

投资性房地产应当按照成本进行初始计量。由于投资性房地产可以通过外购、自行建造、所有者投入、债务重组等方式取得，初始计量的方法也不尽相同，本章仅对外购和自行建造方式取得的投资性房地产进行阐述。

为了核算和监督投资性房地产的取得、后续支出以及后续计量等业务，企业应当设置“投资性房地产”“投资性房地产累计折旧”或“投资性房地产累计摊销”等账户进行核算。其中，“投资性房地产”账户借方登记投资性房地产的取得成本；贷方登记企业减少投资性房地产时结转的成本；期末余额在借方，反映投资性房地产的成本。企业可以按照

投资性房地产的类别和项目进行明细核算。

1. 外购投资性房地产的核算

企业外购的房地产，只有在购入的同时开始对外出租（自租赁期开始日起，下同）或用于资本增值，才能作为投资性房地产加以确认。

企业购入房地产，自用一段时间之后再改为出租或用于资本增值的，应当先将外购的房地产确认为固定资产、无形资产或存货，自租赁期开始日或用于资本增值之日起，才能从固定资产、无形资产或存货转换为投资性房地产。

企业外购投资性房地产时，应当按照取得时的实际成本进行初始计量。取得时的实际成本包括购买价款、相关税费和可直接归属于该资产的其他支出。采用成本模式计量时，企业应当在购入投资性房地产时，借记"投资性房地产"账户，贷记"银行存款"等账户。

【例3-6-1】 2016年3月1日，科达公司计划购入一栋写字楼用于对外出租。3月20日，科达公司与华泰公司签订了经营租赁合同，约定自写字楼购买日起将其出租给华泰公司，租赁期为8年。4月10日，科达公司实际购入写字楼，支付价款共计6 000万元。假定不考虑其他因素。

科达公司应在4月10日购入该写字楼并将其出租给华泰公司时，将写字楼确认为投资性房地产。相关账务处理如下：

借：投资性房地产——写字楼　　60 000 000.00

　　贷：银行存款　　60 000 000.00

温馨提示

只有购入或完成的同时用于出租或资本增值的，才作为投资性房地产处理，否则就先作固定资产、无形资产或存货，再按转换处理。

2. 自行建造的投资性房地产的核算

企业自行建造（或开发，下同）的房地产，只有在自行建造或开发活动完成（即达到预定可使用状态）的同时开始对外出租或用于资本增值的，才能将自行建造的房地产确认为投资性房地产。自行建造的投资性房地产的成本，由建造该项房地产达到预定可使用状态前发生的必要支出构成，包括土地开发费、建筑成本、安装成本、应予以资本化的借款费用、支付的其他费用和分摊的间接费用等。建造过程中发生的非正常损失，直接计入当期损益，不计入建造成本。

企业自行建造房地产达到预定可使用状态后一段时间才对外出租或用于资本增值的，应当先将自行建造的房地产确认为固定资产、无形资产或存货，自租赁期开始日或用于资本增值之日开始，从固定资产、无形资产或存货转换为投资性房地产。

采用成本模式计量的，应按确定的自行建造投资性房地产的成本，借记"投资性房地产"账户，贷记"在建工程"或"开发产品"等账户。

【例3-6-2】 2015年6月，科达公司从其他单位购入一块土地，并在这块土地上开始自行建造两栋厂房，科达公司预计厂房将于2016年6月完工，与辉隆公司签订了经营租赁合同，将其中的一栋厂房租赁给辉隆公司使用。租赁合同约定，该厂房完工时开始出租，2016 年 7 月 1 日，两栋厂房同时完工，该块土地使用权的成本是 800 000 元，两栋厂房的实际造价均为 1 200 000 元，能够单独出售。假设科达公司采用成本模式进行后续计量。科达公司账务处理如下：

土地使用权中的对应部分同时转换为投资性房地产 = 800 000 × 1/2 = 400 000（元）

借：固定资产——厂房　　1 200 000.00

　　投资性房地产——厂房　　1 200 000.00

　　贷：在建工程——厂房　　2 400 000.00

借：投资性房地产——已出租土地使用权　　400 000.00

　　贷：无形资产——土地使用权　　400 000.00

（二）投资性房地产的后续计量

1. 投资性房地产计提折旧或摊销的核算

企业通常应当采用成本模式对投资性房地产进行后续计量。采用成本模式计量的投资性房地产的累计折旧或累计摊销，可以单独设置“投资性房地产累计折旧”或“投资性房地产累计摊销”账户，比照“累计折旧”“累计摊销”等账户进行账务处理。

“其他业务收入”账户核算企业投资性房地产取得的租金收入、处置投资性房地产实现的收入；“其他业务成本”账户核算企业投资性房地产计提的折旧或进行摊销、处置投资性房地产结转的成本。投资性房地产作为企业主营业务的，应当设置“主营业务收入”和“主营业务成本”账户核算相关的损益。

采用成本模式进行后续计量的投资性房地产，应当遵循以下会计处理规定：

（1）按照固定资产或无形资产的有关规定，按期（月）计提折旧或摊销，借记“其他业务成本”等账户，贷记“投资性房地产累计折旧（摊销）”账户。

（2）取得的租金收入，借记“银行存款”等账户，贷记“其他业务收入”等账户。

温馨提示

投资性房地产的折旧或摊销与固定资产或无形资产的相关规定一样：当期增加的投资性房地产（建筑物）当期不提折旧，下一期起提折旧；当期减少的投资性房地产（建筑物）当期照提折旧，下一期不再提折旧。当期增加的投资性房地产（土地使用权）当期即开始摊销，当期减少的投资性房地产（土地使用权）当期停止摊销。

2. 投资性房地产减值的核算

采用成本模式计量的投资性房地产发生减值的，可以单独设置“投资性房地产减值准备”账户，比照“固定资产减值准备”“无形资产减值准备”账户进行账务处理。

投资性房地产存在减值迹象的，适用资产减值的有关规定。经减值测试确定发生减值的，应当计提减值准备，借记“资产减值损失”账户，贷记“投资性房地产减值准备”账户。已经计提减值准备的投资性房地产，其减值损失在以后的会计期间不得转回。

【例 3-6-3】 科达公司 2017 年 1 月 1 日将一栋写字楼出租给华泰公司使用，确认为投资性房地产，采用成本模式进行后续计量。假设这栋办公楼的成本为 72 000 000 元，按照年限平均法计提折旧，使用寿命为20年，预计净残值为零。经营租赁合同约定，该写字楼每月不含税的租金收入为400 000元。假定当年12月，该写字楼发生减值迹象，经减值测试，可收回金额为44 000 000元，此时写字楼的账面价值为50 000 000元，以前未计提减值准备。科达公司账务处理如下：

（1）每月计提折旧。

每月计提的折旧 =（72 000 000 ÷ 20）÷ 12 = 300 000（元）

借：其他业务成本——出租写字楼折旧　　300 000.00

　贷：投资性房地产累计折旧　　300 000.00

（2）每月确认租金收入。

借：银行存款（或其他应收款）　　444 000.00

　贷：其他业务收入——出租写字楼租金收入　　400 000.00

　　应交税费——应交增值税（销项税额）　　44 000.00

（3）年末计提减值准备。

借：资产减值损失——计提的投资性房地产减值准备　　6 000 000.00

　贷：投资性房地产减值准备　　6 000 000.00

温馨提示

◆ 按营改增实施办法的规定：提供交通运输、邮政、基础电信、建筑、不动产租赁服务，销售不动产，转让土地使用权，税率为11%，即提供不动产租赁服务，应按11%的税率计算增值税。一般纳税人出租其2016年4月30日前取得的不动产，可以选择适用简易计税方法，按照5%的征收率计算应纳税额。本章假设不动产均为2016年4月30日以后取得的。

◆ 纳税人以经营租赁方式将土地出租给他人使用，按照不动产经营租赁服务交纳增值税。纳税人转让2016年4月30日前取得的土地使用权，可以选择适用简易计税方法，以取得的全部价款和价外费用减去取得该土地使用权的原价后的余额作为销售额，按照5%的征收率计算交纳增值税。本章假设出租的不动产和土地使用权均为2016年4月30日以后取得的。

（三）与投资性房地产有关的后续支出

1. 资本化的后续支出

与投资性房地产有关的后续支出，满足投资性房地产确认条件的，应当计入投资性房地产成本。例如：企业为了提高投资性房地产的使用效能，往往需要对投资性房地产进行改建、扩建以使其更加坚固耐用，或者通过装修改善其室内装潢，改扩建或装修支出满足确认条件的，应当将其资本化。

企业对某项投资性房地产进行改扩建等再开发且将来仍作为投资性房地产的，再开发期间应继续将其作为投资性房地产，再开发期间不计提折旧或摊销。

温馨提示

资本化后续支出通过“投资性房地产——在建”账户进行核算，不同于固定资产资本化后续支出的核算。

【例 3-6-4】 2016 年 3 月，科达公司与华泰公司的一项厂房经营租赁合同即将到期。该厂房原价为 1 800 万元，已计提折旧 400 万元。为了提高厂房的租金收入，科达公司决定在租赁期满后对厂房进行改扩建，并与辉隆公司签订了经营租赁合同，约定自改扩建完工时将厂房出租给辉隆公司。3 月 15 日，与华泰公司的租赁合同到期，厂房即进入改扩建工程。10 月 25 日，厂房改扩建工程完工，共发生支出 100 万元，即日按照租赁合同出租给辉隆公司。假设科达公司采用成本模式计量。

科达公司的账务处理如下：

（1）2016 年 3 月 15 日，投资性房地产转入改扩建工程。

	借方	贷方
借：投资性房地产——厂房（在建）	14 000 000.00	
投资性房地产累计折旧（摊销）	4 000 000.00	
贷：投资性房地产——厂房		18 000 000.00

（2）2016 年 3 月 15 日至 2016 年 10 月 25 日，对厂房进行改扩建。

	借方	贷方
借：投资性房地产——厂房（在建）	1 000 000.00	
贷：银行存款		1 000 000.00

（3）2016 年 10 月 25 日，改扩建工程完工。

	借方	贷方
借：投资性房地产——厂房	15 000 000.00	
贷：投资性房地产——厂房（在建）		15 000 000.00

2. 费用化的后续支出

与投资性房地产有关的后续支出，不满足投资性房地产确认条件的，如企业对投资性房地产进行日常维护所发生的支出，应当在发生时计入当期损益，借记“其他业务成本”等账户，贷记“银行存款”等账户。

（四）成本模式下房地产的转换

房地产的转换是指房地产用途的变更。企业不得随意对自用或作为存货的房地产进行重新分类。企业有确凿证据表明房地产用途发生改变的，才能将投资性房地产转换为其他资产或将其他资产转换为投资性房地产。将投资性房地产转换为自用房地产的，转换日为房地产达到自用状态的日期；将自用房地产转换为投资性房地产的，转换日为租赁期开始日或用于资本增值的日期。

1. 投资性房地产转换为自用房地产

企业将采用成本模式计量的投资性房地产转换为自用房地产时，应当按该项投资性房地产在转换日的账面余额，借记“固定资产”或“无形资产”账户，贷记“投资性房地产”账户；按已计提的折旧或摊销，借记“投资性房地产累计折旧（摊销）”账户，贷记“累计折旧”或“累计摊销”账户；原已计提减值准备的，借记“投资性房地产减值准备”账户，贷记“固定资产减值准备”或“无形资产减值准备”账户。

【例 3-6-5】 2016 年 8 月 10 日，为扩大生产经营，科达公司董事会作出书面决议，计划于 2016 年 8 月 31 日将某出租在外的厂房在租赁期满时收回，用于本公司生产产品。

随后，科达公司做好了厂房重新用于生产的各项工作。2016 年 8 月 31 日，甲公司将该出租的厂房收回，2016 年 9 月 1 日开始用于本公司生产产品。该项房地产在转换前采用成本模式计量，截至 2016 年 8 月 31 日，其账面价值为 6 000 万元，其中，原价 8 000 万元，累计已提折旧 2 000 万元。假定不考虑其他因素。科达公司账务处理如下：

借：固定资产——厂房　　80 000 000.00
　　投资性房地产累计折旧　　20 000 000.00
　　贷：投资性房地产——厂房　　80 000 000.00
　　　　累计折旧——厂房　　20 000 000.00

2. 自用房地产转换为投资性房地产

企业将自用土地使用权或建筑物转换为采用成本模式计量的投资性房地产时，应当按该项投资性房地产在转换日的账面余额，借记“投资性房地产”账户，贷记“固定资产”或“无形资产”账户；按已计提的折旧或摊销，借记“累计折旧”或“累计摊销”账户，贷记“投资性房地产累计折旧（摊销）”账户；原已计提减值准备的，借记“固定资产减值准备”或“无形资产减值准备”账户，贷记“投资性房地产减值准备”账户。

【例 3-6-6】 科达公司拥有一栋本公司总部办公使用的办公楼，公司董事会就将该栋办公楼用于出租形成了书面决议。2016 年 4 月 10 日，科达公司与兴隆公司签订了经营租赁协议，将这栋办公楼整体出租给乙公司使用，租赁期开始日为 2016 年 5 月 1 日，租期为 5 年。2016 年 5 月 1 日，这栋办公楼的账面余额为 50 000 万元，已计提折旧 500 万元。假设科达公司所在城市不存在活跃的房地产交易市场。科达公司账务处理如下：

借：投资性房地产——办公楼　　500 000 000.00
　　累计折旧　　5 000 000.00
　　贷：固定资产——办公楼　　500 000 000.00
　　　　投资性房地产累计折旧　　5 000 000.00

（五）投资性房地产的处置

当投资性房地产被处置或者永久退出使用且预计不能从其处置中取得经济利益时，应当终止确认该项投资性房地产。企业出售、转让、报废投资性房地产或者发生投资性房地产毁损时，应当将处置收入扣除其账面价值和相关税费后的金额计入当期损益。

处置采用成本模式计量的投资性房地产时，应当按实际收到的金额，借记“银行存款”等账户，贷记“其他业务收入”“应交税费——应交增值税（销项税额）”等账户；按该项投资性房地产的账面价值，借记“其他业务成本”；按其账面余额，贷记“投资性房地产”账户；按照已计提的折旧或摊销，借记“投资性房地产累计折旧（摊销）”账户；原已计提减值准备的，借记“投资性房地产减值准备”账户。

【例 3-6-7】 2016 年 7 月 1 日，科达公司将其出租的一栋写字楼确认为投资性房地产。2017 年 7 月租赁期满后，科达公司将该栋写字楼出售给华泰公司，合同价款为 2 亿元，华泰公司已用银行存款付清。假设这栋写字楼原采用成本模式计量。出售时，该栋写字楼的成本为 1.8 亿元，已计提折旧 0.2 亿元。不考虑相关税费。华泰公司账务处理如下：

借：银行存款　　　　　　　　　　　　　　　　　　222 000 000.00
　　贷：其他业务收入　　　　　　　　　　　　　　　　　200 000 000.00
　　　　应交税费——应交增值税（销项税额）　　　　　　　22 000 000.00
借：其他业务成本　　　　　　　　　　　　　　　　　160 000 000.00
　　投资性房地产累计折旧　　　　　　　　　　　　　20 000 000.00
　　贷：投资性房地产——写字楼　　　　　　　　　　　　180 000 000.00

三、采用公允价值模式计量的投资性房地产的核算

（一）采用公允价值模式计量的前提条件

企业只有存在确凿证据表明投资性房地产的公允价值能够持续可靠取得，才可以采用公允价值模式对投资性房地产进行后续计量。企业一旦选择采用公允价值计量模式，应当对其所有的投资性房地产均采用公允价值模式进行后续计量。

采用公允价值模式进行后续计量的投资性房地产，应当同时符合两个条件：①投资性房地产所在地有活跃的房地产交易市场。所在地通常指投资性房地产所在的城市，对于大中型城市，应当为投资性房地产所在的城市。②企业能够从活跃的房地产交易市场上取得同类或类似房地产的市场价格及其他相关信息，从而对投资性房地产的公允价值作出合理的估计。同类或类似的房地产，对建筑物而言，是指所处地理位置和地理环境相同或相近的建筑物；对土地使用权而言，是指同一位置区域、所处地理环境相同或近似、可使用状况相同或相近的土地。

（二）投资性房地产的取得

企业外购或自行建造的采用公允价值模式计量的投资性房地产，应当按照取得时的成本进行初始计量。其实际成本的确定与采用成本模式计量的投资性房地产一致。

采用公允价值模式计量的投资性房地产，企业应当设置“投资性房地产”“公允价值变动损益”等账户进行核算。“投资性房地产”账户的借方登记企业投资性房地产的取得成本、资产负债表日其公允价值高于账面余额的差额，以及处置或转换投资性房地产时结转的公允价值变动额（下降）等；贷方登记资产负债表日其公允价值低于账面余额的差额、处置投资性房地产时结转的公允价值变动额（上升）等；期末余额在借方，反映企业持有的投资性房地产的公允价值。

外购或自行建造时发生的实际成本，借记“投资性房地产——成本”账户，贷记“银行存款”“在建工程”等账户。

【例3-6-8】 承【例3-6-1】，假设科达公司拥有的投资性房地产符合采用公允价值模式计量的条件，采用公允价值模式进行初始计量。科达公司账务处理如下：

借：投资性房地产——写字楼（成本）　　　　　　　　60 000 000.00
　　贷：银行存款　　　　　　　　　　　　　　　　　　　60 000 000.00

（三）投资性房地产的后续计量

采用公允价值模式进行后续计量的投资性房地产，应当遵循以下会计处理规定：

（1）不对投资性房地产计提折旧或摊销，也不计提减值准备。企业应当以资产负债表日投资性房地产的公允价值为基础调整其账面价值，公允价值与原账面价值之间的差额计入当期损益。

资产负债表日，投资性房地产的公允价值高于原账面价值的差额，借记“投资性房地产——公允价值变动”账户，贷记“公允价值变动损益”账户；公允价值低于原账面价值的差额，作相反的账务处理。

（2）取得的租金收入，借记“银行存款”等账户，贷记“其他业务收入”“应交税费——应交增值税（销项税额）”等账户。

【例3-6-9】 2016年9月，科达公司与兴隆公司签订租赁协议，约定将科达公司新建造的一栋写字楼租给兴隆公司使用，租赁期为10年。2016年12月1日，该写字楼开始起租，写字楼的工程造价为8 000万元，公允价值为相同金额。科达公司采用公允价值模式对该项出租的房地产进行后续计量。2016年12月31日，该写字楼的公允价值为8 400万元。科达公司账务处理如下：

（1）2016年12月1日，科达公司出租写字楼。

借：投资性房地产——写字楼——成本　　80 000 000.00

　　贷：固定资产——写字楼　　80 000 000.00

（2）2016年12月31日，按照公允价值调整其账面价值，公允价值与原账面价值之间的差额计入当期损益。

借：投资性房地产——写字楼——公允价值变动　　4 000 000.00

　　贷：公允价值变动损益——投资性房地产　　4 000 000.00

（四）与投资性房地产有关的后续支出

1. 资本化的后续支出

与投资性房地产有关的后续支出，满足投资性房地产确认条件的，应当计入投资性房地产成本。

【例3-6-10】 2016年3月，科达公司与华泰公司的一项厂房经营租赁合同即将到期。为了提高厂房的租金收入，科达公司决定在租赁期满后对厂房进行改扩建，并与辉隆公司签订了经营租赁合同，约定自改扩建完工时将厂房出租给辉隆公司。3月15日，与华泰公司的租赁合同到期，厂房即进入改扩建工程。11月10日，厂房改扩建工程完工，共发生支出180万元，即日按照租赁合同出租给辉隆公司。3月15日，厂房账面余额为1 500万元，其中成本为1 200万元，累计公允价值变动为300万元。假设科达公司采用公允模式计量。科达公司账务处理如下：

（1）2016年3月15日，投资性房地产转入改扩建工程。

借：投资性房地产——厂房（在建）　　15 000 000.00

　　贷：投资性房地产——厂房（成本）　　12 000 000.00

　　　　投资性房地产——厂房（公允价值变动）　　3 000 000.00

（2）2016年3月15日至2016年11月10日，对厂房进行改扩建。

借：投资性房地产——厂房（在建）　　1 800 000.00
　　贷：银行存款　　1 800 000.00

（3）2016 年 10 月 25 日，改扩建工程完工。

借：投资性房地产——厂房（成本）　　168 000 000.00
　　贷：投资性房地产——厂房（在建）　　168 000 000.00

2. 费用化的后续支出

与投资性房地产有关的后续支出，不满足投资性房地产确认条件的，应当在发生时计入当期损益，借记“其他业务成本”等账户，贷记“银行存款”等账户。

（五）公允价值模式下投资性房地产的转换

1. 投资性房地产转换为自用房地产

企业将采用公允价值模式计量的投资性房地产转换为自用房地产时，应当以其转换当日的公允价值作为自用房地产的账面价值，公允价值与原账面价值的差额计入当期损益（公允价值变动损益）。转换日，按该项投资性房地产的公允价值，借记“固定资产”或“无形资产”账户；按该项投资性房地产的成本，贷记“投资性房地产——成本”账户；按该项投资性房地产的累计公允价值变动，贷记或借记“投资性房地产——公允价值变动”账户；按其差额，贷记或借记“公允价值变动损益”账户。

【例 3-6-11】 2016 年 11 月 1 日，租赁期满，科达公司将出租的写字楼收回，公司董事会就将该写字楼作为办公楼用于本公司的行政管理形成了书面决议。2016 年 11 月 1 日，该写字楼正式开始自用，相应由投资性房地产转换为自用房地产，当日的公允价值为 7 200 万元。该项房地产在转换前采用公允价值模式计量，原账面价值为 7 000 万元，其中，成本为 6 700 万元，公允价值变动为增值 300 万元。

科达公司账务处理如下：

借：固定资产——写字楼　　72 000 000.00
　　贷：投资性房地产——写字楼——成本　　67 000 000.00
　　　　　　　　　　——写字楼——公允价值变动　　3 000 000.00
　　　　公允价值变动损益——投资性房地产　　2 000 000.00

2. 自用房地产转换为投资性房地产

企业将自用土地使用权或建筑物转换为采用公允价值模式计量的投资性房地产时，应当按该项土地使用权或建筑物在转换日的公允价值，借记“投资性房地产——成本”账户；按已计提的累计摊销或累计折旧，借记“累计摊销”或“累计折旧”账户；原已计提减值准备的，借记“无形资产减值准备”或“固定资产减值准备”账户；按其账面余额，贷记“无形资产”或“固定资产”账户。同时，转换日的公允价值小于账面价值的，按其差额，借记“公允价值变动损益”账户；转换日的公允价值大于账面价值的，按其差额，贷记“其他综合收益”账户。待该项投资性房地产处置时，因转换计入其他综合收益的部分应转入当期损益（其他业务成本）。

【例3-6-12】 2016年8月，科达公司打算搬迁至新建办公楼，由于原办公楼处于商业繁华地段，科达公司准备将其出租，以赚取租金收入，已经公司董事会批准形成书面决议。2016年12月底，甲公司完成了搬迁工作，原办公楼停止自用。2017年1月1日，科达公司与兴隆公司签订了租赁协议，将其原办公楼租给兴隆公司使用，约定租赁期开始日为2017年1月1日，租赁期为3年。

本例中，科达公司应于租赁期开始日（2017年1月1日），将自用房地产转换为投资性房地产。该办公楼所在地房地产交易活跃，公司能从市场上取得同类或类似房地产的市场价格及其他相关信息，科达公司对出租的该办公楼采用公允价值模式计量。假设2017年1月1日，该办公楼的公允价值为3.8亿元，其原价为5.5亿元，已提折旧1.5亿元。

科达公司账务处理如下：

	借方	贷方
借：投资性房地产——办公楼——成本	380 000 000.00	
公允价值变动损益——投资性房地产	20 000 000.00	
累计折旧	150 000 000.00	
贷：固定资产——办公楼		550 000 000.00

（六）投资性房地产的处置

处置采用公允价值模式计量的投资性房地产时，应当按实际收到的金额，借记“银行存款”等账户，贷记“其他业务收入”“应交税费——应交增值税（销项税额）”等账户；按该项投资性房地产的账面余额，借记“其他业务成本”账户；按其成本，贷记“投资性房地产——成本”账户，按其累计公允价值变动，贷记或借记“投资性房地产——公允价值变动”账户。同时，按照原计入该项投资性房地产的公允价值变动，借记或贷记“公允价值变动损益”账户，贷记或借记“其他业务成本”账户。如果存在原转换日计入其他综合收益的金额，也一并结转。按照该项投资性房地产在转换日计入其他综合收益的金额，借记“其他综合收益”账户，贷记“其他业务成本”账户。

【例3-6-13】 科达公司将其出租的一栋写字楼确认为投资性房地产，采用公允价值模式计量。租赁期满后，科达公司将该栋写字楼出售给华泰公司，合同价款为15 000万元，华泰公司已用银行存款付清。出售时，该栋写字楼的成本为12 000万元，公允价值变动为借方余额1 000万元。不考虑相关税费。

科达公司的账务处理如下：

取得处置收入：

	借方	贷方
借：银行存款	150 000 000.00	
贷：其他业务收入		150 000 000.00
应交税费——应交增值税（销项税额）		16 500 000.00

结转处置成本：

	借方	贷方
借：其他业务成本	130 000 000.00	
贷：投资性房地产——写字楼——成本		120 000 000.00
——写字楼——公允价值变动		10 000 000.00

结转投资性房地产累计公允价值变动：

借：公允价值变动损益　　　　10 000 000.00

　　贷：其他业务成本　　　　10 000 000.00

（七）投资性房地产后续计量模式的变更

为保证会计信息的可比性，企业对投资性房地产的计量模式一经确定，不得随意变更。只有在房地产市场比较成熟、能够满足采用公允价值模式条件的情况下，才允许企业对投资性房地产从成本模式计量变更为公允价值模式计量。成本模式转为公允价值模式的，应当作为会计政策变更处理，将计量模式变更时公允价值与账面价值之间的差额，调整期初留存收益。

已采用公允价值模式计量的投资性房地产，不得从公允价值模式转为成本模式。

岗位实训

实训要求：根据资料，填制记账凭证，并将原始单据附于后面。

资料：科达公司为增值税一般纳税企业，适用的增值税税率为17%。该公司对投资性房地产采用成本模式计量，2016—2017年与投资性房地产有关系的业务资料如下：

（1）2016年7月1日，购入写字楼一间，不含税价款为200万元，款项以转账支票支付，即日起租给辉隆投资有限公司。双方在合同中约定，每月不含税租金为2万元，每半年支付一次租金。相关原始凭证见表3－6－1和表3－6－2。

（2）2016年7月30日，收到辉隆投资有限公司本年度租金，对方通过银行转账支付。相关原始凭证见表3－6－3和表3－6－4。

（3）2016年12月31日，编制折旧计算表（见表3－6－5）。该写字楼预计使用寿命为30年，预计净残值为20万元，采用年限平均法按年计提折旧。

（4）2017年12月1日，公司以555万元将该写字楼出售给安徽万达有限责任公司，对方以银行转账支付。相关原始凭证见表3－6－6和表3－6－7。

（5）2017年12月1日，结转该写字楼的投资性房地产成本。原始凭证见表3－6－8。

表3－6－1

安徽增值税专用发票

No 00008256

34000336879　　发票联　　开票日期：2016年7月1日

购买方	名称：科达公司 纳税人识别号：340010468107588036 地址、电话：安徽省合肥市芙蓉路666号0551－63891252 开户行及账号：工行合肥芙蓉路支行01400822600777			密码区	7＋＋9/42152＊＋129＊864＞加密版本：01 63－＜7503＊＜1＞＊/＜3＜＋80　3400033285 2＋＜＜56894588＞＞＊＊＜2569 5920－33/65＋5012＊/＞＞92　002203611		
货物或应税劳务、服务名称	规格型号	单位	数量	单价	金额	税率	税额
写字楼		平方米	500	4 000.00	2 000 000.00	11%	220 000.00
合计					¥200 000.00		¥220 000.00
价税合计（大写）	⊗贰佰贰拾贰万元整				（小写）¥2 220 000.00		
销售方	名称：安徽信达房地产销售公司 纳税人识别号：340010468107266018 地址、电话：安徽省合肥市金寨路888号0551－633358888 开户行及账号：光大银行合肥花园街支行01400555500888			备注	安徽信达房地产销售公司 340010468107266018 发票专用章		

收款人：　　复核：　　开票人：蔡美华　　销售方：（章）

第三联 发票联 购买方记账凭证

表 3－6－2　　中国工商银行

转账支票存根（皖）

XIN05601568

附加信息：

出票日期：2016 年 07 月 01 日

收款人：安徽信达房地产销售公司
金　额：2 220 000.00
用　途：购买写字楼

单位主管：袁禾　　会计：张志宁

表 3－6－3　　安徽增值税专用发票　　No 002045686

340035856434　　此联不作报销、扣税凭证使用　　开票日期：2016 年 7 月 30 日

购买方	名　称：辉隆投资有限公司 纳税人识别号：340010456107581037 地 址 、电 话：安徽省合肥市翡翠路 653 号 0551－63892566 开户行及账号：兴业银行翡翠支行 02500352600888				密码区	7＋＋9/42152＊＋129＊864＞加密版本：01 63－＜7503＊＜1＞＊/＜3＜＋80　3400033285 2＋＜＜56894588＞＞＊＊＜2569 5920－33/65＋5012＊/＞＞92　002203611	
货物或应税劳务名称	规格型号	单位	数量	单价	金额	税率	税额
写字楼租金		月	6	20 000.00	120 000.00	11%	13 200.00
合计					¥120 000.00		¥13 200.00
价税合计（大写）	⊗壹拾叁万叁仟贰佰元整				（小写）¥133 200.00		
销售方	名　称：科达公司 纳税人识别号：340010468107588036 地 址 、电 话：安徽省合肥市芙蓉路 666 号 0551－63891252 开户行及账号：工行合肥芙蓉路支行 01400822600777				备注	科达公司 340010468107588036 发票专用章	

第一联：记账联　销售方记账凭证

收款人：张敏　　复核：胡维杨　　开票人：闵鑫福　　销售方：（章）

表 3－6－4　　中国工商银行　进账单（收账通知）　3

2016 年 07 月 30 日　　第 00827394 号

出票人	全　称	科达公司	收款人	全　称	浙江鸿鑫实业有限公司
	账　号	01400822600777		账　号	622201376860382
	开户银行	工行合肥芙蓉路支行		开户银行	工行杭州庆春支行

金额	人民币（大写）壹拾叁万叁仟贰佰元整	亿	千	百	十	万	千	百	十	元	角	分
				¥	1	3	3	2	0	0	0	0

票据种类	转账支票	票据张数	壹张
票据号码	略		
复核　记账			收款人开户银行签章

中国工商银行杭州庆春支行 2016.07.30 转账 转讫

此联是开户银行交给持（出）票人的回单

表 3-6-5　　**折旧计算表**

名称：翡翠路写字楼　　2016 年 12 月 31 日

年次	原值	使用年限	净残值	应提折旧额
2016	2 000 000.00	30	200 000.00	

表 3-6-6　　**安徽增值税专用发票**　　No 2536005

340032856432　　此联不作报销、扣税凭证使用　　开票日期：2017 年 12 月 30 日

<table>
<tr><td rowspan="4">购买方</td><td colspan="5">名　　称：安徽万达有限责任公司</td><td rowspan="4">密码区</td><td colspan="3">7 + +9/42152 ＊ +129 ＊864 >加密版本：01</td></tr>
<tr><td colspan="5">纳税人识别号：340010212310558808 8</td><td colspan="3">63 - <7503 ＊ <1 > ＊/ <3 < +80　3400033285</td></tr>
<tr><td colspan="5">地 址 、电 话：安徽省合肥市北京路 666 号 0551 - 66668888</td><td colspan="3">2 + < <56894588 > > ＊ ＊ <2569</td></tr>
<tr><td colspan="5">开户行及账号：农行滨湖支行 61500226607523</td><td colspan="3">5920 - 33/65 +5012 ＊/ > >92　002203611</td></tr>
<tr><td colspan="2">货物或应税劳务、服务名称</td><td>规格型号</td><td>单位</td><td>数量</td><td colspan="2">单价</td><td>金额</td><td>税率</td><td>税额</td></tr>
<tr><td colspan="2">写字楼</td><td></td><td>平方米</td><td>50</td><td colspan="2">10 000.00</td><td>5 000 000.00</td><td>11%</td><td>550 000.00</td></tr>
<tr><td colspan="2">合计</td><td></td><td></td><td></td><td colspan="2"></td><td>¥5 000 000.00</td><td></td><td>¥550 000.00</td></tr>
<tr><td colspan="2">价税合计（大写）</td><td colspan="6">⊗伍仟伍佰伍拾伍万元整</td><td colspan="2">（小写）¥5 550 000.00</td></tr>
<tr><td rowspan="4">销售方</td><td colspan="5">名　　称：科达公司</td><td rowspan="4">备注</td><td colspan="3" rowspan="4">科达公司
340010468107588036
发票专用章</td></tr>
<tr><td colspan="5">纳税人识别号：340010468107588036</td></tr>
<tr><td colspan="5">地 址 、电 话：安徽省合肥市芙蓉路 666 号 0551 - 63891252</td></tr>
<tr><td colspan="5">开户行及账号：工行合肥芙蓉路支行 01400822600777</td></tr>
</table>

第一联：记账联　销售方记账凭证

收款人：张敏　　复核：胡维杨　　开票人：闵鑫福　　销售方：（章）

表 3-6-7　　**中国工商银行　进账单（收账通知）**

2017 年 12 月 30 日　　第 00862759 号

<table>
<tr><td rowspan="3">出票人</td><td>全　　称</td><td>安徽万达有限责任公司</td><td rowspan="3">收款人</td><td>全　　称</td><td colspan="11">科达公司</td></tr>
<tr><td>账　　号</td><td>61500226607523</td><td>账　　号</td><td colspan="11">01400822600777</td></tr>
<tr><td>开户银行</td><td>农行滨湖支行</td><td>开户银行</td><td colspan="11">工行合肥芙蓉路支行</td></tr>
<tr><td rowspan="2">金额</td><td colspan="3" rowspan="2">人民币（大写）伍佰伍拾伍万元整</td><td></td><td>亿</td><td>千</td><td>百</td><td>十</td><td>万</td><td>千</td><td>百</td><td>十</td><td>元</td><td>角</td><td>分</td></tr>
<tr><td></td><td></td><td>¥</td><td>5</td><td>5</td><td>5</td><td>0</td><td>0</td><td>0</td><td>0</td><td>0</td><td>0</td></tr>
<tr><td>票据种类</td><td>转账支票</td><td>票据张数</td><td>壹张</td><td colspan="12" rowspan="3">中国工商银行芙蓉路支行
2017.12.30
转账
转讫
收款人开户银行签章</td></tr>
<tr><td>票据号码</td><td colspan="3">略</td></tr>
<tr><td colspan="4">复核　　记账</td></tr>
</table>

此联是开户银行交给持（出）票人的回单

表 3-6-8　　**投资性房地产计算表**

2013 年 12 月 01 日　　单位：元

项目	金额
投资性房地产原值	2 000 000.00
投资性房地产累计折旧	
投资性房地产账面价值	

复习思考题

1. 投资性房地产的核算范围有哪些?
2. 哪些不属于投资性房地产的核算范围?
3. 投资性房地产应如何进行初始计量?
4. 采用成本模式核算的投资性房地产如何进行后续计量?
5. 采用公允价值模式核算的投资性房地产如何进行后续计量?
6. 投资性房地产转换为自用房地产在两种不同模式下如何核算?
7. 自用房地产转换为投资性房地产在两种不同模式下如何核算?

岗位任务七　其他资产的核算

任务导入

2016 年 6 月 1 日，科达公司租入一间专门销售本公司产品的门面房，合同租赁期为 5 年。科达公司按照销售产品呈列要求对门面房进行了装修，用银行存款共支付装修费用 260 000 元。请问该笔装修费用会计应如何处理?

知识准备

一、其他资产概述

其他资产是指除货币资金、交易性金融资产、应收及预付款项、存货、长期股权投资、持有至到期投资、可供出售金融资产、固定资产、无形资产等以外的资产，一般包括长期待摊费用和其他长期资产，如国家批准储备的特准储备物资、银行冻结存款和冻结物资以及涉及诉讼中的财产等。

特准储备物资是指由于特殊原因经国家批准在正常范围以外储备的、具有专门用途、不参加企业生产经营周转的物资，如国家为了应付自然灾害及战备等需要储备的物资。

银行冻结存款和冻结物资。冻结是指人民法院对被执行人在银行的存款或企业的物资等财产实施强制执行的一种措施。根据我国民事诉讼法的规定，被执行人拒不履行法院裁决规定的义务，而企业自身有物资、在银行有存款的人民法院有权向其存款银行或企业发出协助执行通知书，冻结其存款和物资，企业被冻结的存款和物资不能够支取或转移。

涉及诉讼中的财产。诉讼是司法机关在案件当事人和其他诉讼参与人的参与和配合下，为解决案件问题而依照法定程序进行的活动。涉及诉讼中的财产主要是指已被有关机关查封、冻结、扣押的财产，企业对这些财产不得隐藏、转移、变卖和毁损。

正常经营中的企业很少发生其他长期资产。在资产负债表上，应根据其他资产的性质，分别列入“其他流动资产”和“其他长期资产”项目。

二、长期待摊费用的核算

（一）长期待摊费用的概念及内容

长期待摊费用是指企业已经发生但应由本期和以后各期负担的分摊期限在一年以上的各项费用。长期待摊费用主要包括以经营租赁方式租入的固定资产发生的改良支出和其他长期待摊费用。其他待摊费用是指其他各种摊销期限超过一年的待摊费用，如预付超过一年的财产租金等。

（二）长期待摊费用的账务处理

企业应设置“长期待摊费用”账户，对此类项目进行核算，包括其发生、摊销和结存情况。企业发生长期待摊费用时，借记“长期待摊费用”账户，贷记“原材料”“银行存款”“应付职工薪酬”等账户；摊销长期待摊费用时，借记“管理费用”“销售费用”等账户，贷记“长期待摊费用”账户。期末余额在借方，反映企业尚未摊销完毕的长期待摊费用。

【例3-7-1】 2016年4月1日，科达公司对以经营租赁方式新租入的办公楼进行装修，发生以下有关支出：领用生产用材料500 000元，购进该批原材料时支付的增值税进项税额为85 000元；辅助生产车间为该装修工程提供的劳务支出为180 000元；有关人员工资等职工薪酬435 000元。2016年11月30日，该办公楼装修完工，达到预定可使用状态并交付使用，按租赁期10年进行摊销。假定不考虑其他因素。科达公司账务处理如下：

◆ 装修领用原材料时：

借：长期待摊费用　　585 000.00

　　贷：原材料　　500 000.00

　　　　应交税费——应交增值税（进项税额转出）　　85 000.00

◆ 辅助生产车间为装修工程提供劳务时：

借：长期待摊费用　　180 000.00

　　贷：生产成本——辅助生产成本　　180 000.00

◆ 确认工程员工职工薪酬时：

借：长期待摊费用　　435 000.00

　　贷：应付职工薪酬　　435 000.00

◆ 2016年12月摊销装修支出时：

借：管理费用　　10 000.00

　　贷：长期待摊费用　　10 000.00

科达公司发生的办公楼装修支出合计为1 200 000（585 000 + 180 000 + 435 000）元，2016年12月应分摊的装修支出为10 000（1 200 000 ÷10 ÷12）元。

复习思考题

1. 其他资产一般包括那些内容？
2. 长期待摊费用应如何核算？

岗位任务八　负债业务的核算

任务导入

2016 年 7 月 1 日，科达公司向银行分别借入为期 6 个月和为期 2 年的资金 60 万元和 150 万元，前者年利率为 6%，到期还本，按月计提利息，按季付息，2017 年 1 月 1 日以银行存款偿还该项借款；后者年利率为 12%，到期还本，按年付息。请判断科达公司这两笔借款的性质？应分别对它们进行怎样的会计处理？

知识准备

一、负债业务概述

（一）负债的定义

负债是指由过去的交易或者事项形成的、预期会导致经济利益流出企业的现时义务。负债具有以下特征：

（1）负债是企业承担的现时义务。现时义务是指企业在现行条件下已承担的义务。未来发生的交易或事项形成的义务不属于现时义务，不应当确认为负债。

（2）负债的清偿预期会导致经济利益流出企业。负债通常是在未来某一时日通过交付资产（包括现金和其他资产）或提供劳务来清偿。有时企业可以通过承诺新的负债来了结一项现有的负债，但最终一般会导致企业经济利益的流出。

（3）负债是由过去的交易或事项形成的。只有过去的交易或事项才能形成负债，企业将在未来发生的承诺、签订的合同等交易或事项，不形成负债。只有源于已经发生的交易或事项，会计上才有可能确认为负债。对于企业正在筹划的交易或事项，如企业的业务计划等，并不构成企业的负债。

（二）负债的分类

按其流动性，负债可分为流动负债和非流动负债。流动负债是指 1 年或超过 1 年的一个营业周期内偿还的债务，包括短期借款、应付票据、应付账款、应付利息、预收账款、应付职工薪酬、应交税费、应付股利、其他应付款等。非流动负债是指流动负债以外的负债，主要包括长期借款、应付债券、长期应付款等。

二、银行借款的核算

企业在日常生产经营过程中，往往会因资金周转困难、经营规模扩张、基本建设等原因，需要到银行以及非银行金融机构借款。银行借款包括短期借款和长期借款。取得和使用银行借款必然会发生相关借款费用。下面分别介绍借款费用、短期借款、长期借款的核算。

（一）借款费用的核算

1. 借款费用的概念和内容

企业通过银行借款和发行债券筹集生产经营和规模扩张所需的资金，需要承担相应的借款费用。借款费用是指企业因借款而发生的利息支出及其他相关成本。借款费用主要包括以下四方面内容：

（1）借款利息。

因借款而发生的利息主要包括企业向银行或者其他金融机构等借入资金发生的利息、发行债券发生的利息，以及其他带息债务所承担的利息。

（2）因借款产生的折价或溢价的摊销。

因借款产生的折价或溢价的摊销主要是指发行债券等所发生的折价或者溢价在资产负债表日确认利息费用时的调整额。从本质上讲，折价或溢价的摊销实质上是对每期借款利息的调整，所以，因借款而发生的折价或溢价的摊销是借款费用的有机组成部分。

（3）辅助费用。

因借款而发生的辅助费用是指企业在借款过程中发生的诸如手续费、佣金、印刷费等交易费用。由于这些辅助费用是因获取借款而发生的，属于企业为借入资金而付出的代价，因而这些辅助费用也是借款费用的有机组成部分。

（4）因外币借款而发生的汇兑差额。

因外币借款而发生的汇兑差额是指由于汇率变动导致市场汇率与账面汇率出现的差异，从而对外币借款本金及其利息的记账本位币金额所产生的影响金额。由于企业因外币借款而发生的汇兑差额是与外币借款直接相关的，是外币借款需要承担的必要风险，所以，属于企业为获取外币借款而发生的代价之一，也属于借款费用的有机组成部分。

2. 借款费用的确认

（1）借款费用的确认原则。

借款费用确认的基本原则是：企业发生的借款费用可直接归属于符合资本化条件的资产的购建或者生产的，应当予以资本化，计入符合资本化条件的资产成本。其他借款费用应当在发生时根据其发生额确认为“财务费用”，计入当期损益。

符合借款费用资本化条件的资产是指企业需要经过相当长时间（通常≥1 年）的购建或生产活动，才能达到预定可使用或可销售状态的固定资产、无形资产、投资性房地产和存货等资产。企业发生在这类资产支出上的借款费用应当资本化，构成资产成本的一部分。但是，因人为或者故意等非正常因素导致资产的购建或者生产时间相当长的，该资产不符合资本化的条件。

例如，由于飞机的生产周期超过一年，飞机制造厂借款制造飞机发生的短期借款利息在飞机达到可销售状态前的利息就需要资本化，计入飞机的生产成本中。

（2）借款费用资本化的确认。

Ⅰ．借款费用应予资本化的借款范围。

借款费用应予以资本化的借款范围既包括专门借款，也包括一般借款。对于一般借款，只有在购建或者生产符合资本化条件的资产占用了一般借款时，才将与该部分一般借款相关的借款费用资本化；否则，所发生的借款费用应当计入当期损益。

专门借款是指为购建或者生产符合资本化条件的资产而专门借入的款项。专门借款应当有明确的专门用途，即为购建或者生产某项符合资本化条件的资产而专门借入的款项，通常应当有标明专门用途的借款合同。

一般借款是指除专门借款之外的借款，一般借款在借入时，通常没有特指必须用于符合资本化条件的资产的购建或者生产。

Ⅱ．借款费用资本化期间的确定。

借款费用资本化期间是指从借款费用开始资本化时点到停止资本化时点的期间，不包括费用暂停资本化的期间。

借款费用资本化期间的确定包括借款费用开始资本化时点的确定、借款费用暂停资本化时间的确定和借款费用终止资本化时点的确定三个方面。

ⅰ．借款费用开始资本化时点的确定。

根据企业会计准则的规定，借款费用开始资本化必须同时满足三个条件，即资产支出已经发生、借款费用已经发生、为使资产达到预定可使用或者可销售状态所必需的购建或者生产活动已经开始。

第一，资产支出的界定。资产支出包括支付现金、转移非现金资产和承担带息债务形式所发生的支出。支付现金是指企业为购建或建造固定资产而发生的支出是以货币资金的形式支付的。例如，某企业用银行存款购买为建造或者生产符合资本化条件的资产所需用的材料，支付有关基建职工的薪酬等。转移非现金资产是指企业将自己的非现金资产直接用于符合资本化条件的资产的购建或者生产。例如，某企业将自己生产的产品，包括水泥、钢材等，用于符合资本化条件的资产的建造或者生产。承担带息债务是指企业为了购建或者生产符合资本化条件的资产所需物资等而承担的带息应付款项（如带息应付票据）。企业以赊购方式购买这些物资所产生的债务可能带息，也可能不带息。如果企业赊购这些物资承担的是不带息债务，就不应当将购买价款计入资产支出，因为该债务在偿付前不需要承担利息，也没有占用借款资金。企业只有等到实际偿付债务，发生了资源流出时，才能将其作为资产支出。如果企业赊购物资承担的是带息债务，则企业要为这笔债务付出代价，支付利息，与企业向银行借入款项以支付资产在性质上是一致的。所以，企业为购建或者生产符合资本化条件的资产而承担的带息债务应当作为资产支出，当该带息债务发生时，视同资产支出已经发生。

第二，借款费用已经发生。这是指企业已经发生了因购建或者生产符合资本化条件的资产而专门借入款项的借款费用或者占用了一般借款的借款费用。例如，某企业 2016 年 1 月 1 日借款 2000 万元，用于企业建造一幢仓库，当日开始计息。则在 2016 年 1 月 1 日即应当认为借款费用已经发生。

第三，为使资产达到预定可使用状态所必需的购建或者生产活动已经开始。这是指符合资本化条件的资产的实体建造或者生产工作已经开始，如主体设备的安装、厂房的实际开工建造等。但是，它不包括仅仅持有资产但没有发生为改变资产形态而进行实质上的建造或者生产活动。例如，某企业为建造办公楼购买了建筑用地，但尚未开工新建房屋，有关房屋实体建造活动也没有开始。在这种情况下，即使企业为了购置建筑用地已经发生了支出，也不应认为是资产达到预定可使用状态所必要的购建活动已经开始。

企业只有在上述三个条件同时满足的情况下，有关借款费用才可开始资本化，只要其中的任何一个条件没有满足，借款费用都不能开始资本化。

ⅱ. 借款费用暂停资本化时间的确定。

符合资本化条件的资产在购建或者生产期间，如果同时满足以下两个条件，应当暂停费用资本化：

第一，属于非正常中断。

中断的原因必须是非正常中断，在中断期间发生的借款费用应当确认为当期损益，作为财务费用入账，直至资产的购建或者生产活动重新开始。属于正常中断的，相关借款费用仍可资本化。

非正常中断通常是由于企业管理决策上的原因或者其他不可预见的原因等所导致的中断。例如，企业因与施工方发生了质量纠纷，或者工程、生产用料没有及时供应，或者资金周转发生了困难，或者施工、生产发生了安全事故等原因，导致资产购建或者生产活动发生的中断，均属于非正常中断。

非正常中断和正常中断有着显著的区别，正常中断是指由于为使所购置或建造的固定资产达到预定可使用状态所必要的程序而发生的中断，或由于事先可预见的不可抗力因素导致的中断。例如，某企业在某项工程建造期间因遭遇雨季或冰冻等原因导致施工中断，属于正常中断。

第二，中断时间连续超过 3 个月。这是指企业购建或生产期间发生的非正常中断，从中断开始到恢复购建或生产活动为止的时间，连续超过 3 个月（含 3 个月）。如果企业发生的非正常中断的过程时断时续，即使累计中断时间超过 3 个月，如果其中每一次中断时间都没有连续超过 3 个月，此时，企业也不能暂停借款费用的资本化。

ⅲ. 借款费用停止资本化时点的确定。

购建或者生产符合资本化条件的资产达到预定可使用或者可销售状态时，借款费用应当停止资本化。在符合资本化条件的资产达到预定可使用或者可销售状态之后发生的借款费用，应当在发生时将其发生额确认为费用，计入当期损益。

购建或者生产符合资本化条件的资产达到预定可使用或者可销售状态，是指所购建或者生产的符合资本化条件的资产已经达到建造方、购买方或者企业自身等预先设计、计划或者合同约定的可以销售的状态。企业在确定借款费用停止资本化的时点时，需要运用职业判断，这时应当遵循实质重于形式的原则，针对具体情况，依据经济实质判断所购建或者生产的符合资本化条件的资产达到预定可使用或者可销售状态的时点。符合下列情形之一的，应当认为企业购建或生产的符合资本化条件的资产达到了预定可使用或可销售状态：①资产的实体购建全部完成或实质完成；②购建固定资产与设计要求或合同要求基本相符；③继续发生的支出很少或者几乎不再发生。

3. 借款费用的核算

（1）借款利息资本化金额的确定。

在借款费用资本化期间内，每一会计期间的利息（包括溢价或者折价的摊销，下同）的资本化金额，应当按照下列原则确定。

Ⅰ. 为购建或者生产符合资本化条件的资产而借入专门借款的，应当以专门借款当期实际发生的利息费用，减去将尚未动用的借款资金存入银行取得的利息收入或进行暂时性投资取得的投资收益后的金额确定。

Ⅱ. 为购建或者生产符合资本化条件的资产而占用了一般借款的，企业应当根据累计资产支出超过专门借款部分的资产支出加权平均数乘以所占用一般借款的资本化率，计算确定一般借款应予资本化的利息金额。

资本化率应当根据一般借款加权平均利率计算确定，即企业占用一般借款购建或者生产符合资本化条件的资产时，一般借款的借款费用的资本化金额的确定应当与资产支出挂钩。有关计算公式如下：

一般借款利息费用资本化金额＝累计资产支出超过专门借款部分的资产支出加权平均数×所占用一般借款的资本化率

所占用一般借款的资本化率＝所占用一般借款加权平均利率＝所占用一般借款当期实际发生的利息之和÷所占用一般借款本金加权平均数

累计资产支出超过专门借款部分的资产支出加权平均数 ＝ $\sum$（所占用每笔一般借款本金 × 每笔一般借款在当期所占用天数 ÷ 当期天数）

Ⅲ. 借款存在折价或者溢价的，应当按照实际利率法确定每一会计期间应摊销的折价或者溢价金额，调整每期利息金额。每一会计期间的利息资本化金额，不应当超过当期相关借款实际发生的利息金额。

（2）账户设置。

Ⅰ. 设置“财务费用”账户。

企业取得的短期借款应按期确认利息费用。短期借款的利息费用不符合资本化条件的，应计入企业的“财务费用”账户。企业发生的多数短期借款利息费用，应当作为“财务费用”入账。

“财务费用”账户核算企业借款、发行债券等而发生的各项不符合资本化条件的筹资费用，包括利息支出（减利息收入）、相关的手续费、企业发生的现金折扣或收到的现金折扣、汇兑损益以及其他不符合资本化条件的借款费用等。该账户借方登记企业发生的利息支出、现金折扣、汇兑损失及支付的相关手续费等；贷方登记企业取得的存款利息、现金折扣、发生的汇兑收益等。该账户可按费用项目设置明细账户进行明细核算。

Ⅱ. 设置“应付利息”账户。

实际工作中，贷款企业一般按月计算确认当月借款利息费用，而银行一般按季收取贷款企业的借款利息，从而导致企业短期借款利息的确认和实际支付存在时间上的差异。因此，企业应该设置“应付利息”账户。该账户核算企业按照合同约定应支付的利息，包括短期借款利息和分期付息到期还本的长期借款、企业债券等应支付的利息。该账户贷方登记在资产负债表日确定的应付的利息费用金额；借方登记实际支付的利息金额；期末余额在贷方，反映企业应付未付的利息。该账户可按债权人或存款人设置明细账进行明细核算。

（3）借款费用的账务处理。

借款费用的账务处理贯穿于借款的全过程。企业取得借款后，一般需要采取预提的方法按月核算借款利息。借款利息有按月支付、按季支付、按年支付及到期一次还本付息等方式。

【例 3－8－1】 科达公司于 2015 年 1 月 1 日正式动工兴建一幢材料仓库，工期预计为 1 年零 6 个月，工程采用出包方式，分别于 2015 年 1 月 1 日、7 月 1 日和 2016 年 1 月 1 日支付工程进度款。为建造该材料仓库，科达公司于 2015 年 1 月 1 日从工商银行芙蓉支行取得专门借款 2 000 万元，借款期限为 3 年，年利率为 8%，利息按年支付。闲置的专门借款资金均用于固定收益债券短期投资，该项投资月收益率为 1%。另外，科达公司在 2015 年 7 月 1 日从光大银行翡翠支行取得专门借款 5 000 万元，借款期限为 5 年，年利率为 10%。借款利息按年支付。材料仓库于 2016 年 6 月 30 日完工，达到预定可使用状态。科达公司为建造材料仓库发生的资金支出情况见表 3－8－1。

表 3－8－1　　建造材料仓库发生的资金支出　　单位：万元

日期	每期资产支出金额	资产支出累计金额	闲置借款资金用于短期投资金额
2015 年 1 月 1 日	1 500	1 500	500
2015 年 7 月 1 日	3 500	5 000	2 000
2016 年 1 月 1 日	1 800	6 800	200
总计	6 800		

会计主管：刘俊　　复核：张兰　　记账：张媛　　制表：程丽

由于科达公司使用了专门借款建造材料仓库，且材料仓库的建造支出没有超过专门借款金额，因此，科达公司 2015 年和 2016 年为建造材料仓库应予资本化的利息金额计算如下：

（1）确定借款费用资本化期间为 2015 年 1 月 1 日—2016 年 6 月 30 日。

（2）计算在资本化期间专门借款实际发生的利息金额。

2015 年：

专门借款发生的利息金额 = 2 000 × 8% + 5 000 × 10% × 6 ÷ 12 = 410（万元）

2016 年 1 月 1 日—2016 年 6 月 30 日：

专门借款发生的利息金额 = 2 000 × 8% × 6 ÷ 12 + 5 000 × 10% × 6 ÷ 12 = 330（万元）

(3) 计算在资本化期间内利用闲置的专门借款资金进行短期投资的收益。

2015 年:

短期投资收益 =500 ×1% ×6 +2 000 ×1% ×6 =150 (万元)

2016 年 1 月 1 日—6 月 30 日:

短期投资收益 =200 ×1% ×6 =12 (万元)

(4) 由于在资本化期间内,专门借款利息费用的资本化金额应当以其实际发生的利息费用减去将闲置的借款资金进行短期投资取得的投资收益后的金额确定,因此:

科达公司 2015 年的利息资本化金额 =410 -150 =260 (万元)

科达公司 2016 年的利息资本化金额 =330 -12 =318 (万元)

(5) 有关账务处理如下:

2015 年 12 月 31 日:

借:在建工程——材料仓库　　2 600 000.00
　　应收利息(或银行存款)　　1 500 000.00
　　贷:应付利息——光大银行翡翠支行　　4 100 000.00

2016 年 6 月 30 日:

借:在建工程——材料仓库　　3 180 000.00
　　应收利息(或银行存款)　　120 000.00
　　贷:应付利息——光大银行翡翠支行　　3 300 000.00

【例 3 -8 -2】 承【例 3 -8 -1】,假定科达公司为建造材料仓库,于 2015 年 1 月 1 日从光大银行翡翠支行取得专门借款 2 000 万元,借款期限为 3 年,年利率为 8%。除此之外没有其他专门借款。在材料仓库建造过程中所占用的一般借款有两笔,具体如下:

(1) 向光大银行翡翠支行取得长期贷款 2 000 万元,期限为 2011 年 1 月 1 日—2016 年 12 月 31 日,年利率为 6%,按年支付利息。

(2) 发行公司债券 1 亿元,于 2011 年 1 月 1 日发行,期限为 5 年,年利率为 8%,按年支付利息。

在这种情况下,公司应当首先计算专门借款利息的资本化金额,然后计算所占用一般借款利息的资本化金额。具体如下:

(1) 计算专门借款利息的资本化金额。

2015 年专门借款利息的资本化金额 =2 000 ×8% -500 ×1% ×6 =130 (万元)

2016 年专门借款利息的资本化金额 =2 000 ×8% ×6 ÷12 =80 (万元)

(2) 计算一般借款利息的资本化金额。

在建造材料仓库过程中,自 2015 年 7 月 1 日起已经有 3 000 万元占用了一般借款,另外,2016 年 1 月 1 日支出的 1 800 万元也占用了一般借款。

计算这两笔资产支出的加权平均数:

2015 年占用一般借款资产支出的加权平均数 =3 000 ×180 ÷360 =1 500 (万元)

2016 年占用一般借款资产支出的加权平均数 = (3 000 +1 800) ×180 ÷360
=2 400 (万元)

计算一般借款的资本化率:

一般借款的年资本化率 = （2 000 ×6% +10 000 ×8%） ÷ （2 000 +10 000） =7.67%

计算应予资本化的一般借款利息金额：

2015 年应予资本化的一般借款利息金额 =1 500 ×7.67% =115.05（万元）

2016 年应予资本化的一般借款利息金额 =2 400 ×7.67% =184.08（万元）

（3）根据以上计算结果，科达公司建造材料仓库应予资本化的利息金额如下：

2015 年利息资本化金额 =130 +115.05 =245.05（万元）

2016 年利息资本化金额 =80 +184.08 =264.08（万元）

（4）计算各年应付利息总额：

2015 年应付利息总额 = 2 000 ×8% +2 000 ×6% +10 000 ×8% =1 080（万元）

2016 年上半年应付利息总额 =（2 000 ×8% +2 000 ×6% +10 000 ×8%）×180 ÷360 =540（万元）

（5）有关账务处理如下：

2015 年 12 月 31 日：

借：在建工程——材料仓库	2 450 500.00	
财务费用——利息	8 049 500.00	
应收利息（或银行存款）	300 000.00	
贷：应付利息		10 800 000.00

2016 年 6 月 30 日：

借：在建工程——材料仓库	2 640 800.00	
财务费用——利息	2 759 200.00	
贷：应付利息		5 400 000.00

4. 借款辅助费用资本化金额的确定

借款辅助费用是企业取得借款发生的必要费用。对于专门借款发生的辅助费用，如果是在所购建或者生产符合资本化条件的资产达到预定可使用状态之前发生的，应当在发生时根据其发生额予以资本化，计入符合资本化条件的资产的成本；如果是在所购建或者生产符合资本化条件的资产达到预定可使用状态之后发生的，应当在发生时根据其发生额确认为财务费用，计入当期损益。

上述专门借款发生的资本化或计入当期损益的辅助费用的发生额，是指根据《金融工具确认和计量》的规定，按照实际利率法所确定的金融负债交易费用对每期利息费用的调整额。按照《金融工具确认和计量》准则的规定：除以公允价值计量且其变动计入当期损益的金融负债之外，其他金融负债相关的交易费用应当计入金融负债的初始确认金额，在确定借款费用资本化金额时，可以结合借款利息资本化金额一并计算。

一般借款发生的辅助费用，也应按照上述原则确定其发生额并进行处理。

（二）短期借款的核算

1. 短期借款的概念

短期借款是指企业向银行或其他非银行金融机构等借入的期限在一年以下（含一年）的各种借款。短期借款通常是企业为维持正常的日常生产经营活动所需的资金或者为抵偿某项债务而借入的款项。

2. 短期借款的种类

（1）临时借款，指企业由于临时性、季节性需要向银行或非银行金融机构申请取得的短期借款。

（2）生产经营周转借款，指企业为了满足当年基本生产经营活动对资金的需要而向银行或非银行金融机构申请取得的短期借款。

（3）结算借款，指企业采取托收承付结算方式进行销售，在发出商品办妥委托银行收款手续后至收款银行通知购买单位承付货款之前，为了解决结算资产占用的资金需要，且以托收承付结算凭证为保证向银行取得的借款。

（4）票据贴现借款，指持有商业承兑汇票和银行承兑汇票的企业，在流动资金发生困难的情况下，向银行申请取得的票据贴现借款。

3. 短期借款的特征

短期借款具有以下特征：①债权人包括银行和其他非银行金融机构，如金融性公司等。②期限短。短期借款主要有一年期借款、半年期借款、三个月借款等。③金额小。单笔短期借款数额一般较少。④到期还本付息。根据货币的时间价值，短期借款应当根据借款本金和确定的利率按期计算利息，于到期时偿还借款本金和利息。

4. 短期借款的核算

（1）账户设置。

为了核算和监督企业短期借款的取得和偿还情况，企业应设置“短期借款”账户。该账户为负债类账户，贷方登记取得短期借款的金额，借方登记偿还短期借款的金额，期末余额在贷方，反映尚未偿还的短期借款的金额。该账户可按借款种类、贷款人和币种开设明细账，进行明细核算。

（2）短期借款的账务处理。

取得短期借款：企业向银行或金融机构办理短期借款时，应按照银行或金融机构规定的法定程序和规范履行“贷款申请—贷款受理—贷款审批—合同签订—贷款发放”等流程，方可取得短期借款。企业取得短期借款时，借记“银行存款”账户，贷记“短期借款”账户。

短期借款利息：企业于每月末按合同约定的贷款利率计算预提当月短期借款利息。一般按单利计算，其计算公式为：短期借款利息额 = 借款本金 × 借款期限 × 借款利率。

温馨提示

上述公式中，必须保证借款期限与借款利率在计算口径上的一致。例如：借款期限为日，则借款利率应为日利率；借款期限为月，则借款利率也应为月利率；借款期限为年，则借款利率也应为年利率。

短期借款利息有以下三种结算方法：

Ⅰ. 按月计算并支付。这种结算方法一般在月末计算并支付利息，实际支付利息时，借记“财务费用”账户，贷记“银行存款”账户。

Ⅱ. 短期借款利息按月预提，按期（季）支付。这种方法一般在每月月末预提利息时，借记“财务费用”账户，贷记“应付利息”账户；按期（季）实际支付利息时，按已经预提的利息金额，借记“应付利息”账户，期（季）末按实际支付的利息金额与已经预提的利息金额的差额（即尚未计提的部分），借记“财务费用”账户，按实际支付的利息金额，贷记“银行存款”账户。

Ⅲ. 利息在借款到期时连本带利一起归还。

利息在借款到期时连本带利一并支付有两种处理方法：①如果到期一次支付的利息额较大，可按月预提利息，每月月末预提利息时，借记“财务费用”账户，贷记“应付利息”账户；借款到期实际支付利息时，按已经预提的利息金额，借记“应付利息”账户，按实际支付的利息金额与已经预提的利息金额的差额（即尚未计提的部分），借记“财务费用”账户，按实际支付的利息金额，贷记“银行存款”账户。②如果到期一次支付的利息额较小，平时可以不预提利息，待到实际支付利息时，借记“财务费用”账户，贷记“银行存款”账户。

短期借款到期时，企业应当按照借款合同约定的时间及时归还本金和应付利息。在归还本金时，应借记“短期借款”账户；支付应付未付的利息时，借记“应付利息”或“财务费用”账户；根据本金和应付利息之和，贷记“银行存款”账户。

【例3-8-3】 2016年4月1日，科达公司向工商银行芙蓉支行借入为期9个月的生产经营借款20万元，年利率为5.5%，款项已存入公司账户。双方签订的借款协议约定，该项借款按月计提利息，按季支付利息，到期归还本金。科达公司的账务处理如下：

（1）4月1日借入款项时：

借：银行存款——工行	200 000.00	
贷：短期借款——工行（生产经营借款）		200 000.00

（2）4月30日计算月利息：

利息额＝200 000×5.5%/12＝916.67（元）

借：财务费用——利息	916.67	
贷：应付利息——工行		916.67

5月计提利息的处理同4月。

（3）6月30日，接工行通知，支付2季度该项借款利息。

借：应付利息——工行	1 833.33	
财务费用——利息	916.67	
贷：银行存款——工行		2 750.00

（4）二季度、三季度的利息处理同上。

（5）2017年1月1日，归还借款：

借：短期借款——工行（生产经营借款）	200 000.00	
贷：银行存款——工行		200 000.00

岗位实训一

实训要求：根据资料，编制相关业务的记账凭证。

资料：2016 年 3 月 1 日，科达公司向光大银行翡翠支行借入一笔期限为 2 个月、到期一次还本付息的生产经营周转借款 30 万元，年利息为 6.5%。借款利息不采用预提方式，于实际支付时确认，本息到期一次偿付银行。

（1）取得借款。借款单证见表 3－8－2。

表 3－8－2　　中国光大银行借款借据（收账通知）第四联（回单）

2016 年 3 月 1 日　　借款编号：2016102

收款单位	名称	科达公司	付款单位	名称	科达公司
	开户账号	1340789356923100148		放款户账号	1340789356923101379
	开户银行	中国光大银行翡翠支行		开户银行	中国光大银行翡翠支行
借款金额	人民币（大写）	叁拾万元整			
借款原因及用途	生产经营周转资金		借款期限	2016－03－01—2016－05－01	
上列借款已核准发放并已转入你单位账户。（银行盖章）			单位分录：（借）（贷）主管　会计　复核　记账　年　月　日		

千	百	十	万	千	百	十	元	角	分
	¥	3	0	0	0	0	0	0	0

3 月 1 日科达公司取得借款时：

借：银行存款——光大银行翡翠支行　　300 000.00

　贷：短期借款——光大银行翡翠支行（生产经营借款）　　300 000.00

（2）2016 年 5 月 1 日到期时，一次性支付两个月利息。编制利息计算表，并支付利息，见表 3－8－3 和表 3－8－4。计算 2 个月利息如下：

应付利息额 $=300\ 000\times 6.5\%\times 2/12=3\ 250$（元）

表 3－8－3　　银行借款利息计算单

2016 年 5 月 1 日

借款银行	借款类型	借款日	到期日	借款本金	年利率	利息额	列支项目
光大银行翡翠支行	短期借款	2016－3－1	2016－5－1	300 000.00	6.5%	3 250.00	财务费用
合计						¥3 250.00	

会计主管：刘俊　　复核：张兰　　记账：张媛　　制表：程丽

表 3－8－4　　中国光大银行（　　）计息单（扣收通知书）

2016 年 5 月 1 日　　币种：人民币

单位名称：科达公司				
贷款账号	1340789356923101379	结算账号	1340789356923100148	
计息起讫日期	计息积数	借款本金	年利率	利息金额
2016－03－01—2016－05－01	600 000.00	300 000.00	6%	3 250.00
摘要			金额合计	¥3 250.00
金额合计（大写）人民币：叁仟贰佰伍拾元整				

复核：　　记账：

实际支付时，编制会计分录如下：

借：财务费用——利息　　　　　　　　　　　　　　3 250.00

　　贷：银行存款——光大银行　　　　　　　　　　　　　　3 250.00

（3）2016 年 5 月 1 日以银行存款归还到期的光大银行借款。单据见表 3－8－5。

表 3－8－5　　**中国光大银行还款凭证**　　**第一联（债务还贷回单）**

收款日期：2016 年 5 月 1 日　　序号：201605011

<table>
<tr><td>还款人</td><td>科达公司</td><td colspan="3">贷款人</td><td colspan="9">科达公司</td></tr>
<tr><td>存款账号</td><td>1340789356923100148</td><td colspan="3">贷款账号</td><td colspan="9">1340789356923101379</td></tr>
<tr><td rowspan="2">本息合计
币种(大写)</td><td rowspan="2">叁拾万叁仟贰佰伍拾元整</td><td>亿</td><td>千</td><td>百</td><td>十</td><td>万</td><td>千</td><td>百</td><td>十</td><td>元</td><td>角</td><td>分</td><td></td></tr>
<tr><td></td><td></td><td>¥</td><td>3</td><td>0</td><td>3</td><td>2</td><td>5</td><td>0</td><td>0</td><td>0</td><td></td></tr>
<tr><td colspan="14">收回 2016 年 3 月 1 日发放、2016 年 5 月 1 日到期的贷款。
本金：¥300 000.00，利息：¥3 250.00
此笔贷款尚欠：　　　　利息：</td></tr>
<tr><td colspan="14">上述还贷款项我行已收妥。
（光大银行业务公章）</td></tr>
</table>

制票：张平　　复核：陆颖

2016 年 5 月 1 日，根据上述原始单据，归还本金及两个月利息。科达公司编制会计分录如下：

借：短期借款——光大银行翡翠支行（生产经营借款）　　300 000.00

　　贷：银行存款——光大银行　　　　　　　　　　　　　　300 000.00

岗位实训二

实训要求：根据资料，编制记账凭证。

资料：2016 年 7 月 1 日，科达公司向光大银行翡翠支行借入资金 600 000 元，期限为 6 个月，年利率为 6%，到期还本，按月计提利息，按季付息。

（1）取得借款。借款单据见表 3－8－6。

表 3－8－6　　**中国光大银行借款借据（收账通知）第四联（回单）**

借款日期：2016 年 7 月 1 日　　借款编号：2016102

<table>
<tr><td rowspan="3">收款单位</td><td>名　　称</td><td>科达公司</td><td rowspan="3">付款单位</td><td>名　　称</td><td colspan="10">科达公司</td></tr>
<tr><td>开户账号</td><td>1340789356923100148</td><td>放款户账号</td><td colspan="10">1340789356923101379</td></tr>
<tr><td>开户银行</td><td>中国光大银行翡翠支行</td><td>开 户 银 行</td><td colspan="10">中国光大银行翡翠支行</td></tr>
<tr><td rowspan="2">借款金额</td><td rowspan="2" colspan="3">人民币（大写）陆拾万元整</td><td></td><td>千</td><td>百</td><td>十</td><td>万</td><td>千</td><td>百</td><td>十</td><td>元</td><td>角</td><td>分</td></tr>
<tr><td></td><td></td><td>¥</td><td>6</td><td>0</td><td>0</td><td>0</td><td>0</td><td>0</td><td>0</td><td>0</td></tr>
<tr><td colspan="2">借款原因及用途</td><td>生产经营周转资金</td><td colspan="2">借款期限</td><td colspan="10">2016－07－01——2017－01－01</td></tr>
<tr><td colspan="3">上列借款已核准发放并已转入你单位账户。
（银行盖章）</td><td colspan="12">单位分录：
（借）
（贷）
主管　　会计　　复核　　记账
年　　月　　日</td></tr>
</table>

7月1日科达公司取得借款时，账务处理如下：

借：银行存款——光大银行翡翠支行　　600 000.00

　　贷：短期借款——光大银行翡翠支行（生产经营借款）　　600 000.00

（2）到期还本，按月计提利息，按季付息，每月计提的利息见表3－8－7。

表3－8－7

应付利息预提表

2016年7月31日

序号	借款用途	借款日期	金额	年利率	每月利息	到期日	付息日	备注
1	生产经营周转用	2016－07－01	600 000.00	6%	3 000.00	2017－01－01	2016－09－30	
合计			600 000.00		3 000.00			

会计主管：刘俊　　复核：张兰　　记账：张媛　　制表：程丽

7月31日计提当月利息：

应付利息额＝600 000×6%×1/12＝3 000（元）

编制会计分录如下：

借：财务费用——利息　　3 000.00

　　贷：应付利息——光大银行　　3 000.00

8月31日计提8月利息，分录同上。

9月30日，接光大银行付息通知单，支付利息，利息付款通知单见表3－8－8。

表3－8－8

中国光大银行（　　）计息单（扣收通知书）

2016年9月30日　　币种：人民币

单位名称：科达公司					
贷款账号	13407893569231101379		结算账号	134078935692310014８	
计息起讫日期		计息积数	借款本金	年利率	利息金额
2016－07－01—2016－09－30		900 000.00	600 000.00	6%	9 000.00
摘要				金额合计	¥9 000.00
金额合计（大写）人民币：玖仟元整					

复核：　　记账：

借：应付利息——光大银行　　6 000.00

　　财务费用——利息　　3 000.00

　　贷：银行存款——光大银行　　9 000.00

10—12月利息计提及支付的方法同7—9月。

（3）2017年1月1日，2016年7月1日借入的光大银行600 000元贷款到期，归还本金。还款凭证见表3－8－9。

表 3－8－9　　中国光大银行还款凭证第一联（债务还贷回单）

收款日期：2017 年 1 月 1 日　　序号：20170101

<table>
<tr><td>还款人</td><td>科达公司</td><td colspan="2">贷款人</td><td colspan="11">科达公司</td></tr>
<tr><td>存款账号</td><td>134078935692310014 8</td><td colspan="2">贷款账号</td><td colspan="11">134078935692310137 9</td></tr>
<tr><td rowspan="2">本息合计
币种（大写）</td><td rowspan="2">陆拾万玖仟元整</td><td rowspan="2"></td><td>亿</td><td>千</td><td>百</td><td>十</td><td>万</td><td>千</td><td>百</td><td>十</td><td>元</td><td>角</td><td>分</td></tr>
<tr><td></td><td></td><td>¥</td><td>6</td><td>0</td><td>9</td><td>0</td><td>0</td><td>0</td><td>0</td><td>0</td></tr>
<tr><td colspan="15">收回 2016 年 7 月 1 日发放，2017 年 1 月 1 日到期的贷款。
本金：¥600 000. 00
此笔贷款尚欠：　　利息：</td></tr>
<tr><td colspan="15">上述还贷款项我行已收妥。
（光大银行业务公章）</td></tr>
</table>

制票：张平　　复核：陆颖

2017 年 1 月 1 日，科达公司根据上述单据编制会计分录如下：

借：短期借款——光大银行翡翠支行（生产经营借款）　　600 000. 00
　　财务费用——利息　　9 000. 00
　　贷：银行存款——光大银行　　609 000. 00

（三）长期借款的核算

1. 长期借款的概念和特点

长期借款是指企业从银行或其他金融机构借入的期限在一年（不含一年）以上的各项借款。长期借款主要用于固定资产的购建、改扩建工程、大修理工程等，是企业非流动负债的重要组成部分。

目前，长期借款是我国企业获得非流动负债资金的主要筹资方式。长期借款具有筹资速度快、借款数额大、借款期限长、筹资弹性大等特点。

2. 长期借款的分类

（1）按借款的条件，长期借款可以分为抵押长期借款、信用长期借款和担保长期借款三类。抵押长期借款是指以企业的动产或不动产作为抵押，以保证按期还款而取得的借款；信用长期借款是指不以特定的抵押财产做保证，仅凭企业的良好信誉而取得的借款；担保长期借款是指企业通过其他具有法人资格的单位提供的担保而取得的借款。

（2）按借款的用途，长期借款可以分为基本建设长期借款、技术改造长期借款和生产经营长期借款三类。基本建设长期借款是指新建、扩建、改建企业用于购建固定资产等有关支出的借款；技术改造长期借款是指用于固定资产更新及技术改造的借款；生产经营长期借款是指用于企业生产经营中正常周转的借款。

（3）按借款的币种，长期借款可以划分为人民币长期借款和外币长期借款两类。

（4）按借款的偿还方式，长期借款可以分为分期付息到期还本长期借款、到期一次还本付息长期借款、分期偿还本息长期借款三类。

3. 长期借款的核算

(1) 账户设置。

企业应设置“长期借款”账户，核算企业长期借款的本金的借入和归还情况。该账户为负债类账户，贷方登记企业向银行或其他金融机构借入的长期借款的本金、利息和利息调整的增加额；借方登记本金、利息和利息调整的减少额；期末余额在贷方，反映企业尚未偿还的长期借款的摊余成本。该账户按贷款单位和贷款种类，分设“本金”“利息调整”等明细账户进行明细核算。

(2) 长期借款的账务处理。

长期借款的核算主要包括借款本金借入和归还的核算、借款利息的核算、外币借款发生的汇兑损益的核算等。

Ⅰ. 取得长期借款的核算。

企业取得长期借款时，应按实际收到的金额，借记“银行存款”账户，按照取得长期借款的本金，贷记“长期借款——本金”账户，二者之间如存在差额（如补偿性余额），还应借记“长期借款——利息调整”账户。

【例3-8-4】 科达公司为增值税一般纳税人，于2016年3月1日从光大银行翡翠支行取得为期2年的借款1 500 000元，借款年利率为8%，到期一次还本付息，不计复利，借款已存入光大银行账户。3月3日，该公司用该借款购入一台不需要安装的机床，取得的增值税专用发票上注明价款为1 200 000元，增值税税额为204 000元；支付运输费，取得的运输费增值税专用发票上注明价款为5 000元，增值税税额为550元。该设备已于当日投入使用。

科达公司的账务处理如下：

(1) 3月1日取得借款时：

借：银行存款——光大银行（长期贷款）	1 500 000.00	
贷：长期借款——光大银行（本金）		1 500 000.00

(2) 支付设备款及运输费：

借：固定资产——机床	1 205 000.00	
应交税费——应交增值税（进项税额）	204 550.00	
贷：银行存款——光大银行		1 409 550.00

Ⅱ. 长期借款利息的核算。

长期借款的利息费用应当在资产负债表日，按照摊余成本和实际利率法计算确定，实际利率与合同利率差异较小的，也可以采用合同利率计算确定利息费用。长期借款按照实际利率计算确定的利息费用，符合资本化条件的部分应计入资产的成本，借记“在建工程”“制造费用”等账户，不符合资本化条件的部分应作为当期损益，借记“财务费用”等账户。长期借款按照合同利率计算确定的应付未付利息，如果为分期付息，贷记“应付利息”账户，如果为到期一次还本付息，贷记“长期借款——应计利息”账户。按照借款本金和合同利率计算确定的应支付的利息与长期借款按照实际利率计算确定的利息费用之间的差额，贷记“长期借款——利息调整”账户。

长期借款的取得和利息核算较为复杂，在此仅介绍长期借款实际利率与合同利率差异较小的情况下的账务处理规定。

【例3-8-5】 承【例3-8-4】，科达公司于2016年12月31日计提当年3月1日—12月31日的长期借款利息。

（1）应计利息额 = 1 500 000 × 10 × 8%/12 = 100 000（元）

编制会计分录如下：

借：财务费用——利息　　100 000.00

　　贷：长期借款——光大银行（应计利息）　　100 000.00

（2）2017年12月31日，计提长期借款利息。

应计利息额 = 1 500 000 × 8% = 120 000（元）

编制会计分录如下：

借：财务费用——利息　　120 000.00

　　贷：长期借款——光大银行（应计利息）　　120 000.00

Ⅲ. 长期借款归还。

企业归还长期借款本金时，应按归还金额，借记“长期借款——××银行（本金）”账户，贷记“银行存款”账户；按归还的利息，借记“应付利息”或“长期借款——应计利息”账户，贷记“银行存款”账户。

【例3-8-6】 承【例3-8-4】和【例3-8-5】，科达公司2018年3月1日偿还该笔银行借款本息。

（1）计算2018年1月1日—3月1日该笔借款的利息。

应计利息额 = 1 500 000 × 2 × 8% /12 = 20 000（元）

（2）归还该笔借款本息时：

借：长期借款——光大银行（本金）　　1 500 000.00

　　财务费用——利息　　20 000.00

　　长期借款——光大银行（应计利息）　　220 000.00

　　贷：银行存款——光大银行　　1 740 000.00

岗位实训三 ▶▶▶

实训要求： 审核原始单据，编制会计分录。

资料： 2016年1月1日，科达公司从光大银行翡翠支行借入期限为2年的专门借款300万元，用于企业2号生产线的建设。该笔借款的年利率为12%，利息于次年1月15日支付，到期归还本金，所借款项已存入银行。该生产线工程由中厦建筑公司承建。2016年1月3日，支付中厦建筑公司工程款100万元；2016年10月1日，支付中厦建筑公司工程款150万元；2017年6月1日，支付中厦建筑公司工程款50万元。该生产线于2017年末完工交付使用。假设不考虑闲置专门借款资金存款的利息收入和投资收益。

（1）2016年1月1日取得借款凭证，见表3-8-10。

表 3－8－10　　中国光大银行借款借据（收账通知）第四联（回单）

2016 年 1 月 1 日　　借款编号：2016101

<table>
<tr><td rowspan="3">收款单位</td><td>名　称</td><td>科达公司</td><td rowspan="3">付款单位</td><td>名　称</td><td colspan="9">科达公司</td></tr>
<tr><td>开户账号</td><td>1340789356923100148</td><td>放款户账号</td><td colspan="9">1340789356923101379</td></tr>
<tr><td>开户银行</td><td>中国光大银行翡翠支行</td><td>开户银行</td><td colspan="9">中国光大银行翡翠支行</td></tr>
<tr><td rowspan="2">借款金额</td><td colspan="3" rowspan="2">人民币（大写）叁佰万元整</td><td>千</td><td>百</td><td>十</td><td>万</td><td>千</td><td>百</td><td>十</td><td>元</td><td>角</td><td>分</td></tr>
<tr><td>¥</td><td>3</td><td>0</td><td>0</td><td>0</td><td>0</td><td>0</td><td>0</td><td>0</td><td>0</td></tr>
<tr><td colspan="2">借款原因及用途</td><td colspan="2">基建专门借款</td><td>借款期限</td><td colspan="9">2016－01－01——2018－01－01</td></tr>
<tr><td colspan="3">上列借款已核准发放并已转入你单位账户。
（银行盖章）</td><td colspan="11">单位分录：
（借）
（贷）
主管　会计　复核　记账
年　月　日</td></tr>
</table>

科达公司账务处理如下：

借：银行存款——光大银行　　3 000 000.00

　　贷：长期借款——光大银行（基建借款）　　3 000 000.00

（2）2016 年 1 月 3 日，支付工程款，单据见表 3－8－11 和表 3－8－12。

表 3－8－11　　工程价款结算账单

付款方名称：科达公司

收款方名称：中厦建筑公司　　2016 年 1 月 3 日　　单位：元

工程名称	本期应收工程款	应抵扣款项	支付工程款	本期实收数	本期已收工程价款累计	说明
2 号生产线	1 000 000.00		1 000 000.00	1 000 000.00	1 000 000.00	

第二联　付款方记账联

施工企业：中厦建筑公司
开户银行及账号：中国建设银行金寨路支行
1932750467837820678

建设单位：科达公司
开户银行及账号：中国光大银行翡翠支行
1340789356923100148

表 3－8－12　　中国光大银行

转账支票存根（皖）

XIN00000025

附加信息：

出票日期：2016 年 1 月 3 日

收款人：中厦建筑公司
金　额：¥1 000 000.00
用　途：支付工程款

单位主管：　　会计：

根据上述原始单据，科达公司账务处理如下：

借：在建工程——出包工程（2号生产线）　　1 000 000.00

　　贷：银行存款——光大银行　　1 000 000.00

（3）2016年10月1日，支付工程款150万元。单据略，格式见表3-8-11和表3-8-12。

科达公司账务处理如下：

借：在建工程——出包工程（2号生产线）　　1 500 000.00

　　贷：银行存款——光大银行　　1 500 000.00

（4）2016年12月31日，计算2016年应计入工程成本的借款利息费用。单据见表3-8-13。

2016年应计利息总额＝3 000 000×12%＝360 000（元）

其中：应予以资本化的利息金额＝1 000 000×12%＋1 500 000×12%×3÷12

＝165 000（元）

表3-8-13　　**银行借款利息计算单**

2016年12月31日

借款种类	借款金额	年利率	借款期数	利息额	列支项目
长期借款	3 000 000.00	12%	1年	360 000.00	
其中：	1 000 000.00	12%	1年	120 000.00	在建工程
	1 500 000.00	12%	3个月	45 000.00	在建工程
合计				360 000.00	

科达公司账务处理如下：

借：在建工程——出包工程（2号生产线）　　165 000.00

　　财务费用——利息　　195 000.00

　　贷：应付利息——光大银行　　360 000.00

（5）2017年1月15日支付2016年利息费用，单据见表3-8-14。

表3-8-14　　**中国光大银行（　　）计息单（扣收通知书）**

2016年9月30日　　币种：人民币

单位名称：科达公司					
贷款账号	1340789356923101379		结算账号	1340789356923100148	
计息起讫日期		计息积数	借款本金	年利率	利息金额
2016-01-01—2016-12-31		5 000 000.00	3 000 000.00	12%	360 000.00
摘要				金额合计	¥360 000.00
金额合计（大写）人民币：叁拾陆万元整					

中国光大银行翡翠支行　转账　转讫

复核：　　记账：

科达公司账务处理如下：

借：应付利息——光大银行　　360 000.00

贷：银行存款——光大银行　　360 000.00

（6）2017 年 6 月 1 日，支付中厦建筑公司工程款 50 万元。单据略，格式见表 3-8-11 和表 3-8-12。

科达公司账务处理如下：

借：在建工程——出包工程（2 号生产线）　　500 000.00

贷：银行存款——光大银行　　500 000.00

（7）2017 年末完工交付使用。计算 2017 年专门借款利息，计入 2 号生产线成本。结转固定资产成本，固定资产竣工交接单见表 3-8-15。

计算 2017 年专门借款利息：

2017 年应计利息总额 = 3 000 000 × 12% = 360 000（元）

其中：应予以资本化的利息金额 = 3 000 000 × 12% = 360 000（元）

借：在建工程——出包工程（2 号生产线）　　360 000.00

贷：应付利息——光大银行　　360 000.00

表 3-8-15　　固定资产竣工交接单

2017 年 12 月 28 日

承建单位：中厦建筑公司				使用单位：科达公司		
名称及型号	单位	数量	原始价值	已提折旧	净值	预计使用年限
2 号生产线	条	1	3 525 000.00			20 年
	竣工日期		支付价格			
	2017-12-28		3 000 000.00			

承建单位：中厦建筑公司　　使用单位：科达公司

工程竣工，科达公司账务处理如下：

借：固定资产——2 号生产线　　3 525 000.00

贷：在建工程——出包工程（2 号生产线）　　35 250 000.00

2018 年 1 月 1 日科达公司归还借款本金及 2017 年度利息时，账务处理如下：

借：银行存款——光大银行　　3 000 000.00

应付利息——光大银行　　360 000.00

贷：长期借款——光大银行（本金）　　3 360 000.00

三、应付账款的核算

（一）应付账款概述

1. 应付账款的概念

应付账款是指企业因购买材料、商品或接受劳务、服务供应等经营活动而应支付给供应单位的款项。

2. 应付账款入账时间的确认

企业在购买材料、商品或接受劳务、服务时，由于未及时付款而产生的负债，这种负债是由交易时间和付款时间不同而引起的。

应付账款一般应在与所购买物资所有权相关的主要风险和报酬已经转移，或者所购买的劳务和服务已经接受时确认。实务中，为使所购物资的金额、品种、数量和质量等与合同约定的条款相符，避免因验收时发现所购物资的数量或质量存在问题而对入账的物资或应付账款金额进行改动，在物资和发票账单同时到达的情况下，一般在所购物资验收入库后，根据发票账单登记入账，确认应付账款。在所购物资已经验收入库但发票账单未能同时到达的情况下，由于企业应付供应单位的负债已经成立，在会计期末，为了完整反映企业的负债情况，通常先将所购物资和相关的应付账款暂估入账，下月初做红字分录或做相反会计分录予以冲销，待收到发票账单时，再予以入账。

3. 应付账款的入账金额

应付账款应按发票账单金额确定。如果购货条件包括在规定的期限内付款可以享受一定的现金折扣，会计上入账金额的确定有两种方法，即总价法和净价法。我国会计准则采用总价法。

（二）应付账款的账务处理

1. 账户设置

企业应设置“应付账款”账户核算企业因购买材料、商品或接受劳务、服务供应等应支付给供应单位款项的发生、偿还、转销等情况。该账户贷方登记企业因购材料、商品或接受劳务、服务供应等而发生的应付账款；借方登记偿还的应付账款、开出商业汇票抵付应付账款或冲销无法支付的应付款项；余额一般在贷方，反映企业尚未支付的应付账款余额。该账户应按债权人设置明细账户进行明细核算。

温馨提示

◆ 不单独设置“预付账款”账户的企业，预付账款也在“应付账款”账户中核算。

◆ 企业应付各种赔款、应付租金、应付存入保证金等应在“其他应付款”等账户核算，不在本账户核算。

◆ 因债权人撤销等原因而产生的无法支付的应付款项，应转入“营业外收入”账户。

2. 应付账款的账务处理

企业因购买材料、商品或接受劳务、服务供应等发生应支付给供应单位的款项时，根据发票账单或随货同行联记载的实际价款或暂估价值，借记“材料采购”“在途物资”“生产成本”“管理费用”“应交税费——应交增值税（进项税额）”等账户，贷记“应付账款”账户；偿还应付账款或开出承兑商业汇票抵付时，借记“应付账款”等账户，贷记“银行存款”“应付票据”等账户。由于债权单位撤销或其他原因而使应付账款无法清偿时，企业应将确实无法支付的应付账款予以转销，按账面余额计入营业外收入，借记“应付账款”账户，贷记“营业外收入”账户。

温馨提示

实务中，企业外购电力、燃料等动力一般通过“应付账款”账户核算，即每月付款时先做暂付款处理，借记“应付账款”账户，贷记“银行存款”账户；月末按照外购燃料动力的用途，借记“生产成本”“制造费用”“管理费用”等账户，贷记“应付账款”账户。

【例3-8-7】 科达公司为增值税一般纳税人。2016年10月1日，科达公司从中远公司购入戊材料4 000吨，价款1 200 000元，对方代垫运输费3 500元。取得的增值税专用发票上注明货物增值税税额为204 000元，运输费劳务增值税税额为385元。材料已运到并验收入库（该企业材料按实际成本计价核算），款项尚未支付。科达公司账务处理如下：

借：原材料——戊材料　　1 203 500.00
　　应交税费——应交增值税（进项税额）　　204 385.00
　　贷：应付账款——中远公司　　1 407 885.00

【例3-8-8】 承【例3-8-7】，2016年10月15日，科达公司以工行银行存款支付10月1日中远公司戊材料价税款。科达公司账务处理如下：

借：应付账款——中远公司　　1 407 885.00
　　贷：银行存款——工行　　1 407 885.00

【例3-8-9】 10月12日，科达公司向利民公司购入乙材料1000吨，材料已验收入库，取得的增值税专用发票上注明价款为300 000元，增值税税额为51 000元。款项尚未支付，合同上注明的付款条件为“2/10，n/30”。假设按考虑增值税和不考虑增值税两种情况分别处理，科达公司账务处理如下：

10月12日购入乙材料时，应付账款发生：

借：原材料——乙材料　　300 000.00
　　应交税费——应交增值税（进项税额）　　51 000.00
　　贷：应付账款——利民公司　　351 000.00

如果5月20日以工商银行芙蓉支行存款支付，在考虑增值税条件下，享受2%的折扣：

现金折扣额 =351 000×2% =7 020（元）

借：应付账款——利民公司　　351 000.00
　　贷：财务费用——现金折扣　　7 020.00
　　　　银行存款　　343 980.00

如果5月20日以工商银行芙蓉支行存款支付，在不考虑增值税条件下，享受2%的折扣：

现金折扣额 =300 000×2% =6 000（元）

借：应付账款——利民公司　　351 000.00
　　贷：财务费用——现金折扣　　6 000.00
　　　　银行存款——工行　　345 000.00

如果5月25日以银行存款支付，则不享受折扣：

借：应付账款——利民公司　　351 000.00
　　贷：银行存款——工行　　351 000.00

【例3-8-10】 2016年4月15日，科达公司收到合肥供电公司电费收费通知单，以工行存款交纳电费46 000元，增值税税额为7 820元。取得增值税专用发票。科达公司账务处理如下：

借：应付账款——合肥市电力公司　　46 000.00

应交税费——应交增值税（进项税额）　　7 820.00

贷：银行存款——工行　　53 820.00

【例3-8-11】2016年4月30日，科达公司分配当月外购电费（该公司各月电费金额比较均衡）46 000元，其中产品生产车间电费38 200元，行政管理部门电费4 130元，基建项目用电费3 670元，款项未付。科达公司账务处理如下：

借：制造费用——生产车间　　38 200.00

管理费用——电费　　4 130.00

在建工程　　3 670.00

贷：应付账款——合肥市电力公司　　46 000.00

【例3-8-12】2016年6月12日，科达公司因为债权人顺通公司解散导致前欠该公司的2 600元货款的尾款无法支付，经公司批准予以转销。科达公司账务处理如下：

借：应付账款——顺通公司　　2 600.00

贷：营业外收入——转销应付账款利得　　2 600.00

四、应付票据的核算

（一）应付票据概述

应付票据是指企业购买原材料、商品和接受劳务、服务供应等而开出承兑的商业汇票。按照承兑人不同，商业汇票包括商业承兑汇票和银行承兑汇票。按照是否计息，商业汇票包括带息商业汇票和不带息商业汇票。

应付票据的核算主要包括签发或承兑商业汇票、计提票据利息、支付票款等内容。

（二）应付票据的核算

1. 账户设置

为了总括反映和监督企业应付票据的发生、偿付等情况，应设置“应付票据”账户。该账户属于负债类账户，贷方登记承兑汇票的面值，借方登记支付票据数额；期末余额在贷方，表示企业尚未支付票据的数额。企业应设置应付票据备查簿，记载每一项应付票据的详细资料，比如应付票据的种类、号数、签发日期、到期日、票面金额、收款人姓名、地址及付款日期等内容，到期付清时，在备查簿中逐笔注销。

商业汇票的承兑期不超过6个月，时间短，因此此项流动负债应按照开出、承兑的商业汇票的面值入账。

2. 应付票据的账务处理

（1）企业购买货物、接受劳务和服务供应等，开出承兑商业汇票时，借记“材料采购”“原材料”“库存商品”“应交税费——应交增值税（进项税额）”等账户，贷记“应付票据”账户。

（2）开出、承兑商业汇票或以承兑汇票抵付货款时，借记“应付账款”账户，贷记“应付票据”账户。

（3）如果开出的是银行承兑汇票，支付银行承兑手续费时，借记“财务费用”账户，贷记“银行存款”账户。

（4）商业汇票到期，兑付票款时，借记“应付票据”账户，贷记“银行存款”账户。如果商业汇票带息，到期兑付本息，借记“应付票据”“财务费用”账户，贷记“银行存款”账户。如果带息票据跨期，期末应计提商业汇票利息，借记“财务费用”账户，贷记“应付票据”账户。

（5）当企业开出承兑商业汇票到期无力支付时，则将应付票据转为应付账款，借记“应付票据”账户，贷记“应付账款”账户。

【例3－8－13】 2016年11月1日，科达公司向江南公司购入庚材料1 500吨，价值为375 000元，取得的增值税专用发票上注明税额为63 750元，材料已验收入库。经双方协商，以商业承兑汇票兑付价税款，由购货方给销货方开出一张商业承兑汇票，面值为438 750元，票面利率为6%，期限为6个月，票据到期付款。

（1）2016年11月1日，开出承兑商业承兑汇票。

借：原材料——庚材料　　375 000.00

　　应交税费——应交增值税（进项税额）　　63 750.00

　　贷：应付票据——商业承兑汇票（江南公司）　　438 750.00

（2）2016年12月31日应计提利息：

利息额＝438 750×6%×2/12＝4 387.5（元）

借：财务费用——利息　　4 387.50

　　贷：应付票据——商业承兑汇票（江南公司）　　4 387.50

（3）2017年5月1，商业承兑汇票到期，兑付票款及利息。

2017年1月1日—2017年4月30日，票据利息：

利息额＝438 750×6%×4/12＝8 775（元）

借：应付票据——商业承兑汇票（江南公司）　　443 137.50

　　财务费用——利息　　8 775.00

　　贷：银行存款　　451 912.50

【例3－8－14】 承【例3－8－13】，假定2017年5月1日商业承兑汇票到期，科达公司账户无款兑付票款，则科达公司账务处理如下：

借：应付票据——商业承兑汇票（江南公司）　　443 137.50

　　财务费用——利息　　8 775.00

　　贷：应付账款——利民公司　　451 912.50

【例3－8－15】 中通公司为增值税一般纳税人，原材料按计划成本计价。2016年3月1日，中通公司向华诚公司购买A材料3 000千克，取得的增值税专用发票上注明价款为60 000元，税款为10 200元。计划成本为58 000元，A材料已验收入库。同时出具一张面值为70 200元、期限为3个月的不带息银行承兑汇票，支付银行承兑手续费35.10元。

（1）3月1日，购买A材料，出具银行承兑汇票。

借：材料采购—— 华诚公司（A材料）　　60 000.00

　　应交税费——应交增值税（进项税额）　　10 200.00

　　贷：应付票据——银行承兑汇票（华诚公司）　　70 200.00

(2) 支付银行承兑手续费。

借：财务费用——手续费　　35.10

　贷：银行存款　　35.10

(3) 材料验收入库。

借：原材料——A 材料　　58 000.00

　材料成本差异　　2 000.00

　贷：材料采购——华诚公司（A 材料）　　60 000.00

(4) 6 月 1 日，银行承兑汇票到期，兑付票款。

借：应付票据——银行承兑汇票（华诚公司）　　70 200.00

　贷：银行存款　　70 200.00

五、预收账款的核算

（一）预收账款概述

预收账款是企业按照合同约定向购货方预收的款项。预收账款和应付账款不同的是，前者所形成的债务按合同约定，不是以货币偿付，而是以货物清偿；后者形成的债务，一般以货币清偿。

（二）预收账款的核算

1. 账户设置

企业应设置“预收账款”账户核算预收账款的取得、偿付等情况。该账户属于负债类账户，贷方登记发生的预收账款金额和购货方补付账款的金额，借方登记企业向购货方发货后冲销的预收账款金额和退回购货方多付账款的金额，期末贷方余额，反映企业预收款项的金额，如为借方余额，反映企业尚未转销的预收账款金额。该账户一般按照购货方设置明细账进行明细核算。

温馨提示

预收货款业务不多的企业，可以不设置“预收账款”账户，其所发生的预收货款，可通过“应收账款”账户的贷方核算。

2. 预收账款的账务处理

企业向购货方预收货款时，应借记“银行存款”账户，贷记“预收账款”账户；销售实现时，按售价及应交的增值税销项税额，借记“预收账款”账户，按照实现的营业收入，贷记“主营业务收入”账户，按照增值税专用发票上注明的增值税税额，贷记“应交税费——应交增值税（销项税额）”账户；收到购货方补付的货款时，借记“银行存款”账户，贷记“预收账款”账户；向购货方退回其多付的款项时，借记“预收账款”账户，贷记“银行存款”账户。

【例 3－8－16】 科达公司为增值税一般纳税人。2016 年 3 月 10 日，科达公司与海天公司签订供货合同，向海天公司销售 D 产品 200 件，价款 250 000 元，增值税款 42 500

元。合同约定，海天公司在3月20号前预付50%的价税款，余款在交货后付清。3月15日，科达公司收到海天公司预付的货款146 250元，存入工商银行芙蓉支行账户。3月20日，科达公司向海天公司发货并开具增值税专用发票，海天公司收货后补付了余下的货款。科达公司账务处理如下：

（1）3月15日，收到海天公司预付的50%价税款。

借：银行存款——工行　　146 250.00

　　贷：预收账款——海天公司　　146 250.00

（2）3月20日，向海天公司发货。

借：预收账款——海天公司　　292 500.00

　　贷：主营业务收入　　250 000.00

　　　　应交税费——应交增值税（销项税额）　　42 500.00

同日，收到海天公司补付的余款。

借：银行存款——工行　　146 250.00

　　贷：预收账款——海天公司　　146 250.00

学中做

承【例3－8－16】资料，假如科达公司不单独设置“预收账款”账户，该项业务应该通过哪个账户进行处理？

岗位实训四

实训要求：根据原始单据，编制记账凭证。

资料：科达公司为一般纳税人，存货按实际成本计价核算。2016年9月，该公司发生的经济业务及账务处理如下：

（1）9月1日，从广汇公司购入已材料。相关单据见表3－8－16至表3－8－20。

表3－8－16　　安徽增值税专用发票　　№ 05693148

3401102130　　发票联　　开票日期：2016年9月1日

购买方	名称：科达公司 纳税人识别号：340010468107588036 地址、电话：安徽省合肥市芙蓉路666号0551－63891252 开户行及账号：工行合肥芙蓉路支行01400822600777			密码区	7＋＋9/42152＊＋129＊864＞ 加密版本：01 63－＜7503＊＜1＞＊/＜3＜＋80 341008389 2＋＜＜56894588＞＞＊＊＜2569 5920－33/65＋5012＊/＞＞92 00193828		
货物或应税劳务、服务名称	规格型号	单位	数量	单价	金额	税率	税额
已材料		吨	1 200	310.00	372 000.00	17%	63 240.00
合计					¥372 000.00		¥63 240.00
价税合计（大写）	⊗肆拾叁万伍仟贰佰肆拾元整				（小写）¥435 240.00		
销售方	名称：广汇公司 纳税人识别号：340601087330563891 地址、电话：安徽省合肥市习友路1524号0551－66551460 开户行及账号：工行合肥习友路支行4209772234586			备注	广汇公司 340601087330563891 发票专用章		

收款人：邱文　　复核：王芳　　开票人：刘盛　　销售方：（章）

第三联：发票联　购买方记账凭证

表 3-8-17 安徽增值税专用发票 **№ 05693148**

3401102130 抵扣联 开票日期：2016 年 9 月 1 日

购买方	名称：科达公司 纳税人识别号：340010468107588036 地址、电话：安徽省合肥市芙蓉路 666 号 0551-63891252 开户行及账号：工行合肥芙蓉路支行 01400822600777				密码区	7++9/42152*+129*864> 加密版本：01 63-<7503*<1>*/<3<+80 341008389 2+<<56894588>>**<2569 5920-33/65+5012*/>>92 00193828	
货物或应税劳务、服务名称	规格型号	单位	数量	单价	金额	税率	税额
已材料		吨	1 200	310.00	372 000.00	17%	63 240.00
合计					¥372 000.00		¥63 240.00
价税合计（大写）	⊗肆拾叁万伍仟贰佰肆拾元整				（小写）¥435 240.00		
销售方	名称：广汇公司 纳税人识别号：340601087330563891 地址、电话：合肥市习友路 1524 号 0551-66551460 开户行及账号：工行合肥习友路支行 4209772234586				备注	广汇公司 340601087330563891 发票专用章	

收款人：邱文 复核：王芳 开票人：刘盛 销售方：（章）

第二联：抵扣联 购买方扣税凭证

表 3-8-18 安徽增值税专用发票 **№ 06193241**

3401128456 发票联 开票日期：2016 年 9 月 1 日

购买方	名称：科达公司 纳税人识别号：340010468107588036 地址、电话：安徽省合肥市芙蓉路 666 号 0551-63891252 开户行及账号：工行合肥芙蓉路支行 01400822600777				密码区	7++9/42152*+129*864> 加密版本：01 63-<7503*<1>*/<3<+80 341008389 2+<<56894588>>**<2569 5920-33/65+5012*/>>92 00193828	
货物或应税劳务、服务名称	规格型号	单位	数量	单价	金额	税率	税额
运输费		吨公里	625	8.00	5 000.00	11%	550.00
合计							
价税合计（大写）	⊗伍仟伍佰伍拾元整				（小写）¥5 550.00		
销售方	名称：中通公司 纳税人识别号：340101087460563857 地址、电话：合肥市徽州大道 1356 号 0551-65325146 开户行及账号：徽行合肥分行徽州大道支行 56231278531				备注	中通公司 340101087460563857 发票专用章	

收款人：雷玲玲 复核：王元 开票人：曹进 销售方：（章）

第三联：发票联 购买方记账凭证

表 3－8－19

安徽增值税专用发票

№ 06193241

3401128456

抵 扣 联

开票日期：2016 年 9 月 1 日

购买方	名　　称：科达公司 纳税人识别号：340010468107588036 地 址 、电 话：安徽省合肥市芙蓉路 666 号 0551－63891252 开户行及账号：工行合肥芙蓉路支行 01400822600777	密码区	7＋＋9/42152＊＋129＊864＞ 加密版本：01 63－＜7503＊＜1＞＊/＜3＜＋80　341008389 2＋＜＜56894588＞＞＊＊＜2569 5920－33/65＋5012＊/＞＞92　00193828

货物或应税劳务、服务名称	规格型号	单位	数量	单价	金额	税率	税额
运输费		吨	625	8.00	5 000.00	11%	550.00
合计		公里			￥5 000.00		￥550.00
价税合计（大写）	⊗伍仟伍佰伍拾元整				（小写） ￥5 550.00		

销售方	名　　称：中通公司 纳税人识别号：340101087460563857 地 址 、电 话：合肥市徽州大道 1356 号 0551－65325146 开户行及账号：徽行合肥分行徽州大道支行 56231278531	备注	中通公司 340101087460563857 发票专用章

收款人：雷玲玲　　复核：王元　　开票人：曹进　　销售方：（章）

第二联：抵扣联 购买方扣税凭证

表 3－8－20

材料入库单

材料科目：材料

No. 001234

材料类别：原料及主要材料

供应单位：广汇公司　　2016 年 9 月 1 日　　收料仓库：1

材料名称	计量单位	数量（吨）		实际成本（元）						备注
		应收	实收	买价		运杂费	其他	合计	单位成本	
				单价	金额					
已材料	吨	120	1 200	310.00	372 000.00	5 000.00		377 000.00	3 141.67	

记账：张媛　　收料：徐薇　　制单：徐薇

（2）9 月 10 日，3 月 10 日签发承兑的应付广汇公司的为期 6 个月的 900 000 元的不带息商业承兑汇票到期，以银行存款支付。有关单据见表 3－8－21 和表 3－8－22。

表 3－8－21

托收凭证（付款通知）　　5

委托日期：2016 年 9 月 10 日　　付款期限：2016 年 9 月 10 日

业务类别	委托收款（□邮划 ☑电划）　托收承付（□邮划 □电划）						
付款人 全称	科达公司			收款人 全称	广汇公司		
账号	01400822600777			账号	4209772234586		
地址	安徽省合肥市	开户行	工行合肥芙蓉路支行	地址	安徽省合肥市	开户行	工行合肥习友路支行
金额	人民币（大写）玖拾万元整			千百十万千百十元角分	￥ 9 0 0 0 0 0 0		
款项内容	材料款	托收凭据名称	商业承兑汇票 00000351 号	附寄单据张数	壹张		
商品发运情况				合同名称号码			
备注： 付款人开户行收到日期 2016 年 9 月 10 日	付款人开户银行签章 2016 年 9 月 10 日 （中国工商银行芙蓉路支行 2016.09.10 转账 转讫）			付款人注意： 根据支付结算办法，上列委托收款（托收承付）款项在付款期限内未提出拒付，即视为同意付款，以此代付款通知。 如需提出全部或部分拒付，应在规定期限内，将拒付理由书并附债务证明退交开户银行。			

此联是付款人开户银行给付款人的按时付款通知

表 3－8－22　　**商业承兑汇票（卡片）**　　1

出票日期：贰零壹陆年零玖月壹拾日（大写）　　$\frac{\text{A A}}{\text{0 1}}$ 00030512

付款人	全　称	科达公司	收款人	全　称	广汇公司
	账　号	01400822600777		账　号	4209772234586
	开户银行	工行合肥芙蓉路支行		开户银行	工行合肥习友路支行

出票金额	人民币（大写）玖拾万元整	亿	千	百	十	万	千	百	十	元	角	分
				¥	9	0	0	0	0	0	0	0

汇票到期日（大写）	贰零壹陆年零玖月壹拾日	付款人开户行	行号	321564125
交易合同号码	2016－387 号		地址	工行合肥分行芙蓉路支行
科达公司 财务专用章　周文印　出票人签章		备注：		

（3）9 月 15 日，与龙源公司签订销货协议，销售 D 产品 150 件，价款为 187 500 元，增值税税额为 31 875 元。双方协定，龙源公司 2016 年 9 月 20 日前预付 60% 价税款，余款收货后付清。9 月 18 日，收到龙源公司预付款，存入工行芙蓉路支行账户。有关单据见表 3－8－23。

表 3－8－23　　**中国工商银行　进账单（收账通知）**　　3

2016 年 9 月 18 日

出票人	全　称	龙源公司	收款人	全　称	科达公司
	账　号	3572659816522490		账　号	01400822600777
	开户银行	工行芜湖开源支行		开户银行	工行合肥芙蓉路支行

金额	人民币（大写）壹拾叁万壹仟陆佰贰拾伍元整	亿	千	百	十	万	千	百	十	元	角	分
				¥	1	3	1	6	2	5	0	0

票据种类	转账支票	票据张数	壹张	中国工商银行芙蓉路支行 2016.09.18 转账 转讫 开户银行签章
票据号码	XIV00056432			
	复核	记账		

此联是收款人开户银行交给收款人的收账通知

（4）9 月 20 日，开出转账支票支付 1 日向广汇公司购入已材料价税及代垫运费款。单据见表 3－8－24。

表 3-8-24　中国工商银行
转账支票存根（皖）
XIV00065215

附加信息：

出票日期：2016 年 9 月 20 日

收款人：广汇公司
金　额：¥440 790.00
用　途：购乙材料款

单位主管：　　　　会计：

（5）9 月 28 日，向龙源公司发货并结清价税款，开具增值税专用发票。有关单据见表 3-8-25 至表 3-8-27。

表 3-8-25　安徽增值税专用发票　№ 004635481

3400073368　此联不作报销、扣税凭证使用　开票日期：2016 年 9 月 28 日

购买方	名　称：龙源公司 纳税人识别号：340088229144302 地址、电话：安徽省芜湖市开源路 346 号 开户行及账号：工行芜湖开源支行 3572659816522490			密码区	7 + +9/42152 * +129 * 864 > 加密版本：01 63 - <7503 * <1 > * / <3 < +80　3400073368 2 + < <56894588 > > * * <2569 5920 -33/65 +5012 * / > >92　004635481		
货物或应税劳务、服务名称	规格型号	单位	数量	单价	金额	税率	税额
D 产品		件	150	1 250.00	187 500.00	17%	31 875.00
合计					¥187 500.00		31 875.00
价税合计（大写）	⊗贰拾壹万玖仟叁佰柒拾伍元整				（小写）¥219 375.00		
销售方	名　称：科达公司 纳税人识别号：340010468107588036 地址、电话：安徽省合肥市芙蓉路 666 号 0551-63891252 开户行及账号：工行合肥芙蓉路支行 01400822600777			备注	科达公司 340010468107588036 发票专用章		

第一联：记账联　销售方记账凭证

收款人：周文　复核：张兰　开票人：张媛　销售方：（章）

表 3-8-26　产品销售出库单　№0022635

购货方：龙源公司　2016 年 9 月 28 日

品名	单位	单价	数量	金额	备注
D 产品	件		150		
合计					
购货方采购员签字：张春					

第二联：记账联

记账：张媛　保管：徐明　制单：徐明

表 3－8－27　　中国工商银行　进账单（收账通知）　　3

2016 年 9 月 28 日

<table>
<tr><td rowspan="3">出票人</td><td>全　称</td><td>龙源公司</td><td rowspan="3">收款人</td><td>全　称</td><td colspan="11">科达公司</td><td rowspan="7">此联是收款人开户银行交给收款人的收账通知</td></tr>
<tr><td>账　号</td><td>3572659816522490</td><td>账　号</td><td colspan="11">01400822600777</td></tr>
<tr><td>开户银行</td><td>工行芜湖开源支行</td><td>开户银行</td><td colspan="11">工行合肥芙蓉路支行</td></tr>
<tr><td rowspan="2">金额</td><td colspan="3" rowspan="2">人民币（大写）捌万柒仟柒佰伍拾元整</td><td></td><td>亿</td><td>千</td><td>百</td><td>十</td><td>万</td><td>千</td><td>百</td><td>十</td><td>元</td><td>角</td><td>分</td></tr>
<tr><td></td><td></td><td></td><td></td><td>¥</td><td>8</td><td>7</td><td>7</td><td>5</td><td>0</td><td>0</td><td>0</td></tr>
<tr><td>票据种类</td><td>转账支票</td><td>票据张数</td><td>壹张</td><td colspan="12" rowspan="2">中国工商银行芙蓉路支行
2016.09.28
转账
转讫
开户银行签章</td></tr>
<tr><td>票据号码</td><td colspan="3">XIV00056489</td></tr>
<tr><td colspan="4">复核　　记账</td><td colspan="12"></td><td></td></tr>
</table>

（6）9 月 29 日，从江汉公司购入庚材料 35 吨，单价 2 500 元，增值税税率为 17%，签发商业承兑汇票，材料未到。有关单据见表 3－8－28 至表 3－8－30。

表 3－8－28　　商业承兑汇票（卡片）　　1

$\frac{A}{0}\frac{A}{1}$　00206012

出票日期（大写）：贰零壹陆年玖月贰拾玖日

<table>
<tr><td rowspan="3">付款人</td><td>全　称</td><td>科达公司</td><td rowspan="3">收款人</td><td>全　称</td><td colspan="11">江汉公司</td><td rowspan="8">此联承兑人留存</td></tr>
<tr><td>账　号</td><td>01400822600777</td><td>账　号</td><td colspan="11">405678210983321007</td></tr>
<tr><td>开户银行</td><td>工行合肥芙蓉路支行</td><td>开户银行</td><td colspan="11">工行天津青云路支行</td></tr>
<tr><td colspan="2" rowspan="2">出票金额</td><td colspan="3" rowspan="2">人民币（大写）壹拾万贰仟叁佰柒拾伍元整</td><td>亿</td><td>千</td><td>百</td><td>十</td><td>万</td><td>千</td><td>百</td><td>十</td><td>元</td><td>角</td><td>分</td></tr>
<tr><td></td><td></td><td>¥</td><td>1</td><td>0</td><td>2</td><td>3</td><td>7</td><td>5</td><td>0</td><td>0</td></tr>
<tr><td colspan="2">汇票到期日（大写）</td><td>贰零壹柒年零贰月贰拾捌日</td><td rowspan="2">付款人开户行</td><td>行号</td><td colspan="11">402864909</td></tr>
<tr><td colspan="2">交易合同号码</td><td>2016－0987</td><td>地址</td><td colspan="11">安徽省合肥市芙蓉路666号</td></tr>
<tr><td colspan="3">出票人签章　科达公司 财务专用章　周文印</td><td colspan="13">备注：</td></tr>
</table>

表 3-8-29 天津增值税专用发票 №00524168

3700072369 发票联 开票日期：2016 年 9 月 29 日

购买方	名　　称：科达公司 纳税人识别号：340010468107588036 地 址 、电 话：安徽省合肥市芙蓉路 666 号 0551-63891252 开户行及账号：工行合肥分行芙蓉路支行 01400822600777	密码区	7 + +9/42152 ∗ +129 ∗ 864 > 加密版本：01 63 - <7503 ∗ <1 > ∗ / <3 < +80 3700072369 2 + < <56894588 > > ∗ ∗ <2569 5920 -33/65 +5012 ∗ / > >92 00524168

货物或应税劳务、服务名称	规格型号	单位	数量	单价	金额	税率	税额
庚材料		吨	35	2500.00	87 500.00	17%	14 875.00
合计					¥87 500.00		¥14 875.00
价税合计（大写）	⊗壹拾万贰仟叁佰柒拾伍元整				（小写）¥102 375.00		

销售方	名　　称：江汉公司 纳税人识别号：540080087711294 地 址 、电 话：天津市青云路 6 号 022-2252369 开户行及账号：工行天津青云路支行 405678210983321007	备注	江汉公司 540080087711294 发票专用章

收款人：郑成　　复核：谢芳芳　　开票人：李基　　销售方：（章）

第三联：发票联 购买方记账凭证

表 3-8-30 天津增值税专用发票 №00524168

3700072369 抵扣联 开票日期：2009 年 12 月 8 日

购买方	名　　称：科达公司 纳税人识别号：340010468107588036 地 址 、电 话：安徽省合肥市芙蓉路 666 号 0551-63891252 开户行及账号：工行合肥分行芙蓉路支行 01400822600777	密码区	7 + +9/42152 ∗ +129 ∗ 864 > 加密版本：01 63 - <7503 ∗ <1 > ∗ / <3 < +80 3700072369 2 + < <56894588 > > ∗ ∗ <2569 5920 -33/65 +5012 ∗ / > >92 00524168

货物或应税劳务、服务名称	规格型号	单位	数量	单价	金额	税率	税额
庚材料		吨	35	2500.00	87 500.00	17%	14 875.00
合计					¥87 500.00		¥14 875.00
价税合计（大写）	⊗壹拾万贰仟叁佰柒拾伍元整				（小写）¥102 375.00		

销售方	名　　称：江汉公司 纳税人识别号：540080087711294 地 址 、电 话：天津市青云路 6 号 022-2252369 开户行及账号：工行天津青云路支行 405678210983321007	备注	江汉公司 540080087711294 发票专用章

收款人：郑成　　复核：谢芳芳　　开票人：李基　　销售方：（章）

第二联：抵扣联 购买方扣税凭证

参考答案：有关记账凭证见表 3-8-31 至表 3-8-36。

表 3-8-31

记账凭证

2016 年 9 月 1 日　　　　记字第 1 号

摘要	会计科目		√	借方金额								√	贷方金额							
	总账科目	明细科目		十	万	千	百	十	元	角	分		十	万	千	百	十	元	角	分
自广汇公	原材料	已材料		3	7	7	0	0	0	0	0									
司购入已	应交税费	应交增值税（进项税额）			6	3	7	9	0	0	0									
材料，验	应付账款	广汇公司											4	4	0	7	9	0	0	0
收入库																				
合计				4	4	0	7	9	0	0	0		4	4	0	7	9	0	0	0

附件叁张

会计主管：刘俊　　记账：张强　　出纳：周文　　审核：张兰　　制单：程丽

表 3-8-32

记账凭证

2016 年 9 月 10 日　　　　记字第 56 号

摘要	会计科目		√	借方金额								√	贷方金额							
	总账科目	明细科目		十	万	千	百	十	元	角	分		十	万	千	百	十	元	角	分
兑付到期	应付票据	商业承兑汇票（广汇公司）		9	0	0	0	0	0	0	0									
不带息商业	银行存款	工行											9	0	0	0	0	0	0	0
承兑汇票																				
合计				9	0	0	0	0	0	0	0		9	0	0	0	0	0	0	0

附件贰张

会计主管：刘俊　　记账：张强　　出纳：周文　　审核：张兰　　制单：程丽

表 3-8-33

记账凭证

2016 年 9 月 15 日　　　　记字第 78 号

摘要	会计科目		√	借方金额								√	贷方金额							
	总账科目	明细科目		十	万	千	百	十	元	角	分		十	万	千	百	十	元	角	分
预收龙源	银行存款	工行		1	3	1	6	2	5	0	0									
公司货款	预收账款	龙源公司											1	3	1	6	2	5	0	0
合计				1	3	1	6	2	5	0	0		1	3	1	6	2	5	0	0

附件壹张

会计主管：刘俊　　记账：张强　　出纳：周文　　审核：张兰　　制单：程丽

表 3-8-34

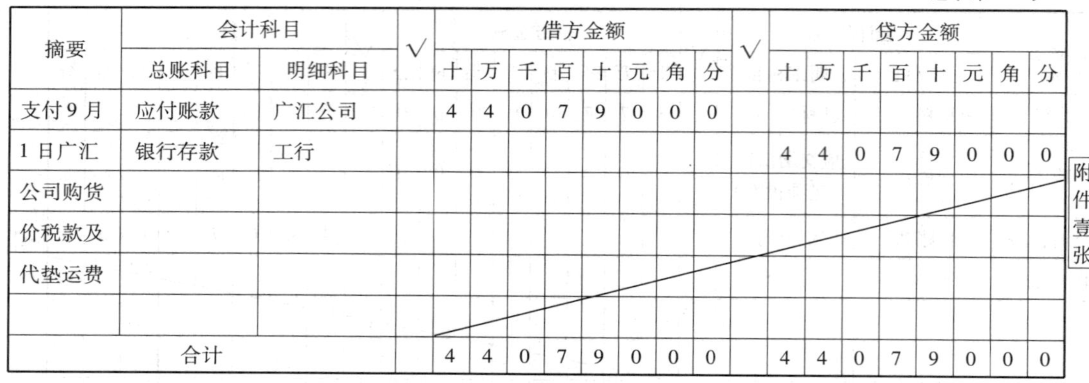

记账凭证

2016 年 9 月 20 日　　记字第 99 号

摘要	会计科目		√	借方金额								√	贷方金额							
	总账科目	明细科目		十	万	千	百	十	元	角	分		十	万	千	百	十	元	角	分
支付 9 月	应付账款	广汇公司		4	4	0	7	9	0	0	0									
1 日广汇	银行存款	工行											4	4	0	7	9	0	0	0
公司购货																				
价税款及																				
代垫运费																				
合计				4	4	0	7	9	0	0	0		4	4	0	7	9	0	0	0

附件壹张

会计主管：刘俊　　记账：张强　　出纳：周文　　审核：张兰　　制单：程丽

表 3-8-35

记账凭证

2016 年 9 月 28 日　　记字第 1361/2 号

摘要	会计科目		√	借方金额								√	贷方金额							
	总账科目	明细科目		十	万	千	百	十	元	角	分		十	万	千	百	十	元	角	分
销售产品	预收账款	龙源公司		2	1	9	3	7	5	0	0									
给龙源公	主营业务收入	工行											1	8	7	5	0	0	0	0
司，结清	应交税费	应交增值税（销项税额）												3	1	8	7	5	0	0
预收款																				
合计				2	1	9	3	7	5	0	0		2	1	9	3	7	5	0	0

附件叁张

会计主管：刘俊　　记账：张强　　出纳：周文　　审核：张兰　　制单：程丽

表 3-8-36

记账凭证

2016 年 9 月 28 日　　记字第 1362/2 号

摘要	会计科目		√	借方金额								√	贷方金额							
	总账科目	明细科目		十	万	千	百	十	元	角	分		十	万	千	百	十	元	角	分
收到龙源公	银行存款	工行			8	7	7	5	0	0	0									
司补付款	预收账款	龙源公司												8	7	7	5	0	0	0
合计				¥	8	7	7	5	0	0	0		¥	8	7	7	5	0	0	0

附件叁张

会计主管：刘俊　　记账：张强　　出纳：周文　　审核：张兰　　制单：程丽

表 3-8-37　　　　　　　　　　**记账凭证**

2016 年 9 月 29 日　　　　　　　　　　记字第 146 号

摘要	会计科目		√	借方金额								√	贷方金额							
	总账科目	明细科目		十	万	千	百	十	元	角	分		十	万	千	百	十	元	角	分
购进庚材	在途物资	江汉公司（庚材料）			8	7	5	0	0	0	0									
料，签发	应交税费	应交增值税（进项税额）			1	4	8	7	5	0	0									
商业承兑	应付票据	商业承兑汇票（江汉公司）											1	0	2	3	7	5	0	0
汇票																				
合计				1	0	2	3	7	5	0	0		1	0	2	3	7	5	0	0

附件贰张

会计主管：刘俊　　记账：张强　　出纳：周文　　审核：张兰　　制单：程丽

六、应付职工薪酬的核算

（一）职工薪酬概述

1. 职工的概念

职工是指与企业订立劳动合同的所有人员，含全职、兼职和临时职工，也包括虽未与企业订立劳动合同但由企业正式任命的人员。

未与企业订立劳动合同或未由其正式任命，但向企业所提供服务与职工所提供服务类似的人员，也属于职工的范畴，包括通过企业与劳务中介公司签订用工合同而向企业提供服务的人员。

2. 职工薪酬的概念及分类

职工薪酬是指企业为获得职工提供的服务或解除劳动关系而给予的各种形式的报酬或补偿。

职工薪酬包括：

（1）短期职工薪酬，指企业预期在职工提供相关服务的年度报告期间结束后 12 个月内需要全部予以支付的职工薪酬，因解除与职工的劳动关系给予的补偿除外。

短期职工薪酬包括：①职工工资、奖金、津贴和补贴，指按照构成工资总额的计时工资、计件工资、支付给职工的超额劳动报酬和增收节支的劳动报酬、为补偿职工特殊或额外的劳动消耗和因其他特殊原因支付给职工的津贴，以及为保证职工工资水平不受物价影响支付给职工的物价补贴等。其中，企业按照短期奖金计划向职工发放的奖金属于短期薪酬，按照长期奖金计划向职工发放的奖金属于其他长期职工福利。②职工福利费，指企业向职工提供的生活困难补助、丧葬补助、抚恤费、职工异地安家费、防暑降温费等职工福利支出。③医疗保险费、工伤保险费和生育保险费等社会保险费，指企业按照国家规定的基准和比例计算，向社会保险经办机构缴纳的医疗保险费、工伤保险费和生育保险费。④住房公积金，指企业按照国家规定的基准和比例计算，向住房公积金管理机构缴存的住房公积金。⑤工会经费（2%）和职工教育经费（2.5%），指企业按照国家规定的基准和比例计算，为改善职工文化生活、为职工学习先进技术和提高文化水平和业务素质，用于开展工会活动和职工教育及职业技能培训等的相关支出。⑥短期带薪缺勤，指职工虽然缺勤但企业仍向其支付报酬的安排，包括年休假、病假、婚假、产假、丧假、探亲假等。长期带薪缺勤属于“其他长期职工福利”。⑦短期利润分享计划，指因职工提供服务而与职工达成的基于利润或其他经营成果提供薪酬的协议。长期利润分享计划属于其他长期职工福利。⑧其他短期薪酬，指除上述薪酬以外的其他为获得职工提供的服务而给予的短期薪酬。

温馨提示

为职工缴纳的养老、失业保险调整至离职后福利中。

（2）离职后福利，指企业为获得职工提供的服务而在职工退休或与企业解除劳动关系后提供的各种形式的报酬和福利，属于短期薪酬和辞退福利的除外。

离职后福利包括退休福利（如养老金和一次性的退休支付）及其他离职后福利（如离职后人寿保险和离职后医疗保障）。企业向职工提供了离职后福利的，无论是否设立了单独主体接受提存金并支付福利，均应当适用准则的相关要求对离职后福利进行会计处理。企业应将离职后福利计划分类为设定提存计划和设定受益计划。离职后福利计划是指企业与职工就离职后福利达成的协议，或者企业为向职工提供离职后福利制定的规章或办法等。其中，设定提存计划是指向独立的基金缴存固定费用后，企业不再承担进一步支付义务的离职后福利计划；设定受益计划是指除设定提存计划以外的离职后福利计划。

（3）辞退福利，指企业在职工劳动合同到期之前解除与职工的劳动关系，或者为鼓励职工自愿接受裁减而给予职工的补偿。

温馨提示

辞退福利还包括当公司控制权发生变动时，对辞退的管理层人员进行补偿的情况，还包括提前内退。

（4）其他长期职工福利，指企业除短期薪酬、离职后福利、辞退福利之外所有的职工薪酬（假设预计在职工提供相关服务的年度报告期末以后12个月内不会全部结算），包括长期带薪缺勤、长期残疾福利、长期利润分享计划以及递延酬劳等。

温馨提示

◆企业提供给职工配偶、子女、受赡养人、已故员工遗属及其他受益人等的福利，也属于职工薪酬。

◆因解除与职工的劳动关系给予的补偿属于辞退福利范畴。

（二）职工薪酬核算的账户设置

企业应设置“应付职工薪酬”账户核算应付职工薪酬的计提、结算及使用情况。该账户为负债类账户，贷方登记分配计入有关成本费用项目的职工薪酬；借方登记实际发放的职工薪酬，包括扣还的款项；期末余额在贷方，反映企业应付未付的职工薪酬。该账户可开设：工资、奖金、津贴和补贴，职工福利费，非货币性福利，社会保险，住房公积金，工会经费，职工教育经费，带薪缺勤，利润分享计划，设定提存计划，设定收益计划，辞退福利等明细账户进行明细核算。

（三）短期职工薪酬的核算

1. 短期职工薪酬的确认原则

（1）企业发生的工资奖金津贴和补贴，应当在职工为其提供服务的会计期间，将实际发生的工资奖金津贴和补贴确认为应付职工薪酬负债，并按照受益对象计入当期损益，其他会计准则要求或允许计入资产成本的除外。

（2）企业发生的职工福利费，应当在实际发生时根据实际发生额计入当期损益或相关资产成本。职工福利费为非货币性福利的，应当按照公允价值计量。职工福利费包括：以自产产品或外购商品发放给职工的福利；将拥有的房屋等资产无偿提供给职工使用或租赁住房等资产供职工无偿使用；向职工提供企业支付了补贴的商品或服务等。

（3）国家规定计提标准的职工薪酬，主要包括企业为职工缴纳的医疗保险费、工伤保险费、生育保险费等社会保险费和住房公积金，以及按规定提取的工会经费和职工教育经费。企业应当在职工为其提供服务的会计期间，根据规定的计提基础和计提比例计算确定相应的职工薪酬金额，并确认相应职工薪酬负债，按照其服务对象，计入当期损益或相关资产成本。

（4）短期带薪缺勤。

按照是否予以后转，短期带薪缺勤分为累积带薪缺勤和非累积带薪缺勤两类。

Ⅰ. 累积带薪缺勤。

累积带薪缺勤是指带薪缺勤权利可以结转下期的带薪缺勤，本期尚未用完的带薪缺勤权利可以在未来期间使用。

企业应当在职工提供服务从而增加了其未来享有的带薪缺勤权利时，确认与累积带薪缺勤相关的职工薪酬，并以累积未行使权利而增加的预期支付金额计量。有些企业规定，累积带薪缺勤在职工离开企业时，对于未行使的权利，职工有权获得现金支付。职工在离开企业时能够获得现金支付的，企业应当确认自身必须支付的、职工全部累积未使用权利的金额。企业应当根据资产负债表日因累积未使用权利而导致的预期支付的追加金额，作为累积带薪缺勤费用进行预计。

Ⅱ. 非累积带薪缺勤。

非累积带薪缺勤是指带薪缺勤权利不能结转下期的带薪缺勤。本期尚未用完的带薪缺勤权利将予以取消，并且职工离开企业时也无权获得现金支付。我国企业职工休婚丧假、产假、探亲假、病假等，通常属于非累积带薪缺勤。

企业应当在职工实际发生缺勤的会计期间确认与非累积带薪缺勤相关的职工薪酬。企业确认职工享有的与非累积带薪缺勤权利相关的薪酬，视同职工出勤确认的当期损益或相关资产成本。通常情况下，与非累积带薪缺勤相关的职工薪酬已经包括在企业每期向职工发放的工资等薪酬中，因此，不必额外作相应的账务处理。

2. 短期职工薪酬的账务处理

（1）货币性职工薪酬。

货币职工薪酬是指企业需要以库存现金或银行存款等货币形态的资金偿付的各项职工薪酬。

Ⅰ. 工资、奖金、津贴和补贴。

ⅰ. 分配工资、奖金、津贴和补贴等货币性职工薪酬的账务处理。

对于职工工资、奖金、津贴和补贴等货币性职工薪酬，企业应当在职工为其提供服务的会计期间，将实际发生的职工工资、奖金、津贴和补贴等，根据职工提供服务的受益对象，编制“工资费用分配汇总表”，将应确认的职工薪酬，分配计入“生产成本”“制造费用”“劳务成本”“管理费用”“销售费用”等账户的借方，同时贷记“应付职工薪酬——工资、奖金、津贴、补贴”账户，进行相应账务处理。

【例3－8－17】 2016年8月，科达公司有关的职工薪酬业务如下：工资总额为183 500元，其中生产D产品工人工资为100 000元，车间管理人员工资为20 000元，总部管理人员工资为30 000元，专设销售部门人员工资为10 000元，在建工程人员工资为8 500元，内部开发人员工资为15 000元（符合资本化条件）。工资费用分配情况见表3－8－38。

表3－8－38 工资费用分配汇总表

编制单位：科达公司　　2016年8月　　单位：元

部门 \ 应计账户		基本生产成本	制造费用	销售费用	管理费用	在建工程	研发支出	合计
基本生产车间	D产品	100 000.00						100 000.00
	管理人员		20 000.00					20 000.00
专设销售部门人员				10 000.00				10 000.00
总部管理人员					30 000.00			30 000.00
工程技术人员						8 500.00		8 500.00
内部研发人员							15 000.00	15 000.00
合　计		100 000.00	20 000.00	10 000.00	30 000.00	8 500.00	15 000.00	183 500.00

会计主管：刘俊　　记账：张强　　审核：张兰　　制表：程丽

科达公司账务处理如下：

借：生产成本——基本生产成本（D产品）　100 000.00
　　制造费用——基本车间　20 000.00
　　管理费用——工资　30 000.00
　　销售费用——工资　10 000.00
　　在建工程——工资　8 500.00
　　研发支出——资本化支出　15 000.00
　　贷：应付职工薪酬——工资、资金、津贴、补贴　183 500.00

ⅱ. 发放工资、奖金、津贴、补贴等货币性工资的核算。

职工工资、奖金、津贴和补贴是货币性工资的主体部分，企业应按时足额发放给每一位职工。实际发放时，先要编制“工资结算汇总表”，然后委托基本存款开户银行或提取现金实际发放。发放时，借记“应付职工薪酬”账户，贷记“银行存款”或“库存现金”“其他应收款”“其他应付款”“应交税费——应交个人所得税”等账户。

第一，委托基本存款开户银行发放职工工资、奖金、津贴、补贴。

委托基本存款开户银行发放职工工资、奖金、津贴、补贴，企业一般应先与基本存款户开户行签订代发协议，在征得本单位职工同意的前提下，按照银行存款实名制的要求，为每一位职工开设个人存款账户（存折或储蓄卡）。

每月发放工资、奖金、津贴和补贴前，按照应付工资额、代扣款项金额计算出实发金额，并编制“工资结算汇总表”（一式四联，见表3－8－39），开出“转账支票”连同“工资结算汇总表”、U盘或工资结算汇总表电子版等，一并缴存基本存款账户开户银行，委托银行将职工工资、奖金、津贴和补贴转存入每位职工个人存折或储蓄卡中。

【例3－8－18】 承【例3－8－17】，科达公司2016年9月7日根据工资结算汇总表（表3－8－39），委托工行芙蓉支行发放8月份职工工资。

表3－8－39　　工资结算汇总表（简表）

编制单位：科达公司　　2016年8月

部门＼项目		姓名	基本工资、资金、津贴等	应付工资总额	代扣款项			代扣个人所得税	实发工资
					社会保险	住房公积金	水电费		
基本生产车间	管理	张静	4 200.00	4 200.00	320.00	450.00	55.00	0	3 375.00
		……	……	……	……	……	……	……	……
		合计	20 000.00	20 0000.000	1150.00	2 000.00	156.00	94.00	16 600.00
	工人	李明	5100.00	5100.00	450.00	510.00	62.00	19.20	4058.80
		……	……	……	……	……	……	……	……
		合计	100 000.00	100 000.00	8 250.00	10 000.00	356.00	186.80	81 207.20
总部管理人员		陈山	5400.00	5400.00	470.00	540.00	75.00	26.70	4288.30
		……	……	……	……	……	……	……	……
		合计	30 000.00	30 000.00	2400.00	3000.00	185.00	105.00	24310.00
专设销售部门人员		刘斌	5500.00	5500.00	480.00	550.00	46.00	29.10	4394.90
		……	……	……	……	……	……	……	……
		合计	10 000.00	10 000.00	950.00	1 000.00	86.00	29.10	7934.90
工程技术人员		章新	5 300.00	5300.00	424.00	530.00	35.00	25.38	4 285.62
		……	……	……	……	……	……	……	……
		合计	8 500.00	8 500.00	680.00	850.00	76.00	25.38	6868.62

续表

项目 / 部门	姓名	基本工资、资金、津贴等	应付工资总额	代扣款项			代扣个人所得税	实发工资
				社会保险	住房公积金	水电费		
内部研发人员	张利	4 500.00	4 500.00	360.00	450.00	46.00	5.70	3638.30
	……	……	……	……	……	……	……	……
	合计	15 000.00	15 000.00	1 200.00	1500.00	153.00	36.20	12 110.80
合计		183 500.00	183 500.00	14 630.00	18 350.00	1012.00	476.48	149 031.52

会计主管：刘俊　　记账：张强　　审核：张兰　　制表：程丽

根据工资结算汇总表，科达公司账务处理如下：

借：应付职工薪酬——工资、资金、津贴、补贴　183 500.00
　贷：其他应付款——社会保险　14 630.00
　　　　——住房公积金　18 350.00
　　其他应收款——代垫水电费　1 012.00
　　应交税费——应交个人所得税　476.48
　　银行存款——工行　149 031.52

【例3－8－19】 承【例3－8－18】，2016年9月15日，科达公司开出工行芙蓉路支行转账支票向社保部门、住房公积金管理中心及地税机关缴纳8月社会保险费、住房公积金及个人所得税。科达公司账务处理如下：

借：其他应付款——社会保险费　14 630.00
　　——住房公积金　18 350.00
　应交税费——应交个人所得税　476.48
　贷：银行存款——工行　33 456.48

第二，以现金发放职工工资、奖金、津贴、补贴

企业在发放工资前，应编制“工资结算汇总表”一式数联，以应付工资额扣除各种代扣款项计算职工工资、奖金、津贴和补贴等的实发金额，并按照职工工资、奖金、津贴和补贴的实发金额，开出现金支票，向银行提取现金发放职工工资、奖金、津贴和补贴；根据“工资结算汇总表”结算联每人实发工资额，将现金和工资条装袋，在职工个人签名后支付工资。

提现备发工资（按实发金额）时，借记“库存现金”账户，贷记“银行存款”账户。以现金支付职工工资、奖金、津贴、补贴的，借记“应付职工薪酬”“其他应付款”“其他应收款”“应交税费——应交个人所得税”等账户，贷记“库存现金”账户。

学中做

请利用【例3－8－18】【例3－8－19】资料，进行现金发放职工薪酬的会计账务处理。

Ⅱ. 职工福利费的核算。

企业职工福利费应当在实际发生时，根据实际发生额计入当期损益或相关成本，借记“生产成本”“制造费用”“管理费用”“销售费用”“在建工程”“研发支出”等账户，贷记“应付职工薪酬——职工福利费”账户。实际支付时，借记“应付职工薪酬——职工福利费”，贷记“库存现金”或“银行存款”等账户。

【例3-8-20】 科达公司下属的一所不对外营业的职工食堂，公司本月根据职工食堂实际发生的伙食费金额，考虑本月的物价水平等因素，确定2016年11月为每位在岗职工补贴伙食费用240元。11月在岗职工共计60人，其中：公司管理部门人员6人；D产品生产工人29人，车间管理人员3人；在建办公楼工程人员5人；销售分公司人员8人；医务及福利人员4人；公司内部研发部人员5人（开发阶段）。补贴金额合计14 400.00元。公司财务部已开出转账支票支付。

科达公司账务处理如下：

（1）11月末，分配本月实际发生的职工福利费（按照在岗职工提供服务的受益对象分配）。

借：生产成本——基本生产成本（D产品） 6 960.00
　　制造费用——基本生产车间 720.00
　　管理费用——职工福利 2 400.00
　　在建工程 1 200.00
　　销售费用——职工福利 1 920.00
　　研发支出——资本化支出 1 200.00
　　贷：应付职工薪酬——职工福利费 14 400.00

（2）实际支付职工伙食费补贴时：

借：应付职工薪酬——职工福利费 14 400.00
　　贷：银行存款——光大银行 14 400.00

Ⅲ. 国家规定计提标准的职工薪酬。

国家规定计提标准的职工薪酬主要是指：国家规定了计提基础和计提比例的医疗保险、工伤保险、生育保险等社会保险和住房公积金，以及按规定标准提取的职工教育经费和工会经费等。企业应当在职工为其提供服务的会计期间，按照规定的计提基数和计提比例，计算确定相应的职工薪酬金额，确认为相关负债，并按受益对象，分配计入相关成本费用和当期损益之中。职工薪酬实际发生时，借记“生产成本”“制造费用”“管理费用”“销售费用”“在建工程”“研发支出”等账户，贷记“应付职工薪酬”账户。实际支付时，借记“应付职工薪酬”，贷记“库存现金”或“银行存款”账户。

【例3-8-21】 承【例3-8-17】，计提科达公司2016年8月医疗、工伤、生育等社会保险、住房公积金及工会经费和职工教育经费。计提分配表见表3-8-40。

表 3-8-40　　职工医疗、生育、工伤保险，住房公积金，工会经费和职工教育经费计提分配表

编制单位：科达公司　　2016 年 8 月

项目 / 应借账户		应付工资	医疗保险（10%）	住房公积金（10%）	工伤保险（0.5%）	生育保险（0.5%）	工会经费（2%）	职工教育经费（2.5%）	合计
基本生产车间	D 产品	100 000.00	10 000.00	10 000.00	500.00	500.00	2 000.00	2 500.00	25 500.00
	管理人员	20 000.00	2 000.00	2 000.00	100.00	100.00	400.00	500.00	23 100.00
专设销售部门人员		10 000.00	1 000.00	1 000.00	50.00	50.00	200.00	250.00	2 550.00
总部管理人员		30 000.00	3 000.00	3 000.00	150.00	150.00	600.00	750.00	7 150.00
工程技术人员		8 500.00	850.00	850.00	42.50	42.50	170.00	212.50	2 167.50
内部研发人员		15 000.00	1 500.00	1 500.00	75.00	75.00	300.00	375.00	3 825.00
合计		183 500.00	18 350.00	18 350.00	917.50	917.50	3 670.00	4 587.50	46 792.50

会计主管：刘俊　　记账：张强　　审核：张兰　　制表：程丽

科达公司账务处理如下：

借：生产成本——基本生产成本（D 产品）　　25 500.00
　　制造费用——基本车间　　23 100.00
　　管理费用——工资　　7 150.00
　　销售费用——工资　　2 550.00
　　在建工程——工资　　2 167.50
　　研发支出——资本化支出　　3 825.00
　　贷：应付职工薪酬——社会保险费（医疗保险）　　18 350.00
　　　　　　　　　——社会保险费（工伤保险）　　917.50
　　　　　　　　　——社会保险费（生育保险）　　917.50
　　　　　　　　　——住房公积金　　18 350.00
　　　　　　　　　——工会经费　　3 670.00
　　　　　　　　　——职工教育经费　　4 587.50

【例 3-8-22】 2016 年 12 月 28 日，科达公司以现金支付基本生产车间技术员张强生活困难补助 1 000 元。生活困难补助申请表见表 3-8-41。

表 3-8-41　　职工困难补助申请表（代现金收据）

2016 年 12 月 28 日

申请人姓名	张强	所在部门	基本生产车间
申请金额	1 000.00 元	家庭年人均收入	3 500.00
申请理由	爱人下岗、女儿上大学		
工会小组意见	情况属实，建议补壹仟元整。	厂工会批示	同意工会小组意见。
			人民币（大写）：壹仟元整 签收：张强

科达公司账务处理如下：

借：制造费用——基本生产车间　　1 000.00

　　贷：应付职工薪酬——职工福利费　　1 000.00

同时：

借：应付职工薪酬——职工福利费　　1 000.00

　　贷：库存现金　　1 000.00

Ⅳ. 短期带薪缺勤。

对于职工带薪缺勤，应当根据带薪缺勤的性质和职工享有的权利，分为累积带薪缺勤和非累积带薪缺勤两类，并分别进行会计核算。如果带薪缺勤属于长期带薪缺勤，应当作为其他长期职工福利处理。

Ⅰ. 累积带薪缺勤。

企业对职工有权获得现金支付的累积带薪缺勤进行确认时，借记“生产成本”“制造费用”“销售费用”“管理费用”等账户，贷记“应付职工薪酬——带薪缺勤福利——短期带薪缺勤（累积带薪缺勤）”账户。

如果累积带薪缺勤权利未享受，企业不给予现金支付，权利作废时，应予以冲回。借记“应付职工薪酬——带薪缺勤福利——短期带薪缺勤（累积带薪缺勤）”账户，贷记“生产成本”“制造费用”“销售费用”“管理费用”等账户。

如果累积带薪缺勤权利未享受，企业给予现金支付，应借记“应付职工薪酬——带薪缺勤福利——短期带薪缺勤（累积带薪缺勤）”账户，贷记“库存现金”或“银行存款”账户。

【例3-8-23】 科达公司共有60名职工，该公司2013年开始实行累积带薪缺勤制度。制度规定，每个职工每年可享受15天的带薪年休假，未享受的年休假只能向后结转1个会计年度，超过1年未行使的带薪年休假权利作废，职工在离开公司时不能够获得现金支付。假设财务部出纳李丽2013年休假12天，另有三天可累计至2014年。假设该企业平均每名职工每个工作日工资为400元。对于李丽累积带薪休假，2013年12月31日，科达公司账务处理如下：

借：管理费用——带薪缺勤薪酬　　1 200.00

　　贷：应付职工薪酬——带薪缺勤——短期带薪缺勤（累积带薪缺勤）

　　1 200.00

【例3-8-24】 承【例3-8-23】，假定2014年12月31日，出纳李丽享受了14天的年休假，公司以银行存款支付其薪酬。由于该公司的带薪缺勤制度规定，未行使的权利只能结转1年，超过1年未行使的权利将作废，即李丽只有1天休假可累计至2015年。2014年12月31日，科达公司应做如下冲销会计分录：

借：应付职工薪酬——带薪缺勤——短期带薪缺勤（累积带薪缺勤）

　　800.00

　　贷：管理费用——带薪缺勤薪酬　　800.00

【例3-8-25】 新道公司共有1 000名职工，该公司2013年开始实行累积带薪缺勤制度。2015 年对带薪休假制度进行了局部修改。制度规定，每个职工每年可享受 5 个工作日带薪病假，未使用的病假只能向后结转一个日历年度，超过 1 年未使用的权利作废，不能在职工离开公司时获得现金支付；职工休病假以后进先出为基础，即首先从当年可享受的权利中扣除，再从上年结转的带薪病假余额中扣除；职工离开公司时，公司对职工未使用的累积带薪病假不支付现金。2015 年 12 月 31 日，每个职工当年平均未使用带薪病假为 2 天。根据过去的经验并预期该经验将继续适用，新道公司预计 2015 年有 950 名职工将享受不超过 5 天的带薪病假，剩余 50 名职工每人将平均享受 6 天半病假。假定这 50 名职工全部为总部各部门经理，该公司平均每名职工每个工作日工资为 300 元。

【分析】 新道公司在 2015 年 12 月 31 应当预计由于职工累积未使用的带薪病假权利而导致的预期支付的追加金额，即相当于 75 天（50 ×1. 5 天）的病假工资 22 500（75 × 300）元，并进行如下账务处理：

借：管理费用——带薪缺勤薪酬　　22 500. 00

　　贷：应付职工薪酬——带薪缺勤——短期带薪缺勤（累积带薪缺勤）

　　　　22 500. 00

假定 2016 年 12 月 31 日，上述 50 名部门经理中有 40 名享受了 6 天半病假，并随同正常工资以银行存款支付，另有 10 名只享受了 5 天病假。由于该公司的带薪缺勤制度规定，未使用的权利只能够结转 1 年，超过 1 年未使用的权利将作废，2016 年 12 月 31 日，新道公司账务处理如下：

借：应付职工薪酬——带薪缺勤——短期带薪缺勤（累积带薪缺勤）

　　18 000. 00

　　贷：银行存款　　18 000. 00

借：应付职工薪酬——带薪缺勤——短期带薪缺勤（累积带薪缺勤）

　　4 500. 00

　　贷：管理费用——带薪缺勤薪酬　　4 500. 00

Ⅱ. 非累积带薪缺勤。

通常情况下，与非累积带薪缺勤相关的职工薪酬已经包括在企业每期向职工发放的工资等薪酬中，因此，不必额外作相应的账务处理。

根据我国《劳动法》的规定，我国实行带薪年休假制度，劳动者在法定休假日和婚丧假期间以及依法参加社会活动期间，用人单位应当依法支付工资。因此，我国企业职工休婚假、产假、丧假、探亲假、病假期间的工资通常属于非累积带薪缺勤。由于职工提供服务本身不能增加其能够享受的福利金额，企业应当在职工缺勤时确认负债和相关资产成本或当期损益。实务中，我国企业一般是在缺勤期间计提应付工资时一并处理，即借记“生产成本”“制造费用”“管理费用”“销售费用”等账户，贷记“应付职工薪酬（工资）”账户。

（2）非货币性职工薪酬。

Ⅰ. 非货币性职工薪酬的内容。

非货币性职工薪酬主要是指非货币性职工福利，具体包括：①企业以自产产品、外购商品或其他有形资产发放给职工作为福利；②企业为职工提供的无偿使用自己拥有的资产或租赁资产，如企业提供给高管人员无偿使用的小汽车、住房等，企业免费为职工提供的类似医疗保健等各项服务；③向职工提供企业支付一定补贴的商品或服务等，如以低于成本价的价格向企业内部职工出售住房等。

Ⅱ. 非货币性职工薪酬的确认原则。

按照会计准则的规定，非货币性职工薪酬是企业职工薪酬的重要组成部分，应当作为企业职工薪酬确认和计量。企业发生的非货币性职工薪酬，应当按照公允价值计量。

ⅰ. 企业以自产产品或外购商品提供给职工作为福利的确认。

以自产产品提供给职工作为福利，应当按照该产品的公允价值和相关税费（含税价），计入成本费用的职工薪酬金额，并确认为主营业务收入，其销售成本的结转和相关税费的处理与正常商品销售相同。

以外购商品提供给职工作为福利，购入时直接作为职工福利的外购商品，应当按照该商品的公允价值和相关税费（含税价），计入成本费用的职工薪酬。购入后改变用途作为职工福利的外购商品，按含税价计入相关成本费用，进行进项税额转出。

ⅱ. 企业将自己拥有的房屋、汽车或租赁住房等资产提供给职工无偿使用的确认。

企业将自己拥有的房屋、汽车等资产无偿提供给职工使用，应当按照受益对象，将该住房、汽车等资产每期计提的折旧额计入相关资产成本或当期损益，同时确认应付职工薪酬。

企业将租赁住房等资产提供给职工无偿使用，应当根据受益对象，将每期应付的租金计入相关资产成本或当期损益，同时确认应付职工薪酬。对难以确认受益对象的非货币性福利，直接计入当期损益，同时确认应付职工薪酬。

ⅲ. 企业免费为职工提供的类似医疗保健等各项服务或向职工提供企业支付一定补贴的商品或服务等的确认。

企业以低于取得资产或服务成本的价格向职工提供资产或服务，如以低于成本的价格向职工出售住房、以低于企业支付的价格向职工提供医疗保健服务等，在确认提供时，应当将出售价款与成本之间的差额或向职工提供医疗保健服务的价格与企业取得医疗保健服务支付的价格之间的差额（即相当于企业为职工提供补贴的金额）按不同情况进行处理：在企业与职工约定有服务年限的情况下，将该项差额先确认为“长期待摊费用”，然后根据受益对象按合同约定的服务年限在每个服务年限内平均摊销，分别计入相关资产成本或当期损益；在企业与职工没有约定服务年限的情况下，应将该项差额直接确认为当期损益。

【例 3-8-26】 2016 年 6 月 8 日，科达公司将本公司生产的 D 产品发放给职工作为端午福利，每件产品成本为 800 元，计税价格（含税）为 1 250 元/件，福利费分配情况和产品发放情况见表 3-8-42 和表 3-8-43。

表 3－8－42　　职工端午节福利分配汇总表

编制单位：科达公司　　2016 年 6 月 8 日　　单位：元

部门		人数（人）	慰问金
行政办公室		6	7 500.00
销售分公司		8	10 000.00
工程技术人员		5	6 250.00
医务部门		4	5 000.00
内部研发部		5	6 250.00
生产车间	管理人员	3	3 750.00
	生产工人	29	36 250.00
合计		60	75 000.00

会计主管：刘俊　　记账：张强　　审核：张兰　　制表：程丽

表 3－8－43　　职工端午节福利产品发放汇总表（简表）

编制单位：科达公司　　2016 年 6 月 8 日

部门		人数（人）	发放数量（件）	部门负责人签字
行政办公室		6	6	陈倩
销售分公司		8	8	马林
工程技术人员		5	5	章平
医务部门		4	4	刘琴
内部研发部		5	5	丁明
生产车间	管理人员	3	3	张军
	D 产品生产工人	29	29	
合计		60	60	

会计主管：刘俊　　记账：张强　　审核：张兰　　制表：程丽

根据表 3－8－42，科达公司进行如下账务处理：

借：生产成本——基本生产成本（D 产品）　　36 250.00
　　制造费用　　3 750.00
　　管理费用——非货币性福利　　12 500.00
　　销售费用——非货币性福利　　10 000.00
　　在建工程　　6 250.00
　　研发支出——资本化支出　　6 250.00
　　贷：应付职工薪酬——非货币性福利　　　　75 000.00

根据表 3－8－43，科达公司进行如下账务处理：

借：应付职工薪酬——非货币性福利　　75 000.00
　　贷：主营业务收入　　　　64 102.56
　　　　应交税费——应交增值税（销项税额）　　　　10 897.44

同时，结转成本：

借：主营业务成本　　48 000.00

贷：库存商品——D 产品　　48 000.00

【例 3－8－27】 科达公司为引进的2名技术专家租赁2套住房，并提供2辆奇瑞轿车供他们免费使用。奇瑞轿车每月每辆计提折旧1 500元，租赁的2套住房（面积均为95平方米）月租金为每套3 500元。科达公司账务处理如下：

（1）确认提供汽车的非货币性福利：

借：管理费用——非货币性福利　　3 000.00

贷：应付职工薪酬——非货币性福利　　3 000.00

计提折旧：

借：应付职工薪酬——非货币性福利　　3 000.00

贷：累计折旧　　3 000.00

（2）确认为职工租赁住房的非货币性福利：

借：管理费用——非货币性福利　　7 000.00

贷：应付职工薪酬——非货币性福利　　7 000.00

支付房租：

借：应付职工薪酬——非货币性福利　　7 000.00

贷：银行存款　　7000.00

（四）设定提存计划的核算

设定提存计划主要是指企业职工的离职后福利。对于设定提存计划，企业应当将在资产负债表日为换取职工在会计期间提供的服务而应向单独主体缴存的提存金确认为应付职工薪酬负债，并计入当期损益或相关资产成本，借记“生产成本”“制造费用”“管理费用”“销售费用”等账户，贷记“应付职工薪酬——设定提存计划”账户。

【例 3－8－28】 承【例 3－8－21】，2016 年 8 月，科达公司根据所在地政府有关规定，按职工工资总额的12%计提基本养老保险费，按职工工资总额的5%计提失业保险，缴存当地社会保险经办机构。计提分配表见表 3－8－44。

表 3－8－44　　养老保险费、失业保险费计提分配表

编制单位：科达公司　　2016 年 8 月

应借账户 \ 项目		应付工资（计提基数）	基本养老保险（12%）	失业保险费（5%）	合计
基本生产车间	D 产品	100 000.00	12 000.00	5 000.00	17 000.00
	管理人员	20 000.00	2 400.00	1 000.00	3 400.00
专设销售部门人员		10 000.00	1 200.00	500.00	1 700.00
总部管理人员		30 000.00	3 600.00	1 500.00	5 100.00
工程技术人员		8 500.00	1 020.00	425.00	1 445.00
内部研发人员		15 000.00	1 800.00	750.00	2 550.00
合计		183 500.00	22 020.00	9 175.00	31 195.00

会计主管：刘俊　　记账：张强　　审核：张兰　　制表：程丽

科达公司账务处理如下：

借：生产成本——基本生产成本（D产品）	17 000.00	
制造费用——基本生产车间	3 400.00	
管理费用——设定提存计划	5 100.00	
销售费用——设定提存计划	1 700.00	
在建工程——设定提存计划	1 445.00	
研发支出——设定提存计划	2 550.00	
贷：应付职工薪酬——设定提存计划		31 195.00

七、应交税费的核算

（一）应交税费概述

企业根据税法规定应交纳的各种税费包括：增值税、消费税、城市维护建设税、资源税、企业所得税、土地增值税、房产税、车船税、土地使用税、教育费附加、矿产资源补偿费、印花税、耕地占用税等。

企业应通过“应交税费”账户，总括反映各种税费的应交、交纳等情况。该账户贷方登记应交纳的各种税费，借方登记实际交纳的税费；期末余额一般在贷方，反映企业尚未交纳的税费，期末余额如在借方，反映企业多交或尚未抵扣的税费。该账户按应交的税费项目设置明细账户进行明细核算。

温馨提示

企业代扣代交的个人所得税等，也通过“应交税费”账户核算，而企业交纳的印花税、耕地占用税等不需要预计应交数的税金，不通过“应交税费”账户核算。

（二）应交增值税

1. 增值税概述

增值税是以商品、无形资产或者不动产、应税劳务、服务等在流转过程中产生的增值额作为计税依据而征收的一种流转税。我国增值税相关法规规定，增值税的纳税人是在我国境内销售货物、无形资产或不动产、进口货物或者提供加工、修理修配、运输等劳务以及金融、保险和生活服务等的企业单位和个人。按照纳税人的经营规模及会计核算的健全程度，增值税纳税人分为一般纳税人和小规模纳税人。一般纳税人应纳增值税税额，根据当期销项税额减去当期进项税额计算确定。小规模纳税人应纳增值税税额，按照不含税销售额和规定的征收率计算确定。

我国的增值税在计算增值额时实行税款抵扣制度，即在计算企业应纳税款时，要扣除商品、无形资产或不动产、应税劳务、服务等在以前生产环节已负担的税款，以避免重复征税。

在税收征管上，实行凭购买货物、不动产、无形资产或接受劳务、服务发票进行抵扣。按照我国《增值税暂行条例》的规定，企业购入货物、不动产、无形资产或接受应税劳务、服务支付的增值税（即进项税额），可从销售货物、无形资产或不动产、应税劳务、服务等按规定收取的增值税（即销项税额）中抵扣。准予从销项税额中柢扣的进项税额通常包括：①从销售方取得的增值税专用发票上注明的增值税税额；②从海关取得的完税凭证上注明的增值税税额；③农副产品专用收购凭证等。

2. 一般纳税人的会计核算

为了核算企业应交增值税的发生、抵扣、交纳、退税和转出等情况，增值税一般纳税人应当在“应交税费”账户下设置“应交增值税”“未交增值税”“预缴增值税”“待抵扣进项税额”“待认证进项税额”“待转销项税额”等明细账户。其中：“应交增值税”明细账内设置“进项税额”“销项税额抵减”“已交税金”“转出未交增值税”“减免税款”“销项税额”“出口退税”“进项税额转出”“转出多交增值税”“简易计税”等专栏；“未交增值税”明细账户核算一般纳税人月度终了从“应交增值税”或“预缴增值税”明细账户转入当月应交未交、多交或预缴的增值税额，以及当月交纳以前期间未交的增值税额；“预缴增值税”明细账户核算一般纳税人转让不动产、提供不动产经营租赁服务、提供建筑服务、采用预收款方式销售自行开发的房地产项目等，按现行增值税制度规定应预缴的增值税额；“待抵扣进项税额”明细账户核算一般纳税人已取得增值税扣税凭证并经税务机关认证，按照现行增值税制度规定准予以后期间从销项税额中抵扣的进项税额，包括：一般纳税人自 2016 年 5 月 1 日后取得并按固定资产核算的不动产或者 2016 年 5 月 1 日后取得的不动产在建工程，按现行增值税制度规定准予以后期间从销项税额中抵扣的进项税额；实行纳税辅导期管理的一般纳税人取得的尚未交叉稽核比对的增值税扣税凭证上注明或计算的进项税额；“待认证进项税额”明细账户核算一般纳税人由于未取得增值税扣税凭证或未经税务机关认证而不得从当期销项税额中抵扣的进项税额，包括：一般纳税人已取得增值税扣税凭证、按照现行增值税制度规定准予从销项税额中抵扣，但尚未经税务机关认证的进项税额；一般纳税人取得货物等已入账，但由于尚未收到相关增值税扣税凭证而不得从当期销项税额中抵扣的进项税额；“待转销项税额”明细账户核算一般纳税人销售货物、加工修理修配劳务、服务、无形资产或不动产，已确认相关收入（或利得）但尚未发生增值税纳税义务而需于以后期间确认为销项税额的增值税额。本教材主要介绍企业通过“应交税费——应交增值税”账户的核算方法。

在“应交税费”账户下设置“应交增值税”明细账户，应在“应交增值税”明细账内设置“进项税额”“已交税金”“销项税额”“出口退税”“进项税额转出”等专栏。“应交税费——应交增值税”明细账户一般采用多栏式账页，在借方和贷方各设若干专栏，格式见表 3－8－45。

表 3－8－45　　应交税费——应交增值税

略	借方					贷方				借或贷	余额
	合计	进项税额	已交税金	减免税款	出口抵减内销产品应纳税额	合计	销项税额	出口退税	进项税额转出		

（1）购进商品、不动产、无形资产、接受应税劳务、服务的核算。

企业从国内购进商品、不动产、无形资产或接受应税劳务、服务等，根据增值税专用发票上记载的应计入采购成本或应计入加工、修理修配等物资成本的金额，借记“固定资产”“无形资产”“材料采购”“在途物资”“原材料”“库存商品”或“生产成本”“制造费用”“委托加工物资”“管理费用”等账户；根据增值税专用发票上注明的可抵扣的增值税税额，借记“应交税费——应交增值税（进项税额）”账户；按照应付或实际支付的总额，贷记“应付账款”“应付票据”“银行存款”等账户。如果发生退货，作相反的会计分录。

按照《增值税暂行条例》的规定，企业购入免征增值税货物，一般不能抵扣增值税销项税额。对于购入的免税农产品，可以按照专用收购凭证上注明的买价和规定的扣除率计算进项税额，并准予从企业的销项税额中抵扣。

【例 3-8-29】 科达公司为增值税一般纳税人，适用的增值税税率为17%，原材料按实际成本核算，销售商品价格为不含增值税的公允价格。科达公司2016年8月发生的经济交易或事项及账务处理如下：

（1）8月4日，从长江公司购入辅助原材料一批，取得的增值税专用发票上注明货款为120 000元，增值税税额为20 400元，货物尚未到达，支付运输公司的运输费用为5 000元，运输费用的税率为11%，取得运费增值税专用发票。货款和进项税额已用工行芙蓉路支行存款支付。

进项税额 = 20 400 + 5 000 × 11% = 20 950（元）

材料成本 = 120 000 + 5 000 = 125 000（元）

科达公司账务处理如下：

借：在途物资——长江公司（辅助材料）　　125 000.00
　　应交税费——应交增值税（进项税额）　　20 950.00
　　贷：银行存款——工行　　145 950.00

（2）8月10日，从鸿兴公司购入不需要安装机床一台，取得的增值税专用发票上注明价款为260 000元，增值税税额为44 200元，款项尚未支付。

借：固定资产——机床　　260 000.00
　　应交税费——应交增值税（进项税额）　　44 200.00
　　贷：应付账款——鸿兴公司　　304 200.00

（3）8月15日，自万和农场购入免税红富士苹果一批，价款为86 000元，规定的扣除率为13%，货物尚未到达，货款已用银行存款支付。

进项税额 = 购买价款 × 扣除率 = 86 000 × 13% = 11 180（元）

借：在途物资——万和农场（红富士）　　86 000.00
　　应交税费——应交增值税（进项税额）　　11 180.00
　　贷：银行存款　　97 180.00

（4）8月26日，生产车间委托外单位修理机器设备，增值税专用发票上注明修理费用为15 000元，增值税税额为2 550元，款项已用银行存款支付。

借：管理费用——修理费　　15 000.00

应交税费——应交增值税（进项税额） 2 550.00

贷：银行存款 17 550.00

（2）进项税额转出的核算。

企业购进的货物发生非自然灾害的非常损失，以及将购进货物改变用途（如用于非应税项目、集体福利或个人消费等），其进项税额应通过“应交税费——应交增值税（进项税额转出）”账户转入有关账户，借记“待处理财产损溢”“在建工程”“应付职工薪酬”等账户，贷记“应交税费——应交增值税（进项税额转出）”账户；属于转作待处理财产损失的进项税额，应与遭受非常损失的购进货物、在产品或库存商品的成本一并处理。购进货物改变用途通常是指购进的货物在没有经过任何加工的情况下，对内改变用途的行为，如企业集体福利领用原材料等。

【例 3-8-30】 承【例 3-8-29】，科达公司 2016 年 8 月发生的进项税额转出事项及账务处理如下：

◆ 5 日，成品仓库因管理不善，发生库存商品毁损 10 件，每件单位成本 880 元，其中原材料成本占 60%，原材料税率为 17%。

借：待处理财产损溢——待处理流动资产损溢 9 697.60

贷：库存商品——D 产品 8 800.00

应交税费——应交增值税（进项税额转出） 897.60

◆ 13 日，企业所属的职工食堂领用原材料 4 500 元，该原材料适用的增值税税率为 17%。

借：应付职工薪酬——非货币性福利 5 265.00

贷：原材料 4 500.00

应交税费——应交增值税（进项税额转出） 765.00

（3）销售货物或者提供应税劳务的核算。

应税服务企业销售货物或者提供应税劳务和应税服务，按照营业收入和应收取的增值税税额，借记“应收账款”“应收票据”“预收账款”“银行存款”等账户；按专用发票上注明的增值税税额，贷记“应交税费——应交增值税（销项税额）”账户；按照实现的营业收入，贷记“主营业务收入”“其他业务收入”等账户。发生的销售退回，作相反的会计分录。

【例 3-8-31】 承【例 3-8-30】，2016 年 8 月，科达公司发生的经济交易或事项及账务处理如下：

◆ 15 日，向江峰公司销售 D 产品 500 件，单价 1 230 元，增值税税率为 17%，货已发出，已开具增值税专用发票，并办妥委托银行托收手续。

借：应收账款——江峰公司 719 550.00

贷：主营业务收入 615 000.00

应交税费——应交增值税（销项税额） 104 550.00

◆ 28 日，为外单位代加工办公桌椅 400 张，每张加工费 120 元，加工完成，取得的增值税专用发票上注明的价款为48 000元，增值税税额为8 160元，款项已收到并存入银行。

借：银行存款　　56 160.00
　　贷：主营业务收入　　48 000.00
　　　　应交税费——应交增值税（销项税额）　　8 160.00

（4）视同销售行为的核算。

视同销售行为是指从会计角度判断企业的有些交易和事项不属于销售行为，不能确认销售收入，但是按照税法的规定，应视同对外销售处理，计交增值税。视同销售行为主要包括：企业将自产或委托加工的货物用于非应税项目、集体福利或个人消费；将自产、委托加工或购买的货物作为投资分配给股东或投资者、无偿赠送他人等。企业发生视同销售行为，应当借记“应付职工薪酬”“长期股权投资”“应付股利”“营业外支出”等账户，贷记“应交税费——应交增值税（销项税额）”等账户。

【例3-8-32】 承【例3-8-31】，2016年8月12日，科达公司将自己生产的D产品80件捐赠给老区望成希望小学。该批产品的成本为70 400元，计税价格为100 000元。科达公司账务处理如下：

销项税额=100 000×17%=17 000（元）

借：营业外支出——捐赠支出　　117 000.00
　　贷：主营业务收入　　100 000.00
　　　　应交税费——应交增值税（销项税额）　　17 000.00

结账成本：

借：主营业务成本　　70 400.00
　　贷：库存商品——D产品　　70 400.00

（5）出口退税的核算。

为了鼓励企业出口创汇，除国家另有规定外，按照国际惯例，一般对出口产品实行零税率。同时，对出口产品在国内已负担的进项税额实行退税，以最大限度的减轻出口企业的税收负担。企业在向海关办理报关出口等手续后，凭出口报关单等有关凭证，可以向税务机关办理出口货物的出口退税手续。

企业按照出口退税政策的有关规定计算出当期应退税额，并向税务机关办妥出口货物退税相关手续后，借记“其他应收款——应收退税款”账户，贷记“应交税费——应交增值税（出口退税）”账户。实际收到退回的增值税款时，借记“银行存款”账户，贷记“其他应收款——应收退税款”账户。

【例3-8-33】 秋雁服装公司2016年9月自服装厂（小规模纳税人）购入西服1 000套，全部出口。取得的普通发票上注明的金额为123 600元。国家税务总局规定，出口服装的退税率为16%。该公司于9月30日实际收到退税款。相关会计处理如下：

西服的出口退税金额=123 600÷（1+3%）×16%=19 200（元）

计算确定退税额时：

借：其他应收款——应收退税款　　19 200.00

　　贷：应交税费——应交增值税（出口退税）　　19 200.00

9 月 30 日实际收到退税款时：

借：银行存款——××　　19 200.00

　　贷：其他应收款——应收退税款　　19 200.00

（6）交纳增值税的核算。

一般企业交纳增值税有两种情况：其一是当月交纳当月的增值税，其二是月初（一般为 15 日之前）交纳上月增值税。在只设置“应交税费——应交增值税”一个核算账户的情况下，企业当月交纳当月的增值税和月初交纳上月应交增值税均应借记“应交税费——应交增值税（已交税金）”账户，贷记“银行存款”账户。月末，“应交税费——应交增值税”账户如为贷方余额，表示企业应交纳的增值税，如为借方余额，表示当月多交增值税或留抵的增值税进项税额。

【例 3－8－34】 承【例 3－8－29】至【例 3－8－32】，科达公司 2016 年 7 月末“应交税费——应交增值税”账户借方余额为 5 600 元（进项税额留抵）。2016 年 8 月发生增值税销项税额合计 129 710 元，进项税额转出合计 1 662.60 元，进项税额合计 78 880 元。计算 8 月科达公司应交增值税额，并进行相关业务的账务处理。

应交增值税额＝129 710＋1 662.60－78 880－5 600＝46 892.60（元）

9 月 15 日前，用银行存款交纳增值税，账务处理如下：

借：应交税费——应交增值税（已交税金）　　46 892.60

　　贷：银行存款　　46 892.60

温馨提示

企业外购材料、物资、不动产、无形资产以及接受应税劳务、服务不能取得增值税专用发票或取得的发票不符合抵扣要求的，其增值税应计入购入材料、物资、不动产、无形资产以及接受应税劳务、服务采购成本，借记“材料采购”“在途物资”“无形资产”“固定资产”“制造费用”“管理费用”等账户，贷记“银行存款”等账户。

3. 小规模纳税人的账务处理

小规模纳税企业应当按照不含税销售额和规定的增值税征收率计算交纳增值税，销售货物或提供应税劳务、服务时只能开具普通发票，不能开具增值税专用发票，如果需要开具增值税专用发票，只能委托税务机关代为开具，且税率只能是 3%。小规模纳税企业不享有进项税额的抵扣权，其购进货物或接受应税劳务、服务支付的增值税直接计入有关货物或劳务的成本。因此，小规模纳税企业只需在“应交税费”账户下设置三栏式“应交增值税”明细账户，不需要在“应交增值税”明细账户中设置专栏。“应交税费——应交增值税”账户贷方登记应交纳的增值税，借方登记已交纳的增值税；期末贷方余额反映尚未交纳的增值税，借方余额反映多交纳的增值税。

小规模纳税企业购进货物与接受应税劳务、服务时支付的增值税，直接计入有关货物和劳务、服务的成本，借记“材料采购”“在途物资”“原材料”等账户，贷记“应付账款”“应付票据”“银行存款”“库存现金”等账户，销售货物或提供应税劳务、服务时，借记“银行存款”“应收账款”“应收票据”等账户，贷记“应交税费——应交增值税”账户。

【例3-8-35】 海粤公司为小规模纳税人，增值税征收率为3%，原材料按实际成本核算。2016年9月，该公司购入A原材料1 000千克，取得的增值税专用发票中注明货款为50 000元，增值税税额为8 500元，款项以银行存款支付，材料已验收入库。销售产品500千克，所开出的普通发票中注明货款（含税）为46 350元，款项已存入银行。用银行存款交纳增值税1 350元。计算海粤公司应交的增值税并进行相关账务处理。

不含税销售额＝含税销售额÷（1＋征收率）＝46 350÷（1＋3%）＝45 000（元）

应交增值税＝不含税销售额×征收率＝45 000×3%＝1 350（元）

（1）购入A原材料：

借：原材料——A材料　　58 500.00

　　贷：银行存款　　58 500.00

（2）销售产品：

借：银行存款　　46 350.00

　　贷：主营业务收入　　45 000.00

　　　　应交税费——应交增值税　　1 350.00

（3）交纳9月应交增值税：

借：应交税费——应交增值税　　1 350.00

　　贷：银行存款　　1 350.00

（三）应交消费税

1. 消费税概述

消费税是指在我国境内生产、委托加工和进口应税消费品的单位和个人，按其流转额交纳的一种税。消费税有从价定率、从量定额和复合计税三种征收方法。采取从价定率方法征收的消费税，以不含增值税的销售额为税基，按照税法规定的税率计算。企业的销售收入包含增值税的，应将其换算为不含增值税的销售额。采取从量定额计征的消费税，根据按税法确定的企业应税消费品的数量和单位应税消费品应交纳的消费税额计算确定。采用复合计征的消费税，根据从价定率和从量定额确定的应税消费品应交的消费税计算确定。

2. 应交消费税的核算

（1）账户设置。

企业应在“应交税费”账户下设置“应交消费税”明细账户，核算应交消费税的发生、交纳情况。该账户为负债类账户，贷方登记应交纳的消费税，借方登记已交纳的消费税；期末贷方余额反映企业尚未交纳的消费税，借方余额反映企业多交纳的消费税。

（2）账务处理。

Ⅰ. 销售应税消费品。

企业销售应税消费品应交的消费税，应借记“税金及附加”账户，贷记“应交税费——应交消费税”账户。

【例 3-8-36】 清丽化妆品公司为增值税一般纳税人。2016 年 11 月，开具增值税专用发票销售高档化妆品一批，发票上列明价款为 1 500 000 元，增值税税额为 255 000 元；开出普通发票销售高档化妆品一批，发票上列明金额为 234 000 元，适用的增值税税率为 17%。化妆品消费税税率为 15%。清丽化妆品公司账务处理如下：

应税销售额 = 1 500 000 + 234 000 ÷（1 + 17%）

= 1 500 000 + 200 000 = 1 700 000（元）

应交消费税额 = 1 700 000 × 15% = 255 000（元）

借：税金及附加　　255 000.00

　贷：应交税费——应交消费税　　255 000.00

Ⅱ. 视同销售应税消费品的核算。

企业将生产的应税消费品用于对外投资、对外捐赠、在建工程、职工福利等非应税项目时，应按照《消费税暂行条例》的有关规定，计算应交纳的消费税额，借记“长期股权投资”“在建工程”“应付职工薪酬”“营业外支出”等账户，贷记“应交税费——应交消费税”账户。

【例 3-8-37】 长江啤酒厂 2016 年 11 月开出增值税专用发票销售纯生啤酒 600 吨，发票上注明单价为 4 200 元/吨；开出普通发票销售淡爽啤酒 250 吨，发票上注明单价为 2 925 元/吨，作为福利发给本公司职工纯生啤酒共计 15 吨。按《消费税暂行条例》的规定，啤酒每吨出厂价在 3 000 元以上的应纳税额为 250 元，每吨出厂价在 3 000 元以下的应纳税额为 220 元。假定不考虑其他相关税费。长江啤酒厂账务处理如下：

应交消费税额 =（600 + 15）× 250 + 250 × 220 = 153 750 + 55 000 = 208 750（元）

作为福利发给本公司职工的纯生啤酒的应交消费税额 = 15 × 250 = 3 750（元）

借：税金及附加　　205 000.00

　　应付职工薪酬——非货币性福利　　3 750.00

　贷：应交税费——应交消费税　　208 750.00

【例 3-8-38】 安化公司安装生产线领用自产柴油成本为 50 000 元，应纳消费税 6 000 元。不考虑其他相关税费。安化公司账务处理如下：

借：在建工程——安装工程（生产线）　　56 000.00

　贷：库存商品——柴油　　50 000.00

　　　应交税费——应交消费税　　6 000.00

Ⅲ. 委托加工应税消费品。

企业如有应交消费税的委托加工物资，一般应由受托方代收代缴税款。

ⅰ. 委托加工应税消费品收回后直接对外销售的，应将受托方代收代缴的消费税计入委托加工物资的成本，借记“委托加工物资”等账户，贷记“应付账款”“银行存款”等账户，销售时不再交纳消费税。

ⅱ. 对于委托加工应税消费品收回后连续用于生产应税消费品的，支付给受托方代收代缴的消费税款按规定准予抵扣，借记“应交税费——应交消费税”账户，贷记“应付账款”“银行存款”等账户。

【例3-8-39】 黄山公司委托琅琊公司代为加工一批应交消费税的烟丝，烟丝的消费税率为30%。黄山公司2016年3月5日付出烟叶成本为500 000元。3月28日，支付加工费为50 000元，增值税税额为8 500元，由琅琊公司代收代缴的消费税为235 714元。材料已经加工完成，并由黄山公司收回验收入库，加工费、增值税及消费税款以银行存款支付。黄山公司采用实际成本法进行原材料的核算。黄山公司账务处理如下：

（1）如果委托加工物资收回继续用于生产应税消费品：

3月5日，付出加工烟叶：

	借方	贷方
借：委托加工物资——琅琊公司（烟丝）	500 000.00	
贷：原材料——烟叶		500 000.00

3月28日，支付加工费、增值税和代收代缴消费税：

	借方	贷方
借：委托加工物资——琅琊公司（烟丝）	50 000.00	
应交税费——应交增值税（进项税额）	8 500.00	
——应交消费税	235 714.00	
贷：银行存款		294 214.00

收回加工完成烟丝：

	借方	贷方
借：原材料——烟丝	550 000.00	
贷：委托加工物资——琅琊公司（烟丝）		550 000.00

（2）如果委托加工物资收回直接对外销售：

3月5日，付出加工烟叶：

	借方	贷方
借：委托加工物资——琅琊公司（烟丝）	500 000.00	
贷：原材料——烟叶		500 000.00

3月28日，支付加工费、增值税和代收代缴消费税：

	借方	贷方
借：委托加工物资——琅琊公司（烟丝）	285 714.00	
应交税费——应交增值税（进项税额）	8 500.00	
贷：银行存款		294 214.00

收回加工完成烟丝：

	借方	贷方
借：原材料——烟丝	785 714.00	
贷：委托加工物资——琅琊公司（烟丝）		785 714.00

Ⅳ. 进口应税消费品。

企业进口应税消费品，按规定应在应税消费品报关进口时计算交纳消费税。应税消费品报关进口时，由海关征收的关税和消费税，应计入进口应税消费品的成本中。应税消费品进口时，借记“原材料”“材料采购”“库存商品”“固定资产”“应交税费——应交增值税（进项税额）”等账户，贷记“银行存款”等账户。

【例 3-8-40】 2016 年 9 月 26 日，大步公司从国外进口 5 辆原装 DS 轿车，价款为 1 200 000 元，海关代收代缴增值税 204 000 元，消费税 60 000 元，货款及税款已经用银行存款支付。黄山公司账务处理如下：

借：库存商品——原装 DS 轿车　　1 260 000.00

　　应交税费——应交增值税（进项税额）　　204 000.00

　　贷：银行存款　　1 464 000.00

（四）应交个人所得税

企业职工按规定应交纳的个人所得税通常由其所在单位代扣代缴。企业按规定计算的代扣代缴的职工个人所得税，借记“应付职工薪酬”账户，贷记“应交税费——应交个人所得税”账户；企业交纳个人所得税时，借记“应交税费——应交个人所得税”账户，贷记“银行存款”等账户。

【例 3-8-41】 2016 年 6 月 30 日，黄山公司结算当月应付职工工资总额 300 000 元，按税法规定应代扣代缴的职工个人所得税共计 3 000 元，实发工资 297 000 元。7 月 10 日，向地税局缴纳个人所得税。黄山公司账务处理如下：

（1）6 月 30 日，代扣个人所得税：

借：应付职工薪酬——工资、奖金、津贴和补贴　　3 000.00

　　贷：应交税费——应交个人所得税　　3 000.00

（2）7 月 10 日，交纳个人所得税：

借：应交税费——应交个人所得税　　3 000.00

　　贷：银行存款　　3 000.00

（五）其他应交税费

其他应交税费是指除上述应交税费以外的其他各种应上交国家的税费，包括应交资源税、应交城市维护建设税、应交土地增值税、应交所得税、应交房产税、应交土地使用税、应交车船税、应交教育费附加、应交矿产资源补偿费等。

企业应当在“应交税费”账户下设置相应的明细账户进行核算。该账户贷方登记应交纳的有关税费，借方登记已交纳的有关税费，期末贷方余额反映尚未交纳的有关税费。

1. 应交资源税

资源税是对在我国境内开采矿产品或者生产盐的单位和个人征收的税。对外销售应税产品应交纳的资源税应借记“税金及附加”账户，贷记“应交税费——应交资源税”账户；自产自用应税产品应交纳的资源税应借记“生产成本”“制造费用”等账户，贷记“应交税费——应交资源税”账户。

【例 3-8-42】 2016 年 8 月，两淮矿业公司对外销售煤炭 5 600 吨，价款 2 800 000

元，将自产的煤炭 1 000 吨，计税价格 500 000 元，用于焦炭的生产，资源税税率为 10%。两淮矿业公司账务处理如下：

（1）对外销售应税矿产品应交资源税：

企业对外销售应税产品而应交的资源税 = 2 800 000 × 10% = 280 000（元）

借：税金及附加　　280 000.00

　　贷：应交税费——应交资源税　　280 000.00

（2）自产自用的煤炭：

自产自用的煤炭应交资源税额 = 500 000 × 10% = 50 000（元）

借：生产成本——辅助生产成本　　50 000.00

　　贷：应交税费——应交资源税　　50 000.00

（3）交纳资源税：

借：应交税费——应交资源税　　330 000.00

　　贷：银行存款　　330 000.00

2. 应交城市维护建设税

城市维护建设税是以增值税、消费税为计税依据征收的一种税。其纳税人为交纳增值税、消费税的单位和个人。城市维护建设税以纳税人实际缴纳的增值税、消费税税额为计税依据，并与这两项税金同时交纳。税率因纳税人所在地不同分别为 1%、5%、7% 三档。计算公式为：

应纳税额 =（应交增值税 + 应交消费税）× 适用税率

企业按规定计算出应交纳的城市维护建设税，借记“税金及附加”等账户，贷记“应交税费——应交城市维护建设税”账户。交纳城市维护建设税时，借记“应交税费——应交城市维护建设税”账户，贷记“银行存款”账户。

【例 3-8-43】 科达公司 2016 年 8 月本期实际应交增值税税额为 52 842.60 元，适用的城市维护建设税税率为 7%。相关账务处理如下：

（1）8 月 31 日，计算应交城市维护建设税：

应交的城市维护建设税 = 52 842.60 × 7% = 3 698.98（元）

借：税金及附加　　3 698.98

　　贷：应交税费——应交城市维护建设税　　3 698.98

（2）9 月 12 日，实际缴纳城市维护建设税：

借：应交税费——应交城市维护建设税　　3 698.98

　　贷：银行存款　　3 698.98

3. 应交教育费附加

教育费附加是为了发展教育事业而向企业征收的附加费用，企业按应交流转税的一定比例（3%）计算交纳。企业按规定计算出应交纳的教育费附加，借记“税金及附加”等账户，贷记“应交税费——应交教育费附加”账户。

【例 3-8-44】 科达公司 2016 年 8 月本期实际应交增值税为 52 842.60 元，适用的教育费附加费率为 3%。科达公司账务处理如下：

（1）8月31日，计算应交纳的教育费附加：

应交的教育附加费 =52 842.60 ×3% =1 585.28（元）

借：税金及附加　　1 585.28

　　贷：应交税费——应交教育费附加　　1 585.28

（2）9月12日，交纳教育费附加：

借：应交税费——应交教育费附加　　1 585.28

　　贷：银行存款　　1 585.28

4. 应交土地增值税

土地增值税是对转让国有土地使用权、地上的建筑物及其附着物（以下简称转让房地产）并取得增值性收入的单位和个人所征收的一种税。

土地增值税按照转让房地产所取得的增值额和规定的税率计算征收。转让房地产的增值额是转让收入减去税法规定扣除项目金额后的余额。转让收入包括货币收入、实物收入和其他收入，不包含增值税销项税额；扣除项目主要包括取得土地使用权所支付的金额、房地产开发成本及费用、与转让房地产有关的税金、旧房及建筑物的评估价格、财政部确定的其他扣除项目等，不包括增值税进项税额。土地增值税采用四级超率累进税率，其中最低税率为30%，最高税率为60%。

根据企业对房地产的核算方法不同，企业应交土地增值税的账务处理也有所区别：企业转让的土地使用权连同地上建筑物及其附着物一并在“固定资产”账户核算的，转让时应交的土地增值税，借记“固定资产清理”账户，贷记“应交税费——应交土地增值税”账户；土地使用权在“无形资产”账户核算的，按实际收到的金额，借记“银行存款”“累计摊销”“无形资产减值准备”账户，按应交的土地增值税，贷记“应交税费——应交土地增值税”账户，同时冲销土地使用权的账面价值，贷记“无形资产”账户，按其差额，借记“营业外支出”账户或贷记“营业外收入”账户；房地产开发经营企业销售房地产应交纳的土地增值税，借记“税金及附加”账户，贷记“应交税费——应交土地增值税”账户。交纳土地增值税时，借记“应交税费——应交土地增值税”账户，贷记“银行存款”账户。

【例3-8-45】 科达公司对外转让一栋厂房，根据税法规定计算的应交土地增值税为46 100元。科达公司账务处理如下：

（1）计算应交土地增值税：

借：固定资产清理　　46 100.00

　　贷：应交税费——应交土地增值税　　46 100.00

（2）用银行存款交纳土地增值税：

借：应交税费——应交土地增值税　　46 100.00

　　贷：银行存款　　46 100.00

5. 应交房产税、城镇土地使用税、车船税和矿产资源补偿费

房产税是国家对在城市、县城、建制镇和工矿区征收的由产权所有人交纳的一种税。房产税依照房产原值一次减除10% ~30%后的余额计算交纳。没有房产原值作为依据的，

由房产所在地税务机关参考同类房产核定；房产出租的，以房产租金收入为房产税的计税依据。

城镇土地使用税以城市、县城、建制镇、工矿区范围内使用土地的单位和个人为纳税人，以其实际占用的土地面积和规定税额计算征收。

车船税是以车辆、船舶（简称车船）为课征对象，向车船的所有人或者管理人征收的一种税。

矿产资源补偿费是对在我国领域和管辖海域开采矿产资源而征收的费用。矿产资源补偿费按照矿产品销售收入的一定比例计征，由采矿人交纳。

企业应交的房产税、城镇土地使用税、车船税，计入“税金及附加”，借记“税金及附加”账户，贷记“应交税费——应交房产税/城镇土地使用税/车船税”账户；企业应交的矿产资源补偿费，计入“管理费用”，借记“管理费用”账户，贷记“应交税费——矿产资源补偿费”账户。

【例3-8-46】 2016年12月，科达公司按税法规定计算出2016年应交纳房产税115 000元、车船税38 000元、城镇土地使用税42 000元。相关账务处理如下：

（1）计交应交上述税金：

借：税金及附加——房产税　　115 000.00
　　　　　　——车船税　　38 000.00
　　　　　　——城镇土地使用税　　42 000.00
　贷：应交税费——应交房产税　　115 000.00
　　　　　　——应交城镇土地使用税　　42 000.00
　　　　　　——应交车船税　　38 000.00

（2）用银行存款交纳上述税金：

借：应交税费——应交房产税　　115 000.00
　　　　　　——应交城镇土地使用税　　42 000.00
　　　　　　——应交车船税　　38 000.00
　贷：银行存款　　195 000.00

岗位实训五

实训要求：根据原始单据，编制记账凭证。

资料：时代公司为增值税一般纳税人，适用的增值税税率为17%，材料采用实际成本进行日常核算。2016年9月30日，该公司“应交税费——应交增值税”账户借方余额为60 000元。该公司10月发生以下经济业务：

（1）10月8日，自江淮公司购买甲原材料5 000千克，增值税专用发票上注明价款为900 000元，增值税税额为153 000元，应付江淮公司运费5 000元，增值税税额为550元，货款尚未支付。增值税专用发票、运输费发票已经主管税务机关认证相符，当月申请抵扣。甲材料已验收入库。相关单据见表3-8-46、表3-8-47和表3-8-48。

表 3-8-46 **安徽增值税专用发票** **№ 05695689**

3401102130 发票联 开票日期：2016 年 10 月 8 日

购买方	名　　称：时代公司 纳税人识别号：340010468107599784 地 址 、电 话：安徽省合肥市繁华路 612 号 0551 - 63891252 开户行及账号：工行合肥繁华路支行 01400822601367			密码区	7 + +9/42152 * +129 *864 > 加密版本：01 63 - <7503 * <1 > */ <3 < +80 341008389J 2 + < <56894588 > > * * <2569 5920 - 33/65 +5012 */ > >92 00193828		
货物或应税劳务、服务名称	规格型号	单位	数量	单价	金额	税率	税额
甲材料		千克	5 000	180.00	900 000.00	17%	153 000.00
运费					5 000.00	17%	850.00
合计					¥905 000.00		¥153 850.00
价税合计（大写）	⊗壹佰零伍万捌仟捌佰伍拾元整				（小写） ¥1 058 850.00		
销售方	名　　称：江淮公司 纳税人识别号：340601087330546790 地 址 、电 话：安徽省黄山市龙川路 786 号 0559 - 65751458 开户行及账号：工行黄山龙川路支行 4209772234586			备注	江淮公司 340601087330546790 发票专用章		

收款人：张秀　　复核：刘琴　　开票人：王军　　销售方：（章）

第三联：发票联 购买方记账凭证

表 3-8-47 **安徽增值税专用发票** **№ 05695689**

3401102130 抵扣联 开票日期：2016 年 10 月 8 日

购买方	名　　称：时代公司 纳税人识别号：340010468107599784 地 址 、电 话：安徽省合肥市繁华路 612 号 0551 - 63891252 开户行及账号：工行合肥繁华路支行 01400822601367			密码区	7 + +9/42152 * +129 *864 > 加密版本：01 63 - <7503 * <1 > */ <3 < +80 341008389 2 + < <56894588 > > * * <2569 5920 - 33/65 +5012 */ > >92 00193828		
货物或应税劳务、服务名称	规格型号	单位	数量	单价	金额	税率	税额
甲材料		千克	5 000	180.00	900 000.00	17%	153 000.00
运费					5 000.00	17%	850.00
合计					¥905 000.00		¥153 850.00
价税合计（大写）	⊗壹佰零伍万捌仟捌佰伍拾元整				（小写） ¥1 058 850.00		
销售方	名　　称：江淮公司 纳税人识别号：340601087330546790 地 址 、电 话：安徽省黄山市龙川路 786 号 0559 - 65751458 开户行及账号：工行黄山龙川路支行 4209772234586			备注	江淮公司 340601087330546790 发票专用章		

收款人：张秀　　复核：刘琴　　开票人：王军　　销售方：（章）

第二联：抵扣联 购买方扣税凭证

表 3－8－48　　　　**材料入库单**

材料科目：材料　　　　№001234

材料类别：原料及主要材料

供应单位：江淮公司　　　　2016 年 10 月 8 日　　　　收料仓库：1

<table>
<tr><th rowspan="3">材料名称</th><th rowspan="3">计量单位</th><th colspan="2">数量（吨）</th><th colspan="6">实际成本（元）</th><th rowspan="3">备注</th></tr>
<tr><th rowspan="2">应收</th><th rowspan="2">实收</th><th colspan="2">买价</th><th rowspan="2">运费</th><th rowspan="2">其他</th><th rowspan="2">合计</th><th rowspan="2">单位成本</th></tr>
<tr><th>单价</th><th>金额</th></tr>
<tr><td>甲材料</td><td>千克</td><td>5 000</td><td>5 000</td><td>180.00</td><td>900 000.00</td><td>5 000.00</td><td></td><td>905 000.00</td><td>181.00</td><td></td></tr>
</table>

记账：陈名　　　　收料：胡颖　　　　制单：胡颖

（2）10 月 15 日，以生产的 A 产品对山区红军希望小学捐赠。A 产品计税价格为 6 万元，增值税税率为 17%，生产成本为 5.2 万元。单据见表 3－8－49 和表 3－8－50。

表 3－8－49　　　　**安徽增值税普通发票**　　　　№ 02345973

3401102579　　　　记 账 联　　　　开票日期：2016 年 10 月 15 日

<table>
<tr><td>购买方</td><td colspan="4">名　　称：红军希望小学
纳税人识别号：
地 址 、电 话：安徽省岳西县来榜镇长征路 2 号 0556－6389134
开户行及账号：岳西信用合作社 014008226678923</td><td>密码区</td><td colspan="3">7＋＋9/42152＊＋129＊864＞ 加密版本：01
63－＜7503＊＜1＞＊/＜3＜＋80　341008389
2＋＜＜56894588＞＞＊＊＜2569
5920－33/65＋5012＊/＞＞92　00193828</td></tr>
<tr><td colspan="2">货物或应税劳务、服务名称</td><td>规格型号</td><td>单位</td><td>数量</td><td>单价</td><td>金额</td><td>税率</td><td>税额</td></tr>
<tr><td colspan="2">A 产品</td><td></td><td>台</td><td>50</td><td>1 200.00</td><td>60 000.00</td><td>17%</td><td>10 200.00</td></tr>
<tr><td colspan="2">合计</td><td></td><td></td><td></td><td></td><td>¥60 000.00</td><td></td><td>¥10 200.00</td></tr>
<tr><td colspan="2">价税合计（大写）</td><td colspan="7">⊗柒万零贰佰元整　　（小写）¥70 200.00</td></tr>
<tr><td>销售方</td><td colspan="4">名　　称：时代公司
纳税人识别号：340010468107599784
地 址 、电 话：安徽省合肥市繁华路 612 号 0551－63891252
开户行及账号：工行合肥繁华路支行 01400822601367</td><td>备注</td><td colspan="3"></td></tr>
</table>

第一联：记账联　销售方记账凭证

收款人：周安　　复核：彭力　　开票人：陈建　　销售方：（章）

表 3－8－50　　　　**产品销售出库单**

购货方：蓝天公司　　　　2016 年 10 月 15 日　　　　№0026784

<table>
<tr><th>品名</th><th>单位</th><th>单价</th><th>数量</th><th>金额</th><th>备注</th></tr>
<tr><td>A 产品</td><td>台</td><td></td><td>50</td><td></td><td rowspan="4">对外捐赠</td></tr>
<tr><td></td><td></td><td></td><td></td><td></td></tr>
<tr><td>合计</td><td></td><td></td><td></td><td></td></tr>
<tr><td colspan="5">购货方采购员签字：</td></tr>
</table>

第二联：记账联

记账：陈莹　　　　保管：张霞　　　　制单：张霞

（3）10 月 18 日，销售 B 产品 1500 台，不含税售价为 550 元，实际成本为450 元，提货单和增值税专用发票已交给购货方蓝天公司，货款收存工行繁华路支行。相关单据见表 3－8－51、表 3－8－52 和表 3－8－53。

表 3－8－51 **安徽增值税专用发票** **№ 004635670**

3400073368 此联不作报销、扣税凭证使用 开票日期：2016 年 10 月 18 日

（全国统一发票监制 安徽 国家税务总局监制）

购买方	名称：蓝天公司 纳税人识别号：340888229135681 地址、电话：安徽省安庆市集贤路 346 号 0556－5517689 开户行及账号：工行安庆集贤支行 3482659816533682				密码区	7＋＋9/42152＊＋129＊864＞ 加密版本：01 63－＜7503＊＜1＞＊/＜3＜＋80 3400073368 2＋＜＜56894588＞＞＊＊＜2569 5920－33/65＋5012＊/＞＞92 004635481		
货物或应税劳务名称		规格型号	单位	数量	单价	金额	税率	税额
B 产品			台	1 500	550.00	825 000.00	17%	140 250.00
合计						￥825 000.00		￥140 250.00
价税合计（大写）	⊗玖拾陆万伍仟贰佰伍拾元整					（小写）￥965 250.00		
销售方	名称：时代公司 纳税人识别号：340010468107599784 地址、电话：安徽省合肥市繁华路 612 号 0551－63891252 开户行及账号：工行合肥繁华路支行 01400822601367				备注	（时代公司 340010468107599784 发票专用章）		

第一联：记账联 销售方记账凭证

收款人：周安　　复核：彭力　　开票人：陈建　　销售方：（章）

表 3－8－52 **产品销售出库单**

购货方：蓝天公司　　2016 年 10 月 18 日　　№0026784

品名	单位	单价	数量	金额	备注
B 产品	台		1500		
合计					
购货方采购员签字：张春					

第二联：记账联

记账：陈莹　　保管：张霞　　制单：张霞

表 3－8－53 **中国工商银行　进账单（收账通知）** **3**

2016 年 10 月 18 日

出票人	全称	蓝天公司		收款人	全称	时代公司
	账号	3482659816533682			账号	01400822601367
	开户银行	工行安庆集贤支行			开户银行	工行合肥繁华路支行
金额	人民币（大写）	玖拾陆万伍仟贰佰伍拾元整			亿 千 百 十 万 千 百 十 元 角 分	￥ 9 6 5 2 5 0 0 0
票据种类	转账支票	票据张数	壹张			
票据号码	XIV00056489				开户银行签章	
	复核　记账					

（中国工商银行繁华路支行 2016.10.18 转账 讫）

此联是收款人开户银行交给收款人的收账通知

（4）10 月 27 日，盘亏甲原材料 100 千克，该原材料的实际成本为 18 000 元，增值税税额为 3 060 元。造成盘亏的原因是保管不善。10 月 31 日，经批准，该盘亏予以转销。相关单据见表 3－8－54、表3－8－55 和表 3－8－56。

表 3－8－54

存货盘点表

2016 年 10 月 27 日　　单位：元

编号	品名规格	计量单位	账存数量	实存数量	盘盈		盘亏		原因
					数量	金额	数量	金额	
	甲材料	千克					100	18 000. 00	
合计								18 000. 00	

记账：陈名　　复核：陈莹　　收料：　　制单：胡颖

表 3－8－55

存货盘盈盘亏核销报告表

2016 年 10 月 31 日

<table>
<tr><td rowspan="2">编号</td><td rowspan="2">品名规格</td><td rowspan="2">计量单位</td><td rowspan="2">账存数量</td><td rowspan="2">实存数量</td><td colspan="2">盘盈</td><td colspan="2">盘亏</td><td rowspan="2">原因</td></tr>
<tr><td>数量</td><td>金额</td><td>数量</td><td>金额</td></tr>
<tr><td></td><td>甲材料</td><td>千克</td><td></td><td></td><td></td><td></td><td>100</td><td>18 000. 00</td><td>保管不善</td></tr>
<tr><td></td><td></td><td></td><td></td><td></td><td></td><td></td><td></td><td></td><td></td></tr>
<tr><td colspan="2" rowspan="2">处理意见</td><td colspan="2">保管部门</td><td colspan="3">清查小组</td><td colspan="3">审批部门</td></tr>
<tr><td colspan="2">计入管理费用</td><td colspan="2">责任人赔偿</td><td></td><td colspan="3">同意清查小组意见。
2016. 10. 27</td></tr>
</table>

制表：陈名　　复核：陈莹　　会计主管：李中

表 3－8－56

增值税转出报告单

单位名称：时代公司　　2016 年 10 月 31 日

材料名称	转出材料金额	转出增值税额	转出原因	处理意见
甲材料	18 000. 00	3 060. 00	非正常损耗	同意
合计	1002. 00	170. 34		

制表：陈名　　复核：陈莹　　会计主管：李中

（5）10 月 21 日，用银行存款预交本月增值税 17 500 元，单据见表 3－8－57。

表 3－8－57

纳税人编号：013007755465　　中华人民共和国　　㊖
隶属关系：　　**税收通用缴款书**　　（2009）皖国缴电
注册类型：有限责任公司　　填发日期：2016 年 10 月 21 日　　征收机关：合肥市国家税务局直属税务分局

缴款单位（人）	代号	340010468107599784	预算科目	编码	101010103
	全称	时代公司		名称	工业企业增值税
	开户银行	工行合肥繁华路支行		级次	中央 75%，县区 25%
	账号	01400822601367		收款国库	工行合肥中央与地方共享收入 53400000023

税款所属时期：2016 年 10 月 1 日至 2016 年 10 月 31 日				税款限缴日期：2016 年 12 月 18 日		
品目名称	课税数量	计税金额或销售收入	税率或单位税额	已缴或扣除额	进项税额转出	实缴金额
工业（17%）						17 500.00
金额合计	人民币（大写）⊗壹万柒仟伍佰元整					¥17 500.00
缴款单位（人）（盖章）经办人（章）	税务机关（盖章）填票人（章）	上列款项已收妥并划转收款单位账户 国库（银行）盖章　年　月　日			备注 一般申报 银税 20092800068 安徽省国家税务局	

逾期不缴按税法规定加收滞纳金

此联（收据）国库（银行）收款盖章后退缴款单位（人）做完税凭证

（印章：时代公司；合肥市国家税务局直属分局；中国工商银行繁华路支行 2016.10.21 转账 转讫）

时代公司根据上述业务的原始凭证进行相关账务处理：

（1）

表 3－8－58

记账凭证

2016 年 10 月 8 日　　记字第 26 号

摘要	总账科目	明细科目	√	借方：百	十	万	千	百	十	元	角	分	√	贷方：百	十	万	千	百	十	元	角	分
自江淮公司	原材料	甲材料			9	0	5	0	0	0	0	0										
购入甲材料，	应交税费	应交增值税（进项税额）			1	5	3	8	5	0	0	0										
验收入库，	应付账款	江淮公司												1	0	5	8	8	5	0	0	0
货款未付																						
合计				1	0	5	8	8	5	0	0	0		1	0	5	8	8	5	0	0	0

附件壹张

会计主管：李中　　记账：陈名　　出纳：　　审核：陈莹　　制单：陈名

（2）

表 3－8－59

记账凭证

2016 年 10 月 15 日　　　　记字第 58 号

摘要	会计科目		√	借方金额									√	贷方金额								
	总账科目	明细科目		百	十	万	千	百	十	元	角	分		百	十	万	千	百	十	元	角	分
向希望小学	营业外支出	A 产品				7	0	2	0	0	0	0										
捐赠	主营业务收入															6	0	0	0	0	0	0
	应交税费	应交增值税（销项税额）														1	0	2	0	0	0	0
合计					¥	7	0	2	0	0	0	0			¥	7	0	2	0	0	0	0

附件贰张

会计主管：李中　　记账：陈名　　出纳：　　审核：陈莹　　制单：陈名

（3）

表 3－8－60

记账凭证

2016 年 10 月 18 日　　　　记字第 75 号

摘要	会计科目		√	借方金额									√	贷方金额								
	总账科目	明细科目		百	十	万	千	百	十	元	角	分		百	十	万	千	百	十	元	角	分
销售产品	银行存款				9	6	5	2	5	0	0	0										
	主营业务收入														8	2	5	0	0	0	0	0
	应交税费	应交增值税（销项税额）													1	4	0	2	5	0	0	0
合计				¥	9	6	5	2	5	0	0	0		¥	9	6	5	2	5	0	0	0

附件叁张

会计主管：李中　　记账：陈名　　出纳：张勋　　审核：陈莹　　制单：陈名

（4）

表 3－8－61

记账凭证

2016 年 10 月 20 日　　　　记字第 132 号

摘要	会计科目		√	借方金额									√	贷方金额								
	总账科目	明细科目		百	十	万	千	百	十	元	角	分		百	十	万	千	百	十	元	角	分
月末盘点，	待处理财产损溢	待处理流动资产损溢				2	1	0	6	0	0	0										
发现材料	原材料	甲材料														1	8	0	0	0	0	0
短缺	应交税费	应交增值税（进项税额转出）															3	0	6	0	0	0
合计					¥	2	1	0	6	0	0	0			¥	2	1	0	6	0	0	0

附件壹张

会计主管：李中　　记账：陈名　　出纳：　　审核：陈莹　　制单：陈名

表 3－8－62

记账凭证

2016 年 10 月 20 日　　　　记字第 145 号

摘要	会计科目		√	借方金额									√	贷方金额								
	总账科目	明细科目		百	十	万	千	百	十	元	角	分		百	十	万	千	百	十	元	角	分
转销盘缺	管理费用	短缺损失转销				2	1	0	6	0	0	0										
甲材料	待处理财产损溢	待处理流动资产损溢														2	1	0	6	0	0	0
合计					¥	2	1	0	6	0	0	0			¥	2	1	0	6	0	0	0

附件贰张

会计主管：李中　　记账：陈名　　出纳：　　审核：陈莹　　制单：陈名

（5）

表 3-8-63

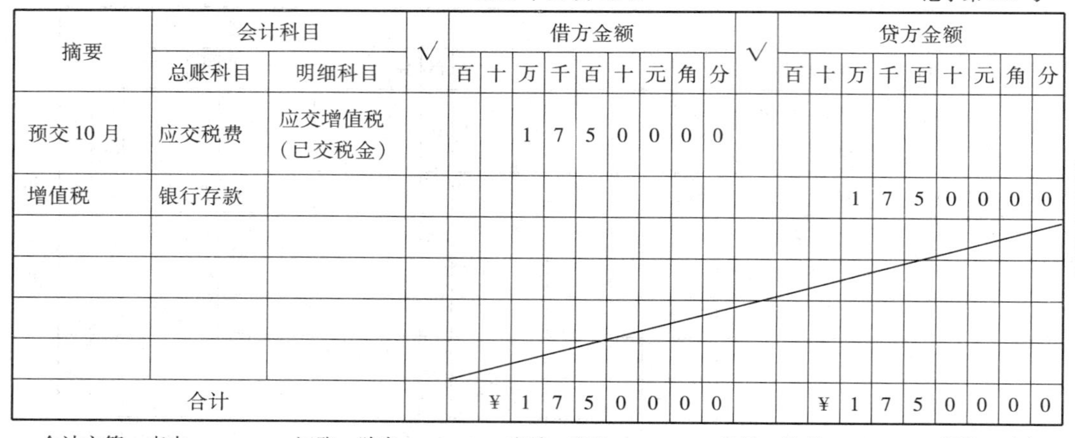

记账凭证

2016 年 10 月 21 日　　　　记字第 155 号

摘要	会计科目		√	借方金额									√	贷方金额								
	总账科目	明细科目		百	十	万	千	百	十	元	角	分		百	十	万	千	百	十	元	角	分
预交 10 月	应交税费	应交增值税（已交税金）				1	7	5	0	0	0	0										
增值税	银行存款															1	7	5	0	0	0	0
合计					¥	1	7	5	0	0	0	0			¥	1	7	5	0	0	0	0

附件壹张

会计主管：李中　　记账：陈名　　出纳：张勋　　审核：陈莹　　制单：陈名

八、应付股利及其他应付款的核算

（一）应付股利

应付股利是指企业根据股东大会或类似机构审议批准的利润分配方案确定分配给投资者的现金股利或利润。企业通过“应付股利”账户核算企业确定或宣告支付但尚未实际支付的现金股利或利润。该账户为负债类账户，贷方登记应支付的现金股利或利润；借方登记实际支付的现金股利或利润；期末贷方余额反映企业应付未付的现金股利或利润。该账户应按投资者设置明细账户进行明细核算。

企业根据股东大会或类似机构审议批准的利润分配方案确认应付给投资者的现金股利或利润时，借记“利润分配——应付现金股利或利润”账户，贷记“应付股利”账户；向投资者实际支付现金股利或利润时，借记“应付股利”账户，贷记“银行存款”等账户。

【例 3-8-47】 科达公司有昌德公司、鸿运公司两个股东，分别占注册资本的 40% 和 60%。2015 年度，该公司实现净利润 400 万元。2015 年 12 月 26 日，经过股东会批准，决定 2015 年分配现金股利 150 万元。2016 年 2 月 16 日，用银行存款支付现金股利。科达公司账务处理如下：

（1）2015 年 12 月 26 日，确认应付投资者利润：

借：利润分配——应付股利　　1 500 000.00

　　贷：应付股利——昌德公司　　600 000.00

　　　　　　　　——鸿运公司　　900 000.00

（2）2016 年 2 月 16 日，支付投资者现金股利：

借：应付股利——昌德公司　　600 000.00

　　　　　　——鸿运公司　　900 000.00

贷：银行存款　　　　　　　　　　　　　　　　　　　　　　　1 500 000.00

温馨提示

企业董事会或类似机构通过的利润分配方案中拟分配的现金股利或利润，不需要进行账务处理，但应在附注中披露。企业分配的股票股利不通过“应付股利”账户核算。

（二）其他应付款

其他应付款是指企业除应付票据、应付账款、预收账款、应付职工薪酬、应交税费、应付股利等经营活动以外的其他各项应付、暂收的款项，如应付经营租赁固定资产租金、租入包装物租金、存入保证金等。企业应通过“其他应付款”账户核算其他应付款的增减变动及结存情况。该账户贷方登记发生的各种应付、暂收款项；借方登记偿还或转销的各种应付、暂收款项；期末余额在贷方，反映企业应付未付的其他应付款项。该账户按照其他应付款的项目和对方单位（或个人）设置明细账户进行明细核算。

企业发生其他各种应付、暂收款项时，借记“管理费用”等账户，贷记“其他应付款”账户；支付或退回其他各种应付、暂收款项时，借记“其他应付款”账户，贷记“银行存款”等账户。

【例 3-8-48】 2016 年 1 月 1 日，科达公司从众泰公司以经营租赁方式租入车间管理用办公设备一批，每月租金 2 000 元，按季支付。3 月 31 日，科达公司以银行存款支付应付租金 6 000 元。科达公司账务处理如下：

（1）1 月 31 日，计提应付经营租入车间管理用办公设备租金：

借：制造费用　　　　　　　　　　　　　　　　　2 000.00

　　贷：其他应付款——众泰公司　　　　　　　　　　　　2 000.00

每月底计提应付经营租入车间管理用设备租金的会计处理同上。

（2）3 月 31 日，支付一季度租金：

借：其他应付款——众泰公司　　　　　　　　　　6 000.00

　　贷：银行存款　　　　　　　　　　　　　　　　　　　6 000.00

每季度末支付本季度经营租入车间管理用设备租金的会计处理同上。

九、应付债券的核算

（一）应付债券概述

债券是发行单位为筹集资金而依照法定程序发行的、约定在未来某一特定日期按债券所记载的利率、期限等约定还本付息的有价证券。企业发行债券必须履行程序、报请国家有关部门（证监会等）审批后，才可在审批的数额内发行债券。通过发行债券取得的资金，构成了企业一项非流动负债。

企业债券发行价格的高低一般取决于债券票面金额、债券票面利率、发行当时的市场利率以及债券期限的长短等因素。债券发行有面值发行、溢价发行和折价发行三种情况。当企业债券的票面利率与发行时的市场利率基本相同时，债券发行价格等于债券面值，企业债券按面值发行，即平价发行；当债券的票面利率低于发行时的市场利率时，可以按照低于债券面值的价格发行，称为折价发行，债券发行价格低于债券面值的差额称为债券折价；当债券的票面利率高于发行时的市场利率时，可以按照超过债券面值的价格发行，称为溢价发行，债券发行价格高于债券面值的差额称为债券溢价。

（二）应付债券的账务处理

1. 账户设置

企业应设置“应付债券”账户核算应付债券发行、计提利息、还本付息等情况。该账户贷方登记应付债券的本金和利息；借方登记归还的债券本金和利息；期末余额在贷方，表示企业尚未偿还的长期债券。该账户可按“面值”“利息调整”“应计利息”等设置明细账户进行明细核算。其中：“面值”核算债券的票面价值；“利息调整”核算实际收到的款项与票面价值的差额及溢价、折价摊销；“应计利息”核算按权责发生制原则计提的到期一次支付的利息。

企业应设置“企业债券备查簿”，详细登记每一企业债券的票面金额、债券票面利率、还本付息期限与方式、发行总额、发行日期和编号、委托代售单位、转换股份等资料。企业债券到期结清时，应当在备查簿内逐笔注销。

2. 应付债券的账务处理

应付债券有面值发行、溢价发行和折价发行三种情况，其会计处理方法也有区别。

企业准则规定：企业初始确认金融资产或金融负债，应当按照公允价值计量。以公允价值计量且其变动计入当期损益的金融资产或金融负债，其相关交易费用应当直接计入当期损益；对于其他类别的金融资产或金融负债，其相关交易费用应当计入初始确认金额。“应付债券”应当计入“应付债券——利息调整”账户中，按期分摊时，计入“资本化资产成本”或当期损益。

（1）发行债券的账务处理。

企业发行债券时，应按实际收到的金额，借记“银行存款”等账户，按债券票面金额，贷记“应付债券——面值”账户；存在差额的，还应借记或贷记“应付债券——利息调整”账户。

【例3－8－49】 2014年1月1日，鸿运公司发行3年期、到期时一次还本付息、年利率为8%（不计复利）、发行面值总额为30 000 000元的债券。假定年利率等于实际利率。该债券按面值发行，发行债券资金一次全部投入到仓库建造工程。鸿运公司账务处理如下：

借：银行存款　　30 000 000.00

　　贷：应付债券——面值　　30 000 000.00

（2）债券利息的计算及利息调整摊销。

Ⅰ. 实际利率法。

发行长期债券的企业应按期计提利息，并在债券存续期内采用实际利率法对利息调整进行摊销。实际利率法是指按照应付债券的实际利率计算其摊余成本及各期利息费用的方法。

实际利率是指应付债券在债券存续期内的未来现金流量折现为该债券当前账面价值所

使用的利率。

债券摊余成本是指债券的初始确认金额，经下列调整后的结果：①扣除已偿还的本金；②加上或减去采用实际利率法将该初始确认金额与到期日金额之间的差额进行摊销形成的累计摊销额；③扣除发生的减值损失（仅限于金融资产）。

Ⅱ. 利息调整摊销。

ⅰ. 对于分期付息、到期一次还本的债券，企业应按资产负债表日应付债券的摊余成本和实际利率计算确定的利息费用，借记“在建工程”“制造费用”“财务费用”“研发支出”等账户；其按票面利率计算确定的应付未付利息，贷记“应付利息”账户；按其差额，借记或贷记“应付债券——利息调整”账户。

ⅱ. 对于一次还本付息的债券，企业应按资产负债表日应付债券的摊余成本和实际利率计算确定的利息费用，借记“在建工程”“制造费用”“财务费用”“研发支出”等账户；其按票面利率计算确定的应付未付利息，贷记“应付债券——应计利息”账户；按其差额，借记或贷记“应付债券——利息调整”账户。

【例3-8-50】 承【例3-8-49】，鸿运公司于2014年12月31日计算发行3 000万元的债券利息，账务处理如下：

债券利息 =30 000 000×8% =2 400 000（元）

借：在建工程——仓库　　2 400 000.00

　贷：应付债券——应计利息　　2 400 000.00

(3) 债券还本付息的账务处理。

资产负债表日，无论是分期付息、一次还本的债券，还是一次还本付息的债券，都应按摊余成本和实际利率计算确定债券利息费用。但实际利率与票面利率差异较小的，也可以采用票面利率计算确定利息费用。

【例3-8-51】 2013年1月1日，鸿运公司经证监会批准发行5年期一次还本、分期付息的公司债券10 000 000元，债券利息在每年12月31日支付，票面利率为年利率为6%。发行时的市场利率为5%，发行价为10 432 700元。所筹集的资金全部用于生产经营活动。

(1) 按实际利率法和摊余成本计算并编制利息费用计算表，见表3-8-64。

表3-8-64　利息费用计算表（实际利率法）

付息日期	应付利息（6%）	利息费用（5%）	摊销利息调整 ①-②	应付债券摊余成本 期初④-③
2013年1月1日				10 432 700
2013年12月31日	600 000	521 635	78 365	10 354 335
2014年12月31日	600 000	517 716.75	82 283.25	10 272 051.75
2015年12月31日	600 000	513 602.59	86 397.41	10 185 654.34
2016年12月31日	600 000	509 282.72	90 717.28	10 094 937.06
2017年12月31日	600 000	505 062.94	94 937.06	10 000 000
合计	3 000 000	2 567 300	432 700	

（2）鸿运公司账务处理如下：

2013 年 1 月 1 日，发行债券。

借：银行存款　　10 432 700.00

　　贷：应付债券——面值　　10 000 000.00

　　　　　　　　——利息调整　　432 700.00

2013 年 12 月 31 日，确认利息费用。

借：财务费用——利息　　521 635.00

　　应付债券——利息调整　　78 365.00

　　贷：应付利息　　600 000.00

2014 年、2015 年、2016 年年末确认利息费用的账务处理同 2013 年年末，金额与利息费用表的对应金额一致。

2017 年 12 月 31 日，归还债券本金及 2017 年债券利息。

借：财务费用——利息　　505 062.94

　　应付债券——面值　　10 000 000.00

　　　　　　——利息调整　　94 937.06

　　贷：银行存款　　10 600 000.00

十、长期应付款的核算

长期应付款是指企业除长期借款和应付债券以外的其他各种长期应付款项，包括应付融资租入固定资产的租赁费、以分期付款方式购入固定资产发生的应付款项等。长期应付款除具有长期负债的一般特点外，还具有款项主要形成固定资产并分期付款的特点。

企业应设置“长期应付款”账户，核算企业融资租入固定资产和以分期付款方式购入固定资产时应付的款项及偿还情况。该账户为负债类账户，贷方反映应付的长期应付款项；借方反映偿还的长期应付款项；期末余额在贷方，反映企业应付未付的长期应付款项。该账户可按长期应付款的种类和债权人设置明细账户进行明细核算。

（一）应付融资租赁款

应付融资租赁款是指企业因融资租入固定资产而形成的非流动负债。

企业融资租入的固定资产，在租赁有效期限内，其所有权仍归出租方，但承租方获得了租赁资产的实质控制权，享有资产在有效使用期限内带来的各种经济利益，同时，作为取得这项权利的代价，需要支付大致相等于该项资产的公允价值的金额。这些款项在支付前，构成了应付融资租赁款。

融资租入固定资产时，在租赁期开始日，按应计入固定资产成本的金额（租赁开始日租赁资产公允价值与最低租赁付款额现值两者中较低者，加上初始直接费用），借记“在建工程”或“固定资产”账户；按最低租赁付款额，贷记“长期应付款”账户；按发生的初始直接费用，贷记“银行存款”等账户；按其差额，借记“未确认融资费用”账户。

在融资租赁方式下，承租人向出租人支付的租金包含本金和利息两部分。承租人支付租金时，一方面应减少长期应付款，另一方面应将未确认的融资费用，在租赁期内各个期间按一定的方法确认为当期融资费用。企业应当采用实际利率法计算确认当期的融资费用。

（二）具有融资性质的延期付款

企业购买资产有可能延期支付有关价款。如果延期支付的购买价款超过正常信用条件，实质上具有融资性质的，所购资产的成本应当以延期支付购买价款的现值为基础确定。实际支付的价款与购买价款的现值之间的差额，应当在信用期间采用实际利率法进行摊销，计入相关资产成本或当期损益。具体来说，企业购入资产超过正常信用条件延期付款实质上具有融资性质时，应按购买价款的现值，借记“固定资产”“在建工程”等账户，按应支付的价款总额，贷记“长期应付款”账户，按其差额，借记“未确认融资费用”账户。企业在信用期间内采用实际利率法摊销未确认融资费用时，应按摊销额，借记“在建工程”“财务费用”等账户，贷记“未确认融资费用”账户。

复习思考题

1. 短期借款和长期借款有何区别？其利息如何核算？

2. 商业承兑汇票和银行承兑汇票有何区别？商业汇票到期企业无力偿还，商业承兑汇票和银行承兑汇票在核算上有何不同？带息商业汇票应该如何核算？

3. 企业在现金折扣期内付款，少付的现金折扣部分应如何进行账务处理？

4. 企业对已经验收入库但月末发票账单仍未到的外购材料应如何处理？

5. 对于不单独设置“预收账款”账户的企业，预收的购货款应如何核算？

6. 简述其他应付款包括哪些内容。

7. 简述应付职工薪酬的内容和分类。

8. 短期职工薪酬应如何核算？

9. 增值税一般纳税人和小规模纳税人在应交增值税方面的核算有什么不同？

10. 企业的哪些税费不通过“应交税费”账户核算？哪些税金应计入“管理费用”账户？

11. 债券的发行价与其面值为何存在不一致情况？

12. 简述实际利率法如何核算债券利息费用？

13. 什么是长期应付款？长期应付款包括哪些内容？

岗位四
会计主管

职业能力目标

知识目标

- 了解企业各种收入的判断条件。
- 了解企业经营成果的形成和核算内容。
- 了解非货币性资产交换计价基础的判断方法。
- 了解债务重组的方式。
- 掌握各种收入的核算方法。
- 掌握所得税费用、利润的计算方法和业务核算方法。
- 正确解读企业利润分配政策及相关法律法规。
- 掌握利润分配业务的核算方法。
- 掌握非货币性资产交换的核算方法。
- 掌握债务重组的核算方法。

能力目标

- 能对企业的各种收入确认条件进行正确判断。
- 会计算企业的营业利润、利润总额、净利润、所得税费用。
- 能对各种类型的收入进行会计处理。
- 能对企业的所得税费用进行计算和会计处理。
- 能对企业的利润形成及其利润分配进行会计处理。
- 能对非货币性资产交换不同的计价基础进行会计处理。
- 能对不同债务重组方式进行会计处理。

岗位概述

会计主管岗位职责

企业的会计工作范围比较广，会计岗位职责也就相应比较宽且专业要求较高。企业主办会计岗位的主要职责因企业规模大小和会计人员的分工不同而不同，一般企业的主办会计岗位职责可以归纳为以下几个方面：

（1）科学合理地制定规章制度及工作流程。根据国家财务会计法规和行业会计规定，结合企业特点，负责拟订企业会计核算方法及成本核算方法，报经领导批准后组织实施。

(2) 负责会计监督。根据规定的成本、费用开支范围和标准，审核原始凭证的合法性、合理性和真实性；审核费用发生的审批手续是否符合企业规定；审核出纳全部报销凭证，保证其正确性。

(3) 准确、及时地做好账务和结算工作，正确进行会计核算，填制和审核会计凭证；登记总账和各类明细账，将总账与报表、明细账核对；对款项的收付，货物的收发、使用，资产资金增减进行核算。

(4) 正确计算收入、费用、成本，正确处理财务成果。

(5) 编制企业月度财务报表、年度会计报表，及时、准确、真实、完整地提供各种会计信息，如实反映企业生产经营状况，提出改进财务管理工作的建议和措施，为领导决策提供可靠依据。

(6) 负责企业固定资产的财务管理，按月正确计提固定资产折旧，定期或不定期地组织清产核资工作。

(7) 负责企业税金的计算、抄税、申报和解缴工作。

(8) 充分做好准备工作，配合完成每年审计事务所的财务审计工作。

(9) 负责每年企业的年报，一般纳税人资格年检和年度所得税汇算清交核查等。

(10) 严格按照《会计档案管理办法》的规定，及时做好会计凭证、账册、报表等财会资料的收集、装订、汇编、归档等会计档案管理工作。

(11) 负责本部门的其他日常管理工作，及时有效处理各种临时问题。

(12) 完成上级领导交办的其他事务。

典型工作任务

【岗位任务一】所有者权益的核算

【岗位任务二】财务成果的核算

【岗位任务三】非货币资产交换的核算

【岗位任务四】财务会计报告

岗位任务一　所有者权益的核算

任务导入

华兴公司由投资者李源和投资者王旭共同出资成立，每人出资 20 万元，各占 50% 的股份。经营两年后，投资者李源和投资者王旭决定增加公司资本，此时新的投资者张林要求加入。经有关部门批准后，华兴公司实施增资，将实收资本增加到 90 万元。经三方协商，一致同意，完成下述投入后，三个投资者各拥有华兴公司30 万元实收资本，且各占华兴公司 1/3 的股份。协议约定投入资产按评估值入账。各投资者的出资情况如下：①李源以一台设备投入华兴公司作为增资，该设备原价 18 万元，已提折旧 9.5 万元，评估确认原价 18 万元，评估确认净值 12.6 万元。②王旭以一批原材料投入华兴公司作为增资，该批材料账面价值 10.5 万元，评估确认价值 11 万元，税务部门认定应交增值税额为 1.87 万元，已开具增值税专用发票。③张林以银行存款投入华兴公司 39 万元。

要求：根据以上资料，分别编制华兴公司接受投资者李源 、投资者王旭增资时以及投资者张林初次出资时的会计分录。

知识准备▶▶▶

一、所有者权益概述

（一）所有者权益的概念

所有者权益是指企业资产扣除负债后由所有者享有的剩余权益。公司制企业的所有者权益又称为股东权益。所有者权益是所有者对企业资产的剩余索取权，是企业资产中扣除债权人权益后应由所有者享有的部分，既可以反映所有者投入资本的保值增值情况，又能体现保护债权人权益的理念。

所有者对企业的经营活动承担着最终的风险，也享有最终的权益。如果企业在经营中获利，所有者权益将随之增长；反之，所有者权益将随之缩减。任何企业的所有者权益都是由企业的投资者投入资本及其增值所构成的。

根据会计恒等式“资产 = 负债 + 所有者权益”可以推导出“所有者权益 = 资产 − 负债”，由此可见，所有者权益金额取决于资产和负债的计量。资产减去负债后的余额，也被称为净资产。因此，所有者权益是体现在净资产中的权益，是所有者对净资产的要求权。

（二）所有者权益的构成

所有者权益的来源包括所有者投入的资本、直接计入所有者权益的利得和损失、留存收益等，通常由实收资本（或股本）、资本公积、盈余公积和未分配利润构成。

所有者投入的资本是指所有者投入企业的资本部分，既包括构成企业注册资本或者股本部分的金额，也包括投入资本超过注册资本或者股本部分的金额，即资本溢价或股本溢价。

直接计入所有者权益的利得和损失是指不应计入当期损益、会导致所有者权益发生增减变动的、与所有者投入资本或者向所有者分配利润无关的利得或者损失。利得是指由企业非日常活动所形成的、会导致所有者权益增加的、与所有者投入资本无关的经济利益的流入。损失是指由企业非日常活动所发生的、会导致所有者权益减少的、与向所有者分配利润无关的经济利益的流出。直接计入所有者权益的利得和损失主要包括长期股权投资权益法下投资方按持股比例所享有的被投资方除净损益和其他综合收益以外所有者权益的其他变动等。

留存收益是指企业从历年实现的净利润中提取或形成的留存于企业内部的积累，是由企业内部形成的资本。它来源于企业的生产经营活动所实现的净利润，主要包括累计计提的盈余公积和未分配利润。

（三）所有者权益的特征

企业资金的来源有两个方面：负债和所有者权益。负债和所有者权益统称为权益。两者均是企业资金的提供者，对企业资产具有要求权，但两者又有明显的区别。负债和所有者权益的区别主要体现在以下几个方面：

（1）性质不同。负债实际上是企业对债权人负担的经济责任，债权人有优先获取企业用以清偿债务的资产的要求权；所有者权益则是所有者对剩余资产的要求权，在求偿顺序上位于债权人之后。

（2）偿还期限不同。企业获得负债资金后，会和债权人约定好偿还时间，除了偿还当初所借的本金之外，还要偿还利息；在企业持续经营的情况下，所有者权益一般不存在抽回资金的问题，即不存在约定的偿还日期，因此是企业的一项可以长期使用的资金，只有在企业清算时才予以偿还。

（3）权利不同。债权人只有获取企业用以清偿债务资产的要求权，没有企业经营决策的参与权和收益分配权；所有者享有参与企业收益分配、参与企业经营管理等权利。

（4）风险不同。债权人获取的利息一般是按一定利率进行计算、预先可以确定的固定数额，企业不论是否盈利均要按期付息，因此债权人面临的风险较小；而所有者获得多少收益，取决于企业的盈利水平及经营政策，因此所有者面临的风险较大。

温馨提示

负债在发生时按照规定的方法单独予以计量；所有者权益不必单独计量，它的计量取决于资产和负债的计量。

二、实收资本（股本）的核算

（一）实收资本概述

1. 实收资本的概念

按照我国《企业法人登记管理条例》的规定，企业到工商管理局注册登记办理营业执照并申请开业，必须具有符合国家规定并与其生产经营规模相适应的资金数额。因此，投资者设立企业必须投入资本。资本金在不同类型的企业中有不同的表现形式，在股份公司称为股本，在除股份公司之外的一般企业，则称为实收资本。实收资本（或股本）是投资者投入资本形成法定资本的价值。所有者向企业投入的资本，在一般情况下无须偿还，可供企业长期周转使用。实收资本（或股本）在企业中所占的比例，通常是确定所有者在企业所有者权益中所占的份额和参与企业财务经营决策的基础，也是企业进行利润分配或股利分配的依据，同时还是企业清算时确定所有者对净资产要求权的依据。

投资者的出资方式分为三类：其一是货币资金；其二是实物资产；其三是无形资产，如专利权、商标权、非专利技术等。按照有关规定，全体股东的货币出资额不得低于有限责任公司注册资本的30%。

2. 注册资本制度

有限责任公司的注册资本为在公司登记机关依法登记的全体股东认缴的出资额。股份有限公司采取发起设立方式设立的，注册资本为在公司登记机关登记的全体发起人认购的股本总额。在发起人认购的股份缴足前，不得向他人募集股份；股份有限公司采取募集方式设立的，注册资本为在公司登记机关登记的实收股本总额。股东可以用货币出资，也可以用实物、知识产权、土地使用权等可以用货币估价并可依法转让的非货币财产作价出资；但是，法律、行政法规规定不得作为出资的财产除外。对作为出资的非货币财产应当评估作价，核实财产，不得高估或者低估作价。

3. 实收资本投资人的权利

投资人按照其投资在企业总投资中的比例享有相应的权利。

（1）公司管理权。投资人享有管理企业的权利。这种权利可以由投资人直接行使，也可以通过投票选举董事会和总经理将其授予专门的管理人员代为行使。

（2）分享利润权。公司若有税后利润，在提取盈余公积后，经股东大会或类似权力机构决议，投资人有按投资比例参与利润分配的权利。

（3）分享剩余财产权。在公司终止营业并解散清算时，公司需要变卖资产用以偿还负债。在还清全部负债后，所有者有权按投资份额分配剩余财产。

（4）优先投资权。当公司需要吸收新的投资时，原投资人有权按既定持股比例优先认购新股。

4. 实收资本的来源

在我国经济环境下，按照企业投入资本的来源不同，可以将投入的资本分为国家资本、法人资本、个人资本和外商资本四类。如果是在股份公司，则分为国家股、法人股、个人股和外商股。其中，外商资本是指国外投资者以及我国香港、澳门和台湾地区投资者投入企业的资产所形成的资本。

（二）一般企业实收资本的会计处理

1. 投资者投入资本的形式

投资者投入资本的形式有很多种。例如：投资者可以用货币投资，如现金、银行存款；也可以用实物投资，如原材料、固定资产等；还可以用无形资产投资，如专利权、土地使用权等。

2. 账户设置

一般企业对于投资者投入的资本，应通过设置“实收资本”账户进行核算。

“实收资本”账户核算企业接受投资者投入的资本。该账户属于所有者权益类账户，贷方登记企业实际收到投资者投入的各种资产价值，以及按规定从资本公积和盈余公积中转增的资本，借方登记按规定程序减少注册资本的数额。期末余额在贷方，反映企业的实收资本总额。该账户应按投资人设置明细账户，进行明细分类核算。

3. 账务处理

（1）接受货币投资。

企业收到投资人投入的货币资金，应在实际收到或存入企业开户行时，按实际收到的金额入账。企业收到的货币资产可以是人民币，也可以是外币。企业收到货币投资款时，借记“银行存款”账户，贷记“实收资本”账户。

【例4-1-1】 2015年9月1日，联华公司、佳美公司、江明公司分别出资400万元、300万元、300万元设立科达公司。科达公司注册资本为1 000万元，现分别收到联华公司、佳美公司、江明公司投入的货币资金，已经存入银行。银行进账单见表4-1-1。

表4-1-1　　中国工商银行　进账单（收账通知）

2015年9月1日

<table>
<tr><td rowspan="3">出票人</td><td>全　称</td><td>联华公司</td><td rowspan="3">收款人</td><td>全　称</td><td colspan="11">科达公司</td><td rowspan="7">此联是收款人开户银行交给收款人的收账通知</td></tr>
<tr><td>账　号</td><td>33027845098721</td><td>账号</td><td colspan="11">01400822600777</td></tr>
<tr><td>开户银行</td><td>工行合肥分行科学大道分理处</td><td>开户银行</td><td colspan="11">工行合肥芙蓉路支行</td></tr>
<tr><td rowspan="2">金额</td><td colspan="4" rowspan="2">人民币（大写）肆佰万元整</td><td>亿</td><td>千</td><td>百</td><td>十</td><td>万</td><td>千</td><td>百</td><td>十</td><td>元</td><td>角</td><td>分</td></tr>
<tr><td></td><td>¥</td><td>4</td><td>0</td><td>0</td><td>0</td><td>0</td><td>0</td><td>0</td><td>0</td><td>0</td></tr>
<tr><td>票据种类</td><td>转账支票</td><td>票据张数</td><td>壹张</td><td colspan="11" rowspan="2">中国工商银行芙蓉路支行 2016.09.01 转账 转讫
开户银行盖章</td></tr>
<tr><td>票据号码</td><td colspan="4">XIV 34091214</td></tr>
<tr><td colspan="5">复核　　记账</td><td colspan="11"></td></tr>
</table>

注：佳美公司、江明公司出资收款进账单略。

根据上述资料，科达公司编制会计分录如下：

借：银行存款　　10 000 000.00

　贷：实收资本——联华公司　　4 000 000.00

　　　　　　——佳美公司　　3 000 000.00

　　　　　　——江明公司　　3 000 000.00

（2）接受实物投资。

企业接受股东或国家以原材料、固定资产等实物进行投资时，应按投资合同或协议约定价值确定各实物资产的价值（投资合同或协议约定价值不公允的除外），并按在注册资本中享有的份额确定实收资本的入账金额。按协议价借记“原材料”“固定资产”等资产账户，按投资比例及数额贷记“实收资本”账户。

【例4-1-2】 2016年10月10日，科达公司收到华纳公司投入的甲材料一批，该批原材料约定价值为100 000元，增值税税额为17 000元，收到增值税专用发票，原材料已经验收入库。增值税专用发票及材料入库单见表4-1-2至表4-1-4。

表 4－1－2　　**安徽增值税专用发票**　　**№ 2108764**

3400025478　　发　票　联　　开票日期：2016 年 10 月 10 日

购买方	名　　称：科达公司 纳税人识别号：340010468107588036 地 址 、电 话：安徽省合肥市芙蓉路 666 号 0551－63891252 开户行及账号：工行合肥芙蓉路支行 01400822600777			密码区	7＋＋9/42152＊＋129＊864＞ 加密版本：01 63－＜7503＊＜1＞＊/＜3＜＋80 3400025451 2＋＜＜56894588＞＞＊＊＜2569 5920－33/65＋5012＊/＞＞92 009261246		
货物或应税劳务、服务名称	规格型号	单位	数量	单价	金额	税率	税额
甲材料		吨	50	2 000. 00	100 000. 00	17%	17 000. 00
合计					¥100 000. 00		¥17 000. 00
价税合计（大写）	⊗拾壹万柒仟元整				（小写）¥117 000. 00		
销售方	名　　称：华纳公司 纳税人识别号：340675432107583496 地 址 、电 话：安徽省合肥市经开区 779 号 0551－62890756 开户行及账号：工行合肥经开区支行 21700822600896			备注			

收款人：王明　　复核：郑由美　　开票人：李玲　　销售方：（章）

第三联：发票联　购买方记账凭证

表 4－1－3　　**安徽增值税专用发票**　　**№ 2108764**

3400025478　　抵　扣　联　　开票日期：2016 年 10 月 10 日

购买方	名　　称：科达公司 纳税人识别号：340010468107588036 地 址 、电 话：安徽省合肥市芙蓉路 666 号 0551－63891252 开户行及账号：工行合肥芙蓉路支行 01400822600777			密码区	7＋＋9/42152＊＋129＊864＞ 加密版本：01 63－＜7503＊＜1＞＊/＜3＜＋80 3400025451 2＋＜＜56894588＞＞＊＊＜2569 5920－33/65＋5012＊/＞＞92 009261246		
货物或应税劳务、服务名称	规格型号	单位	数量	单价	金额	税率	税额
甲材料		吨	50	2 000. 00	100 000. 00	17%	17 000. 00
合计					¥100 000. 00		¥17 000. 00
价税合计（大写）	⊗拾壹万柒仟元整				（小写）¥117 000. 00		
销售方	名　　称：华纳公司 纳税人识别号：340675432107583496 地 址 、电 话：安徽省合肥市经开区 779 号 0551－62890756 开户行及账号：工行合肥经开区支行 21700822600896			备注			

收款人：王明　　复核：郑由美　　开票人：李玲　　销售方：（章）

第二联：抵扣联　购买方扣税凭证

表 4-1-4 **材料入库单**

材料科目：原材料 NO. 1290087
材料类别：原料 供应单位：华纳公司
发票号码：2108764 2016 年 10 月 10 日 收料仓库：1

材料名称	计量单位	数量		实际成本						备注
		应收	实收	买价		运杂费	其他	合计	单位成本	
				单价	金额					
甲材料	吨	50	50	2000.00	100 000.00			100 000.00	2000.00	

记账：孙梅 收料：董利 制单：贾沁

根据上述资料，科达公司进行会计处理，编制会计分录如下：

借：原材料——甲材料 100 000.00

应交税费——应交增值税（进项税额） 17 000.00

贷：实收资本——华纳公司 117 000.00

【例 4-1-3】 2016 年 10 月 29 日，科达公司接受长江公司投资的机器设备一台，双方经过协商确认该设备的现有价值为 500 000 元，有关设备的移交手续已办妥，该设备已收到并交给生产车间进行使用。该设备的交接单见表 4-1-5。

表 4-1-5 **固定资产交接单**

2016 年 10 月 29 日

投出单位：长江公司			接收单位：科达公司		
名称及型号	机床 M-056				
原值	550 000.00		已提折旧	60 000.00	
预计使用年限	10 年	预计净残值	27 500.00	预计清理费用	2000.00
双方评估确认价值	伍拾万元整		¥500 000.00		
验收方验收意见	良好	验收人签字	王思强	移交人签字	霍允刚
移交单位盖章			接收单位盖章		

根据上述资料，科达公司进行会计处理，编制会计分录如下：

借：固定资产——机床 M-056 500 000.00

贷：实收资本——长江公司 500 000.00

温馨提示

接受投资的固定资产如果需要安装，原值为评估价值与安装费之和，应根据评估价值与安装费借记“在建工程”账户，根据评估价值贷记“实收资本”账户，根据安装费贷记“银行存款”等账户；安装工程完工后，借记“固定资产”账户，贷记“在建工程”账户。

（3）接受无形资产投资。

当企业收到股东或国家以无形资产进行投资时，其投资额为无形资产的评估价值。按规定，企业接受的无形资产投资，不得超过其注册资本的20%，特殊情况下需要超过20%的，应经过有关部门审查批准，但最高不得超过其注册资本的30%。企业接受无形资产投资时，应借记“无形资产”账户，贷记“实收资本”账户。

【例4-1-4】 2016年9月30日，科达公司接受昌隆公司以其所拥有的专利权作为出资，双方协议价值（公允价值）为380 000元。资产评估报告书及无形资产投资转移单见表4-1-6、表4-1-7。

表4-1-6　资产评估报告书

依据《国有资产评估管理办法》，对贵公司的无形资产——专利权按现行市价进行评估，评估前账面价值为450 000元，评估后确认价值为380 000元。

评估员：李佳明
中国注册会计师：王亮亮
上海市立信会计师事务所
2016年9月30日

表4-1-7　无形资产投资转移单

接受单位：科达公司　　投资单位：昌隆公司　　2016年9月30日

转移原因	对外投资	评估价值（元）	380 000.00
资产名称	专利权	账面价值	450 000.00
投出单位：昌隆公司		接受单位：科达公司	
财务经理：陈鹏飞		财务经理：夏明林	
董事长：王明加		董事长：郑加强	

根据上述资料，科达公司编制会计分录如下：

借：无形资产——专利权　　380 000.00
　　贷：实收资本——昌隆公司　　380 000.00

（4）接受增资的核算。

【例4-1-5】 2016年11月1日，科达公司因业务规模扩大需要吸收新的投资者，投资者华夏公司欲加入科达公司，并希望能够占有25%的股份。经协商，科达公司将注册资本增加到1 200万元。但该投资者不能仅投资300万元就占有25%的股份，协商后决定，华夏公司交纳350万元，可以享受300万元的实收资本，其余部分作为资本公积。华夏公司投入的货币资金已经收到，存入银行。银行进账单见表4-1-8。

表 4-1-8　中国工商银行　进账单（收账通知）

2016 年 11 月 1 日

出票人	全　称	华夏公司			收款人	全　称	科达公司										此联是收款人开户银行交给收款人的收账通知
	账　号	31089745054721				账　号	01400822600777										
	开户银行	工行合肥经开区支行				开户银行	工行合肥芙蓉路支行										
金额	人民币（大写）	叁佰伍拾万元整					亿	千	百	十	万	千	百	十	元	角	分
								¥	3	5	0	0	0	0	0	0	0
票据种类	转账支票	票据张数	壹张				中国工商银行芙蓉路支行 2016.11.01 转账 转讫										
票据号码	XIV 34087354						开户银行盖章										
		复核	记账														

根据上述资料，科达公司编制如下会计分录：

借：银行存款　　3 500 000.00

　贷：实收资本——华夏公司　　3 000 000.00

　　　资本公积——资本溢价　　500 000.00

（三）股份有限公司股本的会计处理

1. 股份有限公司概述

股份有限公司是指其全部资本由等额股份构成并通过发行股票筹集资本，股东以其所持股份为限对公司承担责任，公司以其全部资产对公司的债务承担责任的企业法人。股份有限公司的股本总额应等于股票面值与股份总数的乘积，也应等于注册资本。股份有限公司与一般企业相比，其显著特点在于将企业资本划分为等额股份，并通过发行股票的方式来筹集资本。

根据我国《公司法》的规定，股票发行价格可以等于票面金额，也可以超过票面金额，但不得低于票面金额。按照票面金额发行，称为平价发行；超过票面金额发行，称为溢价发行。我国目前仅允许股票溢价发行和平价发行，不允许折价发行。

2. 账户设置

股份有限公司发行股票主要通过“股本”账户进行核算，即核算公司发行股票的面值或设定价值部分。“股本”账户结构与“实收资本”账户相同。在“股本”账户下，按照股票种类及股东名称设置明细账户。

“库存股”账户核算企业收购的尚未转让或注销的本公司股份金额。该账户借方登记实际支付收购股票的款项；贷方登记转让或注销股份的金额；期末余额在借方，反映企业持有本公司股份的金额。

3. 账务处理

（1）股票的发行。

股份有限公司发行股票时，既可以按面值平价发行，也可以溢价发行（我国目前不允许折价发行）。股份有限公司在核定的股本总额及核定的股份总额范围内发行股票时，应在实际收到现金资产时进行会计处理。

【例 4-1-6】 上海家化股份有限公司发行普通股 10 000 000 股，每股面值 1 元，每股发行价格 5 元。假定股票发行成功，股款 50 000 000 元已全部收到，不考虑发行过程中的税费等因素。上海家化股份有限公司账务处理如下：

应记入“资本公积”账户的金额 = 50 000 000 - 10 000 000 × 1 = 40 000 000（元）

编制如下会计分录：

借：银行存款　　　　50 000 000.00
　　贷：股本——普通股　　　　10 000 000.00
　　　　资本公积——股本溢价　　　　40 000 000.00

上例中，上海家化股份有限公司发行股票实际收到的款项为 50 000 000 元，应借记“银行存款”账户；实际发行的股票面值总额为 10 000 000 元，应贷记“股本”账户，按其差额，贷记“资本公积——股本溢价”账户。

发行股票相关的手续费、佣金等交易费用，如果是溢价发行股票的，应从溢价中抵扣，冲减资本公积（资本溢价或股本溢价）；无溢价发行股票或溢价发行金额不足以抵扣的，可将不足抵扣的部分冲减盈余公积和未分配利润。

【例 4-1-7】 2016 年 11 月 15 日，科达公司委托某证券公司发行普通股 30 000 000 股，每股面值 1 元，每股发行价 5 元；与股票发行直接相关的手续费等交易费用为 1 500 000 元。该证券公司将发行款扣除发行股票的手续费后，余款通过银行划入科达公司的开户行。请根据开户行传来的进账单（见表 4-1-9）进行会计处理。

表 4-1-9　　中国工商银行　进账单（收账通知）

2016 年 11 月 15 日

出票人	全称	华安证券股份有限公司	收款人	全称	科达公司
	账号	23089000174721		账号	01400822600777
	开户银行	工行合肥金寨路支行		开户银行	工行合肥芙蓉路支行

金额	人民币（大写）壹亿肆仟捌佰伍拾万元整	亿	千	百	十	万	千	百	十	元	角	分
		1	4	8	5	0	0	0	0	0	0	0

票据种类	转账支票	票据张数	壹张	开户银行盖章
票据号码	XIV 34087354			
	复核	记账		

此联是收款人开户银行交给收款人的收账通知

科达公司账务处理如下：

银行存款 = 发行股票收入总额 - 发行费用
　　= 30 000 000 × 5 - 1 500 000
　　= 148 500 000（元）

资本公积 = 溢价发行额 - 发行手续费
　　=（30 000 000 × 5 - 30 000 000 × 1）- 1 500 000
　　= 118 500 000（元）

编制如下会计分录：

借：银行存款　　　　　　　　　　　　　　　　　　148 500 000.00

　　贷：股本——普通股　　　　　　　　　　　　　　　　30 000 000.00

　　　　资本公积——股本溢价　　　　　　　　　　　　118 500 000.00

（2）股本的减少。

企业减少实收资本应按法定程序报经批准，股份有限公司采用收购本公司股票方式减资的，通过“库存股”账户核算回购股份的金额。减资时，按股票面值和注销股数计算的股票面值总额冲减股本，按注销库存股的账面余额与所冲减股本的差额冲减股本溢价，股本溢价不足冲减的，应依次冲减“盈余公积”“利润分配——未分配利润”等账户。如果回购股票支付的价款低于面值总额，所注销库存股的账面余额与所冲减股本的差额作为增加资本公积（股本溢价）处理。

【例 4－1－8】 2016 年 12 月 31 日，中辰上市公司的股本为 100 000 000 元（面值为 1 元），资本公积（股本溢价）为 30 000 000 元，盈余公积为 40 000 000 元。经股东大会批准，中辰上市公司以现款通过股票二级市场回购本公司股票 20 000 000 股并注销。假定中辰上市公司按每股 2 元回购股票，不考虑其他因素。股票买入单据见表 4－1－10、表 4－1－11。

表 4－1－10　　　　　　**中信证券中央登记结算公司**

2016 年 12 月 31 日　　　　　　成交过户交割单

股东编号	A0228867509	成交证券	中辰股票
电脑编号	13405	成交数量	20 000 000
公司名称	中辰上市公司	成交价格	2.00
申报编号	0000786	成交金额	40 000 000.00
申报时间	10：15：00	佣金	40 000.00
成交时间	10：15：00	过户费	
上次余额	0（手）	印花税	80 000.00
本次成交	200 000（手）	应付金额	40 120 000.00
本次余额	200 000（手）	附加费用	
本次库存	200 000（手）	实收金额	

通知联

经办单位：中信证券营业部　　　　　　　　　　　　客户签章：中辰上市公司

合同序号：0000897

表 4－1－11　　　　　**中信证券营业部**　　　　　**NO. 027804**

（买）　　　　　　　　委托书

资金账户：XXXXXXXXXX

证券账号：XXXXXXXXXX

委托人：中辰上市公司 2016 年 12 月 31 日上午 9 时整

证券名称	股数	股价	有效时间	附注
中辰股票	20 000 000 股	2 元/股		
场内成交单号码	874402			

委托方式	
电话	
电报	
书信	
当面委托	
划款方式	
自动划账	
当面签收	

营业员签章：

注意：1. 未填明（限价）者视为市价委托。
2. 未填明（有效期限）者视为当日有效。
3. 委托方式应予标明。
4. 书面或电报委托者应粘附函电。
5. 买卖如未成交，委托书应保存。

◆ 根据上述资料，中辰上市公司编制如下会计分录：

回购本公司股份时：

借：库存股　　40 120 000.00

　　贷：银行存款　　40 120 000.00

库存股成本 = 20 000 000 × 2 + 120 000 = 40 120 000（元）

◆ 注销本公司股份时：

借：股本——普通股　　20 000 000.00

　　资本公积——股本溢价　　20 120 000.00

　　贷：库存股　　40 120 000.00

应冲减的资本公积 = 20 000 000 × 2 + 120 000 − 20 000 000 × 1 = 20 120 000（元）

【例 4－1－9】 承【例 4－1－8】，假定中辰上市公司按每股 3 元回购股票，不考虑交易费用，其他条件不变。（股票交割单略）

根据上述资料，中辰上市公司编制如下会计分录：

◆ 回购本公司股份时：

借：库存股　　60 000 000.00

　　贷：银行存款　　60 000 000.00

库存股成本 = 20 000 000 × 3 = 60 000 000（元）

◆ 注销本公司股份时：

借：股本——普通股　　20 000 000.00

　　资本公积——股本溢价　　30 000 000.00

　　盈余公积　　10 000 000.00

　　贷：库存股　　60 000 000.00

应冲减的资本公积 = 20 000 000 × 3 − 20 000 000 × 1 = 40 000 000（元）

由于应冲减的资本公积大于公司现有的资本公积（股本溢价），所以只能冲减资本公积 30 000 000 元，剩余的 10 000 000 元应冲减盈余公积。

【例 4－1－10】 承【例 4－1－8】，假定中辰上市公司按每股 0.9 元回购股票，不考虑交易费用，其他条件不变。（股票交割单略）

根据上述资料，中辰上市公司编制如下会计分录：

◆ 回购本公司股份时：

借：库存股　　18 000 000.00

　　贷：银行存款　　18 000 000.00

库存股成本 = 20 000 000 × 0.9 = 18 000 000（元）

◆ 注销本公司股份时：

借：股本——普通股　　20 000 000.00

　　贷：库存股　　18 000 000.00

　　　　资本公积——股本溢价　　2 000 000.00

应增加的资本公积 = 20 000 000 × 1 − 20 000 000 × 0.9 = 2 000 000（元）

由于折价回购，股本与库存股成本的差额 2 000 000 元应作为增加资本公积处理。

三、资本公积的核算

（一）资本公积概述

1. 资本公积的概念

资本公积是指企业收到投资者的出资额超出其在注册资本（或股本）中所占份额的部分，以及其他资本公积等。资本公积属于投入资本的范畴，是所有者权益的重要组成部分。资本公积和实收资本虽然都属于所有者权益，但两者有一定的区别。实收资本是投资者为获得价值增值而对企业的一种原始投入，从法律上讲属于企业的法定资本，与企业的注册资本一致。实收资本无论是在来源上还是在金额上，都有着非常严格的要求，加上投资者对企业的原始投入往往都是带有回报要求的，而且这种要求带有明确性，而不同来源形成的资本公积却归所有投资者共同享有。

2. 资本公积的构成

资本公积包括资本溢价（或股本溢价）和其他资本公积等。

形成资本溢价（或股本溢价）的原因有溢价发行股票、投资者超额缴入资本等。

其他资本公积是指除净损益、其他综合收益和利润分配以外所有者权益的其他变动。如企业的长期股权投资采用权益法核算时，因被投资单位除净损益、其他综合收益和利润分配以外所有者权益的其他变动，投资企业按应享有份额而增加或减少资本公积。

企业根据国家有关规定实行股权激励的，如果在等待期内取消了授予的权益工具，企业应在进行权益工具加速行权处理时，将剩余等待期内应确认的金额立即计入当期损益，同时确认资本公积。企业集团（由母公司和其全部子公司构成）内发生的股份支付交易，如果结算企业是接受服务企业的投资者，应当将授予日权益工具的公允价值或应承担负债的公允价值确认为对接受服务企业的长期股权投资，同时确认资本公积（其他资本公积）或负债。

（二）资本公积的账务处理

为了全面反映资本公积的来源及其使用情况，应设置“资本公积”账户。该账户贷方登记增加数，反映各项资本公积的来源；借方登记减少数，反映按规定用途转出的资本公积；期末余额在贷方，表示实有的资本公积数额。该账户可按来源不同设置明细账户，一般设置“资本溢价”“股本溢价”“其他资本公积”三个明细账。

1. 资本溢价的核算

除股份有限公司外的其他类型的企业，在企业创立时，投资者认缴的出资额与注册资本一致，全部计入“实收资本”账户，一般不会产生资本溢价。但在企业重组或有新的投资者加入时，常常会出现资本溢价。企业进行正常生产经营活动后，其资本利润率通常要高于企业初创阶段，另外，企业有内部积累，新投资者加入企业后，对这些积累也要分享，所以新加入的投资者往往要付出大于原投资者的出资额，才能够取得与原投资者相同的出资比例。投资者多缴的部分就形成了资本溢价，应记入“资本公积”账户。

【例4-1-11】 2016年1月1日，天林公司、江南公司、兴业公司三家公司分别出资1 000 000元设立华泰有限责任公司，公司注册资本为3 000 000元。经过三年的经营，该公司现有盈余公积1 300 000元，未分配利润300 000元。为了扩大经营规模，经批准，华泰有限责任公司注册资本增加到4 000 000元，并引入联兴公司投资。按照投资协议，联兴公司须出资2 000 000元，才能占有25%的投资比例。公司已办妥有关增资手续，2016年8月10日收到联兴公司投入的1 181 000元。联兴公司还投入不需要安装的设备一台，协议价为819 000元（其中，含增值税119 000元，并且开来增值税专用发票），该设备账面原价为1 200 000元，已提折旧300 000元。有关单据见表4-1-12至表4-1-15。

表4-1-12

固定资产交接单

2016年8月10日

投出单位：联兴公司				接收单位：华泰有限责任公司	
名称及型号	设备				
原值	1 200 000.00		已提折旧	300 000.00	
预计使用年限	10年	预计净残值	90 000.00	预计清理费用	
双方评估确认价值	捌拾壹万玖仟元整			¥819 000.00	
验收方验收意见	良好	验收人签字	李伟德	移交人签字	郭研
移交单位盖章			接收单位盖章		

表4-1-13 **中国银行资金汇划（贷方）补充凭证** 0879667

行名：中国银行长江分行东风分理处	收报日期：2016-08-10
业务种类：汇兑	
收款人账号：130924300120857	付款人账号：032001470002826
收款人户名：华泰有限责任公司	
付款人户名：联兴公司	
大写金额：人民币壹佰壹拾捌万壹仟元整	
小写金额：1 181 000.00	收报流水号：004511416
发报行行号：30558100302	收报行行号：321564125
发报行行名：中国银行上海浦东支行	
打印日期：2016-08-10	
用途：投资款	
客户附言：	
银行留言：	
收电：　　　　记账：	复核：

表4-1-14 **资产评估报告书**

依据《国有资产评估管理办法》，对贵公司的固定资产——设备按现行市价进行评估，评估前账面原价为1 200 000元，账面净值为900 000元，评估后确认价值为819 000元。

评估员：王平
中国注册会计师：李燕
南京市诚信会计师事务所
2016年8月10日

华泰有限责任公司账务处理如下：

借：银行存款　　1 181 000.00

　　固定资产　　700 000.00

　　应交税费——应交增值税（进项税额）　　119 000.00

　　贷：实收资本——联兴公司　　1 000 000.00

　　　　资本公积——资本溢价　　1 000 000.00

实收资本 =4 000 000 ×25% =1 000 000（元）

资本溢价 =（1 181 000 +819 000）-1 000 000 =1 000 000（元）

华泰有限责任公司所有者权益在增资前后的结构变动见表 4 -1 -15。

表 4 -1 -15　　华泰有限责任公司所有者权益在增资前后的结构变动

所有者权益项目	增资前数额（万元）	增资后数额（万元）
实收资本	300	400
资本公积	0	100
盈余公积	130	130
未分配利润	30	30
所有者权益合计	460	660

2. 股本溢价的核算

股份有限公司以发行股票方式筹集股本的，股票可按面值发行，也可按溢价发行，我国目前不准折价发行。与其他类型的企业不同，股份有限公司在成立时可能会溢价发行股票，因而在成立之初，就可能产生股本溢价。股本溢价的数额等于股份有限公司发行股票时实际收到的款额超过股票面值总额的部分。

在按面值发行股票的情况下，企业发行股票取得的收入，应全部记入“股本”账户；在溢价发行股票的情况下，企业发行股票取得的收入等于股票面值部分，应记入“股本”账户，超出股票面值的溢价收入，应记入“资本公积——股本溢价”账户。

发行股票相关的手续费、佣金等交易费用，如果是溢价发行股票，应从溢价中抵扣，冲减“资本公积——股本溢价”；无溢价发行股票或溢价金额不足以抵扣的，应将不足抵扣的部分冲减“盈余公积”和“未分配利润”。

【例 4 -1 -12】 广源股份有限公司首次公开发行普通股 50 000 000 股，每股面值 1 元，每股发行价格为 4 元。广源股份有限公司与证券公司约定，按发行收入的 3% 收取佣金，从发行收入中扣除。假定收到的股款已存入银行。（银行收账单略）

根据上述资料，广源股份有限公司应作如下账务处理：

收到证券公司转来的发行收入 =50 000 000 ×4 ×（1 -3%）=194 000 000（元）

应记入“资本公积”账户的金额 = 溢价收入 - 发行佣金

=50 000 000 ×（4 -1）-50 000 000 ×4 ×3%

=144 000 000（元）

借：银行存款　　194 000 000.00

贷：股本——普通股　50 000 000.00

资本公积——股本溢价　144 000 000.00

3. 其他资本公积的核算

其他资本公积是指除资本溢价（股本溢价）项目以外所形成的资本公积，主要包括直接计入所有者权益的利得和损失。其他资本公积的内容较复杂，这里将以被投资单位除净损益、其他综合收益和利润分配以外的所有者权益的其他变动为例，来介绍其他资本公积的核算。

企业对被投资单位的长期股权投资采用权益法核算的，在持股比例不变的情况下，对被投资单位除净损益、其他综合收益和利润分配以外的所有者权益的其他变动，应按持股比例计算其应享有或应分担被投资单位所有者权益的增减数额。在处置长期股权投资时，应转销与该笔投资相关的其他资本公积。

【例4-1-13】 2016年1月1日，科达公司向江南公司投资8 000 000元，拥有该公司20%的股份，并对该公司有重大影响，因而对江南公司长期股权投资采用权益法核算。2016年12月31日，江南公司除净损益、其他综合收益和利润分配之外的所有者权益增加了1 000 000元。假定除此以外，江南公司的所有者权益没有变化，科达公司的持股比例也没有变化，江南公司资产的账面价值与公允价值一致。不考虑其他因素。科达公司账务处理如下：

借：长期股权投资——江南公司　200 000.00

贷：资本公积——其他资本公积　200 000.00

科达公司对江南公司投资增加的资本公积 = 1 000 000 × 20% = 200 000（元）

上例中，科达公司对江南公司的长期股权投资采用权益法核算，持股比例未发生变化，江南公司发生了除净损益、其他综合收益和利润分配之外的所有者权益的其他变动，科达公司应按其持股比例计算应享有的江南公司权益的数额200 000元作为增加其他资本公积处理。

4. 资本公积转增资本的核算

经股东大会或类似机构决议，用资本公积转增资本时，应冲减资本公积，同时按照转增资本前的实收资本（或股本）的结构或比例，将转增的金额记入"实收资本"（或"股本"）账户下各所有者的明细分类账。

【例4-1-14】 2016年12月1日，佳美公司的注册资本为5 000 000元，五塬公司、科达公司两个投资者的投资比例各占50%，经董事会批准，现将资本公积1 400 000元转增资本金。

根据上述资料，佳美公司应作如下账务处理：

借：资本公积　1 400 000.00

贷：实收资本——五塬公司　700 000.00

——科达公司　700 000.00

小常识

资本公积的主要用途在于转增资本，即在办理增资手续后用资本公积转增资本，按股东原有股份比例发给新股或增加每股面值。

四、留存收益的核算

（一）留存收益概述

1. 留存收益的概念

留存收益是指企业从历年实现的净利润中提取或形成的留存于企业内部的积累，是企业内部所形成的资本。

留存收益与投资者投入的资本属性一致，均为所有者权益。与投入资本不同的是，投入资本是所有者从外部投入企业的，它构成了企业所有者权益的基本部分；而留存收益不是由投资者从外部投入的，而是依靠企业经营所得的盈利累积而成的。

2. 留存收益的构成

企业所有者权益的增加，有以下两种途径：一是投资者投资和其他资本性交易；二是通过经营活动赚取利润。投资者投入企业的资本即投入资本，通过企业的生产经营活动，一方面要保持原有投资的完整，另一方面要求原投资的增值即实现利润。企业利润总额扣除国家规定上缴的所得税后，为税后利润或净利润。实现净利润后，企业一方面要向投资者分配利润或股利，分配利润或股利后的剩余部分作为未分配利润；另一方面，在我国会计实务中，为了约束企业过量分配利润或股利，有关法规均规定，企业必须留有一定积累，如提取盈余公积（包括法定盈余公积和任意盈余公积），以利于企业持续经营、维护债权人利益。因此，留存收益由盈余公积和未分配利润构成。

（1）盈余公积。

盈余公积是企业按规定从税后利润中提取的积累资金，包括法定盈余公积和任意盈余公积。法定盈余公积是指企业按照法定比例从税后利润（弥补以前年度亏损后）中提取的公积金。我国《公司法》规定，股份公司应按照净利润的10%提取，提取的法定盈余公积金累计达到注册资本的50%时，可以不再提取。任意盈余公积是指提足法定盈余公积金后，企业按照公司章程规定或股东大会决议自行决定提取的盈余公积金。企业提取任意盈余公积的原因，可能是需要偿还一笔长期负债，也可能是为了控制本期股利的分配不至于过高。

盈余公积的用途有三个：①弥补亏损。按照我国税法的规定，企业某年度发生亏损，在其后五年内可以用实现的税前利润进行弥补，但从第六年开始，只能够用税后利润弥补。如果企业发生的亏损用税后利润仍不足弥补的，可以用发生亏损以前所提取的盈余公积来加以弥补。但用盈余公积弥补亏损，应当由董事会提议，并经股东大会批准，或者由类似的机构批准方可进行。②转增资本。当企业提取的盈余公积累积额较大时，可以将盈余公积转增资本，但是，转增时必须要经过投资人同意或股东大会决议批准并办理相应的增资手续，按照投资人原持股比例予以转增。用盈余公积转增资本后，留存的盈余公积不得少于转增前公司注册资本的25%。③扩大企业生产经营。企业提取的盈余公积并没有单独从企业资金周转过程中抽出，只表现为所有者权益的组成部分，是企业生产经营资金的一个来源。其形成的资金可能表现为各种资产，随同企业的其他来源所形成的资金进行循环周转，用于企业的生产经营活动。

温馨提示

法定盈余公积和任意盈余公积的区别就在于计提的依据不同。前者以国家的法律或行政规章为依据提取；后者由企业自行决定提取。

（2）未分配利润。

未分配利润是企业历年实现的净利润经过弥补亏损、提取盈余公积和向投资者分配利润后留存在企业的结存利润。期末未分配利润从数量上来看，是由期初未分配利润，加上本期实现的净利润，减去提取的各种盈余公积和分出的利润后的余额。未分配利润有两层含义，一是留待以后年度处理的利润；二是未指定特定用途的利润。

（二）留存收益的账务处理

1. 盈余公积的账务处理

（1）账户设置。

为了反映盈余公积的增减变动情况，企业应设置“盈余公积”账户。该账户属于所有者权益类账户，贷方登记按规定提取的盈余公积数额，借方登记盈余公积的使用数，期末贷方余额表示盈余公积的结存数。该账户应设置“法定盈余公积”和“任意盈余公积”明细账户。

（2）账务处理。

企业提取盈余公积时，借记“利润分配”账户，贷记“盈余公积”（法定盈余公积、任意盈余公积）账户。

【例4-1-15】 2016年12月，科达公司实现净利润3 000 000元，按规定提取10%的法定盈余公积、4%的任意盈余公积。

根据上述资料，科达公司应作如下账务处理：

借：利润分配——提取法定盈余公积　　300 000.00
　　　　　　——提取任意盈余公积　　120 000.00
　贷：盈余公积——法定盈余公积　　300 000.00
　　　　　　——任意盈余公积　　120 000.00

企业按规定用盈余公积弥补亏损时，应借记“盈余公积”账户，贷记“利润分配——盈余公积补亏”账户。

【例4-1-16】 假定科达公司有五年以前的未弥补亏损400 000元，经批准，决定用以前提取的任意盈余公积弥补该亏损。

根据上述资料，科达公司应作如下账务处理：

借：盈余公积——任意盈余公积　　400 000.00
　贷：利润分配——盈余公积补亏　　400 000.00

企业用提取的盈余公积转增资本，应按照批准的转增资本的数额，借记“盈余公积”账户，贷记“实收资本”或“股本”账户。企业将盈余公积转增股本时，应按照转增股本前的股本结构比例，将盈余公积转增股本的数额记入“股本”账户下各股东的明细账，相应增加各股东对企业的股本投资。

【例4-1-17】 科达公司为了扩大生产规模，经决议，将法定盈余公积200 000元转增实收资本，原本两位投资者南陵公司和兴隆公司的投资比例各占50%。现仍按原本两位投资者的投资比例转增资本。科达公司账务处理如下：

借：盈余公积——法定盈余公积　　200 000.00

　贷：实收资本——南陵公司　　100 000.00

　　　　　　　——兴隆公司　　100 000.00

2. 未分配利润的账务处理

企业未分配利润通过"利润分配——未分配利润"账户进行明细核算。企业在生产经营过程中取得的收入和费用，最终通过"本年利润"账户进行归集，计算出当年的盈利或亏损，然后转入"利润分配——未分配利润"账户进行分配，结存于"利润分配——未分配利润"账户的贷方余额，为未分配利润；如果为借方余额，则为未弥补亏损。年度终了，再将"利润分配"账户下的其他有关明细账户余额转入"未分配利润"明细账。结转后，"未分配利润"明细账的期末贷方余额，表示累计未分配利润额，期末借方余额，则表示累计未弥补的亏损。

【例4-1-18】 科达公司年初未分配利润为300 000元，本年实现的净利润为1 000 000元，经董事会批准的利润分配方案（见表4-1-16）：本年提取法定盈余公积100 000元，提取任意盈余公积50 000元，向投资者分配现金股利450 000元。

表4-1-16　　利润分配方案　　单位：元

项目	提请批准的方案
提取法定盈余公积	100 000
提取任意盈余公积	50 000
分配现金股利	450 000
合计	600 000

科达公司账务处理如下：

（1）结转本年实现的净利润：

借：本年利润　　1 000 000.00

　贷：利润分配——未分配利润　　1 000 000.00

（2）按规定进行利润分配：

借：利润分配——提取法定盈余公积　　100 000.00

　　　　　　——提取任意盈余公积　　50 000.00

　　　　　　——应付现金股利　　450 000.00

　贷：盈余公积——法定盈余公积　　100 000.00

　　　　　　　——任意盈余公积　　50 000.00

　　　应付股利　　450 000.00

（3）派发现金股利：

借：应付股利　　450 000.00

　贷：银行存款　　45000.00

(4) 结转本年利润:

借: 利润分配——未分配利润　　600 000.00

　　贷: 利润分配——提取法定盈余公积　　100 000.00

　　　　　　　　——提取任意盈余公积　　50 000.00

　　　　　　　　——应付现金股利　　450 000.00

(5) 年终利润分配后,“利润分配——未分配利润”账户的余额为:

300 000 + 1 000 000 - 100 000 - 50 000 - 450 000 = 700 000 (元)

科达公司年末的700 000元未分配利润可以留待以后年度进行分配。

岗位实训

实训要求:

(1) 编制天盛公司2014年12月31收到投资者投入资本的会计分录。

(2) 编制天盛公司2015年决定分配现金股利的会计分录。

(3) 计算天盛公司2016年12月31日吸收晨光公司出资时产生的资本公积。

(4) 编制天盛公司2016年12月31日收到天源公司、乐安公司、昌盛公司追加的投资和晨光公司出资的会计分录。

(5) 计算天盛公司2016年12月31日增资扩股后各位投资者的持股比例。

资料: 天盛公司属于工业企业,为增值税一般纳税人。该公司由天源公司、乐安公司、昌盛公司于2014年12月31日共同出资成立,注册资本为1 600万元。出资协议规定,三位投资者的出资比例分别为40%、35%和25%。其他有关资料如下:

(1) 2014年12月31日,三位投资者的出资方式及出资额见表4-1-17(各位投资者的出资已经全部到位,并经中国注册会计师验资,相关手续已办妥)。

表4-1-17　　三位投资者的出资方式及出资额　　单位:万元

投资者	货币资金	实物资产	无形资产	合计
天源公司	540		100(专利权)	640
乐安公司	260	300(设备)		560
昌盛公司	340	60(货车)		400
合计	1 140	360	100	1 600

(2) 2015年,天盛公司实现净利润800万元,决定分配现金股利200万元,计划在2016年3月1日支付。

(3) 2016年12月31日,吸收晨光公司加入本公司,将天盛公司注册资本由原先的1 600万元增加到2 000万元。晨光公司以银行存款200万元、原材料117万元(增值税专用发票上注明材料计税价格为100万元,增值税税额为17万元)进行出资,占增资后注册资本10%的股份;其余的200万元增资由天源公司、乐安公司、昌盛公司三位投资者按原持股比例以银行存款出资。2016年12月31日,四位投资者的出资全部到位,并取得晨光公司开出的增值税专用发票,有关的法律手续已经办妥。相关票据见表4-1-18至表4-1-21。

表 4－1－18

安徽增值税专用发票

No 3408712

3400026739

发票联

开票日期：2016 年 12 月 31 日

购买方	名称：天盛公司 纳税人识别号：340010489707583354 地址、电话：安徽省合肥市黄山路 335 号 0551－63298252 开户行及账号：工行合肥黄山路支行 35210822600734	密码区	7＋＋9/42152＊＋129＊864＞ 加密版本：01 63－＜7503＊＜1＞＊/＜3＜＋80　3400025451 2＋＜＜56894588＞＞＊＊＜2569 5920－33/65＋5012＊/＞＞92　009261246

货物或应税劳务、服务名称	规格型号	单位	数量	单价	金额	税率	税额
甲材料		吨	500	2 000.00	1 000 000.00	17%	170 000.00
合计					¥1 000 000.00		¥170 000.00
价税合计（大写）	⊗壹佰壹拾柒万元整				（小写）¥1 170 000.00		

销售方	名称：晨光公司 纳税人识别号：340675235697583801 地址、电话：安徽省合肥市经开区 389 号 0551－62456351 开户行及账号：工行合肥经开区支行 21210822600289	备注	

收款人：江明　　复核：李华　　开票人：涂娜　　销售方：（章）

第三联：发票联 购买方记账凭证

表 4－1－19

安徽增值税专用发票

No 3408712

3400026739

抵扣联

开票日期：2016 年 12 月 31 日

购买方	名称：天盛公司 纳税人识别号：340010489707583354 地址、电话：安徽省合肥市黄山路 335 号 0551－63298252 开户行及账号：工行合肥黄山路支行 35210822600734	密码区	7＋＋9/42152＊＋129＊864＞ 加密版本：01 63－＜7503＊＜1＞＊/＜3＜＋80　3400025451 2＋＜＜56894588＞＞＊＊＜2569 5920－33/65＋5012＊/＞＞92　009261246

货物或应税劳务、服务名称	规格型号	单位	数量	单价	金额	税率	税额
甲材料		吨	500	2 000.00	1 000 000.00	17%	170 000.00
合计					¥1 000 000.00		¥170 000.00
价税合计（大写）	⊗壹佰壹拾柒万元整				（小写）¥1 170 000.00		

销售方	名称：晨光公司 纳税人识别号：340675235697583801 地址、电话：安徽省合肥市经开区 389 号 0551－62456351 开户行及账号：工行合肥经开区支行 21210822600289	备注	

收款人：江明　　复核：李华　　开票人：涂娜　　销售方：（章）

第二联：抵扣联 购买方扣税凭证

表 4－1－20

材料入库单

材料科目：原材料　　NO. 1290345

材料类别：原料　　供应单位：晨光公司

发票号码：3408712　　2016 年 12 月 31 日　　收料仓库：5

材料名称	计量单位	数量		实际成本						备注
		应收	实收	买价		运杂费	其他	合计	单位成本	
				单价	金额					
甲材料	吨	500	500	2000.00	1 000 000.00			1 000 000.00	2000.00	

记账：贾云　　收料：董浩　　制单：李刚

表 4－1－21 **中国工商银行 进账单**（收账通知）

2016 年 12 月 31 日

<table>
<tr><td rowspan="3">出票人</td><td>全称</td><td colspan="4">晨光公司</td><td rowspan="3">收款人</td><td>全称</td><td colspan="11">天盛公司</td></tr>
<tr><td>账号</td><td colspan="4">21210822600289</td><td>账号</td><td colspan="11">35210822600734</td></tr>
<tr><td>开户银行</td><td colspan="4">工行合肥经开区支行</td><td>开户银行</td><td colspan="11">工行合肥黄山路支行</td></tr>
<tr><td rowspan="2">金额</td><td colspan="6" rowspan="2">人民币（大写）叁佰伍拾万元整</td><td>亿</td><td>千</td><td>百</td><td>十</td><td>万</td><td>千</td><td>百</td><td>十</td><td>元</td><td>角</td><td>分</td></tr>
<tr><td></td><td>¥</td><td>2</td><td>0</td><td>0</td><td>0</td><td>0</td><td>0</td><td>0</td><td>0</td><td>0</td></tr>
<tr><td colspan="2">票据种类</td><td>转账支票</td><td>票据张数</td><td>壹张</td><td colspan="14" rowspan="3">中国工商银行黄山路支行
2016.12.31
转账
转讫
开户银行盖章</td></tr>
<tr><td colspan="2">票据号码</td><td colspan="3">XIV39011256</td></tr>
<tr><td colspan="5">复核　　记账</td></tr>
</table>

注：天源公司、乐安公司、昌盛公司进账单略。

参考答案：

（1）2014 年 12 月 31，收到投资者投入资本时：

借：银行存款　　11 400 000. 00
　　固定资产　　3 600 000. 00
　　无形资产——专利权　　1 000 000. 00
　　贷：实收资本——天源公司　　6 400 000. 00
　　　　　　　——乐安公司　　5 600 000. 00
　　　　　　　——昌盛公司　　4 000 000. 00

（2）2015 年，决定分配现金股利：

借：利润分配——应付现金股利　　2 000 000. 00
　　贷：应付股利——天源公司　　800 000. 00
　　　　　　　——乐安公司　　700 000. 00
　　　　　　　——昌盛公司　　500 000. 00

（3）2016 年 12 月 31 日，晨光公司出资时产生的资本公积为：

（2 000 000＋1 170 000）－20 000 000×10%＝1 170 000（元）

（4）2016 年 12 月 31 日，收到天源公司、乐安公司、昌盛公司追加的投资和晨光公司出资：

借：银行存款　　4 000 000. 00
　　原材料——甲材料　　1 000 000. 00
　　应交税费——应交增值税（进项税额）　　170 000. 00
　　贷：实收资本——天源公司　　800 000. 00
　　　　　　　——乐安公司　　700 000. 00
　　　　　　　——昌盛公司　　500 000. 00
　　　　　　　——晨光公司　　2 000 000. 00
　　　　资本公积——资本溢价　　1 170 000. 00

（5）2016 年 12 月 31 日后各投资者的持股比例：
天源公司的持股比例 =（6 400 000 + 800 000）÷20 000 000 = 36%
乐安公司的持股比例 =（5 600 000 + 700 000）÷20 000 000 = 31.5%
昌盛公司的持股比例 =（4 000 000 + 500 000）÷20 000 000 = 22.5%
晨光公司的持股比例 = 2 000 000 ÷ 20 000 000 × 100% = 10%

复习思考题

1. 所有者权益由哪些内容构成？具有哪些特征？
2. 什么是实收资本？其入账价值如何确定？
3. 什么是资本公积？资本公积包括哪些内容？有何用途？
4. 留存收益包括哪些内容？如何进行核算？

岗位任务二　财务成果的核算

任务导入

科达公司为增值税一般纳税人，适用的增值税税率为 17%。科达公司主要从事甲、乙、丙三种产品的生产和销售，售价均不含增值税。2016 年度，该公司发生以下经济业务：

（1）9 月 10 日，与利明公司签订代销合同，合同约定，采用收取手续费的方式代销甲产品 10 台，每台售价 10 000 元，手续费率为销售收入的 5%，至当月月末，利明公司销售 4 台，收到利明公司的代销清单。

（2）9 月 15 日，采用托收承付结算方式向江明公司销售甲产品 6 台，每台售价 12 000 元，产品已发出，以转账支票代垫运杂费 2 500 元，合同约定，付款条件为“2/10，1/20，n/30”，9 月 20 日收到该批货款（计算折扣时不考虑增值税）。9 月 28 日，江明公司发现有一台甲产品质量严重不合格被要求退回，科达公司收到退回的甲产品，并签发转账支票一张退回货款及增值税。

（3）9 月 28 日，与兴隆公司签订购销合同，销售甲产品 2 台，每台售价 10 000 元。合同约定，科达公司负责甲产品的安装调试，兴隆公司预付货款的 70%，预付款已收到并存入银行，其余在安装完成后一次性付清，至当月末，科达公司已将甲产品运至兴隆公司，但安装调试工作尚未开始。

针对以上业务，你认为科达公司 9 月的收入应如何确定？为什么？

知识准备

一、收入的核算

（一）收入的概念和特征

收入是企业在日常活动中形成的、会导致所有者权益增加的与所有者投入资本无关的经济利益的总流入。

收入具有以下特点：

（1）收入是企业在日常活动中形成的。日常活动是指企业为完成其经营目标所从事的经常性活动以及与之相关的活动。工业企业销售产品、商业企业销售商品、咨询公司提供咨询服务、软件开发企业为客户开发软件、商业银行提供贷款服务、租赁公司出租资产、安装公司提供安装服务等活动，均属于企业为完成其经营目标所从事的经常性活动，由此形成的经济利益的总流入构成收入。工业企业对外出售不需用的原材料，对外转让无形资产使用权、对外进行权益性投资（取得现金股利）或债权性投资（取得利息）等活动，虽不属于企业的经常性活动，但属于企业为完成其经营目标所从事的与经常性活动相关的活动，由此形成的经济利益的总流入也构成收入。企业发生的既不属于经常性活动也不属于与经常性活动相关的其他活动所形成的经济利益的总流入不构成收入，如工业企业处置固定资产、无形资产形成的经济利益总流入属于利得而不是收入。

（2）收入会导致企业所有者权益的增加。收入形成的经济利益总流入的形式多种多样：既可能表现为资产的增加，如销售商品增加银行存款、应收账款；也可能表现为负债的减少，如减少预收账款；还可能表现为两者的组合，如销售实现时，部分增加银行存款，部分冲减预收账款。收入形成的经济利益的总流入能增加资产或减少负债或两者兼而有之，根据“资产＝负债＋所有者权益”的会计等式，收入一定能增加企业的所有者权益。企业为第三方代收的款项，如企业为国家代收的增值税、代扣代缴的个人所得税等，一方面增加企业的资产，另一方面增加企业的负债，并不增加企业的所有者权益，因此不构成企业的收入。

（3）收入与所有者投入资本无关。所有者投入资本主要是为谋求享有企业资产的剩余权益，由此形成的经济利益的总流入不构成收入，而应确认为企业所有者权益的组成部分。

（二）收入的分类

收入按照不同的标准可以进行不同的分类。

1. 按企业从事日常活动的性质不同进行分类

按企业从事日常活动的性质不同，可以将收入分为销售商品收入、提供劳务收入和让渡资产使用权收入。销售商品收入是指企业通过销售商品实现的收入。提供劳务收入是指通过提供劳务实现的收入，如提供旅游、运输、咨询、代理、培训等劳务所实现的收入。让渡资产使用权收入是指企业通过让渡资产使用权实现的收入，包括利息收入和使用费收入。

2. 按企业经营业务的主次不同分类

按企业经营业务的主次不同，可以将收入分为主营业务收入和其他业务收入。主营业务收入是指企业为完成其经营目标所从事的日常经营活动实现的收入。不同行业企业的主营业务收入所包含的内容不同。工业企业的主营业务收入主要是销售商品、自制半成品、代制品、代修品，提供工业性劳务等实现的收入；商业企业的主营业务收入主要是销售商品实现的收入；安装公司的主营业务收入主要是提供安装服务实现的收入。其他业务收入是指企业为完成其经营目标所从事的与经常性活动相关的活动实现的收入。不同行业企业的其他业务收入所包括的内容不同，如工业企业的其他业务收入主要包括对外销售材料、对外出租包装物和固定资产、对外转让无形资产使用权、对外进行权益性投资（取得现金股利）和债权性投资（取得利息）、提供非工业性劳务实现的收入等。

（三）销售商品收入的核算

1. 销售商品收入的确认条件

销售商品收入同时满足下列条件的，才能予以确认：

（1）企业已将商品所有权上的主要风险和报酬转移给购货方。

企业已将商品所有权上的主要风险和报酬转移给购货方是指与商品所有权有关的主要风险和报酬同时转移。与商品所有权有关的主要风险是指商品可能发生减值或毁损等形成的损失。与商品所有权有关的报酬是指商品价值增值或通过使用商品等形成的经济利益。企业已将商品所有权上的主要风险和报酬转移给购货方，构成确认销售商品收入的重要条件。

判断企业是否已将商品所有权上的主要风险和报酬转移给购货方，应当关注交易的实质，并结合所有权凭证的转移进行判断。如果与商品所有权有关的任何损失均不需要销售方承担，与商品所有权有关的任何经济利益也不归销售方所有，就意味着商品所有权上的主要风险和报酬转移给了购货方。

通常情况下，转移商品所有权凭证并交付实物后，商品所有权上的所有风险和报酬随之转移，如大多数商品零售、预收款销售商品、托收承付销售商品、分期收款销售商品等。

【例4-2-1】 甲公司与乙公司签订一份销售合同，乙公司先以预付款的形式向甲公司购买一批W商品，甲公司按照乙公司的要求加工W商品，三个月后交付乙公司，经验收合格，但余款乙公司尚未支付。

【分析】 甲公司按要求将W商品交付乙公司，乙公司验收合格，说明W商品所有权上的风险和报酬已经发生转移，虽然乙公司尚未支付余款，甲公司仍可认为已将W商品所有权上的风险和报酬转移给乙公司，在同时满足销售商品收入确认的其他条件时，甲公司应当确认收入。

在某些情况下，转移商品所有权凭证但未交付实物，商品所有权上的主要风险和报酬随之转移，企业只保留商品所有权上的次要风险和报酬，如交款提货方式销售商品。有些情况下，已交付实物但未转移商品所有权凭证，商品所有权上的主要风险和报酬未随之转移，如采用支付手续费方式委托代销的商品。

【例4-2-2】 甲公司与本地乙公司签订商品销售合同，甲公司已按照合同开出销售发票，乙公司按照发票已经支付货款，取得了提货单，但尚未将货物提走。

【分析】 甲公司采用交款提货的方式销售商品，乙公司已支付货款并取得提货单，说明甲公司已将商品所有权上的风险和报酬转移，虽然乙公司尚未提货，甲公司仍可以认为已将商品所有权上的风险和报酬转移给乙公司，在同时满足销售商品收入确认的其他条件时，甲公司应当确认收入。

【例4－2－3】 甲公司与丙公司签订一份委托代销合同，合同约定，甲公司以收取手续费的形式委托丙公司代销M商品200件，商品已经发出。在丙公司将M商品全部售出后，按商品售价的3%支付手续费。当月末，丙公司已将M商品全部售出。

【分析】 甲公司采用收取手续费的形式委托丙公司代销商品，甲公司将商品发出交给丙公司时，虽交付实物，但尚未交付商品的所有权，因此商品所有权上的风险和报酬并未发生转移，发出商品时，不能确认收入。在丙公司将商品全部售出后，甲公司在同时满足销售商品收入确认的其他条件时，应当确认收入。

（2）企业既没有保留通常与所有权相联系的继续管理权，也没有对已售出的商品实施有效控制。

通常情况下，企业售出商品后不再保留与商品所有权相联系的继续管理权，也不再对售出商品实施有效控制，商品所有权上的主要风险和报酬已经转移给购货方，应在发出商品时确认收入。如果企业在发出商品后保留了与商品所有权相联系的继续管理权，或能继续对其实施有效控制，说明商品所有权上的主要风险和报酬没有转移，销售交易不能成立，不能确认收入。

【例4－2－4】 甲公司是一家软件开发与维护企业，现与乙公司签订一项销售软件的合同，并接受委托，有偿进行该软件日后的维护与升级。

【分析】 甲公司将软件销售给乙公司，该软件产生的经济利益归乙公司所有，同时与该软件有关的风险由乙公司承担，说明甲公司已将与该软件有关的风险与报酬转移给乙公司。甲公司在满足销售商品收入确认的其他条件时，应当确认收入。同时，甲公司又接受乙公司的委托，对售出的软件进行有偿的维护与升级，虽然甲公司能对该软件继续行使管理权，但是与该软件的所有权已不再有关，甲公司应当在满足提供劳务收入确认的其他条件时，确认提供劳务收入。

（3）相关的经济利益很可能流入企业。

在销售商品的交易中，与交易相关的经济利益主要表现为销售商品的价款。相关的经济利益很可能流入企业是指销售商品价款收回的可能性大于不能收回的可能性，即销售商品价款收回的可能性超过50%。企业在销售商品时，如果估计销售价款可能收回，即使收入确认的其他条件均已满足，也不应确认收入。

通常情况下，企业在确定收回价款的可能性时，应当结合以前和买方接触的直接经验、政府的有关政策、其他方面取得的信息等因素进行综合分析。如果企业销售的商品符合合同或协议要求，已将发票账单交付买方，买方承诺付款，就表明销售商品的价款收回的可能性大于不能收回的可能性。如果企业根据以往的直接经验知道买方的信誉较差，或者在销售时买方在另一项交易中出现巨额亏损、遇到资金困难等，出现与销售商品有关的经济利益流入企业的可能性就会很小。

（4）收入的金额能够可靠地计量。

收入的金额能够可靠地计量是指收入的金额能够合理地估计。收入金额能否合理地估计是确认收入的基本前提，如果收入的金额不能合理估计，就无法确认收入。企业在销售商品时，商品销售价格通常已经确定。企业应当按照从购货方已收或应收的合同或协议的价款确认收入金额。如果企业从购货方应收的合同或协议价款延期收取具有融资性质，企业应按照应收合同或协议价款的公允价值确定销售商品收入金额。

但是，由于销售商品过程中某些不确定因素的影响，也有可能存在商品销售价格发生变动的情况。例如，附有销售退回条件的商品销售，如果企业不能合理估计退回的可能性，就不能合理确定收入的金额，不应在发出商品时确认收入，而应在售出商品退货期满销售商品收入的金额能够可靠计量时确认收入。

（5）相关的已发生或将发生的成本能够可靠地计量。

通常情况下，销售商品有关的已发生或将发生的成本能够合理估计，如库存商品的成本等。如果库存商品是本企业生产的，其生产成本能够可靠计量，如果库存商品是外购的，其采购成本能够可靠计量。因此，如果销售商品相关的成本不能可靠计量，相关的收入就不能确认。若已收取价款，收取的价款应确认为负债。

2. 销售商品核算的账户设置

（1）“主营业务收入”账户，用于核算企业确认的销售商品、提供劳务等主营业务实现的收入。该账户贷方登记已实现的主营业务收入，借方登记销售退回、销售折让等冲减的销售收入及期末转入“本年利润”的主营业务收入，期末结转后无余额。

（2）“主营业务成本”账户，用于核算企业确认的销售商品、提供劳务等主营业务收入时应结转的成本。该账户借方登记企业本期应结转的已销售商品、提供劳务的实际成本，贷方登记由于销售退回而冲减的本期销售成本及期末转入“本年利润”的主营业务成本，期末结转后无余额。

3. 销售商品收入的会计处理

销售商品收入的会计处理主要涉及一般销售商品业务、已经发出商品但不符合收入确认条件的销售业务、销售折让、销售退回、采用支付手续费方式委托代销商品等情况。

（1）一般销售商品业务的核算。

企业在销售商品时，对符合收入确认条件的，应按已收或应收的合同或协议价款，加上应收取的增值税额，借记“银行存款”“应收票据”“应收账款”等账户，按实现的销售收入，贷记“主营业务收入”账户，按专用发票上注明的增值税税额，贷记“应交税费——应交增值税（销项税额）”账户。同时，在月份终了，根据本月销售的商品的实际成本，借记“主营业务成本”账户，贷记“库存商品”账户。企业还应同时或在资产负债表日，按应交纳的消费税、资源税、城市维护建设税、教育费附加等税费金额，借记“税金及附加”账户，贷记“应交税费——应交消费税（或应交资源税、应交城市维护建设税等）”账户。

【例4-2-5】 2016年9月15日，科达公司向江明公司销售一批A商品，开出的增值税专用发票上注明售价为300 000元，增值税税额为51 000元。科达公司收到江明公司支付的货款351 000元，并将提货单送交江明公司；该批商品的成本为180 000元。科达公司账务处理如下：

◆ 取得销售收入时：

借：银行存款　351 000.00

　　贷：主营业务收入——A 产品　300 000.00

　　　　应交税费——应交增值税（销项税额）　51 000.00

◆ 结转销售成本时：

借：主营业务成本——A 产品　180 000.00

　　贷：库存商品——A 产品　180 000.00

【例 4-2-6】 2016 年 9 月 18 日，科达公司采用托收承付结算方式向昌河公司销售一批 B 商品，开出的增值税专用发票上注明售价为 500 000 元，增值税税额为 85 000 元；商品已经发出，科达公司以银行存款代垫运杂费 3 000 元。当日办妥货款托收手续。该批商品的成本为 300 000 元。科达公司账务处理如下：

◆ 取得销售收入：

借：应收账款——昌河公司　588 000.00

　　贷：主营业务收入——B 产品　500 000.00

　　　　应交税费——应交增值税（销项税额）　85 000.00

　　　　银行存款　3 000.00

◆ 结转销售成本：

借：主营业务成本——A 产品　300 000.00

　　贷：库存商品—A 产品　300 000.00

【例 4-2-7】 2016 年 9 月 25 日，科达公司向东方公司销售一批 A 产品，开出的增值税专用发票上注明价款为 600 000 元，增值税税额为 102 000 元，价税合计 702 000 元；收到东方公司开出的 3 个月到期的商业承兑汇票一张；该批商品的成本为 360 000 元；同时，科达公司开出转账支票一张，代垫运杂费 2 000 元。科达公司账务处理如下：

◆ 取得销售收入时：

借：应收票据——东方公司　702 000.00

　　应收账款——东方公司　2 000.00

　　贷：主营业务收入——B 产品　600 000.00

　　　　应交税费——应交增值税（销项税额）　102 000.00

　　　　银行存款　2 000.00

◆ 结转销售成本时：

借：主营业务成本——A 产品　360 000.00

　　贷：库存商品——A 产品　360 000.00

（2）商品已经发出，但不符合销售商品收入确认条件的核算。

如果企业售出商品不符合销售商品收入确认的 5 项条件中的任何一项，则不应确认为收入。为了单独反映已经发出但尚未确认销售收入的商品成本，企业应增设“发出商品”等账户。“发出商品”账户核算一般销售方式下商品已经发出但尚未确认销售商品收入的商品成本。

这里应注意的一个问题是，尽管发出的商品不符合收入确认的条件，但如果销售该商品的纳税义务已经发生，如已经开出增值税专用发票，则应确认应交的增值税销项税额，借记“应收账款”等账户，贷记“应交税费——应交增值税（销项税额）”账户。如果纳税义务没有发生，则不需要进行上述处理。

【例4-2-8】 2016年10月20日，科达公司采用托收承付结算方式向利民公司销售一批A商品，开出的增值税专用发票上注明售价为40 000元，增值税税额为6 800元；该批商品的成本为12 000元。科达公司在销售该批商品时已得知利民公司资金周转发生暂时困难，但为了减少存货积压，同时为了维护和利民公司长期以来建立的良好的商业关系，科达公司仍将商品发出，并办妥托收手续。科达公司账务处理如下：

◆ 发出商品时：

借：发出商品　　12 000.00

　贷：库存商品　　12 000.00

◆ 确认应交的增值税销项税额，并计入应收账款：

借：应收账款——利民公司　　6 800.00

　贷：应交税费——应交增值税（销项税额）　　6 800.00

假定2016年11月科达公司得知利民公司经营情况好转，利民公司承诺近期付款，科达公司应在利民公司承诺付款时确认收入。

借：应收账款——利民公司　　40 000.00

　贷：主营业务收入——A商品　　40 000.00

同时结转成本：

借：主营业务成本——A商品　　12 000.00

　贷：发出商品——A商品　　12 000.00

◆ 科达公司以后收到货款时：

借：银行存款　　46 800.00

　贷：应收账款——利民公司　　46 800.00

（3）商业折扣、现金折扣和销售折让的核算。

企业销售商品收入的金额通常按照从购货方已收或应收合同或协议的价款确定。在确定销售商品收入金额时，应区分商业折扣、现金折扣和销售折让及其不同的账务处理方法。总体来说，在确定销售商品收入的金额时，不应考虑可能发生的现金折扣和销售折让，即应按总价确认，但应是扣除商业折扣后的净额。

商业折扣、现金折扣和销售折让的区别及其不同的账务处理方法如下：

Ⅰ. 商业折扣。

商业折扣是指企业为促进商品销售而在商品标价上给予的价格扣除。例如，企业为了鼓励顾客多购买商品，给予客户一定的折扣；采用买赠方式进行的销售；企业为了尽快出售一些残次、陈旧商品，采用降价的形式进行销售。

商业折扣在销售时即已发生，并不构成成交价格的一部分。企业销售商品涉及商业折扣的，应当按照扣除商业折扣后的金额确定销售商品金额。

Ⅱ. 现金折扣。

现金折扣是指债权人为鼓励债务人在规定的期限内付款而向债务人提供的债务扣除。现金折扣一般用符号“折扣率/付款期限”表示。例如：“2/10，1/20，n/30”，表示客户在10天内付款，销售方可以按照商品售价给予客户2%的折扣；如果客户在20天内付款，销售方可以按照商品售价给予客户1%的折扣；如果客户21天至30天内付款，将不能享受现金折扣。

现金折扣发生在企业销售商品之后，企业销售商品后现金折扣是否发生以及发生多少，要视买方的付款情况而定，企业在确认销售商品收入时不能确定现金折扣金额。因此，企业销售商品涉及现金折扣的，应当按照扣除现金折扣前的金额确定销售商品收入金额。现金折扣实际上是企业为了尽快回笼资金而发生的理财费用，应在实际发生时计入当期财务费用。

在计算现金折扣时，还应注意销售方式是按不包含增值税的价款还是按提供增值税的价款，两种情况下，购买方享有的现金折扣的金额不同。

【例4-2-9】 2016年10月15日，科达公司向和谐公司销售一批C商品，开出的增值税专用发票上注明价款为30 000元，增值税税额为5 100元。为及早收回货款，科达公司与和谐公司约定的现金折扣条件为“2/10，1/20，n/30”。假定计算现金折扣时不考虑增值税税额。科达公司账务处理如下：

◆ 10月15日销售实现时，按销售总价确认收入。

借：应收账款——和谐公司　　35 100.00

　　贷：主营业务收入——C商品　　30 000.00

　　　　应交税费——应交增值税（销项税额）　　5 100.00

◆ 如果和谐公司在10月20日付款，则享受2%的现金折扣。

借：银行存款　　34 500.00

　　财务费用　　600.00

　　贷：应收账款——和谐公司　　35 100.00

◆ 如果和谐公司在10月28日付款，则享受1%的现金折扣。

借：银行存款　　34 800.00

　　财务费用　　300.00

　　贷：应收账款——和谐公司　　35 100.00

◆ 如果和谐公司在11月20付款，则不享受现金折扣。

借：银行存款　　35 100.00

　　贷：应收账款——和谐公司　　35 100.00

Ⅲ. 销售折让。

销售折让是指企业因售出商品的质量不合格等原因而在售价上给予的减让。企业在商品售出后，如果买方发现商品在质量、规格等方面不符合要求，可能要求卖方在价格上给予一定的减让。

销售折让发生在确认销售收入之前，应当在确认销售收入时直接按扣除销售折让后的金额确认；已确认销售收入的售出商品发生销售折让，且不属于资产负债表日后事项的，应在发生时冲减当期的销售收入，如按规定允许扣减当期销项税额的，应同时冲减“应交税费——应交增值税（销项税额）”账户。

【例4-2-10】 2016年10月12日，科达公司销售一批A商品给江明公司，开出的增值税专业发票上注明售价为200 000元，增值税税额为34 000元，货款尚未收到，该批商品的成本为120 000元。10月20日，江明公司收到该批货物后，发现A商品质量不合格，要求在价格上给予5%的折让。经协商，科达公司同意江明公司提出的要求并办妥了相关手续，开具了增值税专用发票（红字）。假定发生的销售折让允许扣减当期的增值税销项税额，科达公司于10月28日收到货款。科达公司账务处理如下：

◆ 10月12日销售实现时：

借：应收账款——江明公司　　234 000.00
　　贷：主营业务收入——A商品　　200 000.00
　　　　应交税费——应交增值税（销项税额）　　34 000.00
借：主营业务成本——A商品　　120 000.00
　　贷：库存商品——A商品　　120 000.00

◆ 10月20日发生销售折让时：

借：主营业务收入——A商品　　10 000.00
　　应交税费——应交增值税（销项税额）　　1 700.00
　　贷：应收账款——江明公司　　11 700.00

◆ 10月28日实际收到货款时：

借：银行存款　　222 300.00
　　贷：应收账款——江明公司　　222 300.00

（4）销售退回的核算。

销售退回是指企业售出的商品由于质量、品种不符合要求等原因而发生的退货。企业售出的商品发生销售退回的，应当按不同情况分别进行相应的会计处理：

Ⅰ. 对于未确认销售收入的售出商品发生销售退回的，企业应按已记入“发出商品”账户的商品成本金额，借记“库存商品”账户，贷记“发出商品”账户。

【例4-2-11】 2016年7月15日，科达公司与甲公司签订一份销售合同，向甲公司售出B商品100件，开出的增值税专用发票上注明价款为100 000元，增值税税额为1 700元，该批商品的成本为60 000元。合同约定，甲公司在验货后付款。7月20日，甲公司收到B商品，经验收，发现B商品有10件因质量问题要求退货，其余验收合格，已支付货款。科达公司账务处理如下：

◆ 7月15日发出商品时：

借：发出商品——B商品　　60 000.00
　　贷：库存商品——B商品　　60 000.00

◆ 7月20日甲公司退货及付款时：

借：银行存款　105 300.00
　贷：主营业务收入——B商品　90 000.00
　　应交税费——应交增值税（销项税额）　15 300.00

借：主营业务成本——B商品　54 000.00
　贷：发出商品——B商品　54 000.00

借：库存商品——B商品　6 000.00
　贷：发出商品——B商品　6 000.00

Ⅱ. 对于已确认销售收入的售出商品发生销售退回的，除属于资产负债表日后事项外，一般应在发生时冲减当期销售商品收入，同时冲减当期销售商品成本。按规定允许扣减增值税税额的，应同时冲减已确认的应交增值税销项税额。如果该项销售退回已发生现金折扣，应同时调整相关财务费用的金额。

【例4-2-12】 2016年9月18日，科达公司向江明公司销售一批A商品，开出的增值税专用发票上注明售价为60 000元，增值税税额为10 200元，款已收到；该批商品的成本为40 000元。10月26日，江明公司发现该批商品存在严重质量问题，于是要求将该批商品全部退回给科达公司，科达公司同意退货，并于当日支付退货款，并向江明公司开出了增值税专用发票（红字）。科达公司账务处理如下：

◆ 9月18日销售实现时：

借：应收账款——江明公司　70 200.00
　贷：主营业务收入——A商品　60 000.00
　　应交税费——应交增值税（销项税额）　10 200.00

借：主营业务成本——A商品　40 000.00
　贷：库存商品——A商品　40 000.00

◆ 收到货款时：

借：银行存款　70 200.00
　贷：应收账款——江明公司　70 200.00

◆ 10月26日发生销售退回时：

借：主营业务收入——A商品　60 000.00
　应交税费——应交增值税（销项税额）　10 200.00
　贷：银行存款　70 200.00

借：库存商品——A商品　40 000.00
　贷：主营业务成本——A商品　40 000.00

【例4-2-13】 2016年8月15日，科达公司向昌河公司销售一批B商品，开出的增值税专用发票上注明售价为300 000元，增值税税额为51 000元。该批商品成本为180 000元。为及早收回货款，科达公司和昌河公司约定的现金折扣条件为“2/10，1/20，N/30”。昌河公司已于8月22日付款。10月12日，该批商品因质量问题被昌河公司退回，科达公司也于当日退回货款。假定计算现金折扣时不考虑增值税。科达公司账务处理如下：

◆ 8 月 15 日销售实现时：

借：应收账款——昌河公司　　351 000.00

　　贷：主营业务收入——B 商品　　300 000.00

　　　　应交税费——应交增值税（销项税额）　　51 000.00

借：主营业务成本——B 商品　　180 000.00

　　贷：库存商品——B 商品　　180 000.00

◆ 8 与 22 日收到货款时：

借：银行存款　　345 000.00

　　财务费用　　6 000.00

　　贷：应收账款——昌河公司　　351 000.00

◆ 10 月 12 日销售退回时：

借：主营业务收入——B 商品　　300 000.00

　　应交税费——应交增值税（销项税额）　　51 000.00

　　贷：银行存款　　345 000.00

　　　　财务费用　　6 000.00

借：库存商品——B 商品　　180 000.00

　　贷：主营业务成本——B 商品　　180 000.00

（5）代销商品的核算。

企业代销商品业务常用的方式有视同买断方式和收取手续费方式两种。

Ⅰ. 视同买断方式。

视同买断方式代销商品是指委托方和受托方签订合同或协议，委托方按合同或协议收取代销的货款，实际售价可以由受托方自定，实际售价与协议价之间的差额归受托方所有。在视同买断方式下，委托方和受托方之间的协议明确标明，若将来受托方没有将代销商品售出，可以将商品退回给委托方，或受托方因代销商品出现亏损时可以要求委托方补偿，那么，委托方在交付商品时通常不确认收入，受托方也不作商品购进处理，受托方将商品售出后，按实际售价确认收入，并向委托方开出代销清单，委托方收到代销清单时，确认本企业的销售收入。

当委托方向受托方发出代销商品时，按实际成本或进价，借记“委托代销商品”（或“发出商品”）账户，贷记“库存商品”账户。委托方收到受托方的代销清单时，按应收的款项，借记“应收账款”“银行存款”账户，贷记“主营业务收入”“应交税费——应交增值税（销项税额）”账户，并结转代销商品成本，借记“主营业务成本”账户，贷记“受托代销商品”（或“发出商品”）账户。

当受托方收到代销商品时，按实际成本或进价，借记“受托代销商品”账户，贷记“受托代销商品款”账户。受托单位对外销售时，按应收的款项，借记“应收账款”等账户，贷记“主营业务收入”“应交税费——应交增值税（销项税额）”账户。支付代销款时，借记“受托代销商品款”“应交税费——应交增值税（进项税额）”账户，贷记“应付账款”等账户。

【例4-2-14】 2016年11月1日，科达公司委托和谐公司代销甲商品100件，协议价为每件600元，该商品实际成本为每件400元，双方适用的增值税税率均为17%。至月末，和谐公司将甲商品按每件700元全部售出，实际销售时开具的增值税专用发票上注明售价税额为70 000元，增值税税额为11 900元，货款已结算。科达公司收到和谐公司开出的代销清单，开具增值税专用发票，发票上注明售价为60 000元，增值税税额为10 200元。

委托方科达公司的账务处理：

（1）发出商品时：

借：发出商品——甲商品　　40 000.00
　　贷：库存商品——甲商品　　40 000.00

（2）收到代销清单时：

借：银行存款　　70 200.00
　　贷：主营业务收入——甲商品　　60 000.00
　　　　应交税费——应交增值税（销项税额）　　10 200.00
借：主营业务成本——甲商品　　40 000.00
　　贷：发出商品——甲商品　　40 000.00

受托方和谐公司的账务处理：

（1）收到代销商品时：

借：受托代销商品　　60 000.00
　　贷：受托代销商品款——科达公司　　60 000.00

（2）代销商品售出时：

借：银行存款　　81 900.00
　　贷：主营业务收入　　70 000.00
　　　　应交税费——应交增值税（销项税额）　　11 900.00
借：主营业务成本　　60 000.00
　　贷：受托代销商品　　60 000.00

（3）收到科达公司开具的增值税专用发票：

借：受托代销商品款　　60 000.00
　　应交税费——应交增值税（进项税额）　　10 200.00
　　贷：应付账款——科达公司　　70 200.00

（4）按协议价支付代销商品款时：

借：应付账款——科达公司　　70 200.00
　　贷：银行存款　　70 200.00

Ⅱ. 收取手续费方式。

在这种方式下，委托方在发出商品时通常不应确认销售收入，而应在收到受托方开出的代销清单时确认销售收入，同时将应支付的手续费计入销售费用；受托方应在商品销售后，按合同或协议约定的方法计算确定的手续费确认为劳务收入。

【例4-2-15】 2016年11月1日，科达公司委托利民公司代销甲商品500件，合同约定售价为每件100元，该商品实际成本为每件60元，商品已经发出。协议约定，科达公司按售价的10%支付给利明公司手续费，双方适用的增值税税率均为17%。至月末，利民公司将甲商品全部售出，科达公司收到利民公司开出的代销清单，开具增值税专用发票，发票上注明售价为50 000元，增值税税额为8 500元，款已收到。

委托方科达公司的账务处理：

（1）发出商品时：

借：发出商品——甲商品　　30 000.00

　贷：库存商品——甲商品　　30 000.00

（2）收到代销清单时：

借：应收账款——利民公司　　58 500.00

　贷：主营业务收入——甲商品　　50 000.00

　　应交税费——应交增值税（销项税额）　　8 500.00

借：主营业务成本——甲商品　　30 000.00

　贷：发出商品——甲商品　　30 000.00

（3）扣除支付的10%手续费，收到利民公司代销商品款：

借：银行存款　　53 500.00

　销售费用——手续费　　5 000.00

　贷：应收账款——利民公司　　58 500.00

受托方利民公司的账务处理：

（1）收到代销商品时：

借：受托代销商品　　50 000.00

　贷：受托代销商品款——科达公司　　50 000.00

（2）代销商品售出时：

借：银行存款　　58 500.00

　贷：应付账款——科达公司　　50 000.00

　　应交税费——应交增值税（销项税额）　　8 500.00

（3）收到科达公司开具的增值税专用发票：

借：受托代销商品款　　50 000.00

　贷：委托代销商品　　50 000.00

借：应交税费——应交增值税（进项税额）　　8 500.00

　贷：应付账款——科达公司　　8 500.00

（4）支付代销商品款并扣收代销手续费：

借：应付账款——科达公司　　58 500.00

　贷：银行存款　　53 500.00

　　其他业务收入　　5 000.00

（6）销售材料等存货的核算。

企业在日常活动中还可能对外销售不需用的材料、随同商品销售单独计价的包装物等业务。企业销售原材料、包装物等存货也视同商品销售，其收入确认和计量原则比照商品销售。企业销售原材料、包装物等存货实现的收入作为其他业务收入处理，结转的相关成本作为其他业务成本处理。

企业销售原材料、包装物等存货实现的收入以及结转的成本，通过“其他业务收入”“其他业务成本”账户处理。

“其他业务收入”账户核算企业除主营业务活动以外的其他经营活动实现的收入，包括销售材料和单独计价的包装物、出租包装物和商品、出租固定资产、出租无形资产等实现的收入。该账户贷方登记企业实现的各项其他业务收入；借方登记期末转入“本年利润”账户的其他业务收入；结转后该账户无余额。

“其他业务成本”账户核算企业除主营业务活动以外的其他经营活动所产生的成本，包括销售材料和单独计价的包装物的成本、出租包装物的成本和摊销额、出租固定资产的折旧额、出租无形资产的摊销额。该账户借方登记企业结转或发生的其他业务成本，贷方登记期末转入“本年利润”账户的其他业务成本，结转后无余额。

【例4－2－16】 科达公司将企业一批生产多余的A材料出售给江明公司，开出的增值税专用发票上注明价款为5 000元，增值税税额为850元，价税款已收到并存入银行。该批材料的成本为3 000元。科达公司的账务处理如下：

◆ 取得原材料销售收入：

	借方	贷方
借：银行存款	5 850.00	
贷：其他业务收入		5 000.00
应交税费——应交增值税（销项税额）		850.00

◆ 结转原材料成本：

	借方	贷方
借：其他业务成本	3 000.00	
贷：原材料		3 000.00

（四）提供劳务收入的核算

企业提供劳务的种类很多，如旅游、运输、饮食、广告、咨询、代理、培训、产品安装等。有的劳务一次就能完成，且一般为现金交易，如饮食、理发、照相等；有的劳务需要花费较长时间才能完成，如安装、旅游、培训、远洋运输等。

企业提供劳务的收入的确认原则因劳务完成时间的不同而不同。

1. 在同一会计期间开始并完成的劳务

对于一次就能完成的劳务，或者在同一会计期间开始并完成的劳务，应在提供劳务交易完成时确认收入，确认的金额通常为从接受劳务方已收或应收的合同或协议价款，确认原则可参照销售商品收入的确认原则。

企业对外提供劳务，如果属于企业的主营业务，所实现的收入应作为主营业务收入处理，结转的成本应作为主营业务成本处理；如果属于主营业务以外的其他经营活动，所实现的收入应作为其他业务收入处理，结转的成本应作为其他业务成本处理。企业对外提供劳务发生的支出一般先通过“劳务成本”账户进行归集，待确认为费用时，再由“劳务成本”账户转入“主营业务成本”或“其他业务成本”账户。

对于一次就能完成的劳务，企业应在提供劳务完成时确认收入及相关成本。对于持续一段时间但在同一会计期间开始并完成的劳务，企业应在为提供劳务发生相关支出时确认劳务成本，劳务完成时再确认劳务收入，并结转相关劳务成本。

“劳务成本”账户核算企业对外提供劳务发生的成本。企业发生的各项劳务成本，借记“劳务成本”账户，贷记“银行存款”“应付职工薪酬”“原材料”等账户。结转劳务成本时，借记“主营业务成本”“其他业务成本”等账户，贷记“劳务成本”账户。该账户期末余额在借方，反映企业尚未完成或尚未结转的劳务成本。

2. 劳务的开始和完成分属不同的会计期间

（1）提供劳务交易结果能够可靠估计。

如果劳务的开始和完成分属不同的会计期间，且企业在资产负债表日提供劳务交易的结果能够可靠估计，应当采用完工百分比法确认提供劳务收入。同时满足下列条件的，为提供劳务的交易结果能够可靠估计。

Ⅰ. 收入的金额能够可靠地计量。

收入的金额能够可靠地计量是指提供劳务收入的金额能够合理地估计。通常情况下，企业应当按照从接受劳务方已收或应收的合同或协议价款确定提供劳务收入总额。随着劳务的不断提供，可能会根据实际情况增加或减少已收或应收的合同或协议价款，此时，企业应及时调整提供劳务收入总额。

Ⅱ. 相关的经济利益很可能流入企业。

相关的经济利益很可能流入企业是指提供劳务收入总额收回的可能性大于不能收回的可能性。企业在确定提供劳务收入总额收回的可能性时，应当进行定性分析。当劳务收入总额收回的可能性大于不能收回的可能性时，即可认为提供劳务收入总额很可能流入企业。通常情况下，企业提供的劳务符合合同或协议要求，提供劳务方承诺付款，就表明提供劳务收入总额收回的可能性大于不能收回的可能性。

Ⅲ. 交易的完工进度能够可靠地计量。

交易的完工进度能够可靠地计量是指交易的完工进度能够合理地估计。企业确定提供劳务交易的完工进度，可以选用下列方法：①已完工作的测量。这是一种比较专业的测量方法，由专业测量师对已经提供的劳务进行测量，并按一定方法计算确定提供劳务交易的完工程度。②已经提供的劳务占应提供劳务总量的比例。这种方法主要以劳务量为标准确定提供劳务交易的完工程度。③已经发生的成本占总成本的比例。这种方法主要以成本为标准确定提供劳务交易的完工程度。只有反映已提供劳务的成本才能包括在已经发生的成本中，只有反映已提供或将提供劳务的成本才能包括在估计的总成本中。

Ⅳ. 交易中已发生或将发生的成本能够可靠地计量。

交易中已发生或将发生的成本能够可靠地计量是指交易中已发生或将发生的成本能够合理地估计。

在这里，需要着重介绍一下完工百分比法的具体应用。

完工百分比法是指按照提供劳务交易的完工进度确认收入和费用的方法。在完工百分比法下，本期应确认劳务收入及费用的计算公式如下：

本期确认的收入 = 劳务总收入 × 本期末止劳务的完工进度 − 以前期间已确认的收入

本期确认的费用 = 劳务总成本 × 本期末止劳务的完工进度 − 以前期间已确认的费用

上述公式中，劳务总收入通常按照从接受劳务方已收或应收的合同或协议价款确定。在劳务总收入和总成本能够可靠计量的情况下，关键是确定劳务的完工进度。企业应根据所提供劳务的特点，选择确定劳务完工进度的方法。

【例 4−2−17】 2016 年 12 月 1 日，科达公司与江明公司签订软件开发合同，合同约定工期为 3 个月，总收入为 400 000 元。12 月 5 日，科达公司收到江明公司预付账款 160 000 元，余款于完成时一次付清。至 2016 年 12 月 31 日，已经发生成本 180 000 元，均以银行存款支付；预计该软件研制完成总成本为 240 000 元，经专业测量师测量，该软件的完工程度为 70%。

◆ 预收款项时：

	借方	贷方
借：银行存款	160 000.00	
贷：预收账款		160 000.00

◆ 发生研制费用：

	借方	贷方
借：劳务成本	180 000.00	
贷：银行存款		180 000.00

◆ 计算确定本期的收入和费用：

2016 年年末应确认的收入 = 400 000 × 70% − 0 = 280 000（元）

2016 年年末应确认的成本 = 240 000 × 70% − 0 = 168 000（元）

	借方	贷方
借：预收账款	280 000.00	
贷：主营业务收入		280 000.00
借：主营业务成本	168 000.00	
贷：劳务成本		168 000.00

（2）提供劳务交易结果不能可靠估计。

如果劳务的开始和完成分属不同的会计期间，且企业在资产负债表日提供劳务交易结果不能可靠估计，即不能同时满足前述 4 个条件，不能采用完工百分比法确认提供劳务收入。此时，企业应当正确预计已经发生的成本能否得到补偿，分别进行相应的会计处理：①已经发生的劳务成本预计全部能得到补偿的，应按已收或预计能收回的金额确认提供劳务收入，并结转已经发生的劳务成本。②已经发生的劳务成本预计部分能得到补偿的，应按能得到补偿的劳务成本确认提供劳务收入，并结转已经发生的劳务成本。③已经发生的劳务成本预计全部不能得到补偿的，应将已经发生的劳务成本计入当期损益（主营业务成本或其他业务成本），不确认提供劳务收入。

【例 4−2−18】 2016 年 10 月 25 日，科达公司接受和谐公司委托，为其培训一批学员，培训期为2个月，当日开学。协议约定，和谐公司应向科达公司支付培训费30 000元，分两次等额支付，第一次在开学时支付，第二次在培训结束时支付。当日收到和谐公司预付的培训费15 000元并存入银行。2016年12月培训结束时，因和谐公司经营发生困难，另外15 000元培训费能否收回难以确定。科达公司已发生培训费16 000元，均以银行存款支付。科达公司账务处理如下：

◆ 收到第一次支付的培训费时：

借：银行存款　　15 000.00

　　贷：预收账款　　15 000.00

◆ 发生培训费支出：

借：劳务成本　　16 000.00

　　贷：银行存款　　16 000.00

◆ 确认提供劳务收入并结转劳务成本：

借：预收账款　　15 000.00

　　贷：主营业务收入　　15 000.00

借：主营业务成本　　16 000.00

　　贷：劳务成本　　16 000.00

（五）让渡资产使用权收入

1. 让渡资产使用权收入的确认

让渡资产使用权收入包括利息收入和使用费收入。利息收入主要指金融企业对外贷款形成的利息收入，以及同业之间发生往来形成的利息收入等。使用费收入主要指企业转让无形资产等的使用权形成的使用费收入。

企业对外出租资产收取的租金，进行债权投资或股权投资取得的利息，也构成让渡资产使用权收入。

让渡资产使用权收入同时满足下列条件的，才能予以确认：

（1）相关的经济利益很可能流入企业。

相关的经济利益很可能流入企业是指让渡资产使用权收入金额收回的可能性大于不能收回的可能性。企业在确定让渡资产使用权收入金额能否收回时，应当根据对方企业的信誉和生产经营情况，以及双方就结算方式和期限等达成的合同或协议条款等综合进行判断。如果企业估计让渡资产使用权收入金额收回的可能性不大，就不应确认收入。

（2）收入的金额能够可靠地计量。

收入的金额能够可靠地计量是指让渡资产使用权的金额能够合理地估计。如果让渡资产使用权的金额不能合理地估计，则不应确认收入。

如果合同或协议规定一次性收取使用费且不提供后续服务，应当视同销售该项资产一次性确认收入；提供后续服务的，应在合同或协议有效期内分期确认收入。如果合同或协议规定分期收取使用费，应按合同或协议约定的收款时间和金额或约定的收费方法计算确定的金额分期确认收入。

2. 让渡资产使用权收入的核算

让渡资产使用权的使用费收入，一般作为其他业务收入处理；让渡资产所计提的摊销额，一般作为其他业务成本处理。

【例4-2-19】 2016年11月5日，科达公司向昌河公司转让某软件的使用权，一次收取使用费100 000元，不提供后续服务，款已收到并存入银行。科达公司账务处理如下：

借：银行存款　　100 000.00

　　贷：其他业务收入　　100 000.00

【例4-2-20】 2016年11月8日，科达公司向江明公司转让某专利的使用权，转让期为5年，每年年末收取使用费50 000元，每年专利权计提的摊销额为30 000元，每月计提的摊销额为2 500元。科达公司账务处理如下：

◆ 每年年末确认使用费收入：

借：银行存款　　50 000.00

　　贷：其他业务收入　　50 000.00

◆ 每月计提摊销额：

借：其他业务成本　　2 500.00

　　贷：累计摊销　　2 500.00

二、营业外收支的核算

（一）营业外收入的核算

1. 营业外收入的核算内容

营业外收入是指企业发生的与企业日常活动无直接关系的各项利得。营业外收入主要包括非流动资产处置利得、非货币性资产交换利得、债务重组利得、政府补助、盘盈利得、捐赠利得等。

非流动资产处置利得包括固定资产处置利得和无形资产出售利得。固定资产处置利得是指企业出售固定资产所取得的价款或报废固定资产的材料价值和变价收入等，扣除处置固定资产的账面价值、清理费用、处置相关税费后的净收益；无形资产处置利得是指企业出售无形资产所取得的价款扣除出售无形资产的账面价值、出售相关税费后的净收益。

非货币性资产交换利得是指在非货币性资产交换中换出资产为固定资产、无形资产的，换入资产公允价值大于换出资产账面价值的差额，扣除相关费用后计入营业外收入的金额。

债务重组利得是指重组债务的账面价值超过清偿债务的现金、非现金资产的公允价值、所转股份的公允价值，或者重组后债务账面价值之间的差额。

盘盈利得主要指对现金等清查盘点中盘盈的现金等报经批准后计入营业外收入的金额。

罚没利得是指企业取得的各项罚款在弥补由于对违反合同或协议而造成的经济损失后的罚款净收益。

捐赠利得是指企业接受捐赠产生的利得。

2. 营业外收入的会计处理

企业应通过“营业外收入”账户核算营业外收入的取得及结转情况。该账户贷方登记企业确认的各项营业外收入，借方登记期末结转“本年利润”的营业外收入，结转后该账户无余额。该账户应按照营业外收入的项目进行明细核算。

【例4-2-21】 2016年11月7日，科达公司因昌河公司违反合同收到罚款收入2 000元存入银行。

借：银行存款　　2 000. 00

　　贷：营业外收入——罚没利得　　2 000. 00

【例4-2-22】 2016年11月9日，科达公司将本月出售的固定资产净收益5 000元结转营业外收入。

借：固定资产清理　　5 000. 00

　　贷：营业外收入——非流动资产处置利得　　5 000. 00

【例4-2-23】 2016年11月30日，盘盈的现金800元经批准转入营业外收入。

借：待处理财产损溢　　800. 00

　　贷：营业外收入——盘盈利得　　800. 00

【例4-2-24】 本月营业外收入总额为50 000元，结转本年利润。

借：营业外收入　　50 000. 00

　　贷：本年利润　　50 000. 00

（二）营业外支出的核算

1. 营业外支出的核算内容

营业外支出是指企业发生的与其日常活动无直接关系的各项损失，主要包括非流动资产处置损失、盘亏损失、罚款支出、公益性捐赠支出、非常损失等。

非流动资产处置损失包括固定资产处置损失和无形资产出售损失。固定资产处置损失，指企业出售固定资产所取得价款或报废固定资产的残料价值和变价收入等，不足抵补处置固定资产的账面价值、清理费用、处置相关费用后的净损失；无形资产出售损失，指企业出售无形资产所取得的价款不足抵补出售无形资产的账面价值、出售相关税费后的净额。

盘亏损失，指企业对固定资产清查盘点中盘亏的固定资产，在查明原因处理时按确定的损失计入营业外支出的金额。

非货币性资产交换损失，指企业在非货币性资产交换中换出固定资产、无形资产的，换入资产公允价值小于换出资产账面价值的差额，扣除相关费用后计入营业外支出的金额。

债务重组损失，指重组债权的账面余额超过受让资产的公允价值所转股份的公允价值，或者重组后债权的账面价值之间的差额。

罚款支出，指企业由于违反税收法规、经济合同等而支付的各种滞纳金和罚款。

公益性捐赠支出，指企业对外进行公益性捐赠发生的支出。

非常损失，指企业对于客观因素（如自然灾害等）造成的损失，在扣除保险公司赔偿后应计入营业外支出的净损失。

2. 营业外支出的会计处理

企业应通过“营业外支出”账户核算营业外支出的发生及结转情况。该账户借方登记企业发生的各项营业外支出，贷方登记期末结转“本年利润”的营业外支出。结转后该账户无余额。该账户应按照营业外支出的项目进行明细核算。

企业发生营业外支出时，借记“营业外支出”账户，贷记“固定资产清理”“银行存款”“库存现金”“待处理财产损溢”等账户。期末，应将“营业外支出”账户余额转入“本年利润”账户，借记“本年利润”账户，贷记“营业外支出”账户。

【例 4-2-25】 2016 年 11 月 15 日，科达公司将盘亏的固定资产净损失 5 000 元转入营业外支出。

借：营业外支出——盘亏损失　　5 000.00

　　贷：待处理财产损溢　　5 000.00

【例 4-2-26】 2016 年 11 月 18 日，科达公司以银行存款支付税收滞纳金 30 000 元。

借：营业外支出——罚款支出　　30 000.00

　　贷：银行存款　　30 000.00

【例 4-2-27】 2016 年 11 月 30 日，科达公司本期营业外支出总额为 57 000 元，期末结转本年利润。

借：本年利润　　57 000.00

　　贷：营业外支出　　57 000.00

三、所得税费用的核算

（一）应交所得税的计算

企业所得税，指在我国境内的企业和其他取得收入的组织就其来源于我国境内、境外的所得征收的税。

企业利润表中的所得税费用包括当期所得税和递延所得税两个部分。用公式表示：

所得税费用 = 当期所得税 + 递延所得税费用（ - 递延所得税收益）

1. 当期所得税的计算

应纳税所得额 = 税前会计利润 + 纳税调整增加额 - 纳税调整减少额

纳税调整增加额，主要是指按税法规定允许扣除项目中，企业已计入当期费用但超过税法规定扣除标准的金额（如业务招待费等），以及企业已经计入当期损失但按税法规定是不允许扣除项目的金额（如税收滞纳金、罚款支出等）。

纳税调整减少额，主要是指按税法规定允许免税的项目和允许弥补的亏损（如国债利息收入、5 年内未弥补的亏损等）。

应交所得税 = 应纳税所得额 × 适用税率

2. 资产负债表债务法

资产负债表债务法是从资产负债表出发，通过比较资产负债表上企业资产、负债的账面价值与税法规定的计税基础之间的差额计算暂时性差异，据以确认递延所得税资产或递延所得税负债，再确认所得税费用的会计核算方法。

（1）计税基础。

企业在取得资产、负债时，应当确定其计税基础。资产、负债的账面价值与计税基础存在差异的，应确认为递延所得税资产或递延所得税负债。

Ⅰ. 资产的计税基础。

资产的计税基础，指企业在收回资产账面价值的过程中，计算应纳税所得额时按照税法规定可以从应税经济利益中抵扣的金额，即某项资产在未来期间计税时可以税前扣除的金额。资产的计税基础是假定按照税法规定进行核算所提供的资产负债表中资产应有的金额。

一般情况下，税法认定的资产取得成本为购入时实际支付的金额。在资产持续持有的过程中，可在未来期间税前扣除的金额是指资产取得的成本减去以前期间按照税法规定已经税前扣除的金额后的余额。用公式表示：

资产计税基础 = 未来可税前扣除的金额

= 成本 − 以前或现在已税前列支的金额

具体确认资产计税基础时，应按不同情况分别进行处理：①资产计税基础等于账面价值。如果该资产所产生的未来经济利益不需纳税，则资产的计税基础就是其账面价值。通常情况下，资产取得时其入账价值与计税基础是相同的。②资产计税基础与账面价值不等。在资产的后续计量中，因会计准则与税法规定的不同，可能造成计税基础与账面价值的差异。例如，各项资产如果发生减值，按照会计准则的规定，应当计提相关的减值准备，而税法规定企业提取的减值准备一般不能税前抵扣，只有在资产发生实质性损失时才允许税前扣除，由此就产生了资产计税基础与账面价值之间的不等。

Ⅱ. 负债的计税基础。

负债的计税基础，指负债的账面价值减去未来期间计算应纳税所得额时按照税法规定可予抵扣的金额。显然，负债的计税基础是税法规定未来不可以扣税的负债价值，也就是未来需要纳税的负债价值，或是现在不需要纳税的负债价值，或现在可以税前列支抵扣的金额。用公式表示：

负债的计税基础 = 账面价值 − 未来可税前列支的金额

由于资产与负债本身就是一对含义相反的概念，因此资产计税基础与负债计税基础的含义在理解上也是相反的。具体确认负债计税基础时，应区分不同情况进行处理：①负债计税基础等于账面价值。一般负债的确认和清偿并不影响所得税的计算，如短期借款、应付票据、应付账款等负债的确认和偿还，不会对当期损益和应纳税所得额产生影响，该负债引发的费用不允许抵扣未来的应纳税所得，即“计税基础 = 账面价值”。②负债计税基础与账面价值不等。某些情况下，负债的确认可能会涉及损益，进而影响不同期间的应纳税所得额。如果某项负债引发的收入当前构成部分纳税所得，则负债计税基础与账面价值就会出现不等。

Ⅲ. 暂时性差异。

暂时性差异，指资产或负债的账面价值与其计税基础之间的差额。根据暂时性差异对未来期间应税金额影响的不同，分为应纳税暂时性差异和可抵扣暂时性差异。

应纳税暂时性差异，指在确定未来收回资产或清偿负债期间的应纳税所得额时，将导致应纳税金额的暂时性差异确认为递延所得税负债。应纳税暂时性差异的产生，主要分为两类：①资产的账面价值大于计税基础产生的应纳税暂时性差异；②负债的账面价值小于计税基础产生的应纳税暂时性差异。

可抵扣暂时性差异，指在确定未来收回资产或清偿负债期间的应纳税所得额时，将导致应抵扣金额的暂时性差异确认为递延所得税资产。可抵扣暂时性差异的产生，主要分为两类：①资产的账面价值小于计税基础产生的可抵扣暂时性差异；②负债的账面价值大于计税基础产生的可抵扣暂时性差异。

（2）核算程序。

资产负债表债务法下所得税的计算程序：①确定每项资产、负债的账面价值与计税基础；②根据该资产、负债的账面价值与计税基础之间的差异，确定应纳税暂时性差异或可抵扣暂时性差异；③根据暂时性差异和适用税率计算递延所得税资产或递延所得税负债的期末余额；④ 确定本期发生和转回的递延所得税资产或递延所得税负债；⑤确定所得税费用。

（3）账户设置。

Ⅰ. “所得税费用”账户。

“所得税费用”账户属于损益类账户，核算企业确认的应从当期利润总额中扣除的所得税费用。该账户借方登记企业计入本期损益的所得税费用，贷方登记转入“本年利润”的所得税费用。

Ⅱ. “递延所得税资产”账户。

“递延所得税资产”账户属于资产类账户，核算企业确认的可抵扣暂时性差异产生的递延所得税资产。该账户借方登记递延所得税资产增加额，贷方登记递延所得税资产减少额，期末借方余额表示企业将来可以少交的所得税金额。

Ⅲ. “递延所得税负债”账户。

“递延所得税负债”账户属于负债类账户，核算企业确认的应纳税暂时性差异产生的递延所得税负债。该账户贷方登记递延所得税负债的增加额，借方登记递延所得税负债的减少额，期末贷方余额表示企业将来应交的所得税金额。

（4）账务处理。

Ⅰ. 当期所得税费用。

资产负债表日，企业按税法规定计算当期应交所得税时：

借：所得税费用

　　贷：应交税费——应交所得税

Ⅱ. 递延所得税资产。

资产负债表日，递延所得税资产大于其现有余额的，应按其差额：

借：递延所得税资产

　　贷：所得税费用

反之，做相反的会计处理。

Ⅲ. 递延所得税负债。

资产负债表日，递延所得税负债大于其现有余额的，应按其差额：

借：所得税费用

　　贷：递延所得税负债

反之，作相反的会计处理。

【例 4-2-28】 科达公司 2016 年度实现净利润 1 000 万元，其中国债利息收入 40 万元，营业外支出中，税收滞纳金支出 20 万元，该公司适用的所得税税率为 25%，年末存货的成本为 500 万元，计提存货跌价准备 5 万元，交易性金融资产成本为 30 万元，公允价值为 36 万元。假定“递延所得税资产”和“递延所得税负债”账户均无期初余额。

【分析】 按税法规定，国债利息收入免税，税收滞纳金支出需要纳税，存货的账面价值 495 万元，计税基础为 500 万元，因跌价准备产生可抵扣暂时性差异 5 万元，交易性金融资产的账面价值为 36 万元，计税基础为 30 万元，产生应纳税暂时性差异 6 万元。

◆ 2016 年企业应交所得税：

应纳税所得额 = 1 000 − 40 + 20 + 5 − 6 = 979（万元）

应交所得税 = 979 × 25% = 244.75（万元）

◆ 计算递延所得税资产和递延所得税负债：

递延所得税资产 = 5 × 25% = 1.25（万元）

递延所得税负债 = 6 × 25% = 1.5（万元）

◆ 会计处理如下：

借：所得税费用	245.00	
递延所得税资产	1.25	
贷：应交税费——应交所得税		244.75
递延所得税负债		1.50

四、利润的核算

（一）利润的构成和计算

利润是企业在一定会计期间的经营成果。企业利润包括收入减去费用后的净额、直接计入当期利润的利得和损失等。直接计入当期利润的利得和损失，指应当计入当期损益、会导致所有者权益发生增减变动的、与所有者投入资本或向所有者分配利润无关的利得和损失。

我国有关利润的概念主要有营业利润、利润总额和净利润。

有关利润的计算公式如下：

1. 营业利润

营业利润 = 营业收入 - 营业成本 - 税金及附加 - 管理费用 - 销售费用 - 财务费用 - 资产减值损失 + 公允价值变动收益（ - 公允价值变动损失）+ 投资收益（ - 投资损失）

其中，营业收入是指企业经营业务所实现的收入总额，包括主营业务收入和其他业务收入。营业成本是指企业经营业务所发生的实际成本，包括主营业务成本和其他业务成本。

2. 利润总额

利润总额 = 营业利润 + 营业外收入 - 营业外支出

3. 净利润

净利润 = 利润总额 - 所得税费用

其中，所得税费用是指企业确认的应从当期利润总额中扣除的所得税费用。

（二）账户设置

为了核算企业本年实现的净利润或发生的净亏损，企业应设置“本年利润”账户。期末，企业将各收入类账户的余额转入“本年利润”账户的贷方，将各费用类账户的余额转入“本年利润”账户的借方。结转后，“本年利润”账户如为贷方余额，则表示企业实现的净利润；如为借方余额，则表示企业发生的净亏损。年度终了，将“本年利润”账户余额转入“利润分配——未分配利润”账户，结转后“本年利润”账户无余额。

（三）本年利润的会计处理

会计期末，结转本年利润的方法有两种，即表结法和账结法。

1. 表结法

表结法是指1—11月保留损益类账户的余额，不做结转，每年年末一次性将损益类账户的余额转入“本年利润”账户。在表结法下，每月结账时，结出各损益类账户的本年累计余额，并逐项填列利润表中“本年累计数”栏目的有关项目，然后减去上月利润表中的“本年累计数”，其差额就是本月有关项目的数字。在运用表结法时，“本年利润”账户平时不使用，只在年终使用。

表结法下，年终损益类账户无需结转入“本年利润”账户，从而减少了转账环节和工作量，同时并不影响利润表的编制及有关损益指标的利用。

2. 账结法

账结法是指每月月末将损益类账户的余额转入“本年利润”账户。结转后，损益类账户月末无余额，“本年利润”账户的贷方余额表示年度内累计实现的净利润，借方余额表示年度内累计发生的净亏损。

账结法在各月均可通过“本年利润”账户提供当月及本年累计的利润（或亏损）额，但增加了转账环节和工作量。

【例 4-2-29】 科达公司 2016 年有关损益类账户的年末余额见表 4-2-1。

表 4-2-1 各损益类账户的余额

收入类账户	贷方余额	支出类账户	借方余额
主营业务收入	900 000	主营业务成本	560 000
其他业务收入	105 000	其他业务成本	56 000
投资收益	90 000	税金及附加	12 000
营业外收入	7 500	管理费用	115 500
公允价值变动损益	22 500	销售费用	75 000
		财务费用	30 000
		营业外支出	37 500
		资产减值损失	15 000
		所得税费用	57 000

科达公司 2016 年年末结转“本年利润”的账务处理：

（1）将各损益类账户余额转入“本年利润”账户。

◆ 结转各项收入、利得类账户余额：

借：主营业务收入　　900 000.00
　　其他业务收入　　105 000.00
　　投资收益　　90 000.00
　　营业外收入　　7 500.00
　　公允价值变动损益　　22 500.00
　　贷：本年利润　　1 125 000.00

◆ 结转各项费用、损失类账户余额：

借：本年利润　　958 000.00
　　贷：主营业务成本　　560 000.00
　　　　其他业务成本　　56 000.00
　　　　税金及附加　　12 000.00
　　　　管理费用　　115 500.00
　　　　销售费用　　75 000.00
　　　　财务费用　　30 000.00
　　　　营业外支出　　37 500.00
　　　　资产减值损失　　15 000.00
　　　　所得税费用　　57 000.00

（2）年末结转本年实现的净利润。

本年实现的净利润 = 1 125 000 − 958 000 = 167 000（元）

借：本年利润　　167 000.00
　　贷：利润分配——未分配利润　　167 000.00

五、利润分配的核算

（一）可供分配利润的计算

利润分配是指企业根据国家有关规定和企业章程、投资协议等，对企业当年可供分配的利润所进行的分配。

可供分配的利润 = 当年实现的净利润 + 年初未分配利润（或 – 年初未弥补亏损） + 其他转入

（二）利润分配的顺序

根据我国《公司法》的有关规定，企业利润分配的顺序依次是：

（1）弥补以前年度亏损。企业发生的年度亏损，可以用下一年度的税前利润弥补。下一年度利润不足弥补的，可以在 5 年内延续弥补。5 年内不足弥补的，用税后利润弥补，也可以用以前年度提取的盈余公积弥补。企业以前年度亏损未弥补完，不得提取法定盈余公积。在提取法定盈余公积前，不得向投资者分配利润。

（2）提取法定盈余公积。法定盈余公积按照本年实现净利润（扣除未弥补亏损）的一定比例提取。股份公司按 10% 提取，其他企业可以根据需要确定提取比例，但至少应按 10% 提取。当企业提取的法定盈余公积累计额达到注册资本的 50% 时，可以不再提取。

（3）提取任意盈余公积。提取任意盈余公积是指按照公司章程或者股东会议决议可以从税后利润中提取任意盈余公积。非公司制企业，经股东大会或类似权力机构批准，也可以提取任意盈余公积，提取比例由企业自行决定。

（4）向投资者分配现金股利或利润。企业以弥补亏损、提取盈余公积后的税后利润，向股东按持股比例（或出资比例）分配利润。企业可以按照利润分配方案分配普通股股东的现金股利或分配投资者的利润。

企业可供分配的利润，在经过上述顺序分配后，如有剩余，即为年末未分配利润，可结转至下一年度进行分配。

（三）利润分配的核算账户

为了核算企业利润的分配（或亏损的弥补）和历年分配（或弥补）后的余额，应设置“利润分配”账户。该账户的借方登记已分配的利润或年终由“本年利润”转入的净亏损，贷方登记已取得的亏损弥补数及年终由“本年利润”转入的净利润。该账户余额在借方，表示历年积欠的未弥补亏损，余额在贷方，表示历年累计的未分配利润。在“利润分配”账户下，应当分别设置“提取法定盈余公积”“提取任意盈余公积”“应付现金股利（或利润）”“转作股本的股利”“盈余公积补亏”和“未分配利润”等明细账户。

（四）利润分配的核算方法

1. 弥补以前年度亏损

企业发生的亏损应由企业自行弥补。企业弥补亏损的渠道有以下三种：用以后年度税前利润弥补；用以后年度税后利润弥补；用盈余公积弥补。

用利润弥补亏损，在会计核算上，无论是以税前利润弥补还是税后利润弥补，都不需要进行专门的账务处理。这是因为，企业在当年发生亏损的情况下，应将本年发生的亏损从“本年利润”账户的贷方转入“利润分配——未分配利润”账户的借方；在以后年度实现净利润的情况下，应将本年实现的利润从“本年利润”账户的借方转入“利润分配——未分配利润”账户的贷方；其贷方发生额（即实现的利润）与借方发生额（未弥补亏损额）抵销，无需专门做会计分录。

若企业出现无法用税前利润弥补的亏损，为了进行股利分配或者为了企业信誉，也可以用以前年度提取的盈余公积弥补亏损。以盈余公积弥补亏损时，借记“盈余公积”账户，贷记“利润分配——盈余公积补亏”账户。

2. 提取盈余公积

企业按规定提取法定盈余公积和任意盈余公积时，借记“利润分配——提取法定盈余公积（或提取任意盈余公积）”账户，贷记“盈余公积”账户。

3. 向投资者分配利润

企业应分配给投资者的现金股利或利润，借记“利润分配——应付现金股利（或应付利润）”账户，贷记“应付股利（或应付利润）”账户。

4. 年末结转

年度终了，企业应将本年实现的净利润或净亏损，自“本年利润”账户转入“利润分配”账户，即借记“本年利润”账户，贷记“利润分配——未分配利润”账户；如为亏损，则做相反的分录。同时，将“利润分配”下其他明细账户的余额转入“利润分配——未分配利润”。结转后，“利润分配——未分配利润”若为贷方余额，表示未分配利润；若为借方余额，则为未弥补亏损；“利润分配”账户所属明细账户除“未分配利润”以外，其余均无余额。

【例4-2-30】 2015年12月31日，科达公司“本年利润”账户全年实现净利润500万元，按10%提取法定盈余公积金，经股东大会决议，按5%提取任意盈余公积金，并按当年实现的净利润的30%发放现金股利。假定科达公司年初“未分配利润”账户的余额为50万元。科达公司账务处理如下：

◆ 结转本年利润时：

借：本年利润　　5 000 000.00

　　贷：利润分配——未分配利润　　5 000 000.00

◆ 提取法定盈余公积和任意盈余公积：

借：利润分配——提取法定盈余公积　　50 000.00

　　　　　　——提取任意盈余公积　　25 000.00

　　贷：盈余公积——法定盈余公积　　50 000.00

　　　　　　　　——任意盈余公积　　25 000.00

◆ 宣告发放现金股利：

借：利润分配——应付现金股利　　150 000.00

　　贷：应付股利　　150 000.00

◆ 结转利润分配的各明细账户：

借：利润分配——未分配利润　　225 000.00

　　贷：利润分配——提取法定盈余公积　　50 000.00

　　　　　　　——提取任意盈余公积　　25 000.00

　　　　　　　——应付现金股利　　150 000.00

岗位实训

实训要求：根据资料，进行有关账务处理。

资料：科达公司为增值税一般纳税人，2016 年发生以下经济业务：

（1）12 月 7 日，科达公司向富民公司销售甲产品 4 台，单价 10 000 元，增值税税率为 17%，收到转账支票一张。有关单据见表 4－2－2 和表 4－2－3。

表 4－2－2　　安徽增值税专用发票　　№ 088773907

3400151320　　此联不作报销、扣税凭证使用　　开票日期：2016 年 12 月 7 日

购买方	名　称：富民公司 纳税人识别号：340010882291443256 地 址 、电 话：合肥市开源路 346 号 0551－62345678 开户行及账号：工行合肥繁华路支行 157265981652345				密码区	7＋＋9/42152＊＋129＊864＞ 加密版本：01 63－＜7503＊＜1＞＊/＜3＜＋80 340008922104 2＋＜＜56894588＞＞＊＊＜2569 5920－33/65＋5012＊/＞＞92　009801427		
货物或应税劳务、服务名称	规格型号	单位	数量	单价	金额	税率	税额	
甲产品		台	4	10 000.00	40 000.00	17%	6 800.00	
合计					￥40 000.00		￥6 800.00	
价税合计（大写）	⊗肆万陆仟捌佰元整				（小写）￥46 800.00			
销售方	名　称：科达公司 纳税人识别号：340010468107588036 地 址 、电 话：安徽省合肥市芙蓉路 666 号 0551－63891252 开户行及账号：工行合肥芙蓉路支行 01400822600777				备注	科达公司 340010468107588036 发票专用章		

第一联：记账联　销售方记账凭证

收款人：张敏　　复核：胡维杨　　开票人：闵鑫福　　销售方：（章）

表 4－2－3　　中国工商银行　进账单（收账通知）　　3

2016 年 12 月 7 日

出票人	全　称	富民公司	收款人	全　称	科达公司
	账　号	15726598165		账　号	01400822600777
	开户银行	工行合肥繁华路支行		开户银行	工行合肥芙蓉路支行
金额	人民币（大写）	肆万陆仟捌佰元整		亿 千 百 十 万 千 百 十 元 角 分	￥ 4 6 8 0 0 0 0
票据种类	转账支票	票据张数	壹张	中国工商银行芙蓉路支行 2016.12.07 转账 转讫	
票据号码	XIV00056432			开户银行签章	
	复核	记账			

此联是收款人开户银行交给收款人的收账通知

（2）12 月 12 日，向乐陵公司出售乙产品 5 吨，单价 4 000 元，增值税税率为 17%，

代垫运杂费 1 500 元，收到转账支票一张。有关单据见表 4－2－4 至表 4－2－7。

表 4－2－4　　中国工商银行　进账单（收账通知）　　3

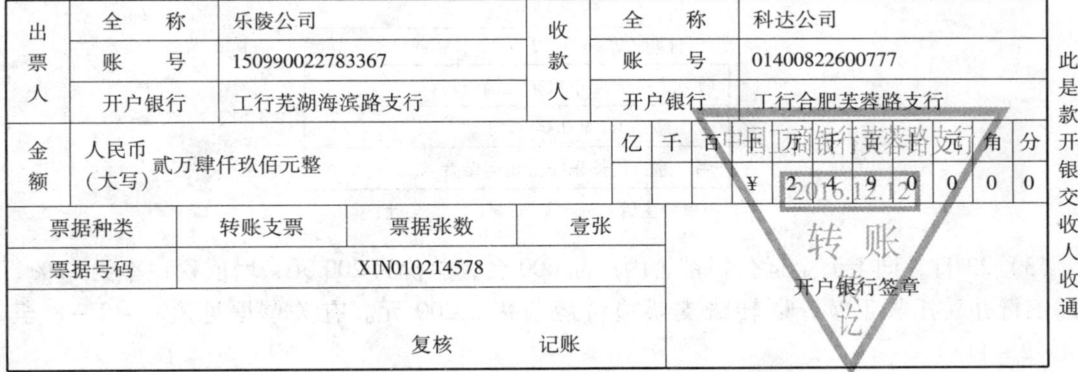

2016 年 12 月 12 日

出票人			收款人		
出票人	全　称	乐陵公司	收款人	全　称	科达公司
出票人	账　号	150990022783367	收款人	账　号	01400822600777
出票人	开户银行	工行芜湖海滨路支行	收款人	开户银行	工行合肥芙蓉路支行

金额	人民币（大写）贰万肆仟玖佰元整	亿	千	百	十	万	千	百	十	元	角	分
					¥	2	4	9	0	0	0	0

票据种类	转账支票	票据张数	壹张
票据号码	XIN010214578		
	复核　　记账		开户银行签章

中国工商银行芙蓉路支行 2016.12.12 转账 讫

此联是收款人开户银行交给收款人的收账通知

表 4－2－5　　**安徽增值税专用发票**　　**№ 002203611**

34001033285　　此联不作报销、扣税凭证使用　　开票日期：2016 年 12 月 12 日

购买方	名　　称：乐陵公司 纳税人识别号：440801340023651235 地 址、电 话：安徽省芜湖市霞山区海滨路 0553－68765432 开户行及账号：工行芜湖霞山路支行 150990022783367	密码区	7＋＋9/42152＊＋129＊864＞ 加密版本：01 63－<7503＊<1＞＊/<3<＋80　3400033285 2＋<<56894588＞＞＊＊<2569 5920－33/65＋5012＊/＞＞92　002203611

货物或应税劳务名称	规格型号	单位	数量	单价	金额	税率	税额
乙产品		吨	5	4000.00	20 000.00	17%	3 400.00
合计					¥20 000.00		¥3 400.00
价税合计（大写）	⊗贰万叁仟肆佰元整				（小写）¥23 400.00		

销售方	名　　称：科达公司 纳税人识别号：340010468107588036 地 址、电 话：安徽省合肥市芙蓉路 666 号 0551－63891252 开户行及账号：工行合肥芙蓉路支行 01400822600777	备注	科达公司 340010468107588036 发票专用章

收款人：张敏　　复核：胡维杨　　开票人：闵鑫福　　销售方：（章）

第一联：记账联　销售方记账凭证

表 4－2－6　　**科达公司往来账通知单**　　№0023678

客户：乐陵公司　　2016 年 12 月 12 日

摘要	百	十	万	千	百	十	元	角	分
代垫乙产品运杂费（附运费单№0010023）				1	5	0	0	0	0
合计（大写）：人民币壹仟伍佰元整			¥	1	5	0	0	0	0
备注：代垫运杂费，原始单据已交乐陵公司									

会计主管：胡维杨　　出纳：张敏　　制单：闵鑫福

第三联：记账联

表 4 -2 -7　　中国工商银行

转账支票存根（皖）

XIN00628543

科　　目＿＿＿＿＿＿＿＿

对方科目＿＿＿＿＿＿＿＿

出票日期：2016 年 12 月 12 日

收款人：合肥市汽车运输公司
金　额：¥1 500. 00
用　途：代垫乐陵公司运杂费

单位主管：　　　　会计：

（3）23 日，向上海金运公司销售丙产品 600 台，单价为 200 元，增值税税率为 17%，已向银行办妥托收手续，以转账支票垫付运杂费 2 200 元。有关单据见表 4 -2 -8 至表 4 -2 -11。

表 4 -2 -8

安徽增值税专用发票　　№ 004270194

34001035386　　此联不作报销、扣税凭证使用　　开票日期：2016 年 12 月 23 日

购买方	名　　称：上海金运公司 纳税人识别号：109883342890225 地 址 、电 话：上海市淮海路 828 号 021 -86754321 开户行及账号：工行上海淮海路支行 51026591467809			密码区	7 + +9/42152 ∗ +129 ∗864 > 加密版本：01 63 - <7503 ∗ <1 > ∗/ <3 < +80 4400033183 2 + < <56894588 > > ∗ ∗ <2569 5920 -33/65 +5012 ∗/ > >92 00470194		
货物或应税劳务名称	规格型号	单位	数量	单价	金额	税率	税额
丙产品		台	600	200. 00	120 000. 00	17%	20 400. 00
合计					¥120 000. 00		¥20 400. 00
价税合计（大写）	⊗壹拾肆万零肆佰元整				（小写）¥140 400. 00		
销售方	名　　称：科达公司 纳税人识别号：340010468107588036 地 址 、电 话：安徽省合肥市芙蓉路 666 号 0551 -63891252 开户行及账号：工行合肥芙蓉路支行 01400822600777			备注	科达公司 340010468107588036 发票专用章		

第一联：记账联　销售方记账凭证

收款人：张敏　　复核：胡维杨　　开票人：闵鑫福　　销售方：（章）

表 4 -2 -9

科达公司往来账通知单　　№0023678

客户：上海金运公司　　2016 年 12 月 23 日

摘要	金额								
	百	十	万	千	百	十	元	角	分
代垫丙产品运杂费（附运费单№0012568）				1	8	0	0	0	0
代垫丙产品装车费（附装卸车费单№0012569）					4	0	0	0	0
合计（大写）：人民币贰仟贰佰元整			¥	2	2	0	0	0	0
备注：代垫运杂费，原始单据已交上海金运公司									

划账单位（盖章）　　会计主管：胡维杨　　出纳：张敏　　制单：闵鑫福

表 4－2－10　　中国工商银行

转账支票存根（皖）

XIN05600162

科　　目＿＿＿＿＿＿＿＿

对方科目＿＿＿＿＿＿＿＿

出票日期：2016 年 12 月 23 日

收款人：合肥市汽车运输公司
金　额：2 200.00
用　途：代垫上海金运公司运杂费

单位主管：　　　　会计：

表 4－2－11　　**托收凭证（受理回单）**　　1

委托日期：2016 年 12 月 23 日

<table>
<tr><td colspan="2">业务类别</td><td colspan="5">委托收款（☑邮划　□电划）　托收承付（□邮划　□电划）</td><td colspan="11"></td><td rowspan="10">第一联：作收款人开户银行给收款人的受理回单</td></tr>
<tr><td rowspan="3">付款人</td><td>全称</td><td colspan="5">上海金运公司</td><td rowspan="3">收款人</td><td>全称</td><td colspan="9">科达公司</td></tr>
<tr><td>账号</td><td colspan="5">51026591467809</td><td>账号</td><td colspan="9">01400822600777</td></tr>
<tr><td>地址</td><td>上海市</td><td>开户行</td><td colspan="3">工行上海淮海路支行</td><td>地址</td><td>安徽省合肥市</td><td>开户行</td><td colspan="7">工行合肥芙蓉路支行</td></tr>
<tr><td rowspan="2" colspan="2">金额</td><td rowspan="2" colspan="6">人民币（大写）壹拾肆万贰仟陆佰元整</td><td>千</td><td>百</td><td>十</td><td>万</td><td>千</td><td>百</td><td>十</td><td>元</td><td>角</td><td>元</td></tr>
<tr><td></td><td>¥</td><td>1</td><td>4</td><td>2</td><td>6</td><td>0</td><td>0</td><td>0</td><td>0</td></tr>
<tr><td colspan="2">款项内容</td><td>丙产品</td><td>托收凭据名称</td><td colspan="4">销售发票、运输费单据</td><td colspan="5">附寄单据张数</td><td colspan="5">5 张</td></tr>
<tr><td colspan="3">商品发运情况</td><td colspan="5">货已发运</td><td colspan="5">合同名称号码</td><td colspan="5">购销合同 07－0135 号</td></tr>
<tr><td colspan="3">备注：

复核　　记账</td><td colspan="4">款项收妥日期

年　月　日</td><td colspan="11">（收款单位开户银行签章）
年　月　日</td></tr>
</table>

参考答案：

（1）借：银行存款　　46 800.00

　　贷：主营业务收入——甲产品　　40 000.00

　　　　应交税费——应交增值税（销项税额）　　6 800.00

（2）借：银行存款　　24 900.00

　　贷：主营业务收入——乙产品　　20 000.00

　　　　应交税费——应交增值税（销项税额）　　3 400.00

　　　　银行存款　　1 500.00

（3）借：应收账款——上海金运公司　　142 600.00

　　贷：主营业务收入——丙产品　　120 000.00

　　　　应交税费——应交增值税（销项税额）　　20 400.00

　　　　银行存款　　2 200.00

复习思考题

1. 什么是收入？收入有何特征？收入如何分类？
2. 商品销售收入确认条件有哪些？
3. 什么是商业折扣？什么是现金折扣？如何核算？
4. 什么是销售折让？什么是销售退回？如何核算？
5. 什么是委托代销？两种委托代销方式的会计核算有何不同？
6. 什么是营业外收入？营业外收入有哪些内容？如何核算？
7. 什么是营业外支出？营业外支出有哪些内容？如何核算？
8. 什么是资产负债表债务法？资产负债表债务法下如何进行所得税的核算？
9. 企业利润由哪些内容构成？如何计算各种利润？如何进行利润形成的核算？
10. 什么是企业可供分配利润？企业利润分配程序如何确定？如何进行利润分配的核算？

岗位任务三　非货币性资产交换的核算

任务导入

科达公司是一家生产甲产品的企业，其产品可应用于一般企业的生产设备。江明公司生产的 A 产品正需要该种设备，同时江明公司生产的 A 产品可用作科达公司生产甲产品所需要的原材料。于是，两家公司签订协议，江明公司用生产的 A 产品与科达公司生产的甲产品进行交换。科达公司换入的 A 产品做原材料使用，江明公司换入的甲产品作固定资产使用。

请问：上述情况下，科达公司和江明公司应如何进行会计处理？

知识准备

一、非货币性资产交换概述

（一）非货币性资产交换的概念

企业在实际生产经营过程中，有时会出现这种状况，即甲企业需要乙企业生产的产品作为某项设备，乙企业需要甲企业生产的产品作为原材料，于是双方就有可能通过交换设备和原材料达成交易，这就是一项非货币性资产交换行为。通过这种交换，一方面满足了双方生产经营的需要，另一方面也减少了各自的货币性资产流出。

非货币性资产交换是一种非经常性的特殊性交易行为，是指交易双方主要以存货、固定资产、无形资产和长期股权投资等非货币性资产进行的交换。该交换不涉及或只涉及少量的货币性资产（即补价）。

货币性资产，是指企业持有的货币资金和将以固定或可确定金额的货币收取的资产，包括现金、银行存款、应收账款和应收票据以及准备持有至到期的债券投资等。

非货币性资产，是指货币性资产以外的资产，这类资产将来为企业带来的经济利益具有不固定或不可确定性。非货币性资产交换的交易对象主要是非货币性资产。一般来说，资产负债表所列示的项目中属于非货币性资产的项目通常有存货（如原材料、库存商品等）、长期股权投资、固定资产、在建工程、无形资产等。

区别货币性资产与非货币性资产的主要依据是资产为企业带来未来经济利益（现金流入）的金额是否是固定的或可确定的。如果资产为企业带来的未来经济利益的金额是固定的或可确定的，那么该项资产就是货币性资产；反之，该项资产就是非货币性资产。

（二）非货币性资产交换的认定

通常情况下，企业在生产经营过程中所发生的各项交易都是货币性资产交换，如以库存现金购买原材料。从货币性资产交换看，其特点在于以放弃货币性资产的方式换入货币性资产或非货币性资产。而非货币性资产交换则是以非货币性资产的交换为前提的，在这种交换中，一般不涉及货币性资产或只涉及少量货币性资产即补价，如企业以其生产的产品换入原材料。

在资产交换涉及少量货币性资产（即补价）的情况下，认定涉及少量货币性资产的交换为非货币性资产交换，通常以补价占整个资产交换金额的比例是否低于25%作为参考。也就是说，支付的货币性资产占换入资产公允价值（或者占换出资产的公允价值与支付的货币性资产之和）的比例或者收到的货币性资产占换出资产公允价值（或占换入资产公允价值与收到的货币性资产之和）的比例低于25%（不含25%），视为非货币性资产交换；如果这一比例高于25%（含25%），则视为以货币性资产取得非货币性资产。

【例4-3-1】 2016年11月1日，甲公司以一项专利权换取乙公司的一辆小轿车。该项专利权的账面价值为20万元，公允价值为18万元；小汽车的账面价值为18万元，公允价值为16万元。乙公司需要向甲公司支付补价2万元。补价所占的比例计算如下：

甲企业补价所占比例 = 补价/交易总量 = 2 ÷ 18 = 11.11% < 25%

乙企业补价所占比例 = 补价/交易总量 = 2 ÷ （16 + 2） = 11.11% < 25%

计算结果表明，该项业务属于非货币性资产交换。

二、非货币性资产交换业务的核算

在非货币性资产交换的情况下，不论是一项资产换入一项资产、一项资产换入多项资产，还是多项资产换入一项资产、多项资产换入多项资产，在确定换入资产成本的两种计量基础和交换所产生损益的确认原则时，还需要判断该交换是否具有商业实质，以及换入资产或换出资产的公允价值能否可靠地计量。

（一）商业实质的判断

1. 判断条件

根据非货币性资产交换准则的规定，符合下列条件之一的，视为具有商业实质：一是换入资产的未来现金流量在风险、时间和金额等方面与换出资产显著不同；二是换入资产与换出资产的预计未来现金流量现值不同，且其差额与换入资产和换出资产的公允价值相比是重大的。

如果企业难以判断某项非货币性资产交换是否满足第一个条件，则应当考虑是否满足第二个条件。

资产的预计未来现金流量现值应当按照资产在持续使用过程中和最终处置时所产生的预计税后未来现金流量，根据企业自身而不是市场参与者对资产特定风险的评价，选择恰当的折现率对其进行折现后的金额加以确定。

例如，某企业以一项专利权换入另一企业拥有的长期股权投资，该项专利权与该项长期股权投资的公允价值相同，两项资产未来现金流量的风险、时间和金额也相同，但对换入企业而言，换入该项长期股权投资使该企业对被投资方由重大影响变为控制关系，从而对换入企业的特定价值即预计未来现金流量现值与换出的专利权有较大差异；另一企业换入的专利权能够解决生产中的技术难题，从而对换入企业的特定价值即预计未来现金流量现值与换出的长期股权投资存在明显差异，因而两项资产的交换具有商业实质。

2. 关联方之间交换资产与商业实质的关系

在判断非货币性资产交换是否具有商业实质时，企业应当注意交易双方之间是否存在关联方关系。交易双方关联方关系的存在，可能表明交易不具有商业实质。

（二）公允价值能否可靠计量的判断

满足下列条件之一的，换入资产或换出资产的公允价值视为能够可靠地计量：①换入或换出资产存在活跃市场的，以市场价格为基础确定公允价值。②换入或换出资产本身不存在活跃市场，但同类或类似资产存在活跃市场的，以同类或类似资产的市场价格为基础确定其公允价值。③换入或换出资产不存在同类或类似资产可比市场交易，采用估值技术确定公允价值。采用估值技术确定公允价值时，要求采用估值技术确定公允价值估计数的变动区间很小，或者在公允价值估值数区间内，各种用于确定公允价值估计数的概率或可能性能够合理确定。

（三）非货币性资产交换的确认和计量

1. 以公允价值计量的非货币性资产交换的会计处理

非货币性资产交换同时满足下列两个条件的，应当以公允价值和应支付的相关税费作为确定换入资产成本的基础，公允价值与换出资产账面价值的差额计入当期损益：①该交换具有商业实质。②换入或换出资产的公允价值能够可靠地计量。

换入资产和换出资产的公允价值均能够可靠计量的，应当以换出资产的公允价值作为确定换入资产成本的基础。一般来说，取得资产的成本应当按照所放弃资产的对价来确定。在非货币性资产交换中，放弃资产的价值就是放弃对价，如果其公允价值能够可靠确定，应当优先考虑以换出资产的公允价值作为换入资产成本的基础，如果有确凿证据表明换入资产的公允价值更加可靠，应当以换入资产的公允价值作为换入资产的成本。

在以公允价值计量的情况下，不论是否涉及补价，只要换出资产的公允价值与账面价值不同，就通常会涉及损益的确认，因为非货币性资产交换损益通常是由换出资产公允价值与换出资产账面价值的差额通过非货币性资产交换损益予以实现。

非货币性资产交换的会计处理，应当视换出资产的类别不同而有所区别：①换出资产为存货的，应当视同销售处理，将公允价值确认为销售收入，同时结转销售成本。②换出资产为固定资产、无形资产的，换出资产的公允价值和换出资产的账面价值的差额计入营业外收入或营业外支出。③换出资产为长期股权投资的，换出资产公允价值和换出资产账面价值的差额计入投资收益。

换入资产和换出资产涉及相关税费的，如换出存货视同销售计算销项税额，换入资产作为存货应当确认的可抵扣增值税进项税额，以及换出固定资产、无形资产视同转让应交纳的增值税等，按照相关规定计算确定。

（1）不涉及补价情况下的会计处理。

具有商业实质且换入或换出资产的公允价值能够可靠计量的非货币性资产交换，不涉及补价的，应当以换出资产的公允价值作为确定换入资产成本的基础，但有确凿证据表明换入资产的公允价值更加可靠的，则以换入资产的公允价值作为确定换入资产成本的基础。换出资产账面价值与其公允价值之间的差额，计入当期损益。其计算公式为

换入资产入账价值 = 换出资产公允价值 + 应支付计入换入资产成本的相关税费

非货币性资产交换损益 = 换出资产公允价值 - 换出资产账面价值

【例 4-3-2】 2016 年 11 月 1 日，科达公司以其拥有的一台生产设备与江明公司生产的产品相交换，科达公司换入的产品作为原材料进行管理，江明公司换入的设备作为固定资产进行管理。设备的原价为 15 万元，已提折旧 2 万元，公允价值为 12 万元；库存商品的成本为 8 万元，公允价值为 12 万元。科达公司、江明公司均为增值税一般纳税企业，适用的增值税税率为 17%，计税价格等于公允价值，两家公司均未计提资产减值准备。假定科达公司与江明公司不存在关联方关系，交易价格公允，在整个交易过程中除增值税以外不考虑其他相关税费，且江明公司换入的设备和科达公司换入的存货涉及的增值税进项税额均可以抵扣。

【分析】 科达公司以其使用中的设备换入江明公司的产品，整个交换过程中不涉及货币性资产，属于非货币性资产交换。两项资产交换后，换入企业的特定价值显著不同，因而两项资产的交换具有商业实质。科达公司和江明公司换出和换入资产的公允价值均能可靠地计量，符合公允价值的两个条件。因此，双方应当以换出资产的公允价值为基础确定换入资产的成本，并确认产生的损益。

科达公司的账务处理：

科达公司换入产品的公允价值与其换出设备的公允价值相同。科达公司换入的产品作原材料核算，以换出设备的公允价值作为换入原材料的成本。

科达公司换入的原材料的增值税进项税额 = 120 000 × 17% = 20 400（元）

科达公司换出的设备的增值税销项税额 = 120 000 × 17% = 20 400（元）

（1）将固定资产净值转入固定资产清理：

借：固定资产清理　　　　130 000.00

累计折旧　　20 000.00

贷：固定资产　　150 000.00

（2）将换入的原材料入账：

借：原材料　　120 000.00

应交税费——应交增值税（进项税额）　　20 400.00

营业外支出　　10 000.00

贷：固定资产清理　　130 000.00

应交税费——应交增值税（销项税额）　　20 400.00

江明公司的账务处理：

根据增值税的有关规定，企业以库存商品换入其他资产，视同销售行为发生，应计算增值税销项税额，交纳增值税，同时换入设备涉及的增值税允许抵扣。

江明公司换出的产品的增值税销项税额 = 120 000 × 17% = 20 400（元）

江明公司换入的设备的增值税进项税额 = 120 000 × 17% = 20 400（元）

（1）换入固定资产：

借：固定资产　　120 000.00

应交税费——应交增值税（进项税额）　　20 400.00

贷：主营业务收入　　120 000.00

应交税费——应交增值税（销项税额）　　20 400.00

（2）结转商品成本：

借：主营业务成本　　80 000.00

贷：库存商品　　80 000.00

【例 4 - 3 - 3】 2016 年 11 月 12 日，兴隆公司与昌河公司决定进行非货币性资产交换，兴隆公司以不需用的生产经营用设备与昌河公司作为固定资产的货运汽车相交换。兴隆公司换出设备的账面原价为 12 万元，已提折旧 2 万元，公允价值为 11 万元。为此项交换，兴隆公司以银行存款支付了设备的清理费用 1 万元。昌河公司换出汽车的账面原价为 14 万元，已提折旧 3 万元，公允价值为 11 万元。假定兴隆公司换入的汽车和昌河公司换入的设备均作为该企业的固定资产进行使用和管理。兴隆公司、昌河公司均为增值税一般纳税企业，适用的增值税税率为 17%，计税价格等于公允价值，两家公司均未对资产计提资产减值准备。假定该交换具有商业实质，公允价值能够可靠计量。

【分析】 兴隆公司以其生产经营用的设备与昌河公司经营用的货运汽车进行交换，该项交易中不涉及货币性资产，也不涉及补价，属于非货币性资产交换。该换入资产能给企业带来未来的经济利益，具有商业实质。同时，换入与换出资产的公允价值均可以可靠地计量。

兴隆公司的账务处理：

兴隆公司换入汽车的公允价值与其换出的设备的公允价值相同，兴隆公司换入的汽车作固定资产核算，兴隆公司以换出的设备的公允价值加上相关费用作为换入汽车的成本。

兴隆公司换入的汽车的增值税进项税额 = 110 000 × 17% = 18 700（元）

兴隆公司换出的设备的增值税销项税额 = 110 000 × 17% = 18 700（元）

（1）将固定资产净值转入固定资产清理：

借：固定资产清理　　100 000.00

　　累计折旧　　20 000.00

　　贷：固定资产　　120 000.00

（2）支付清理费用：

借：固定资产清理　　10 000.00

　　贷：银行存款　　10 000.00

（3）换入资产的入账价值：

借：固定资产　　120 000.00

　　应交税费——应交增值税（进项税额）　　18 700.00

　　贷：固定资产清理　　110 000.00

　　　　应交税费——应交增值税（销项税额）　　18 700.00

　　　　营业外收入　　10 000.00

昌河公司的账务处理：

昌河公司换入设备的公允价值与其换出的汽车的公允价值相同。昌河公司换入的设备作固定资产核算，以换出的汽车的公允价值作为换入设备的成本。

昌河公司换入的设备的增值税进项税额 = 110 000 × 17% = 18 700（元）

昌河公司换出的汽车的增值税销项税额 = 110 000 × 17% = 18 700（元）

（1）将固定资产净值转入固定资产清理：

借：固定资产清理　　110 000.00

　　累计折旧　　30 000.00

　　贷：固定资产　　140 000.00

（2）换入资产的入账价值：

借：固定资产　　110 000.00

　　应交税费——应交增值税（进项税额）　　18 700.00

　　贷：固定资产清理　　110 000.00

　　　　应交税费——应交增值税（销项税额）　　18 700.00

【例4-3-4】 2016年11月5日，科达公司决定以其自产的库存A产品与大华公司的一批库存B商品进行交换。A产品的成本为15万元，公允价值为20万元；B商品的成本为16万元，公允价值为20万元。假定科达公司、大华公司均为增值税一般纳税人，适用的增值税税率为17%，计税价格等于公允价值。两家公司均未对存货计提跌价准备，整个交易过程中没有发生除增值税以外的其他税费。科达公司决定将换入的B商品作为原材料进行核算，大华公司决定将换入的A商品作为库存商品进行管理和核算。假设该交换具有商业实质，公允价值能够可靠地计量。

科达公司的账务处理：

（1）换入B商品存货时：

借：原材料——B材料　　200 000.00

　　应交税费——应交增值税（进项税额）　　34 000.00

贷：主营业务收入——A 商品　　200 000.00

应交税费——应交增值税（销项税额）　　34 000.00

（2）结转成本：

借：主营业务成本——A 商品　　150 000.00

贷：库存商品——A 商品　　150 000.00

大华公司的账务处理：

（1）换入 A 存货时：

借：库存商品——A 商品　　200 000.00

应交税费——应交增值税（进项税额）　　34 000.00

贷：主营业务收入——B 商品　　200 000.00

应交税费——应交增值税（销项税额）　　34 000.00

（2）结转成本：

借：主营业务成本——B 商品　　160 000.00

贷：库存商品——B 商品　　160 000.00

（2）涉及补价情况下的会计处理。

非货币性资产交换具有商业实质且公允价值能够可靠计量的，在发生补价的情况下，应当对下列情况分别进行处理：

Ⅰ. 支付补价的企业，应当以换出资产的公允价值加上支付的补价（或换入资产的公允价值）和应支付的相关税费作为换入资产的成本。其计算公式为：

换入资产入账价值 = 换出资产公允价值 + 支付的补价 + 应支付计入换入资产成本的相关税费

非货币性资产交换损益 = 换出资产公允价值 - 换出资产账面价值

Ⅱ. 收到补价的企业，应当以换出资产的公允价值减去补价（或换入资产的公允价值）加上应支付的相关税费作为换入资产的成本。其计算公式为：

换入资产入账价值 = 换出资产公允价值 - 收到的补价 + 应支付计入换入资产成本的相关税费

非货币性资产交换损益 = 换出资产公允价值 - 换出资产账面价值

【例 4-3-5】 兴隆公司以一幢房屋与友谊公司的一项商标权相交换。兴隆公司房屋原价为 55 万元，已提折旧 3 万元，公允价值为 50 万元；友谊公司商标权账面成本为 45 万元，累计摊销 2 万元，公允价值为 40 万元。友谊公司应向兴隆公司支付补价 10 万元。两家公司均未对资产计提减值准备。假定在交换过程中不考虑相关税费。该交换具有商业实质，公允价值能够可靠地计量。

【分析】 该项交换交易涉及补价，且补价所占比例如下：

兴隆公司：收到补价 10 万元 ÷ 换出资产公允价值 50 万元 = 20%

友谊公司：支付补价 10 万元 ÷ 换入资产公允价值 50 万元 = 20%

由于该项交换所涉及补价占交换资产价值的比例低于 25%，可以认定该交换属于具有商业实质且公允价值能够可靠计量、涉及补价的非货币性资产交换。

兴隆公司的账务处理：

（1）将固定资产净值转入固定资产清理：

借：固定资产清理　　520 000.00

　　累计折旧　　30 000.00

　　贷：固定资产　　550 000.00

（2）换入商标权的入账价值 = 500000 - 100000 = 400000（元）

借：无形资产　　400 000.00

　　银行存款　　100 000.00

　　营业外支出　　20 000.00

　　贷：固定资产清理　　520 000.00

友谊公司的账务处理：

换入房屋的入账价值 = 400 000 + 100 000 = 500 000（元）

借：固定资产　　500 000.00

　　累计摊销　　20 000.00

　　营业外支出　　30 000.00

　　贷：无形资产　　450 000.00

　　　　银行存款　　100 000.00

2. 以账面价值计量的非货币性资产交换的会计处理

非货币性资产交换不具有商业实质，或者虽然具有商业实质但换入资产和换出资产的公允价值均不能可靠计量的，应当以换出资产的账面价值和应支付的相关税费作为确定换入资产成本的基础，无论是否支付补价，均不确认损益；收到或支付的补价作为确定换入资产成本的调整因素。

（1）不涉及补价情况下的会计处理。

在不具有商业实质的非货币性资产交换中，不涉及补价的，企业应当以换出资产的账面价值加上应支付的相关税费作为换入资产的入账价值，不确认损益。其计算公式为：

换入资产入账价值 = 换出资产账面价值 + 应支付的相关税费

【例 4-3-6】 2016 年 7 月 12 日，科达公司决定以成本为 100 000 元、公允价值为 120 000 元的一批 A 材料，换入江明公司成本为 110 000 元、公允价值为 120 000 元的一批 B 材料，科达公司以存款支付运杂费 3 000 元，江明公司以存款支付运杂费 1 500 元。两家公司均为增值税一般纳税人，适用的增值税税率为 17%，计税价格等于公允价值，且均未对材料计提存货跌价准备。假定交换过程中不考虑相关税费。

【分析】 在这项交易中，由于交换的非货币性资产均为材料，其性质、用途均相同，换入资产与换出资产的公允价值也相同。因此，该项交易不具有商业实质，也不涉及补价，属于不涉及补价的非货币性资产交换。

科达公司的账务处理：

借：原材料——B 材料　　103 000.00

应交税费——应交增值税（进项税额）　20 400.00
贷：原材料——A 材料　100 000.00
应交税费——应交增值税（销项税额）　20 400.00
银行存款　3 000.00

江明公司的账务处理：

借：原材料——A 材料　111 500.00
应交税费——应交增值税（进项税额）　20 400.00
贷：原材料——B 材料　110 000.00
应交税费——应交增值税（销项税额）　20 400.00
银行存款　1 500.00

【例 4－3－7】 2016 年 11 月 20 日，兴隆公司以其运输产品货运汽车与利民公司管理部门使用的一辆小轿车相交换。兴隆公司货运汽车的账面原价为 12 万元，已提折旧 2 万元，预计未来现金流量现值为 11 万元。利民公司小轿车的账面原价为 14 万元，已提折旧 3 万元，预计未来现金流量现值为 11 万元。两家公司均为增值税一般纳税人，增值税税率为 17%，计税价格等于公允价值，且均未对资产计提减值准备。假定交易中不考虑相关税费。兴隆公司和利民公司换入的货运汽车和小轿车仍然作为固定资产进行管理。

【分析】 在该项交易中，由于交换的非货币性资产的性质相同，换入资产与换出资产的预计未来现金流量现值也相同，因此，该项交易不具有商业实质。同时，该项交易不涉及补价，因此，属于不涉及补价的非货币性资产交换。

兴隆公司的账务处理：

兴隆公司换入小轿车的增值税进项税额＝110 000×17%＝18 700（元）
兴隆公司换出货运汽车的增值税销项税额＝110 000×17%＝18 700（元）
将固定资产净值转入固定资产清理：

借：固定资产清理　100 000.00
累计折旧　20 000.00
贷：固定资产　120 000.00

换入小轿车入账：

借：固定资产　100 000.00
应交税费——应交增值税（进项税额）　18 700.00
贷：固定资产清理　100 000.00
应交税费——应交增值税（销项税额）　18 700.00

利民公司的账务处理：

利民公司换出小轿车的增值税销项税额＝110 000×17%＝18 700（元）
利民公司换入货运汽车的增值税进项税额＝110 000×17%＝18 700（元）
将固定资产净值转入清理：

借：固定资产清理　110 000.00
累计折旧　30 000.00
贷：固定资产　140 000.00

换入的货运汽车入账：

借：固定资产　　110 000.00

　　应交税费——应交增值税（进项税额）　　18 700.00

　　贷：固定资产清理　　110 000.00

　　　　应交税费——应交增值税（销项税额）　　18 700.00

（2）涉及补价情况下的会计处理。

不具有商业实质的非货币性资产交换中，涉及补价的，换入资产的入账价值应分别确定：

Ⅰ. 支付补价的企业，以换出资产的账面价值加上支付的补价和应支付的相关税费作为换入资产的入账价值，不确认损益。其计算公式为：

换入资产入账价值 = 换出资产账面价值 + 应支付的相关税费 + 支付的补价

Ⅱ. 收到补价的企业，以换出资产账面价值减去收到的补价加上应支付的相关税费，作为换入资产的入账价值，不确认损益。其计算公式为：

换入资产入账价值 = 换出资产账面价值 + 应支付的相关税费 − 收到的补价

【例4-3-8】 2016年11月8日，科达公司以其持有的对甲公司的长期股权投资与昌河公司持有的商标权相交换。科达公司长期股权投资的账面余额为1 500 000元，已提减值为300 000元，预计未来现金流量现值无法准确确定，昌河公司商标权账面余额为1 400 000元，累计摊销200 000元，根据商标权当前使用情况，预计未来现金流量现值无法准确确定。经双方协商，昌河公司另向科达公司支付补价100 000元。科达公司、昌河公司均为增值税一般纳税人，商标权转让的增值税税率为6%，税务部门要求昌河公司交纳商标转让的增值税72 000元。假定交换交易中不考虑其他相关税费。科达公司换入的商标权作无形资产进行管理，昌河公司换入的对甲公司的投资作长期股权投资核算。

【分析】 在该项交易中，由于交换双方的非货币性资产的公允价值无法准确确定，该项交易不具有商业实质。同时，该项交易涉及少量的货币性资产，即涉及补价100 000元。

科达公司的账务处理：

换入的商标权的增值税进项税额 = 1 200 000 × 6% = 72 000（元）

换入无形资产的入账价值 = 1 500 000 − 300 000 − 100 000 − 72 000 = 1 028 000（元）

借：无形资产　　1 028 000.00

　　应交税费——应交增值税（进项税额）　　72 000.00

　　长期股权投资减值准备　　300 000.00

　　银行存款　　100 000.00

　　贷：长期股权投资　　1 500 000.00

昌河公司的账务处理：

换入的长期股权投资的入账价值 = 1 400 000 − 200 000 + 100 000 + 72 000

= 1 372 000（元）

换出的无形资产的增值税销项税额 = 1 200 000 × 6% = 72 000（元）

将换入的长期股权投资入账：

借：长期股权投资　1 372 000.00

　　累计摊销　200 000.00

　　贷：无形资产　1 400 000.00

　　　　应交税费——应交增值税（销项税额）　72 000.00

　　　　银行存款　100 000.00

（四）非货币性资产交换中涉及多项资产交换的会计处理

1. 具有商业实质且公允价值能够可靠计量的会计处理

具有商业实质且换入资产的公允价值能够可靠计量的非货币性资产交换，在同时换入多项资产的情况下，在确定各项换入资产的成本时，应当按照换入各项资产的公允价值占换入资产公允价值总额的比例，对换入资产的成本总额进行分配，确定各项换入资产的成本。

（1）不涉及补价情况下的会计处理。

具有商业实质且公允价值能够可靠计量的不涉及补价的多项非货币性资产交换的核算原则与其单项资产交换的核算原则基本相同，即以换出资产的公允价值加上应支付的相关税费，作为换入资产的入账价值。但是，由于换入、换出的是多项资产，因此，需要确定各项换入资产的入账价值。

【例4－3－9】 2016年11月2日，华光公司以一批库存商品与江南公司用于生产的一批机器设备和一辆货运汽车进行交换。华光公司换入江南公司的机器和货运汽车主要是自用，并作为固定资产进行管理。江南公司换入华光公司的商品目的是用于销售，并作为存货进行管理。库存商品的账面余额为70万元，公允价值为80万元；机器设备的账面原价为100万元，累计折旧为45万元，公允价值为60万元；货运汽车的账面原价为25万元，累计折旧为3万元，公允价值为20万元。假定华光公司、江南公司均为增值税一般纳税人，适用的增值税税率为17%。假定不考虑其他相关税费。该交换具有商业实质，公允价值能够可靠计量。

华光公司的账务处理：

换出存货的销项税额＝800 000×17%＝136 000（元）

换入的设备和货运汽车的进项税额＝600 000×17%＋200 000×17%

＝136 000（元）

第一步，计算换入资产的入账总额。

换入资产的入账总额＝800 000（元）

第二步，计算确定换入各项资产的公允价值占换入资产公允价值总额的比例。

换入机器设备的公允价值占换入资产总额的比例＝600 000÷（600 000＋200 000）

＝75%

换入货运汽车的公允价值占换入资产总额的比例＝200 000÷（600 000＋200 000）

＝25%

第三步，计算确定换入各项资产的入账价值。

机器设备的入账价值 = 800 000 × 75% = 600 000（元）

货运汽车的入账价值 = 800 000 × 25% = 200 000（元）

第四步，编制会计分录。

换出存货，换入机器和货运汽车入账：

借：固定资产——机器设备　　600 000.00

　　　　　　——货运汽车　　200 000.00

　　应交税费——应交增值税（进项税额）　　136 000.00

　　贷：主营业务收入　　800 000.00

　　　　应交税费——应交增值税（销项税额）　　136 000.00

结转存货成本：

借：主营业务成本　　700 000.00

　　贷：库存商品——汽车　　700 000.00

江南公司的账务处理：

换入存货的进项税额 = 800 000 × 17% = 136 000（元）

换出的设备和货运汽车的销项税额 = 600 000 × 17% + 200 000 × 17%

　　　　　　　　　　　　　　　= 136 000（元）

将固定资产净值转入清理：

借：固定资产清理　　770 000.00

　　累计折旧　　480 000.00

　　贷：固定资产——机器设备　　1 000 000.00

　　　　　　　　——货运汽车　　250 000.00

换入汽车作存货入账：

借：库存商品　　800 000.00

　　应交税费——应交增值税（进项税额）　　136 000.00

　　贷：固定资产清理　　770 000.00

　　　　应交税费——应交增值税（销项税额）　　136 000.00

　　　　营业外收入　　30 000.00

（2）涉及补价情况下的会计处理。

具有商业实质且公允价值能够可靠计量的涉及补价的多项非货币性资产交换的核算原则与其单项资产交换基本相同。

Ⅰ. 支付补价的企业，以换出资产的公允价值加上支付的补价和应支付的相关税费作为换入资产的入账价值。但是，由于换入、换出的是多项资产，因此，需要确定各项换入资产的入账价值。

Ⅱ. 收到补价的企业，以换出资产的公允价值减去收到的补价加上应支付的相关税费作为换入资产的入账价值。但是，由于换入、换出的是多项资产，因此，需要确定各项换入资产的入账价值。

【例4－3－10】 2016年11月10日，兴隆公司以一项股权投资与利民公司的一辆小轿车和一项专利权相交换。兴隆公司股权投资的账面余额为250万元，已计提减值准备30万元，公允价值为190万元。利民公司的小轿车账面原价为55万元，已提折旧5万元，公允价值为50万元；专利权账面余额为190万元，累计摊销20万元，公允价值为150万元。兴隆公司向利民公司支付补价10万元，另支付相关税费1万元。兴隆公司与利民公司均为一般纳税人，假定不考虑其他相关税费，且公允价值是可靠的。

【分析】 本例中涉及少量的补价，计算补价所占比例：

兴隆公司：支付补价100 000元÷换出资产公允价值2 000 000元＝5%

利民公司：收到补价100 000元÷换入资产公允价值2 000 000元＝5%

由于补价所占比例低于25%，可以认定为涉及补价的非货币性资产交换。

兴隆公司的账务处理：

第一步，计算换入资产入账价值总额。

兴隆公司换入的专利权和小轿车的增值税进项税额＝150 000×6%＋500 000×17%
＝175 000（元）

换入资产价值总额＝100 000＋100 000＋10 000－90 000－85 000＝1 835 000（元）

第二步，计算确定换入各项资产公允价值占换入资产公允价值的比例。

换入专利权的公允价值占换入资产公允价值的比例＝150÷（150＋50）＝75%

换入小轿车的公允价值占换入资产公允价值的比例＝50÷（150＋50）＝25%

第三步，计算确定各项换入资产的入账价值。

专利权的入账价值＝1 835 000×75%＝1 376 250（元）

专利权的进项税额＝1 500 000×6%＝90 000（元）

小轿车的入账价值＝1 835 000×25%＝458 750（元）

小轿车的进项税额＝500 000×17%＝85 000（元）

第四步，编制会计分录。

借：固定资产——小轿车	458 750.00	
无形资产	1 376 250.00	
应交税费——应交增值税（进项税额）	175 000.00	
长期股权投资减值准备	300 000.00	
投资收益	300 000.00	
贷：长期股权投资		2 500 000.00
银行存款		110 000.00

利民公司的账务处理：

因换入的是单项资产，不需要进行计算分配。

换入的长期股权投资的入账价值＝50＋150－10＋8.5＋9＝207.5（万元）

换出的小轿车的增值税销项税额＝50×17%＝8.5（万元）

换出的无形资产的增值税销项税额＝150×6%＝9（万元）

将固定资产净值转入清理：

借：固定资产清理	500 000.00

　　累计折旧　　50 000. 00
　　贷：固定资产——小轿车　　550 000. 00

计算固定资产小轿车应交的增值税销项税额：

借：固定资产清理　　85 000. 00
　　应交税费——应交增值税（销项税额）　　85 000. 00

将换入的股权投资入账：

借：长期股权投资　　2 075 000. 00
　　累计摊销　　200 000. 00
　　银行存款　　100 000. 00
　　营业外支出　　200 000. 00
　　贷：固定资产清理　　585 000. 00
　　　　无形资产　　1 900 000. 00
　　　　应交税费——应交增值税（销项税额）　　90 000. 00

2. 不具有商业实质且公允价值不能可靠计量的会计处理

（1）不涉及补价情况下的会计处理。

不具有商业实质且公允价值不能可靠计量，不涉及补价的多项资产交换的核算原则与其单项资产交换的核算原则基本相同。

【例 4-3-11】 科达公司和江明公司均为增值税一般纳税人，适用的增值税税率为17%，无形资产专利权的增值税税率为6%。2016 年 11 月 12 日，科达公司与江明公司商定，以其生产用设备、库存原材料与江明公司的生产用设备和专利权相交换。科达公司换出的设备账面原价为20 万元，已提折旧4 万元，公允价值为 15 万元；原材料账面余额为30 万元，公允价值为 35 万元，公允价值等于计税价格。江明公司设备的账面原价为25 万元，已提折旧 9 万元，公允价值为 15 万元，专利权的账面余额为 40 万元，已提摊销 2 万元，公允价值为 35 万元。假定科达公司、江明公司均未对资产计提减值准备，不考虑其他税费。科达公司换入江明公司的设备和专利权分别作固定资产和无形资产进行管理，江明公司换入的设备和原材料分别作固定资产和原材料进行管理。假定该项交易不具有商业实质。

【分析】 科达公司和江明公司的资产交换属于不涉及补价的多项资产的交换。该交换不具有商业实质，因此，应对换出资产的账面价值加上应支付的相关税费进行分配。

科达公司的账务处理：

换出生产用设备与原材料增值税销项税额 $= 150\,000 \times 17\% + 350\,000 \times 17\%$
$= 85\,000$（元）

换入的设备的增值税进项税额 $= 150\,000 \times 17\% = 25\,500$（元）

换入的专利权的增值税进项税额 $= 350\,000 \times 6\% = 21\,000$（元）

第一步，计算科达公司换入资产的价值总额。

科达公司换入资产的价值总额 $= 160\,000 + 300\,000 + 85\,000 - 25\,500 - 21\,000$
$= 498\,500$（元）

第二步，计算确定换入各项资产账面价值占换入资产账面价值的比例。

换入设备的账面价值占换入资产账面价值的比例＝160 000÷（160 000＋380 000）
＝29.63%

换入专利权的账面价值占换入资产账面价值的比例＝380 000÷（160 000＋380 000）
＝70.37%

第三步，计算确定换入各项资产的入账价值。

设备的入账价值＝498 500×29.63%＝147 705.55（元）

专利权的入账价值＝498 500×70.37%＝350 794.45 元）

第四步，编制会计分录。

将固定资产净值转入清理：

借：固定资产清理　　160 000.00
　　累计折旧　　40 000.00
　　贷：固定资产——设备　　200 000.00

将换入的固定资产和专利权入账：

借：固定资产——设备　　147 705.55
　　无形资产——专利权　　350 794.45
　　应交税费——应交增值税（进项税额）　　46 500.00
　　贷：固定资产清理　　160 000.00
　　　　原材料　　300 000.00
　　　　应交税费——应交增值税（销项税额）　　85 000.00

江明公司的账务处理：

换入的生产用设备与原材料的增值税进项税额＝150 000×17%＋350 000×17%
＝85 000（元）

换出的设备的增值税销项税额＝150 000×17%＝25 500（元）

换出的专利权的增值税销项税额＝350 000×6%＝21 000（元）

第一步：计算江明公司换入资产的价值总额。

江明公司换入资产的价值总额＝160 000＋380 000＋25 500＋21 000－85 000
＝501 500（元）

第二步，计算确定换入各项资产账面价值占换入资产账面价值的比例。

换入设备的账面价值占换入资产账面价值的比例＝160 000÷（160 000＋300 000）
＝34.78%

换入原材料的账面价值占换入资产账面价值的比例＝300 000÷（160 000＋300 000）
＝65.22%

第三步，计算确定换入各项资产的入账价值。

设备的入账价值＝501 500×34.78%＝174 421.70（元）

原材料的入账价值＝501 500×65.22%＝327 078.3（元）

第四步，编制会计分录。

将固定资产净值转入清理：

借：固定资产清理　　160 000.00

累计折旧　　90 000.00
贷：固定资产——设备　　250 000.00

计算应交的增值税：

借：固定资产清理　　25 500.00
贷：应交税费——应交增值税（销项税额）　　25 500.00

将换入的固定资产和原材料入账：

借：固定资产——设备　　174 421.70
原材料　　327 078.30
应交税费——应交增值税（进项税额）　　85 000.00
累计摊销　　20 000.00
贷：固定资产清理　　160 000.00
无形资产　　400 000.00
应交税费——应交增值税（销项税额）　　46 500.00

（2）涉及补价情况下的会计处理。

在不具有商业实质且涉及补价的多项资产进行交换时，其核算的基本原则与不具有商业实质且涉及补价的单项资产的会计处理基本相同。

【例4－3－12】 2016年11月18日，兴隆公司经与宏达公司协商，以一项对甲公司的长期股权投资和一项专利技术与宏达公司的办公楼、小轿车进行交换。兴隆公司换出的专利技术账面余额为200万元，已累计摊销30万元，；长期股权投资的账面余额为120万元。宏达公司换出的办公楼原价为260万元，已提折旧20万元，公允价值为280万元；小轿车原价20万元，已提折旧3万元，公允价值为15万元。由于兴隆公司的两项资产无法准确确定市场价，经协商，由兴隆公司向宏达公司支付补价15万元。兴隆公司和宏达公司对换出的资产均未计提减值准备，兴隆公司将换入的资产作为固定资产进行管理和核算。假定兴隆公司与宏达公司均为增值税一般纳税人，税务部门核定专利权转让需交增值税10.2万元，该项交易不具有商业实质。

【分析】 由于该项交易不具有商业实质，兴隆公司和宏达公司的资产交换属于涉及补价的多项资产的交换。补价所占比例计算如下：

兴隆公司：支付的补价15万元÷换入资产公允价值295万元＝5.17%

宏达公司：收到的补价15万元÷换出资产公允价值295万元＝5.17%

兴隆公司的账务处理：

第一步，计算换入资产入账价值总额。

换入的办公楼的增值税进项税额＝280×17%＝47.60（万元）

换入小轿车的增值税进项税额＝15×17%＝2.55（万元）

换出专利权的增值税销项税额＝170×6%＝10.20（万元）

换入资产入账价值总额＝换出资产账面价值＋应支付的相关税费＋支付的补价

＝170＋120＋15－47.6－2.55＋10.2＝265.05（万元）

第二步，计算确定换入各项资产账面价值占换入资产账面价值的比例。

换入办公楼的账面价值占换入资产账面价值的比例 =240 ÷ （240 +17） =93.4%
换入小轿车的账面价值占换入资产账面价值的比例 =17 ÷ （240 +17） =6.6%
第三步，计算确定换入各项资产的入账价值。
办公楼的入账价值 =265.05 ×93.4% =247.5567（万元）
小轿车的入账价值 =265.05 ×6.6% =17.4933（万元）
第四步，编制会计分录。

	借方	贷方
借：固定资产——办公楼	2 475 567.00	
——小轿车	174 933.00	
应交税费——应交增值税（进项税额）	501 500.00	
累计摊销	300 000.00	
贷：长期股权投资		1 200 000.00
无形资产		2 000 000.00
应交税费——应交增值税（销项税额）		102 000.00
银行存款		150 000.00

宏达公司的账务处理：
第一步，计算换入资产入账价值总额。
换出办公楼的增值税销项税额 =280 ×17% =47.6（万元）
换出小轿车的增值税销项税额 =15 ×17% =2.55（万元）
换入专利权的增值税进项税额 =170 ×6% =10.2（万元）
换入资产入账价值总额 = 换出资产账面价值 + 应支付的相关税费 - 收到的补价
=240 +17—15 +47.6 +2.55 -102 =281.95（万元）
第二步，计算确定换入各项资产账面价值占换入资产账面价值的比例。
换入专利权的账面价值占换入资产账面价值的比例 =170 ÷ （170 +120） =58.6%
换入长期股权投资的账面价值占换入资产账面价值的比例 =120 ÷ （170 +120）
=41.4%
第三步，计算确定换入各项资产的入账价值。
专利权的入账价值 =281.95 ×58.6% =165.2227（万元）
长期股权投资的入账价值 =281.95 ×41.4% =116.7273（万元）
第四步，编制会计分录。
将固定资产净值转入清理：

	借方	贷方
借：固定资产清理	257.00	
累计折旧	23.00	
贷：固定资产——办公楼		260.00
——小轿车		20.00

固定资产应交的增值税：

	借方	贷方
借：固定资产清理	50.15.00	
贷：应交税费——应交增值税（销项税额）		50.15.00

换入的固定资产入账：

借：无形资产　　　　　　　　　　　　　　　　165.222 7
　　应交税费——应交增值税（进项税额）　　　　10.20
　　长期股权投资　　　　　　　　　　　　　　116.727 3
　　银行存款　　　　　　　　　　　　　　　　15.00
　　贷：固定资产清理　　　　　　　　　　　　　　　　307.15

三、非货币性资产交换的披露

根据企业会计准则的规定，企业应当披露与非货币性资产交换有关的下列信息：①换入、换出资产的类别，是指企业在非货币性资产交换中，以什么资产与什么资产相交换。②换入资产成本的确定方式，是指企业在非货币性资产交换中，换入资产的成本是以换入资产的公允价值为基础确定，还是以换出资产的公允价值为基础确定，或是以换出资产的账面价值为基础确定。③换入资产、换出资产的公允价值以及换出资产的账面价值。④非货币性资产交换确认的损益。

岗位实训

实训要求：根据资料，分别对科达公司和兴隆公司进行相关账务处理。

资料：科达公司以一批甲产品与兴隆公司的专利权进交换。兴隆公司换入的甲产品作库存商品，有关单据见表4－3－1至表4－3－9。

表4－3－1　　　　**资产评估报告书**

依据《资产评估管理办法》对兴隆公司的无形资产——专利权按现行市价来进行评估，评估前账面余额为40万元，因已摊销12万元，经评估，确认价值为30万元。

评估员：周德明
中国注册会计师：张　勇
合肥市诚信会计师事务所
2016年12月20日

表4－3－2　　　　**无形资产转移清单**

接受单位名称：科达公司
转移单位名称：兴隆公司　　　　2016年12月22日

转移原因	资产交换	评估价值	300 000.00
资产名称	专利权	账面价值	280 000.00
转出单位：兴隆公司		接受单位：科达公司	
财务经理：胡维杨		财务经理：陈兴	
董事长：程宏		厂长：蔡茂盛	

表 4-3-3 安徽增值税专用发票 № 0022046788

34000336879 此联不作报销、扣税凭证使用 开票日期：2016 年 12 月 22 日

购买方	名　　称：科达公司 纳税人识别号：340010468107588036 地 址 、电 话：安徽省合肥市芙蓉路 666 号 0551－63891252 开户行及账号：工行合肥芙蓉路支行 01400822600777	密码区	7＋＋9/42152＊＋129＊864＞加密版本：01 63－＜7503＊＜1＞＊/＜3＜＋80 3400033285 2＋＜＜56894588＞＞＊＊＜2569 5920－33/65＋5012＊/＞＞92 002203611

货物或应税劳务、服务名称	规格型号	单位	数量	单价	金额	税率	税额
专利权				300 000. 00	300 000. 00	6%	18 000. 00
合计					¥300 000. 00		¥18 000. 00
价税合计（大写）	⊗叁拾壹万捌仟元整				（小写）¥318 000. 00		

销售方	名　　称：兴隆公司 纳税人识别号：340010401340023654 3 地 址 、电 话：安徽省合肥市包河区滨海路 226 号 0551－63594125 开户行及账号：工行合肥滨海支行 65090235678676	备注	合肥兴隆公司 340010401340236543 发票专用章

收款人：张飞　　复核：杨新　　开票人：李丽　　销售方：（章）

第一联：记账联 销售方记账凭证

表 4-3-4 安徽增值税专用发票 № 0022046788

34000336879 抵扣联 开票日期：2016 年 12 月 22 日

购买方	名　　称：科达公司 纳税人识别号：340010468107588036 地 址 、电 话：安徽省合肥市芙蓉路 666 号 0551－63891252 开户行及账号：工行合肥芙蓉路支行 01400822600777	密码区	7＋＋9/42152＊＋129＊864＞加密版本：01 63－＜7503＊＜1＞＊/＜3＜＋80 3400033285 2＋＜＜56894588＞＞＊＊＜2569 5920－33/65＋5012＊/＞＞92 002203611

货物或应税劳务、服务名称	规格型号	单位	数量	单价	金额	税率	税额
专利权				300 000. 00	300 000. 00	6%	18 000. 00
合计					¥300 000. 00		¥18 000. 00
价税合计（大写）	⊗叁拾壹万捌仟元整				（小写）¥318 000. 00		

销售方	名　　称：兴隆公司 纳税人识别号：340010401340236543 地 址 、电 话：安徽省合肥市包河区滨海路 226 号 0551－63594125 开户行及账号：工行合肥滨海支行 65090235678676	备注	合肥兴隆公司 340010401340236543 发票专用章

收款人：张飞　　复核：杨新　　开票人：李丽　　销售方：（章）

第二联：抵扣联 购买方扣税凭证

表 4-3-5　　　　**安徽增值税专用发票**　　　　**№ 0022046788**

34000336879　　　　发　票　联　　　　开票日期：2016 年 12 月 22 日

购买方	名　　　称：科达公司 纳税人识别号：340010468107588036 地 址 、电 话：安徽省合肥市芙蓉路 666 号 0551-63891252 开户行及账号：工行合肥芙蓉路支行 01400822600777	密码区	7 + +9/42152 * +129 * 864 >加密版本：01 63 - <7503 * <1 > */ <3 < +80　340033285 2 + < <56894588 > > * * <2569 5920 -33/65 +5012 */ > >92　　002203611

货物或应税劳务、服务名称	规格型号	单位	数量	单价	金额	税率	税额
专利权				300 000.00	300 000.00	6%	18000.00
合计					¥300 000.00		¥18 000.00
价税合计（大写）	⊗叁拾壹万捌仟元整				（小写）¥318 000.00		

销售方	名　　　称：兴隆公司 纳税人识别号：340010401340023654 地 址 、电 话：安徽省合肥市包河区滨海路 226 号 0551-63594125 开户行及账号：工行合肥滨海支行 65090235678676	备注	合肥兴隆公司 340010401340023654 发票专用章

第三联：发票联　购买方记账凭证

收款人：张飞　　　复核：杨新　　　开票人：李丽　　　销售方：（章）

表 4-3-6　　　　**安徽增值税专用发票**　　　　**№ 002045686**

340032856432　　　　此联不作报销、扣税凭证使用　　　　开票日期：2016 年 12 月 22 日

购买方	名　　　称：兴隆公司 纳税人识别号：340010401340023654 地 址 、电 话：安徽省合肥市包河区滨海路 226 号 0551-63594125 开户行及账号：工行合肥滨海支行 65090235678676	密码区	7 + +9/42152 * +129 * 864 >加密版本：01 63 - <7503 * <1 > */ <3 < +80　340033285 2 + < <56894588 > > * * <2569 5920 -33/65 +5012 */ > >92　　002203611

货物或应税劳务名称	规格型号	单位	数量	单价	金额	税率	税额
甲产品		台	30	10 000.00	300 000.00	17%	51 000.00
合计					¥300 000.00		¥51 000.00
价税合计（大写）	⊗叁拾伍万壹仟元整				（小写）¥351 000.00		

销售方	名　　　称：科达公司 纳税人识别号：340010468107588036 地 址 、电 话：安徽省合肥市芙蓉路 666 号 0551-63891252 开户行及账号：工行合肥芙蓉路支行 01400822600777	备注	科达公司 340010468107588036 发票专用章

第一联：记账联　销售方记账凭证

收款人：张敏　　　复核：胡维杨　　　开票人：闵鑫福　　　销售方：（章）

表 4－3－7　　**安徽增值税专用发票**　　№ 002045686

340032856432　　抵扣联　　开票日期：2016 年 12 月 22 日

购买方	名　　称：合肥兴隆公司 纳税人识别号：340010401340023654 3 地 址 、电 话：合肥包河区滨海路 226 号 0551－63594125 开户行及账号：工行合肥滨海支行 65090235678676			密码区	7＋＋9/42152＊＋129＊864＞加密版本：01 63－＜7503＊＜1＞＊/＜3＜＋80　3400033285 2＋＜＜56894588＞＞＊＊＜2569 5920－33/65＋5012＊/＞＞92　　002203611		
货物或应税劳务、服务名称	规格型号	单位	数量	单价	金额	税率	税额
甲产品		台	30	10 000.00	300 000.00	17%	51 000.00
合计					¥300 000.00		¥51 000.00
价税合计（大写）	⊗叁拾伍万壹仟元整				（小写）¥351 000.00		
销售方	名　　称：科达公司 纳税人识别号：340010468107588036 地 址 、电 话：安徽省合肥市芙蓉路 666 号 0551－63891252 开户行及账号：工行合肥芙蓉路支行 01400822600777			备注	科达公司 340010468107588036 发票专用章		

收款人：张敏　　复核：胡维杨　　开票人：闵鑫福　　销售方：（章）

第二联：抵扣联　购买方扣税凭证

表 4－3－8　　**安徽增值税专用发票**　　№ 002045686

340032856432　　发票联　　开票日期：2016 年 12 月 22 日

购买方	名　　称：合肥兴隆公司 纳税人识别号：340010401340023654 3 地 址 、电 话：合肥包河区滨海路 226 号 0551－63594125 开户行及账号：工行合肥滨海支行 65090235678676			密码区	7＋＋9/42152＊＋129＊864＞加密版本：01 63－＜7503＊＜1＞＊/＜3＜＋80　3400033285 2＋＜＜56894588＞＞＊＊＜2569 5920－33/65＋5012＊/＞＞92　　002203611		
货物或应税劳务、服务名称	规格型号	单位	数量	单价	金额	税率	税额
甲产品		台	30	10 000.00	300 000.00	17%	51 000.00
合计					¥300 000.00		¥51 000.00
价税合计（大写）	⊗叁拾伍万壹仟元整				（小写）¥351 000.00		
销售方	名　　称：科达公司 纳税人识别号：340010468107588036 地 址 、电 话：安徽省合肥市芙蓉路 666 号 0551－63891252 开户行及账号：工行合肥芙蓉路支行 01400822600777			备注	科达公司 340010468107588036 发票专用章		

收款人：张敏　　复核：胡维杨　　开票人：闵鑫福　　销售方：（章）

第三联：发票联　购买方记账凭证

表 4－3－9　　**兴隆公司商品入库单**

商品名称	单位	数量	金额
甲商品	台	30	300 000.00
合计	—	30	300 000.00

参考答案：

（1）科达公司的账务处理：

借：无形资产　　300 000.00
　应交税费——应交增值税（进项税额）　　51 000.00
　贷：主营业务收入——丙产品　　300 000.00
　　应交税费——应交增值税（销项税额）　　51 000.00

（2）兴隆公司的账务处理：

借：库存商品　　267 000.00
　应交税费——应交增值税（进项税额）　　51 000.00
　累计摊销　　120 000.00
　贷：无形资产　　400 000.00
　　应交税费——应交增值税（销项税额）　　18 000.00
　　营业外收入——非货币性资产交换利得　　20 000.00

复习思考题

1. 什么是货币性资产？什么是非货币性资产？

2. 什么是非货币性资产交换？

3. 如何判断非货币性资产交换是否具有商业实质？

4. 以公允价值计量的非货币性资产交换如何确认换入资产的入账价值？如何进行会计处理？

5. 以账面价值计量的非货币性资产交换如何确认换入资产的入账价值？如何进行会计处理？

6. 非货币性资产交换涉及多项资产时如何进行会计核算？

岗位任务四　债务重组业务的核算

任务导入

科达公司与兴隆公司是两家有长期合作的企业。科达公司应收兴隆公司一笔58.5万元的货款于2016年7月26日到期，但因兴隆公司资金周转困难，无法偿还到期的债务，经双方协商，科达公司同意减免兴隆公司8.5万元的债务，其余50万元以存货库存商品A产品抵偿一部分，该批A产品成本为18万元，公允价值为30万元，余款立即以现款支付。科达公司与兴隆公司均为增值税一般纳税人，适用的增值税税率为17%。

根据以上资料，科达公司与兴隆公司应如何进行会计处理？

知识准备

一、债务重组概述

（一）债务重组的概念

债务重组，是指在债务人发生财务困难的情况下，债权人按照其与债务人达成的协议或者法院的裁定作出让步的事项。

债务人发生财务困难，债权人作出让步，是企业会计准则中债务重组的基本特征。

债务人发生财务困难，是指债务人发生资金周转困难、经营陷入困境或者其他方面的原因导致其无法或者没有能力按原定条件偿还债务。

债权人作出让步，是指债权人同意发生财务困难的债务人现在或者将来以低于重组债务账面价值的金额或者价值偿还债务。债权人作出让步的情形主要包括：债权人减免债务人部分债务本金或者利息，降低债务人应付债务的利率等。

（二）债务重组的方式

债务重组主要有以下几种方式：

（1）以资产清偿债务。这种方式是指债务人转让其资产给债权人以清偿债务的债务重组方式。债务人用于偿债的资产主要有现金、存货、股权投资、固定资产、无形资产等。这里所指的现金，包括库存现金、银行存款和其他货币资金。在债务重组的情况下，以现金清偿债务是指以低于债务账面价值的现金清偿债务。如果以等量的现金偿还所欠债务，则不属于准则所指的债务重组。

（2）债务转为资本。这种方式是指债务人将债务转为资本，同时债权人将债权转为股权的债务重组方式。债务人根据转换协议，将应付可转换公司债券转为资本的，属于正常情况下的债务转为资本，不能作为准则所指的债务重组。

债务转为资本时（相对债务人而言），对股份公司而言，是将债务转为股本；对其他企业而言，是将债务转为实收资本。将债务转为资本的结果是，债务人因此而增加股本（或实收资本），债权人因此而增加长期股权投资。

（3）修改其他债务条件。这种方式是指修改不包括上述两种情形在内的债务条件进行债务重组的方式，如减少债务本金、降低利率、免去应付未付的利息、延长偿还期限等。

（4）以上三种方式的组合。这种方式是指采用以上三种方式共同清偿债务的债务重组形式。例如，以转让资产清偿某项债务的一部分，另一部分债务通过修改其他债务条件进行债务重组；或者以转让资产、债务转为资本清偿债务的一部分，另一部分通过修改其他债务条件进行债务重组。主要包括以下可能的方式：①债务的一部分以资产清产，另一部分则转为资本；②债务的一部分以资产清偿，另一部分则修改其他债务条件；③债务的一部分转为资本，另一部分则修改其他债务条件；④债务的一部分以资产清偿，一部分转为资本，另一部分则修改其他债务条件。

需要注意的是，债务重组中涉及的金融资产和金融负债只有在满足《金融工具确认和计量》规定的金融资产和金融负债终止确认条件时，才能予以终止确认。

二、债务重组业务的核算

（一）以资产清偿债务

1. 以现金清偿债务

以现金清偿债务的，债务人应当在满足金融负债终止确认条件时，终止确认重组债务，并将重组债务的账面价值与实际支付现金之间的差额确认为债务重组利得，作为营业外收入，计入当期损益。

以现金清偿债务的，债权人应当将重组债券的账面余额与收到的现金之间的差额，确认为债务重组损失，作为营业外支出，计入当期损益。债权人已对债权计提减值准备的，应当先将该差额冲减减值准备，冲减后的债权尚有余额的，计入营业外支出，冲减后已提的减值准备仍有余额的，应予转回并抵减当期资产减值损失。

【例4-4-1】 2016年3月10日，科达公司销售一批商品给江明公司，该批商品的不含税价格为100 000元，增值税税率为17%。按合同约定，江明公司应于2015年8月10日前偿付货款。由于江明公司发生资金周转困难，无法按合同约定的期限偿还债务。经双方协商，于2016年11月10日进行债务重组。债务重组协议规定，科达公司同意减免江明公司债务30 000元，余额用现金立即进行清偿。科达公司已于2016年11月20日收到江明公司偿还的剩余款项。江明公司已为该应收债权计提了4 000元的坏账准备。

(1) 江明公司债务重组的账务处理：

第一，计算债务重组利得。

应付账款的账面余额	117 000.00	
减：支付的现金		87 000.00
债务重组利得	30 000.00	

第二，编制会计分录。

借：应付账款——科达公司	117 000.00	
贷：银行存款		87 000.00
营业外收入——债务重组利得		30 000.00

(2) 科达公司债务重组的账务处理：

第一，计算债务重组损失。

应收账款账面余额	117 000.00	
减：收到的现金		87 000.00
差额	30 000.00	
减：已计提的坏账准备		4 000.00
债务重组损失	26 000.00	

第二，编制会计分录。

借：银行存款	87 000.00	
坏账准备	4 000.00	
营业外支出——债务重组损失	26 000.00	
贷：应收账款——江明公司		117 000.00

2. 以非现金资产清偿债务

债务人以非现金资产清偿债务的，应当在符合金融负债终止确认条件时，终止确认重组债务，并将重组债务的账面价值与转让的非现金资产的公允价值之间的差额确认为债务重组利得，作为营业外收入，计入当期损益。其中，相关重组债务应当在满足金融负债终止确认条件时予以终止确认。转让的非现金资产的公允价值与其账面价值的差额为转让资产损益，计入当期损益。

债务人在转让非现金资产的过程中发生的一些税费，如资产评估费、运杂费等，直接计入转让资产损益。对于增值税应税项目，债权人不向债务人另行支付增值税，则债务重组利得应为转让非现金资产的公允价值和该非现金资产的增值税销项税额与重组债务账面价值之间的差额；如果债权人向债务人另行支付增值税，则债务重组利得应为转让非现金资产的公允价值与重组债务账面价值之间的差额。

债务人以非现金资产清偿债务，债权人应按受让的非现金资产的公允价值计量入账，重组债权的账面余额与受让的非现金资产的公允价值之间的差额确认为债务重组损失，作为营业外支出，计入当期损益。其中，相关重组债权应当在满足金融资产终止确认条件时予以终止确认。债权人已对债权计提减值准备的，应当先将该差额冲减减值准备，冲减后债权尚有余额的，计入营业外支出，冲减后已提的减值准备仍有余额的，应当予以转回并抵减当期资产减值损失。

对于增值税应税项目，如果债权人不向债务人另行支付增值税，则增值税进项税额可以作为冲减重组债权的账面余额处理；如果债权人向债务人另行支付增值税，则增值税进项税额不能作为冲减重组债权的账面余额处理。

债权人收到非现金资产时，债权人发生的运杂费、保险费等也应计入相关资产的价值。

企业以非现金资产清偿债务的，非现金资产类别不同，会计处理也会有所不同。

（1）以库存材料、商品产品抵偿债务。

债务人以库存材料、商品产品抵偿债务的，应视同销售进行核算。企业可将该项业务分成两个部分：一是将库存材料、商品产品出售给债权人，取得货款。出售库存材料、商品产品业务与企业正常的销售业务处理相同，其发生的损益计入当期损益；二是以取得的货币清偿债务。当然，在这项业务中，实际上并没有发生相应的现金流入与流出。

【例4-4-2】 兴隆公司应收大成公司货款234 000元，按合同约定，大成公司应于2016年11月20日前偿付货款。由于大成公司发生资金周转困难，无法按合同约定的期限偿还债务，经双方协商，于2016年12月10日进行债务重组。债务重组协议规定，兴隆公司同意大成公司以其自产的库存商品抵偿债务，该批商品的公允价值为150 000元，商品成本为120 000元。兴隆公司、大成公司均为增值税一般纳税人，适用的增值税税率为17%。兴隆公司已于2016年12月20日收到大成公司抵债的商品，并作为库存商品验收入库。兴隆公司已为该应收债权计提了5 000元的坏账准备。

（1）大成公司的账务处理：

第一，计算债务重组利得。

应付账款的账面余额	234 000.00	
减：所转让产品的公允价值		150 000.00
增值税销项税额（150 000×17%）		25 500.00
债务重组利得	58 500.00	

第二，编制会计分录。

以存货抵偿债务：

借：应付账款——兴隆公司　　234 000.00

　　贷：主营业务收入　　150 000.00

　　　　应交税费——应交增值税（销项税额）　　25 500.00

　　　　营业外收入——债务重组利得　　58 500.00

结转存货成本：

借：主营业务成本　　120 000.00

　　贷：库存商品　　120 000.00

（2）兴隆公司的账务处理：

第一，计算债务重组损失。

应收账款的账面余额　　234 000.00

　　减：受让资产的公允价值　　175 500.00

　　　　已计提的坏账准备　　5 000.00

债务重组损失额　　53 500.00

第二，编制会计分录。

借：库存商品　　150 000.00

　　应交税费——应交增值税（进项税额）　　25 500.00

　　坏账准备　　5 000.00

　　营业外支出——债务重组损失　　53 500.00

　　贷：应收账款——大成公司　　234 000.00

（2）以固定资产抵偿债务。

债务人以固定资产抵偿债务的，应将固定资产的公允价值与该项固定资产账面价值和清理费用的差额作为转让固定资产的损益处理，将固定资产的公允价值与重组债务的账面价值之间的差额，作为债务重组利得，作为营业外收入，计入当期损益。债权人收到的固定资产按公允价值计量。

【例4-4-3】 2015年10月15日，科达公司销售一批产品给西京公司，同时收到西京公司签发并承兑的一张面值为100 000元、6个月到期的不带息商业承兑汇票。2016年4月15日，该票据到期，西京公司发生财务困难，无法兑现票据。经双方协商，科达公司同意西京公司用一台设备抵偿该应收票据。该设备的原价为120 000元，已提折旧20 000元，以存款支付清理费用2 000元，公允价值为80 000元。科达公司未对该债权计提坏账准备，收到的设备已交付生产车间使用。科达公司和西京公司均为增值税一般纳税人，适用的增值税税率为17%。

（1）西京公司的账务处理：

第一，计算债务重组利得。

应付票据的账面余额　　100 000.00

　　减：所转让固定资产的公允价值　　80 000.00

　　　　增值税销项税额　　13 600.00

债务重组利得　　6 400.00

第二，计算固定资产清理损益。

固定资产公允价值　　80 000.00

减：固定资产账面价值　　100 000.00

固定资产清理费用　　2 000.00

处理固定资产净损失　　22 000.00

第三，编制会计分录。

将固定资产账面价值转入清理：

借：固定资产清理　　100 000.00

累计折旧　　20 000.00

贷：固定资产　　120 000.00

支付清理费用：

借：固定资产清理　　2 000.00

贷：银行存款　　2 000.00

抵偿债务：

结转债务重组利得：

借：应付票据　　100 000.00

贷：固定资产清理　　80 000.00

应交税费——应交增值税（销项税额）　　13 600.00

营业外收入——债务重组利得　　6 400.00

结转固定资产转让损失：

借：营业外支出——处置固定资产净损失　　22 000.00

贷：固定资产清理　　22 000.00

（2）科达公司的账务处理：

第一，计算债务重组损失。

应收票据的账面余额　　100 000.00

减：受让固定资产的公允价值　　80 000.00

增值税进项税额　　13 600.00

债务重组损失　　6 400.00

第二，编制会计分录。

借：固定资产　　80 000.00

应交税费——应交增值税（进项税额）　　13 600.00

营业外支出——债务重组损失　　6 400.00

贷：应收票据　　100 000.00

（3）以股票、债券等金融资产抵偿债务。

债务人以股票、债券等金融资产抵偿债务的，应将相关金融资产的公允价值与其账面价值的差额，作为转让金融资产的利得或损失处理；相关金融资产的公允价值与重组债务的账面价值之间的差额，作为债务重组利得。债权人收到的相关金融资产按公允价值计量。

【例4-4-4】 科达公司应收蓝宇公司货款351 000元，由于蓝宇公司发生财务困难，无法按合同约定偿还已于2016年1月20日到期的债务。经双方协商，科达公司同意蓝宇公司以其所持有的以公允价值计量且其变动计入当期损益的某公司股票抵偿债务。该股票的成本为300 000元，无公允价值变动调整金额，债务重组日的公允价值为320 000元。蓝宇公司对该项应收债权计提了10 000元的坏账准备。用于抵债的股票已于2016年1月25日办理了相关转让手续。科达公司收到后将其划分为以公允价值计量且其变动计入当期损益的交易性金融资产。

(1) 蓝宇公司的账务处理：

第一，计算债务重组利得。

应付账款的账面余额	351 000.00	
减：股票的公允价值		320 000.00
债务重组利得	31 000.00	

第二，计算股票转让收益。

股票的公允价值	320 000.00	
减：股票的账面价值		300 000.00
股票转让收益	20 000.00	

第三，编制会计分录。

借：应付账款——科达公司	351 000.00	
贷：交易性金融资产——成本		300 000.00
营业外收入——债务重组利得		31 000.00
投资收益		20 000.00

(2) 科达公司的账务处理：

第一，计算债务重组损失。

应收账款的账面余额	351 000.00	
减：受让金融资产的公允价值		320 000.00
坏账准备		10 000.00
债务重组损失	21 000.00	

第二，编制会计分录。

借：交易性金融资产	320 000.00	
营业外支出——债务重组损失	21 000.00	
坏账准备	10 000.00	
贷：应收账款——蓝宇公司		351 000.00

(4) 以无形资产抵偿债务。

债务人以无形资产抵偿债务的，应将无形资产的公允价值与该无形资产账面价值的差额，作为转让无形资产的利得或损失处理；将无形资产的公允价值与重组债务的账面价值之间的差额，作为债务重组利得。债权人收到的无形资产按公允价值计量。

【例 4－4－5】 华光公司应收江南公司货款 250 000 元，按合同约定，江南公司应于 2016 年 5 月 20 日前偿付货款。由于江南公司发生资金周转困难，无法按合同规定的期限偿还债务，经双方协商，于 2016 年 6 月 2 日进行债务重组。债务重组协议规定，华光公司同意江南以其所拥有的一项无形资产专利权抵偿债务，该项专利权的公允价值为 200 000 元，增值税税额为 12 000 元，账面原价为 260 000 元，已累计摊销 52 000 元，已计提减值准备10 000 元。华光公司未对该项应收债权计提坏账准备。假定不考虑其他相关税费，华光公司和江南公司均为一般纳税人。

（1）江南公司的账务处理：

第一，计算债务重组利得。

应付账款的账面余额	250 000.00	
减：无形资产的公允价值		200 000.00
增值税销项税额		12 000.00
债务重组利得	38 000.00	

第二，计算无形资产转让损益。

无形资产的公允价值	200 000.00	
减：无形资产的账面净值		198 000.00
无形资产的账面价值		260 000.00
累计摊销		52 000.00
无形资产减值准备		10 000.00
无形资产转让收益	2 000.00	

第三，编制会计分录。

借：应付账款——华光公司	250 000.00	
累计摊销	52 000.00	
无形资产减值准备	10 000.00	
贷：无形资产		260 000.00
应交税费——应交增值税（销项税额）		12 000.00
营业外收入——债务重组利得		38 000.00
——处置无形资产净收益		2 000.00

（2）华光公司的账务处理：

第一，计算债务重组损失。

应收账款的账面余额	250 000.00	
减：受让无形资产的公允价值		200 000.00
增值税进项税额		12 000.00
债务重组损失	38 000.00	

第二，编制会计分录。

借：无形资产	200 000.00
应交税费——应交增值税（进项税额）	12 000.00
营业外支出——债务重组损失	38 000.00

贷：应收账款——江南公司　　250 000.00

（二）债务转为资本

将债务转为资本，应区分以下情况进行处理：

（1）债务人为股份有限公司时，债务人应当在满足金融负债终止确认条件时终止确认重组债务，并将债权人因放弃债权而享有股份的面值总额确认为股本；股份的公允价值总额与股本之间的差额作为资本公积。重组债务的账面价值与股份的公允价值总额之间的差额作为债务重组利得，计入当期损益，作为营业外收入。

（2）债务人为其他企业时，债务人应当在满足金融负债终止确认条件时终止确认重组债务，并将债权人因放弃债权而享有股份的面值总额确认为实收资本；股权的公允价值与实收资本之间的差额作为资本公积。重组债务的账面价值与股权的公允价值总额之间的差额作为债务重组利得，计入当期损益，作为营业外收入。

（3）债务人将债务转为资本，即债权人将债权转为股权。债权人在债务重组日，应当将享有股权的公允价值确认为对债务人的投资，重组债权账面余额与因放弃债权而享有的股权公允价值之间的差额，先冲减已计提的减值准备，减值准备不足冲减的部分，或未提取损失准备的，将该差额确认为债务重组损失，计入当期损益，作为营业外支出。

以债务转为资本的，债权人应将因放弃债权而享有的股权按公允价值计量。发生的相关税费，分别按照长期股权投资或者金融工具计量的规定进行处理。

【例 4-4-6】 甲公司应收乙公司货款 500 000 元，按合同约定，乙公司应于 2016 年 9 月 2 日前偿付货款。由于乙公司发生资金周转困难，无法按合同约定的期限偿还债务，经双方协商，于 2016 年 10 月 10 日进行债务重组。债务重组协议规定，甲公司同意将乙公司的债务转为对乙公司的投资，乙公司以其普通股 20 000 股抵偿该项债务。甲公司已对该项应收债权计提了 15 000 元的坏账准备，股票登记手续已于 10 月 20 日办理完毕，重组日该股票的每股市价为 23 元，面值为 1 元。甲公司将其作为长期股权投资核算。假定不考虑相关税费。

（1）乙公司的账务处理：

第一，计算债务重组利得。

应付账款的账面余额　　500 000.00

减：股票的公允价值　　460 000.00

债务重组利得　　40 000.00

第二，计算应计入资本公积的金额。

股票的公允价值　　460 000.00

减：股票的面值总额　　200 000.00

应计入资本公积　　260 000.00

第三，编制会计分录。

借：应付账款——甲公司　　500 000.00

贷：股本　　200 000.00

资本公积——股本溢价　　260 000.00
营业外收入——债务重组利得　　40 000.00

（2）甲公司的账务处理：

第一，计算债务重组损失。

应收账款的账面余额　　500 000.00
减：受让股权的公允价值　　460 000.00
坏账准备　　15 000.00
债务重组损失　　25 000.00

第二，编制会计分录。

借：长期股权投资　　460 000.00
坏账准备　　15 000.00
营业外支出——债务重组损失　　25 000.00
贷：应收账款——乙公司　　500 000.00

（三）修改其他债务条件

以修改其他债务条件进行债务重组的，债务人和债权人应按是否涉及或有应付（或应收）金额情况分别进行处理。或有应付（或应收）金额，是指需要根据未来某种事项的出现而发生的应付（或应收）金额，而且其未来事项的发生或不发生具有不确定性。

1. 不涉及或有应付（或应收）金额的债务重组

以修改其他债务条件进行债务重组的，如果修改后的债务条款中债务人不涉及或有应付金额，债务人应将重组债务的账面余额减记至将来应付金额，减记的金额作为债务重组利得，作为当期损益，计入营业外收入。重组后债务的账面余额为将来应付金额。

以修改其他债务条件进行债务重组的，如修改后的债务条款不涉及或有应收金额，则债权人在重组日，应当将修改其他债务条件后的债权公允价值作为重组后债权的账面价值，将重组债权的账面余额与重组后债权的账面价值之间的差额确认为债务重组损失，计入营业外支出。如果债权人已对该项债权计提了坏账准备，应当首先冲减已计提的坏账准备，减值准备不足冲减的部分，作为债务重组损失，计入营业外支出。

【例4－4－7】 科达公司持有阳光公司带息的应收票据103 000元，其中，累计利息为3 000元，票面利率为6%，票据到期日为2015年12月31日。由于阳光公司发生资金周转困难，经与科达公司协商，同意与阳光公司进行债务重组。科达公司同意阳光公司将债务本金减至90 000元，免去债务人所欠的利息；将利率从6%降至4%，并将该票据到期日延长至2016年6月30日，利息于票据到期日一并支付。该项债务重组协议从协议签订之日起开始实施。

（1）阳光公司的账务处理：

第一，计算债务重组利得。

应付账款的账面余额　　103 000.00

　　减：重组后债务公允价值　　90 000.00

债务重组利得　　13 000.00

第二，编制会计分录。

2015 年 12 月 31 日债务重组时：

借：应付票据——科达公司　　103 000.00

　　贷：应付票据——债务重组　　90 000.00

　　　　营业外收入——债务重组利得　　13 000.00

2016 年 6 月 30 日偿还到期票据的本金和利息：

借：应付票据——债务重组　　90 000.00

　　财务费用——利息　　1 800.00

　　贷：银行存款　　91 800.00

（2）科达公司的账务处理：

第一，计算债务重组损失。

应收账款账面余额　　103 000.00

　　减：重组后债权的公允价值　　90 000.00

债务重组损失　　13 000.00

第二，编制会计分录。

2015 年 12 月 31 日债务重组时：

借：应收票据——债务重组　　90 000.00

　　营业外支出——债务重组损失　　13 000.00

　　贷：应收票据——阳光公司　　103 000.00

2016 年 6 月 30 日收到该票据本金和利息：

借：银行存款　　91 800.00

　　贷：应收票据——债务重组　　90 000.00

　　　　财务费用——利息　　1 800.00

2. 涉及或有应付（或应收）金额的债务重组

修改债务条件的债务重组，对债务人而言，修改后的债务条款如涉及或有应付金额，且该或有应付金额符合或有事项中有关预计负债确认条件的，债务人应当将该或有应付金额确认为预计负债。重组债务的账面价值与重组后债务的入账价值和预计负债之和的差额，作为债务重组利得，计入营业外收入。或有应付金额在随后的会计期间没有发生的，企业应当冲销已确认的预计负债，同时确认营业外收入。

对债权人而言，修改后的债务条款涉及或有应收金额的，不应确认或有应收金额，不得将其计入重组后债权的账面价值。根据谨慎性信息质量要求，或有应收金额属于或有资产，或有资产不予确认。只有在或有应收金额实际发生时，才计入当期损益。

【例 4 - 4 - 8】 2013 年 6 月 30 日，科达公司从工商银行取得贷款 200 万元，期限为 2.5 年，年利率为 10%。现因科达公司财务困难，于 2015 年 12 月 31 日进行债务重组，银行同意延长到期日至2017年12月31日，利率降至7%，免去积欠利息50万元，本金减至160万元，利息按年支付，但附有一个条件：债务重组后，如果科达公司从第二年起有盈利，则利率恢复至10%，若无盈利，仍维持7%的利率。假定实际利率等于名义利率。

甲公司的账务处理如下：

第一，计算债务重组利得。

长期借款的账面余额　2 500 000.00

减：重组贷款的公允价值　1 600 000.00

或有应付金额【1 600 000 ×（10% -7%）】×2　96 000.00

债务重组利得　804 000.00

第二，编制会计分录。

2015年12月31日债务重组时：

借：长期借款　2 500 000.00

贷：长期借款——债务重组　1 600 000.00

预计负债　96 000.00

营业外收入——债务重组利得　804 000.00

假定科达公司从债务重组后的第二年起开始盈利，2016年12月31日和2017年12月31日支付利息时，甲公司仍应按照10%的利率支付利息，则每年需要支付利息160 000元，其中含或有应付金额48 000元。

2016年12月31日支付利息：

借：财务费用——利息　112 000.00

预计负债　48 000.00

贷：银行存款　160 000.00

2017年12月31日支付本金和最后一次利息：

借：长期借款——债务重组　1 600 000.00

财务费用——利息　112 000.00

预计负债　48 000.00

贷：银行存款　1760 000.00

假定科达公司自债务重组后的第二年起没有盈利，2016年12月31日和2017年12月31日需按7%的利率支付利息。

2016年12月31日支付利息时：

借：财务费用——利息　112 000.00

贷：银行存款　112 000.00

借：预计负债　48 000.00

贷：营业外收入　48 000.00

2017年12月31日支付本金和最后一次利息：

借：长期借款——债务重组　1 600 000.00

财务费用——利息　112 000.00

贷：银行存款　　1 712 000.00

借：预计负债　　48 000.00

贷：营业外收入　　48 000.00

(四) 以上三种方式的组合方式

以上三种方式的组合方式进行债务重组，主要有以下几种情况：

1. 债务人以现金、非现金资产两种方式的组合清偿债务

债务人应将重组债务的账面价值与支付的现金、转让的非现金资产的公允价值之间的差额作为债务重组利得，将非现金资产的公允价值与其账面价值之间的差额作为转让资产损益。

债权人应将重组债权的账面价值与收到的现金、受让的非现金资产的公允价值，以及已提取坏账准备之间的差额作为债务重组损失。

【例4-4-9】 2016年11月10日，甲公司应收乙公司货款150 000元到期，因乙公司发生财务困难，无法按合同约定偿还到期债务。经过双方协商，甲公司同意乙公司支付现金50 000元，余额用一批材料抵偿债务，该批材料的公允价值为80 000元，实际成本为60 000元。甲公司、乙公司均为增值税一般纳税人，适用的增值税税率为17%。甲公司受让的材料作原材料核算。假定交易过程中没有发生其他相关税费。甲公司已为该项债权计提坏账准备4 500元。

(1) 乙公司的账务处理：

第一，计算债务重组利得。

应付账款的账面余额　　150 000.00

减：支付的现金　　50 000.00

所转让材料的公允价值　　80 000.00

增值税销项税额　　13 600.00

债务重组利得　　6 400.00

第二，编制会计分录。

借：应付账款——甲公司　　150 000.00

贷：库存现金　　50 000.00

其他业务收入　　80 000.00

应交税费——应交增值税（销项税额）　　13 600.00

营业外收入——债务重组利得　　6 400.00

借：其他业务成本　　60 000.00

贷：原材料　　60 000.00

(2) 甲公司的账务处理：

第一，计算债务重组损失。

应收账款的账面余额　　150 000.00

减：收到的现金　　50 000.00

收到的材料的公允价值 80 000.00
增值税进项税额 13 600.00
已计提的坏账准备 4 500.00
债务重组损失 1 900.00

第二，编制会计分录。

借：银行存款 50 000.00
原材料 80 000.00
应交税费——应交增值税（进项税额） 13 600.00
坏账准备 4 500.00
营业外支出——债务重组损失 1 900.00
贷：应收账款——乙公司 150 000.00

2. 债务人以现金、将债务转为资本两种方式的组合清偿债务

债务人应将重组债务的账面价值与支付的现金、债权人因放弃债权而享有的股权的公允价值之间的差额作为债务重组利得。股权的公允价值与其股本（或实收资本）之间的差额作为资本公积。

债权人应将重组债权的账面价值与收到的现金、因放弃债权而享有的股权的公允价值，以及已提取坏账准备之间的差额作为债务重组损失。

【例 4－4－10】 科达公司应收利民公司货款 468 000 元，按合同约定，利民公司应于 2016 年 3 月 10 日前偿付货款。由于利民公司发生资金周转困难，无法按合同约定的期限偿还债务，经双方协商，于 2016 年 4 月 10 日进行债务重组。债务重组协议规定，科达公司同意利民公司支付现金 68 000 元，其余债务转作对利民公司的长期股权投资，利民公司以其普通股 20 000 股抵偿该项债务。债务重组日该公司普通股股票的每股市价为 18 元，面值为 1 元。科达公司已对该项应收债权计提了 25 000 元的坏账准备，股票登记手续已于 4 月15 日办理完毕。科达公司将其作为长期股权投资进行核算。假定不考虑相关税费。

（1）利民公司的账务处理：

第一，计算债务重组利得。

应付账款的账面余额 468 000.00
减：支付的库存现金 60 000.00
股票的公允价值 360 000.00
债务重组利得 48 000.00

第二，计算应计入资本公积的金额。

股票的公允价值 360 000.00
减：股票的面值总额 200 000.00
应计入资本公积的金额 160 000.00

第三，编制会计分录。

借：应付账款——科达公司 468 000.00

贷：银行存款　　　　　　　　　　　　　　　　　　　　　　　　68 000.00
　　股本　　　　　　　　　　　　　　　　　　　　　　　　　　200 000.00
　　　资本公积——股本溢价　　　　　　　　　　　　　　　　　160 000.00
　　　营业外收入——债务重组利得　　　　　　　　　　　　　　40 000.00

（2）科达公司的账务处理：

第一，计算债务重组损失。

应收账款的账面余额　　　　　　　　　　　　　　　468 000.00
　减：收到的现金　　　　　　　　　　　　　　　　　　　　　68 000.00
　　　所转股权的公允价值　　　　　　　　　　　　　　　　　360 000.00
　　　坏账准备　　　　　　　　　　　　　　　　　　　　　　25 000.00
债务重组损失　　　　　　　　　　　　　　　　　　15 000.00

第二，编制会计分录。

借：银行存款　　　　　　　　　　　　　　　　　　60 000.00
　　长期股权投资　　　　　　　　　　　　　　　　360 000.00
　　坏账准备　　　　　　　　　　　　　　　　　　25 000.00
　　营业外支出——债务重组损失　　　　　　　　　15 000.00
　贷：应收账款——利民公司　　　　　　　　　　　　　　　　468 000.00

3. 债务人以非现金资产、将债务转为资本两种方式的组合清偿债务

债务人应将重组债务的账面价值与转让的非现金资产的公允价值、债权人因放弃债权而享有的股权的公允价值之间的差额作为债务重组利得，将非现金资产的公允价值与账面价值的差额作为转让资产的损益，将股权的公允价值与其股本（或实收资本）之间的差额作为资本公积。

债权人应将重组债权的账面价值与收到的非现金资产的公允价值、因放弃债权而享有的股权的公允价值，以及已提取坏账准备之间的差额作为债务重组损失。

【例4-4-11】 兴隆公司应收宏达公司货款292 500元，按合同约定，宏达公司应于2016年4月20日前偿付货款。由于宏达公司发生资金周转困难，无法按合同规定的期限偿还债务，经双方协商，于2016年5月10日进行债务重组。债务重组协议规定，兴隆公司同意宏达公司以一批库存商品和普通股抵偿债务。这批库存商品的公允价值为120 000元，实际成本为100 000元；宏达公司以其普通股20 000股抵偿该项债务，重组日股票的每股市价为5元，每股面值为1元。兴隆公司已对该项应收债权计提了5 000元的坏账准备，股票登记手续已于5月16日办理完毕。兴隆公司将其作为长期股权投资进行核算。假定两家公司均为增值税一般纳税人，适用的增值税税率为17%，不考虑其他相关税费。

（1）宏达公司的账务处理：

第一，计算债务重组利得。

应付账款的账面余额　　　　　　　　　　　　　　　292 500.00
　减：转让的库存商品公允价值　　　　　　　　　　　　　　120 000.00

增值税销项税额　　　　20 400.00
股本的公允价值　　　　100 000.00
债务重组利得　　　　52 100.00
第二，计算应计入资本公积的金额。
股票的公允价值　　　　100 000.00
减：股票的面值总额　　　　20 000.00
应计入资本公积　　　　80 000.00
第三，编制会计分录。
借：应付账款——兴隆公司　　　　292 500.00
贷：主营业务收入　　　　120 000.00
应交税费——应交增值税（销项税额）　　　　20 400.00
股本　　　　20 000.00
营业外收入——债务重组利得　　　　52 100.00
资本公积——股本溢价　　　　80 000.00
借：主营业务成本　　　　70 000.00
贷：库存商品　　　　70 000.00
（2）兴隆公司的账务处理：
第一，计算债务重组损失。
应收账款的账面余额　　　　292 500.00
减：收到的库存商品的公允价值　　　　140 400.00
股本的公允价值　　　　100 000.00
已计提的坏账准备　　　　5 000.00
债务重组损失　　　　47 100.00
第二，编制会计分录。
借：库存商品　　　　120 000.00
应交税费——应交增值税（进项税额）　　　　20 400.00
长期股权投资　　　　100 000.00
坏账准备　　　　5 000.00
营业外支出——债务重组损失　　　　47 100.00
贷：应收账款——宏达公司　　　　292 500.00

4. 债务人以现金、非现金资产、将债务转为资本三种方式的组合清偿债务

债务人应将重组债务的账面价值与支付的现金、转让的非现金资产的公允价值、债权人因放弃债权而享有的股权的公允价值之间的差额作为债务重组利得，将非现金资产的公允价值与其账面价值的差额作为资产转让损益，将股权的公允价值与其股本（或实收资本）之间的差额作为资本公积。

债权人应将重组债权的账面价值与收到的现金、受让的非现金资产的公允价值、因放弃债权而享有的股权的公允价值，以及已提取坏账准备之间的差额作为债务重组

损失。

【例 4-4-12】 科达公司应收昌河公司货款 351 000 元，按合同约定，昌河公司应于 2016 年 7 月 2 日前偿付货款。由于昌河公司发生资金周转困难，无法按合同约定的期限偿还债务，经双方协商，于 2016 年 7 月 20 日进行债务重组。债务重组协议规定，科达公司同意昌河公司支付现金 50 000 元，其余以一批库存商品和普通股抵偿债务。这批库存商品的公允价值为 150 000 元，实际成本为 120 000 元；假定普通股的面值为 1 元，乙企业以其普通股 50 000 股抵偿该项债务，股票的每股市价为 2 元。科达公司已对该项应收债权计提了 3 000 元的坏账准备，股票登记手续已于 7 月 29 日办理完毕，科达公司将其作为长期股权投资进行核算。假定科达公司、昌河公司均为增值税一般纳税人，适用的增值税税率为 17%，不考虑其他相关税费。

(1) 昌河公司的账务处理：

第一，计算债务重组利得。

应付账款的账面余额	351 000.00	
减：支付的现金		50 000.00
转让的库存商品公允价值		150 000.00
增值税销项税额		25 500.00
股本的公允价值		100 000.00
债务重组利得	25 500.00	

第二，计算应计入资本公积的金额。

股票的公允价值	100 000.00	
减：股票的面值总额		50 000.00
应计入资本公积	50 000.00	

第三，编制会计分录。

借：应付账款——科达公司	351 000.00	
贷：银行存款		50 000.00
主营业务收入		150 000.00
应交税费——应交增值税（销项税额）		25 500.00
股本		50 000.00
营业外收入——债务重组利得		25 500.00
资本公积——股本溢价		50 000.00

(2) 科达公司的账务处理：

第一，计算债务重组损失。

应收账款的账面余额	351 000.00	
减：收到的现金		50 000.00
收到的库存商品的公允价值		175 500.00
股本的公允价值		100 000.00
已计提的坏账准备		3 000.00
债务重组损失	22 500.00	

第二，编制会计分录。

借：银行存款	50 000.00	
长期股权投资	100 000.00	
库存商品	150 000.00	
应交税费——应交增值税（进项税额）	25 500.00	
坏账准备	3 000.00	
营业外支出——债务重组损失	22 500.00	
贷：应收账款——昌河公司		351 000.00

5. 以资产、债务转为资本等方式清偿某项债务的一部分，并对该项债务的另一部分以修改其他债务条件进行债务重组

在这种方式下，债务人应先以支付的现金、转让的非现金资产的公允价值、债权人因放弃债权而享有的股权的公允价值冲减重组债务的账面价值，余额与将来应付金额进行比较，据此计算债务重组利得。债权人因放弃债权而享有的股权的公允价值与股本（或实收资本）的差额作为资本公积；非现金资产的公允价值与其账面价值的差额作为资产转让损益，于当期确认。

债权人应先以收到的现金、受让的非现金资产的公允价值、因放弃债权而享有的股权的公允价值冲减重组债权的账面余额，余额与将来应收金额进行比较，据此计算债务重组损失。

【例4-4-13】 甲公司应收乙公司货款468万元，于2016年7月15日到期，由于乙公司发生资金周转困难，无法偿还到期债务，经双方协商，同意进行债务重组。2016年7月20日，双方达成债务重组协议如下：

（1）乙公司同意以现金8万元清偿一部分债务。

（2）以一批库存商品清偿一部分债务，该批商品的公允价值为30万元，成本为18万元。

（3）将债务中的300万元转为股份，作为对乙公司的长期股权投资，该股票面值100万元。

（4）将剩余的债务本金减至100万元，并延长该债务期限至2017年7月20日。

甲、乙公司均为增值税一般纳税人，适用的增值税税率为17%。甲公司为该项应收款已计提10万元的坏账准备。

（1）乙公司的账务处理：

第一，计算债务重组利得。

应付账款的账面余额	4 680 000.00	
减：重组后债务的公允价值		1 000 000.00
支付的现金		80 000.00
转让的库存商品公允价值		300 000.00
增值税销项税额		51 000.00
股本的公允价值		3 000 000.00

债务重组利得　249 000.00

第二，计算应计入资本公积的金额。

股票的公允价值　3 000 000.00

减：股票的面值总额　1 000 000.00

应计入资本公积　2 000 000.00

第三，编制会计分录。

借：应付账款——甲公司　4 680 000.00

贷：银行存款　80 000.00

主营业务收入　300 000.00

应交税费——应交增值税（销项税额）　51 000.00

股本　1 000 000.00

应付账款——债务重组　1 000 000.00

营业外收入债务重组利得　249 000.00

资本公积——股本溢价　2 000 000.00

借：主营业务成本　180 000.00

贷：库存商品　180 000.00

（2）甲公司的账务处理：

第一，计算债务重组损失。

应收账款的账面余额　4 680 000.00

减：收到的现金　80 000.00

收到的库存商品的公允价值　300 000.00

增值税销项税额　51 000.00

股本的公允价值　3 000 000.00

已计提的坏账准备　100 000.00

重组后债权的公允价值　1 000 000.00

债务重组损失　149 000.00

第二，编制会计分录。

借：应收账款——债务重组　1 000 000.00

银行存款　80 000.00

长期股权投资　3 000 000.00

库存商品　300 000.00

应交税费——应交增值税（进项税额）　51 000.00

坏账准备　100 000.00

营业外支出——债务重组损失　149 000.00

贷：应收账款——乙公司　4 680 000.00

三、债务重组的披露

会计要求采用公允价值作为债务重组的计量基础，同时要求将重组收益计入当期损益，这是会计核算实质重于形式的体现。所以，进行债务重组将增加债务人的当期利润，反映在利润表中，计入了应纳税所得额，同时可减少债权人的当期利润。由此可见，债务重组会计涉及人们普遍关注的低价清偿债务使债权人利润增加的问题，并且涉及我国市场并不发达情况下对资产公允价值进行评估的问题，所以要求债务重组着重说明与此相关的信息。

（一）债务人的披露

债务人应披露以下与债务重组有关的信息：①债务重组的方式；②确认的债务重组利得总额；③将债务转为资本所导致的股本（或者实收资本）增加额；④或有应付金额；⑤债务重组中转让的非现金资产的公允价值、由债务转成的股份的公允价值和修改其他债务条件后债务的公允价值的确定方法及依据，即债务人因债务重组而转让的非现金资产的公允价值、由债务转成的股份的公允价值和修改其他债务条件后债务的公允价值的确定方法及依据。

（二）债权人的披露

债权人应披露以下与债务重组有关的信息：①债务重组的方式。②确认的债务重组损失总额。③将债权转为股份所导致的投资增加额以及该投资占债务人股份总额的比例。在这种方式下，要求披露因此方式进行债务重组而导致的股权投资增加额及该股权投资总额占债务人股权的比例。④或有应收金额。⑤债务重组中受让的非现金资产的公允价值、由债权转成的股份的公允价值和修改其他债务条件后债权的公允价值的确定方法及依据，即债权人因债务重组而受让的非现金资产的公允价值、由债权转成的股份的公允价值和修改其他债务条件后债权的公允价值的确定方法及依据。

岗位实训

实训要求：根据资料，分别对科达公司和隆兴公司进行相关账务处理。

资料：

（1）科达公司与隆兴公司进行债务重组。

表4－4－1 **债务豁免协议**

兹有合肥隆兴公司欠本公司（科达公司）货款585 000元（伍拾捌万伍仟元整）已于2016年10月20日到期，因隆兴公司出现财务困难，无法偿还到期的债务，经双方协商，同意豁免隆兴公司债务185 000元（壹拾捌万伍仟元整）。余款应于11月30日之前一次付清。

单位负责人：王文一

财务负责人：张瑄

2016年11月10日

表 4-4-2 中国工商银行 进账单（收账通知） 3

2016 年 11 月 26 日

<table>
<tr><td rowspan="3">出票人</td><td>全　称</td><td>隆兴公司</td><td rowspan="3">收款人</td><td>全　称</td><td colspan="11">科达公司</td><td rowspan="7">此联是收款人开户银行交给收款人的收账通知</td></tr>
<tr><td>账　号</td><td>15726512345678</td><td>账　号</td><td colspan="11">01400822600777</td></tr>
<tr><td>开户银行</td><td>工行合肥张北路支行</td><td>开户银行</td><td colspan="11">工行合肥芙蓉路支行</td></tr>
<tr><td rowspan="2">金额</td><td colspan="3" rowspan="2">人民币（大写）肆拾万元整</td><td>亿</td><td>千</td><td>百</td><td>十</td><td>万</td><td>千</td><td>百</td><td>十</td><td>元</td><td>角</td><td>分</td><td></td></tr>
<tr><td></td><td></td><td>¥</td><td>4</td><td>0</td><td>0</td><td>0</td><td>0</td><td>0</td><td>0</td><td>0</td><td></td></tr>
<tr><td>票据种类</td><td>转账支票</td><td>票据张数</td><td>壹张</td><td colspan="12" rowspan="3">中国工商银行芙蓉路支行
2016.11.26
转账
转讫
开户银行签章</td></tr>
<tr><td>票据号码</td><td colspan="3">XIV000565689</td></tr>
<tr><td colspan="4">复核　　记账</td></tr>
</table>

表 4-4-3 **中国工商银行**

转账支票存根（皖）

XIN05601865

科　　目________________

对方科目________________

出票日期：2016 年 11 月 26 日

收款人：科达公司
金　额：400 000.00
用　途：支付科达公司货款

单位主管：　　　　会计：

（2）科达公司与利民公司进行债务重组，分别进行相关账务处理。

表 4-4-4 **债务豁免协议**

兹有杭州利民公司欠本公司（科达公司）货款 55 800 元（伍万伍仟捌佰元整）已于 2016 年 9 月 20 日到期，因利民公司出现财务困难，无法偿还到期的债务，经双方协商，本公司同意利民公司以 20 台 A 产品抵偿债务，该批产品应于 11 月 10 日之前运达我公司，A 产品按每台 2 000 元的公允价值计算。

单位负责人：王文一

财务负责人：张瑄

2016 年 10 月 16 日

表 4 -4 -5

浙江增值税专用发票

发票联

No 086783942

33001092210　　　　开票日期：2016 年 11 月 7 日

购买方	名　　称：科达公司 纳税人识别号：340010468107588036 地 址 、电 话：安徽省合肥市芙蓉路 666 号 0551 -63891252 开户行及账号：工行合肥芙蓉路支行 01400822600777			密码区	7 + +9/42152 * +129 * 864 > 加密版本：01 63 - <7503 * <1 > */ <3 < +80 3408922104 2 + < <56894588 > > * * <2569 5920 -33/652012 */ > >92 009801126		
货物或应税劳务、服务名称	规格型号	单位	数量	单价	金额	税率	税额
A 产品		台	20	2 000	40 000. 00	17%	6 800. 00
合计					¥40 000. 00		¥6 800. 00
价税合计（大写）	⊗肆万陆仟捌佰元整				（小写）¥46 800. 00		
销售方	名　　称：利民公司 纳税人识别号：360030119880112456 地 址 、电 话：浙江省杭州市利民路 11 号 0571 -87654321 开户行及账号：工行杭州利民路支行 023008900117730			备注	利民公司 360030119880112456 发票专用章		

收款人：张民　　复核：胡杨　　开票人：金鑫　　销售方：（章）

第三联：发票联　购买方记账凭证

表 4 -4 -6

浙江增值税专用发票

抵扣联

No 086783942

33001092210　　　　开票日期：2016 年 11 月 7 日

购买方	名　　称：科达公司 纳税人识别号：340010468107588036 地 址 、电 话：安徽省合肥市芙蓉路 666 号 0551 -63891252 开户行及账号：工行合肥芙蓉路支行 01400822600777			密码区	7 + +9/42152 * +129 * 864 > 加密版本：01 63 - <7503 * <1 > */ <3 < +80 3408922104 2 + < <56894588 > > * * <2569 5920 -33/652012 */ > >92 009801126		
货物或应税劳务、服务名称	规格型号	单位	数量	单价	金额	税率	税额
A 产品		台	20	2 000	40 000. 00	17%	6 800. 00
合计					¥40 000. 00		¥6 800. 00
价税合计（大写）	⊗肆万陆仟捌佰元整				（小写）¥46 800. 00		
销售方	名　　称：利民公司 纳税人识别号：360030119880112456 地 址 、电 话：浙江省杭州市利民路 11 号 0571 -87654321 开户行及账号：工行杭州利民路支行 023008900117730			备注	利民公司 360030119880112456 发票专用章		

收款人：张民　　复核：胡杨　　开票人：金鑫　　销售方：（章）

第二联：抵扣联　购买方扣税凭证

表 4－4－7 **浙江增值税专用发票** **№ 086783942**

33001092210 此联不作报销、扣税凭证使用 开票日期：2016 年 11 月 7 日

购买方	名　　称：科达公司 纳税人识别号：340010468107588036 地 址 、电 话：安徽省合肥市芙蓉路 666 号 0551－63891252 开户行及账号：工行合肥芙蓉路支行 01400822600777	密码区	7 + +9/42152 * +129 * 864 > 加密版本：01 63 - <7503 * <1 > */<3 < +80 3408922104 2 + < <56894588 > > * * <2569 5920 - 33/652012 */ > >92 009801126

货物或应税劳务、服务名称	规格型号	单位	数量	单价	金额	税率	税额
A 产品		台	20	2 000	40 000.00	17%	6 800.00
合计					¥40 000.00		¥6 800.00
价税合计（大写）	⊗肆万陆仟捌佰元整				（小写）¥46 800.00		

销售方	名　　称：利民公司 纳税人识别号：360030119880112456 地 址 、电 话：浙江省杭州市利民路 11 号 0571－87654321 开户行及账号：工行杭州利民路支行 023008900117730	备注	（印章：利民公司 360030119880112456 发票专用章）

收款人：张民　　复核：胡杨　　开票人：金鑫　　销售方：（章）

第一联：记账联　销售方记账凭证

表 4－4－8 **科达公司产品入库单**

产品名称	单位	数量	金额
A 产品	台	20	40 000
合计		20	40 000

参考答案：

（1）科达公司的账务处理：

借：银行存款　　400 000.00

　　营业外支出——债务重组损失　　185 000.00

　　贷：应收账款——隆兴公司　　585 000.00

隆兴公司的账务处理：

借：应付账款——科达公司　　585 000.00

　　贷：银行存款　　400 000.00

　　　　营业外收入——债务重组收入　　185 000.00

（2）科达公司的账务处理：

借：库存商品　　40 000.00

　　应交税费——应交增值税（进项税额）　　6 800.00

　　营业外支出——债务重组损失　　9 000.00

　　贷：应收账款——隆兴公司　　55 800.00

隆兴公司的账务处理：

借：应付账款——科达公司　　55 800.00

　　贷：主营业务收入　　40 000.00

应交税费——应交增值税（销项税额）　　6 800.00
营业外收入——债务重组收入　　9 000.00

复习思考题

1. 什么是债务重组？债务重组的方式有哪几种？

2. 以低于债务账面价值的现金清偿债务时，债权人和债务人应如何进行会计处理？

3. 以非现金资产清偿债务，债权人对收到的非现金资产如何确认入账价值？如何进行会计处理？

4. 以非现金资产清偿债务，债务人对转出的非现金资产如何进行会计处理？

5. 债务转为资本时，债权人和债务人应如何进行会计处理？

6. 什么是或有应收金额？什么是或有应付金额？它们对债权人和债务人有何影响？

岗位任务五　财务会计报告

任务导入

科达公司2015年12月31日的余额试算平衡表见表4-5-1。

表4-5-1　　科达公司余额试算平衡表

会计科目	期末余额	
	借方余额	贷方余额
库存现金	300	
银行存款	65 000	
其他货币资金	1 220	
应收账款	36 400	
坏账准备		500
原材料	27 400	
库存商品	39 680	
固定资产	324 500	
累计折旧		14 500
固定资产清理		5 000
长期待摊费用	39 300	
应付账款		31 400
预收账款		4 200
长期借款		118 000
实收资本		300 000
盈余公积		1 500
利润分配		8 700
本年利润		50 000
合计	533 800	533 800

补充资料：

（1）长期待摊费用中含将于半年内摊销的金额 3 000 元。

（2）长期借款期末余额中将于一年到期归还的长期借款数额为 50 000 元。

（3）应收账款有关明细账期末余额情况为：应收账款——A 公司　贷方余额　5 000
应收账款——B 公司　借方余额　41 400

（4）应付账款有关明细账期末余额情况为：应付账款——C 公司　贷方余额　39 500
应付账款——D 公司　借方余额　8 100

（5）预收账款有关明细账期末余额情况为：预收账款——E 公司　贷方余额　7 200
预收账款——F 公司　借方余额　3 000

请根据上述资料，编制科达公司 2015 年 12 月 31 日的资产负债表。

知识准备

一、财务会计报告概述

（一）财务会计报告的概念和作用

财务会计报告，是指企业对外提供的反映企业某一特定日期的财务状况和某一会计期间的经营成果、现金流量等会计信息的文件。财务会计报告是企业会计核算的最终成果，是联系企业与会计信息使用者之间的纽带。它由财务信息和非财务信息组成。财务会计报告的主要目的是帮助投资者、债权人、政府及相关机构、单位内部管理人员、社会公众等财务会计报告使用者对企业进行分析、比较、评价和预测，并据以做出经济决策。

财务会计报告的作用表现在以下几个方面：

（1）有助于投资者和债权人等进行合理的决策。对投资者和债权人来说，利用企业有关经济资源和经济业务等方面的财务信息，判断企业在激烈竞争的市场环境中生存、适应、成长与扩展的能力是非常有益的。财务会计报告对企业已发生的资金运动及结果进行反映，有助于投资者和债权人等预测企业未来时期的现金流入净额、流入时间和不确定性。

（2）反映企业管理当局的受托经管责任。股份有限公司的“两权分离”使股东和企业管理当局之间出现委托与受托关系。股东把资金投入公司，委托管理人员进行经营管理。他们为了确保自己的切身利益，保证其投入资本的保值与增值，需要经常了解管理当局对受托经济资源的经营管理情况。财务会计报告能够较全面、系统、连续和综合地跟踪反映企业投入资源的渠道、性质、分布状态以及资源的运用效果，从而有助于评估企业的财务状况与经营绩效以及管理当局的责任履行情况。

（3）能够帮助国家有关部门实现其经济与社会目标，并进行必要的宏观调控，促进社会资源的有效配置。企业是国民经济的细胞，通过对企业提供的财务报告资源进行汇总分析，国家有关部门可以考核国民经济各部门的运行情况、各种财经法律制度的执行情况，一旦发现问题，即可及时采取相应措施，通过各种经济杠杆和政策倾斜，发挥政府在市场经济优化资源配置中的补充作用。

（二）财务会计报告的构成

财务会计报告包括财务报表和其他应当在财务会计报告中披露的相关信息和资料。财务报表是财务会计报告的核心内容，主要包括资产负债表、利润表、现金流量表、所有者权益变动表和附注。

1. 财务报表的组成

财务报表由报表本身和附注构成，它们分别从不同的角度反映了企业的财务状况、经营成果和现金流量等情况。一套完整的财务报表至少应当包括“四表一注”。

资产负债表反映企业特定日期所拥有的资产、需偿还的债务以及股东（投资者）拥有的净资产情况；利润表反映企业一定期间的经营成果即利润或亏损的情况，表明企业运用所拥有的资产的获利能力；现金流量表反映企业在一定会计期间现金和现金等价物流入和流出的情况。所有者权益变动表反映构成所有者权益的各组成部分当期的增减变动情况。附注是财务报表不可或缺的组成部分，是对在资产负债表、利润表、现金流量表和所有者权益变动表等报表中列示项目的文字描述或明细资料，以及对未能在这些报表中列示项目的说明等。

2. 财务报表的分类

财务报表可以按照不同的标准进行分类。

（1）按照编报时间的不同，可以分为年度财务报表和中期财务报表。

中期财务报表是以短于一个完整会计年度的报告期间为基础编制的财务报表，包括月报、季报和半年报等。中期财务报表至少应当包括资产负债表、利润表、现金流量表和附注，其中，中期资产负债表、利润表和现金流量表应当是完整报表，其格式和内容应当与年度财务报表一致。与年度财务报表相比，中期财务报表中的附注披露可适当简略。

（2）按照编报主体的不同，可以分为个别财务报表和合并财务报表。

个别财务报表是由企业在自身会计核算基础上对账簿记录进行加工而编制的财务报表，它主要反映企业自身的财务状况、经营成果和现金流量情况。合并财务报表是以母公司和子公司组成的企业集团为会计主体，根据母公司和所属子公司的财务报表，由母公司编制的综合反映企业集团财务状况、经营成果及现金流量的财务报表。

（3）按照反映财务活动方式的不同，可以分为静态财务报表和动态财务报表。

静态财务报表，是指反映的经济内容在某一时点处于相对稳定状态，如资产负债表；动态报表，是指所反映的经济内容在某一时段处于发展变化状态，如利润表、现金流量表和所有者权益变动表。

温馨提示

从理论上说，财务报表、财务会计报告、会计报表的内涵是有区别的，但在会计实务中，往往不加以区分，作同一概念使用。

（三）财务会计报告的编制要求

为了使财务会计报告能够最大限度地满足各有关方面的需要，实现编制财务会计报告的基本目的，充分发挥财务会计报告的作用，单位编制的财务会计报告应当真实可靠、全面完整、相关可比、编报及时、符合国家统一的会计准则有关规定、便于理解。

1. 真实可靠

财务会计报告要真实反映交易或事项的实际情况，不能够人为扭曲。财务会计报告应当根据经过审核的会计账簿记录和其他有关资料编制，这是保证财务会计报告质量的重要环节。

2. 全面完整

单位财务会计报告应当全面地披露单位的财务状况、经营成果和现金流量情况，完整地反映单位财务活动的过程和结果，以满足各有关方面对财务会计信息的需要。特别对某些重要事项，应当按照要求在报表附注中进行说明，不得漏编漏报。

3. 相关可比

单位财务会计报告所提供的财务会计信息必须与报告使用者的决策需要相关，并且便于报告使用者在不同单位之间以及同一单位前后各期之间进行比较。

4. 符合国家统一的会计准则有关规定

财务会计报告的编制技术性和政策性都很强，内容具体，要求很细，且需要根据财务会计报告使用者的要求和国家政策的变化情况等及时做出补充、完善。

5. 便于理解

可理解性是指财务会计报告提供的信息可以为使用者所理解。单位对外提供的财务会计报告是为广大财务会计报告使用者提供单位过去、现在和未来的有关资料，为单位目前或潜在的投资者和债权人提供决策所需的会计信息，因此，编制的财务会计报告应当清晰明了。

二、会计报表的编制

（一）资产负债表的编制

1. 资产负债表的概念和作用

资产负债表是指反映企业在某一特定日期的财务状况的报表。它反映了企业在某一特定日期所拥有或控制的经济资源、所承担的现时义务和企业净资产的数额及分布情况。它是根据“资产 = 负债 + 所有者权益”这一会计平衡公式，按照一定的分类标准和顺序，将企业在一定日期的全部资产、负债和所有者权益项目予以适当排列，按照一定要求编制而成的。

资产负债表的作用体现在以下三个方面：

（1）通过资产负债表，可以了解企业所掌握的经济资源及其分布与结构。

企业所掌握的经济资源即资产总额，经济资源的分布与结构是指流动资产与非流动资产内部各项目的分配情况。资产负债表的左边清晰地列示了这些信息。

（2）通过资产负债表，可以了解企业的偿债能力和资本结构。

企业短期偿债能力主要反映在资产或负债的流动性上，长期偿债能力一方面取决于它的获利能力，另一方面取决于它的资本结构。资产负债表可以为解释、评价、预测企业的资本结构和偿债能力提供信息。

（3）通过资产负债表，可以预测企业未来财务状况的发展趋势。

通过对不同时期的项目进行比较，可以了解企业财务状况的变动情况，预测企业未来财务状况的发展趋势，从而为报表使用者进行决策提供预见性参考信息。

2. 资产负债表的格式

资产负债表主要有账户式和报告式两种格式。在我国，企业的资产负债表一般采用账户式结构。

账户式资产负债表分为左方和右方两个部分。左方列示资产类各项目，反映全部资产的分布及存在形态，并按其流动性由大到小的顺序进行排列。流动性大的资产，如货币资金、交易性金融资产等排在前面；流动性小的资产，如固定资产、长期股权投资等排在后面。右方列示负债和所有者权益各项目，反映全部负债和所有者权益的内容及构成情况，一般按求偿权的先后顺序排列。需要在一年以内或者长于一年的一个营业周期内偿还的流动负债排在前面，如短期借款、交易性金融负债等；需要在一年以上或长于一年的一个营业周期以上偿还的长期负债排在中间，如长期借款、长期应付款等。一般情况下，不需要偿还的所有者权益项目排在最后。

账户式资产负债表中的资产各项目的合计数等于负债和所有者权益各项目的合计数，即资产负债表左方和右方平衡。因此，通过资产负债表，可以反映资产、负债和所有者权益之间的内在关系，即“资产 = 负债 + 所有者权益”。

我国的资产负债表格式见表4－5－2。

表4－5－2　　资产负债表　　会企01表

编制单位：　　年　月　日　　单位：元

资　产	期末余额	年初余额	负债及所有者权益（或股东权益）	期末余额	年初余额
流动资产：			流动负债：		
货币资金			短期借款		
以公允价值计量且其变动计入当期损益的金融资产			以公允价值计量且其变动计入当期损益的金融负债		
应收票据			应付票据		
应收账款			应付账款		
预付款项			预收款项		
应收利息			应付职工薪酬		
应收股利			应交税费		
其他应收款			应付利息		
存货			应付股利		

续表

资　产	期末余额	年初余额	负债及所有者权益（或股东权益）	期末余额	年初余额
一年内到期的非流动资产			其他应付款		
其他流动资产			一年内到期的长期负债		
流动资产合计			其他流动负债		
非流动资产：			流动负债合计		
可供出售金融资产			非流动负债：		
持有至到期投资			长期借款		
长期应收款			应付债券		
长期股权投资			长期应付款		
投资性房地产			专项应付款		
固定资产			预计负债		
在建工程			递延所得税负债		
工程物资			其他非流动负债		
固定资产清理			非流动负债合计		
生产性生物资产			负债合计		
油气资产			所有者权益（或股东权益）：		
无形资产			实收资本（或股本）		
开发支出			资本公积		
商誉			减：库存股		
长摊待摊费用			其他综合收益		
递延所得税资产			盈余公积		
其他非流动资产			未分配利润		
非流动资产合计			所有者权益（或股东权益）合计		
资产总计			负债及所有者权益（或股东权益）总计		

3. 资产负债表的填列方法

资产负债表各项目均需填列“年初余额”和“期末余额”两栏。

“年初余额”栏内各项数字，应根据上年末资产负债表的“期末余额”栏内所列数字填列。

“期末余额”栏主要有以下几种填列方法：

(1) 根据总账账户余额填列。如“以公允价值计量且其变动计入当期损益的金融资产”“短期借款”“应付票据”等项目，根据“交易性金融资产”“短期借款”“应付票据”各总账账户的余额直接填列；有些项目则需根据几个总账账户的期末余额计算填列，如“货币资金”项目，需根据“库存现金”“银行存款”“其他货币资金”三个总账科目的期末余额的合计数填列。

（2）根据明细账户余额计算填列。如“应付账款”项目，需要根据“应付账款”和“预付款项”两个账户所属的相关明细账户的期末贷方余额计算填列；“应收账款”项目，需要根据“应收账款”和“预收款项”两个账户所属的相关明细账户的期末借方余额计算填列。

（3）根据总账账户和明细账户余额分析计算填列。如“长期借款”项目，需要根据“长期借款”总账账户余额扣除“长期借款”账户所属的明细账户中将在一年内到期且企业不能自主地将清偿义务展期的长期借款后的金额计算填列。

（4）根据有关账户余额减去其备抵账户余额后的净额填列。例如，资产负债表中“应收票据”“应收账款”“长期股权投资”“在建工程”等项目，应当根据“应收票据”“应收账款”“长期股权投资”“在建工程”等账户的期末余额减去“坏账准备”“长期股权投资减值准备”“在建工程减值准备”等账户余额后的净额填列；“投资性房地产”“固定资产”项目，应当根据“投资性房地产”“固定资产”账户的期末余额减去“投资性房地产累计折旧”“累计折旧”“投资性房地产减值准备”“固定资产减值准备”等账户余额后的净额填列；“无形资产”项目，应当根据“无形资产”账户的期末余额，减去“累计摊销”“无形资产减值准备”等账户余额后的净额填列。

（5）综合运用上述填列方法分析填列。例如，资产负债表中的“存货”项目，应根据“原材料”“委托加工物资”“周转材料”“材料采购”“在途物资”“发出商品”“材料成本差异”等总账账户期末余额的分析汇总数，减去“存货跌价准备”账户余额后的净额填列。

4. 资产负债表主要项目的内容和填列方法

资产负债表中资产、负债和所有者权益主要项目的内容如下：

（1）“货币资金”项目，反映企业库存现金、银行结算户存款、外埠存款、银行汇票存款、银行本票存款、信用卡存款、信用证保证金存款等的合计数。该项目应根据“库存现金”“银行存款”“其他货币资金”账户期末余额的合计数填列。

（2）“以公允价值计量且其变动计入当期损益的金融资产”项目，反映企业持有的以公允价值计量且其变动计入当期损益的为交易目的所持有的债券投资、股票投资、基金投资、权证投资等金融资产。该项目应当根据“交易性金融资产”账户和初始确认时指定为“以公允价值计量且其变动计入当期损益的金融资产”账户的期末余额填列。

（3）“应收票据”项目，反映企业因销售商品、提供劳务等而收到的商业汇票，包括银行承兑汇票和商业承兑汇票。该项目应根据“应收票据”账户的期末余额，减去“坏账准备”账户中有关应收票据计提的坏账准备期末余额后的净额填列。

（4）“应收账款”项目，反映企业因销售商品、提供劳务等经营活动应收取的款项。该项目应根据“应收账款”和“预收账款”账户所属各明细账户的期末借方余额合计数，减去“坏账准备”账户中有关应收账款计提的坏账准备期末余额后的净额填列。例如，“应收账款”账户所属明细账户期末有贷方余额，应在资产负债表“预收款项”项目内填列。

（5）“预付款项”项目，反映企业按照购货合同约定预付给供应单位的款项等。该项目应根据“预付账款”和“应付账款”账户所属各明细账户的期末借方余额合计数，减去“坏账准备”账户中有关预付账款计提的坏账准备期末余额后的净额填列。“预付账款”账户所属明细账户期末有贷方余额的，应在资产负债表“应付账款”项目内填列。

（6）“应收利息”项目，反映企业应收取的债券投资等的利息。该项目应根据“应收利息”账户的期末余额，减去“坏账准备”账户中有关应收利息计提的坏账准备期末余额后的净额填列。

（7）“应收股利”项目，反映企业应收取的现金股利和应收取其他单位分配的利润。该项目应根据“应收股利”账户的期末余额，减去“坏账准备”账户中有关应收股利计提的坏账准备期末余额后的净额填列。

（8）“其他应收款”项目，反映企业除应收票据、应收账款、预付账款、应收股利、应收利息等经营活动以外的其他各种应收、暂付的款项。该项目应根据“其他应收款”账户的期末余额，减去“坏账准备”账户中有关其他应收款计提的坏账准备期末余额后的净额填列。

（9）“存货”项目，反映企业期末在库、在途和在加工中的各种存货的可变现净值。存货包括各种材料、商品、在产品、半成品、包装物、低值易耗品、委托代销商品等。该项目应根据“材料采购”“原材料”“低值易耗品”“库存商品”“周转材料”“委托加工物资”“委托代销商品”“生产成本”等账户的期末余额合计数，减去“代销商品款”“存货跌价准备”账户期末余额后的净额填列。材料采用计划成本核算，以及库存商品采用计划成本核算或售价核算的企业，还应按加或减材料成本差异、商品进销差价后的金额填列。

（10）“一年内到期的非流动资产”项目，反映企业将于一年内到期的非流动资产项目金额。该项目应根据有关账户的期末余额分析填列。

（11）“长期股权投资”项目，反映投资方对被投资单位实施控制、重大影响的权益性投资，以及对其合营企业的权益性投资。该项目应根据“长期股权投资”账户的期末余额，减去“长期股权投资减值准备”账户的期末余额后的净额填列。

（12）“固定资产”项目，反映企业各种固定资产原价减去累计折旧和减值准备后的净值。该项目应根据“固定资产”账户的期末余额，减去“累计折旧”和“固定资产减值准备”账户期末余额后的净额填列。

（13）“在建工程”项目，反映企业期末各项未完工程的实际支出，包括交付安装的设备价值、未完建筑安装工程已经耗用的材料、工资和费用支出等项目的可收回金额。该项目应根据“在建工程”账户的期末余额，减去“在建工程减值准备”账户期末余额后的净额填列。

（14）“工程物资”项目，反映企业尚未使用的各项工程物资的实际成本。该项目应根据“工程物资”账户的期末余额填列。

（15）“固定资产清理”项目，反映企业因出售、毁损、报废等原因转入清理但尚未清理完毕的固定资产的净值，以及固定资产清理过程中所发生的清理费用和变价收入等各项金额的差额。该项目应根据“固定资产清理”账户的期末借方余额填列，如“固定资产清理”账户期末为贷方余额，以“－”号填列。

（16）“无形资产”项目，反映企业持有的专利权、非专利技术、商标权、著作权、土地使用权等无形资产的成本减去累计摊销和减值准备后的净值。该项目应根据“无形资产”账户的期末余额，减去“累计摊销”和“无形资产减值准备”账户期末余额后的净额填列。

（17）“开发支出”项目，反映企业开发无形资产过程中能够资本化形成无形资产成本的支出部分。该项目应当根据“研发支出”账户中所属的“资本化支出”明细账户期末余额填列。

（18）“长期待摊费用”项目，反映企业已经发生但应由本期和以后各期负担的分摊期限在一年以上的各项费用。长期待摊费用中在一年内（含一年）摊销的部分，在资产负债表“一年内到期的非流动资产”项目填列。该项目应根据“长期待摊费用”账户的期末余额减去将于一年内（含一年）摊销的数额后的金额分析填列。

（19）“其他非流动资产”项目，反映企业除长期股权投资、固定资产、在建工程、工程物资、无形资产等以外的其他非流动资产。该项目应根据有关账户的期末余额填列。

（20）“短期借款”项目，反映企业向银行或其他金融机构等借入的期限在一年以下（含一年）的各种借款。该项目应根据“短期借款”账户的期末余额填列。

（21）“应付票据”项目，反映企业因购买材料、商品和接受劳务供应等而开出承兑的商业汇票，包括银行承兑汇票和商业承兑汇票。该项目应根据“应付票据”账户的期末余额填列。

（22）“应付账款”项目，反映企业因购买材料、商品和接受劳务供应等经营活动应支付的款项。该项目应根据“应付账款”和“预付账款”账户所属各明细账户的期末贷方余额合计数填列。“应付账款”账户所属明细账户期末有借方余额的，应在资产负债表“预付款项”项目内填列。

（23）“预收款项”项目，反映企业按照购货合同约定预收供应单位的款项。该项目应根据“预收账款”和“应收账款”账户所属各明细账户的期末贷方余额合计数填列。“预收账款”账户所属明细账户期末有借方余额的，应在资产负债表“应收账款”项目内填列。

（24）“应付职工薪酬”项目，反映企业为获得职工提供的服务或解除劳动关系而给予的各种形式的报酬或补偿。企业提供给职工配偶、子女、受赡养人、已故员工遗属及其他受益人等的福利，也属于职工薪酬。职工薪酬主要包括短期薪酬、离职后福利、辞退福利和其他长期职工福利。

（25）“应交税费”项目，反映企业按照税法规定计算应交纳的各种税费，包括增值税、消费税、所得税、资源税、土地增值税、城市维护建设税、房产税、土地使用税、车船税、教育费附加、矿产资源补偿费等。企业代扣代缴的个人所得税，也通过该项目列示。企业所交纳的税金不需要预计应交数的，如印花税、耕地占用税等，不在该项目列示。该项目应根据“应交税费”账户的期末贷方余额填列。“应交税费”账户期末为借方余额的，应以“－”号填列。

（26）“应付利息”项目，反映企业按照规定应当支付的利息，包括分期付息到期还本的长期借款应支付的利息、企业发行的企业债券应支付的利息等。该项目应根据“应付利息”账户的期末余额填列。

(27)“应付股利”项目，反映企业应付未付的现金股利或利润。企业分配的股票股利，不通过该项目列示。该项目应根据“应付股利”账户的期末余额填列。

(28)“其他应付款”项目，反映企业除应付票据、应付账款、预收账款、应付职工薪酬、应付股利、应付利息、应交税费等经营活动以外的其他各项应付、暂收的款项。该项目应根据“其他应付款”账户的期末余额填列。

(29)“一年内到期的非流动负债”项目，反映企业非流动负债中将于资产负债表日后一年内到期部分的金额，如将于一年内偿还的长期借款。该项目应根据有关账户的期末余额分析填列。

(30)“长期借款”项目，反映企业向银行或其他金融机构借入的期限在一年以上（不含一年）的各项借款。该项目应根据“长期借款”账户的期末余额填列。

(31)“应付债券”项目，反映企业为筹集长期资金而发行的债券本金（和利息）。该项目应根据“应付债券”账户的期末余额填列。

(32)“其他非流动负债”项目，反映企业除长期借款、应付债券等项目以外的其他非流动负债。该项目应根据有关账户的期末余额填列。其他非流动负债项目应根据有关账户期末余额减去将于一年内（含一年）到期偿还数后的余额分析填列。非流动负债各项目中将于一年内（含一年）到期的非流动负债，应在“一年内到期的非流动负债”项目内反映。

(33)“实收资本（或股本）”项目，反映企业各投资者实际投入的资本（或股本）总额。该项目应根据“实收资本（或股本）”账户的期末余额填列。

(34)“资本公积”项目，反映企业资本公积的期末余额。该项目应根据“资本公积”账户的期末余额填列。

(35)“其他综合收益”项目，反映企业其他综合收益的期末余额。该项目应根据“其他综合收益”账户的期末余额填列。

(36)“盈余公积”项目，反映企业盈余公积的期末余额。该项目应根据“盈余公积”账户的期末余额填列。

(37)“未分配利润”项目，反映企业尚未分配的利润。该项目应根据“本年利润”账户和“利润分配”账户的余额计算填列。未弥补的亏损，在该项目内以“-”号填列。

（二）利润表的编制

1. 利润表的概念和作用

利润表是反映企业在一定会计期间经营成果的财务报表，即把一定会计期间的收入与同一会计期间的相关费用进行配比，计算出企业在一定时期内实现的利润或发生的亏损。

利润表的作用体现在以下三个方面：

(1) 通过利润表可以从总体上了解企业的收入、费用等情况。利润表能够反映企业所实现的利润（或发生的亏损）及其构成情况，表明企业的生产经营成果。

(2) 通过利润表提供的本月数、本年累计数、上年数等不同时期的比较数字，可以进一步分析企业的获利能力及利润的未来发展趋势，了解投资者投资资本的保值增值情况。

（3）通过利润表能够分析企业利润的构成，计算报告期收入利润率，与行业平均利润率比较，评定企业的获利能力及其在行业内的竞争能力。

2. 利润表的格式

利润表的格式有单步式和多步式两种。我国企业的利润表采用多步式结构，通过对当期的收入、费用、支出项目按性质加以归类，按利润形成的主要环节列示一些中间性利润指标，分步计算当期净损益。

我国企业利润表的主要编制步骤和内容如下：

第一步，以营业收入为基础，减去营业成本、税金及附加、销售费用、管理费用、财务费用、资产减值损失，加上公允价值变动收益（减去公允价值变动损失）和投资收益（减去投资损失），计算出营业利润。

第二步，以营业利润为基础，加上营业外收入，减去营业外支出，计算出利润总额。

第三步，以利润总额为基础，减去所得税费用，计算出净利润（或净亏损）。

第四步，以净利润（或净亏损）为基础，计算每股收益。

第五步，以净利润（或净亏损）和其他综合收益为基础，计算综合收益总额。

多步式利润表的格式见表 4－5－3。

表 4－5－3　　利　润　表　　会企 02 表

编制单位：　　年　月　　单位：元

项目	本期金额	上期金额
一、营业收入		
减：营业成本		
税金及附加		
销售费用		
管理费用		
财务费用		
资产减值损失		
加：公允价值变动损益（损失以“－”号列示）		
投资收益（损失以“－”号列示）		
其中：对联营企业和合营企业的投资收益		
二、营业利润（损失以“－”号列示）		
加：营业外收入		
其中：非流动资产处置利得		
减：营业外支出		
其中：非流动资产处置损失		
三、利润总额（损失以“－”号列示）		
减：所得税费用		
四、净利润（损失以“－”号列示）		

续表

项目	本期金额	上期金额
五、其他综合收益的税后净额		
（一）以后不能重分类进损益的其他综合收益		
（二）以后将重分类进损益的其他综合收益		
1. 权益法下在被投资单位以后将重分类进损益的其他综合收益中享有的份额		
2. 可供出售金融资产公允价值变动损益		
3. 持有至到期投资重分类为可供出售金融资产损益		
4. 现金流量套期损益的有效部分		
5. 外币财务报表折算差额		
六、综合收益总额		
七、每股收益		
（一）基本每股收益		
（二）稀释每股收益		

3. 利润表的填列方法

利润表各项目均需填列“本期金额”和“上期金额”两栏。其中，“上期金额”栏内各项数字应根据上年该期利润表的“本期金额”栏内所列数字填列。“本期金额”栏内各期数字，除“基本每股收益”和“稀释每股收益”项目外，应当按照相关账户的发生额分析填列。例如，“营业收入”项目根据“主营业务收入”“其他业务收入”账户的发生额分析计算填列，“营业成本”项目根据“主营业务成本”“其他业务成本”账户的发生额分析计算填列。

4. 利润表主要项目的内容和填列方法

（1）“营业收入”项目，反映企业经营主要业务和其他业务所确认的收入总额。该项目应根据“主营业务收入”和“其他业务收入”账户的发生额分析填列。

（2）“营业成本”项目，反映企业经营主要业务和其他业务所发生的成本总额。该项目应根据“主营业务成本”和“其他业务成本”账户的发生额分析填列。

（3）“税金及附加”项目，反映企业经营业务应负担的消费税、城市维护建设税、资源税、土地增值税和教育费附加等。该项目应根据“税金及附加”账户的发生额分析填列。

（4）“销售费用”项目，反映企业在销售商品过程中发生的包装费、广告费等费用和为销售本企业商品而专设的销售机构的职工薪酬、业务费等经营费用。该项目应根据“销售费用”账户的发生额分析填列。

（5）“管理费用”项目，反映企业为组织和管理生产经营发生的管理费用。该项目应根据“管理费用”账户的发生额分析填列。

（6）“财务费用”项目，反映企业为筹集生产经营所需资金等而发生的筹资费用。该项目应根据“财务费用”账户的发生额分析填列。

（7）“资产减值损失”项目，反映企业各项资产发生的减值损失。该项目应根据“资产减值损失”账户的发生额分析填列。

（8）“公允价值变动收益”项目，反映企业应当计入当期损益的资产或负债公允价值变动收益。该项目应根据“公允价值变动损益”账户的发生额分析填列，如为净损失，以“-”号填列。

（9）“投资收益”项目，反映企业以各种方式对外投资所取得的收益。该项目应根据“投资收益”账户的发生额分析填列，如为投资损失，以“-”号填列。

（10）“营业利润”项目，反映企业实现的营业利润，如为亏损，以“-”号填列。

（11）“营业外收入”项目，反映企业发生的与经营业务无直接关系的各项收入。该项目应根据“营业外收入”账户的发生额分析填列。

（12）“营业外支出”项目，反映企业发生的与经营业务无直接关系的各项支出。该项目应根据“营业外支出”账户的发生额分析填列。

（13）“利润总额”项目，反映企业实现的利润，如为亏损，以“-”号填列。

（14）“所得税费用”项目，反映企业应从当期利润总额中扣除的所得税费用。该项目应根据“所得税费用”账户的发生额分析填列。

（15）“净利润”项目，反映企业实现的净利润，如为亏损，以“-”号填列。

（16）“每股收益”项目，包括基本每股收益和稀释每股收益两项指标，反映普通股或潜在普通股已公开交易的企业，以及正处在公开发行普通股或潜在普通股过程中的企业的每股收益信息。

（17）“其他综合收益的税后净额”项目，反映企业根据《企业会计准则》规定未在损益中确认的各项利得和损失扣除所得税影响后的净额。

（18）“综合收益总额”项目，反映企业净利润与其他综合收益的合计金额。

（三）现金流量表的编制

1. 现金流量表的概念和作用

现金流量表是反映企业一定会计期间现金和现金等价物流入和流出情况的会计报表。它是以收付实现制为基础编制的，主要表明企业获得现金和现金等价物的能力。

现金是指企业的库存现金以及随时可以用于支付的存款，包括库存现金、银行存款和其他货币资金等。不能随时用于支付的存款，如不能随时支取的定期存款等，不应作为现金。现金等价物是指企业持有的期限短、流动性强、易于转换为已知金额现金、价值变动风险很小的投资。期限短一般是指从购买日起三个月内到期。现金等价物通常包括三个月内到期的债券投资等。权益性投资变现的金额通常不确定，因而不属于现金等价物。

企业产生的现金流量分为三类：

（1）经营活动产生的现金流量。经营活动是指企业投资活动和筹资活动以外的所有交易和事项。经营活动主要包括销售商品、提供劳务、购买商品、接受劳务、支付工资和交纳税费等流入和流出现金和现金等价物的活动或事项。

（2）投资活动产生的现金流量。投资活动是指企业长期资产的购建和不包括在现金等价物范围内的投资及其处置活动。投资活动主要包括购建固定资产、处置子公司及其他营业单位等流入和流出现金和现金等价物的活动或事项。

(3) 筹资活动产生的现金流量。筹资活动是指导致企业资本及债务规模和构成发生变化的活动。筹资活动主要包括吸收投资、发行股票、分配利润、发行债券、偿还债务等流入和流出现金和现金等价物的活动或事项。偿付应付账款、应付票据等商业应付款属于经营活动，不属于筹资活动。

温馨提示

只有现金项目（包括现金和现金等价物）与非现金项目之间的增减变动才会影响现金流量的变动，现金各项目之间或者非现金各项目之间的增减变动不会影响现金流量的变动，因而不计入现金流量表。

现金流量表的作用体现在以下三个方面：

(1) 有助于反映企业一定会计期间内现金流入和流出的信息，进而揭示企业财务状况。

(2) 有助于评价企业支付能力、偿债能力和经营周转能力，从而为投资者、债权人、企业管理者提供非常有用的信息。

(3) 有助于预测企业未来的现金流量，分析企业经营状况是否良好。

2. 现金流量表的格式

我国企业现金流量表采用报告式结构，分类反映经营活动产生的现金流量、投资活动产生的现金流量和筹资活动产生的现金流量。现金流量表分为正表和补充材料两部分。

正表由以下六项内容构成：①经营活动产生的现金流量；②投资活动产生的现金流量；③筹资活动产生的现金流量；④汇率变动对现金的影响；⑤现金及现金等价物的净增加额；⑥期末现金及现金等价物的余额。

补充材料由以下三项内容构成：①将净利润调节为经营活动产生的现金流量，该项目与正表中经营活动产生的现金流量数字应当一致；②不涉及现金收支的重大投资和筹资活动；③现金及现金等价物的净变动情况。

本节所述现金流量表的编制仅指现金流量表正表。

现金流量表正表的格式见表 4-5-4。

表 4-5-4　　现金流量表　　会企 03 表

编制单位：　　年　月　　单位：元

项目	本期金额	上期金额
一、经营活动产生的现金流量：		
销售商品、提供劳务收到的现金		
收到的税费返还		
收到的其他与经营活动有关的现金		
现金流入小计		
购买商品、接受劳务支付的现金		
支付给职工以及为职工支付的现金		

续表

项目	本期金额	上期金额
支付的各项税费		
支付的其他与经营活动有关的现金		
现金流出小计		
经营活动产生的现金流量净额		
二、投资活动产生的现金流量：		
收回投资所收到的现金		
取得投资收益所收到的现金		
处置固定资产、无形资产和其他长期资产所收回的现金净额		
处置子公司及其他营业单位收到的现金净额		
收到的其他与投资活动有关的现金		
现金流入小计		
购建固定资产、无形资产和其他长期资产所支付的现金		
投资所支付的现金		
取得子公司及其他营业单位支付的现金净额		
支付的其他与投资活动有关的现金		
现金流出小计		
投资活动产生的现金流量净额		
三、筹资活动产生的现金流量：		
吸收投资所收到的现金		
借款所收到的现金		
收到的其他与筹资活动有关的现金		
现金流入小计		
偿还债务所支付的现金		
分配股利、利润或偿付利息所支付的现金		
支付的其他与筹资活动有关的现金		
现金流出小计		
筹资活动产生的现金流量净额		
四、汇率变动对现金的影响额		
五、现金及现金等价物的净增加额		
加：期初现金及现金等价物的余额		
六、期末现金及现金等价物的余额		

3. 现金流量表的填列方法

企业一定期间的现金流量可分为三部分，即经营活动现金流量、投资活动现金流量和筹资活动现金流量。编制现金流量表时，经营活动现金流量的填列方法有两种，一是直接法，二是间接法。在直接法下，一般是以利润表中的营业收入为起算点，调节与经营活动有关项目的增减变动，然后计算出经营活动产生的现金流量。在间接法下，则是以净利润为起算点，调整不涉及现金的收入、费用、营业外收支等有关项目，剔除投资活动、筹资活动对现金流量的影响，据此计算出经营活动产生的现金流量。

《企业会计准则》规定，企业应当采用直接法列示经营活动产生的现金流量。采用直接法具体编制现金流量表时，可以采用工作底稿法或T型账户法，也可以根据有关科目记录分析填列。

工作底稿法是以工作底稿为手段，以利润表和资产负债表数据为基础，结合有关科目的记录，对现金流量表的每一项目进行分析并编制调整分录，从而编制出现金流量表的一种方法。第一步，将资产负债表项目的年初余额和期末余额过入工作底稿中与之对应项目的期初数栏和期末数栏。第二步，对当期业务进行分析并编制调整分录。在调整分录中，有关现金及现金等价物的事项分别计入“经营活动产生的现金流量”“投资活动产生的现金流量”“筹资活动产生的现金流量”等项目，借记表明现金流入，贷记表明现金流出。第三步，将调整分录过入工作底稿中的相应部分。第四步，核对调整分录，借贷合计应当相等，资产负债表项目期初数加减调整分录中的借贷金额以后，应当等于期末数。

现金流量表各项目均需填列“本期金额”和“上期金额”两栏。现金流量表“上期金额”栏内各项数字，应根据上一期间现金流量表“本期金额”栏内所列数字填列。

4. 现金流量表主要项目的内容和填列方法

（1）经营活动产生的现金流量。

Ⅰ.“销售商品、提供劳务收到的现金”项目，反映企业本期销售商品、提供劳务收到的现金，以及前期销售商品、提供劳务本期收到的现金（包括应向购买者收取的增值税销项税额）和本期预收的款项，减去本期销售本期退回商品和前期销售本期退回商品支付的现金。企业销售材料和代购代销业务收到的现金，也在该项目反映。

Ⅱ.“收到的税费返还”项目，反映企业收到返还的所得税、增值税、消费税、关税和教育费附加等各种税费返还款。

Ⅲ.“收到其他与经营活动有关的现金”项目，反映企业经营租赁收到的租金等其他与经营活动有关的现金流入，金额较大的应单独列示。

Ⅳ.“购买商品、接受劳务支付的现金”项目，反映企业本期购买商品、接受劳务实际支付的现金（包括增值税进项税额），以及本期支付前期购买商品、接受劳务的未付款项和本期预付款项，减去本期发生的购货退回收到的现金。企业购买材料和代购代销业务支付的现金，也在该项目反映。

Ⅴ.“支付给职工以及为职工支付的现金”项目，反映企业实际支付给职工的工资、奖金、各种津贴和补贴等职工薪酬（包括代扣代缴的职工个人所得税）。

Ⅵ.“支付的各项税费”项目，反映企业发生并支付、前期发生本期支付以及预交的各项税费，包括所得税、增值税、消费税、印花税、房产税、土地增值税、车船税、教育费附加等。

Ⅶ.“支付其他与经营活动有关的现金”项目，反映企业经营租赁支付的租金、支付的差旅费、业务招待费、保险费、罚款支出等其他与经营活动有关的现金流出，金额较大的应单独列示。

（2）投资活动产生的现金流量。

Ⅰ．“收回投资收到的现金”项目，反映企业出售、转让或到期收回除现金等价物以外对其他企业长期股权投资等收到的现金，但处置子公司及其他营业单位收到的现金净额除外。

Ⅱ．“取得投资收益收到的现金”项目，反映企业除现金等价物以外的对其他企业的长期股权投资等分回的现金股利和利息等。

Ⅲ．“处置固定资产、无形资产和其他长期资产收回的现金净额”项目，反映企业出售、报废固定资产、无形资产和其他长期资产所取得的现金（包括因资产毁损而收到的保险赔偿收入），减去为处置这些资产而支付的有关费用后的净额。

Ⅳ．“处置子公司及其他营业单位收到的现金净额”项目，反映企业处置子公司及其他营业单位所取得的现金，减去相关处置费用以及子公司及其他营业单位持有的现金和现金等价物后的净额。

Ⅴ．“购建固定资产、无形资产和其他长期资产支付的现金”项目，反映企业购买、建造固定资产、取得无形资产和其他长期资产所支付的现金（含增值税款等），以及用现金支付的应由在建工程和无形资产负担的职工薪酬。

Ⅵ．“投资支付的现金”项目，反映企业取得除现金等价物以外的对其他企业的长期股权投资等所支付的现金以及支付的佣金、手续费等附加费用，但取得子公司及其他营业单位支付的现金净额除外。

Ⅶ．“取得子公司及其他营业单位支付的现金净额”项目，反映企业购买子公司及其他营业单位购买出价中以现金支付的部分，减去子公司及其他营业单位持有的现金和现金等价物后的净额。

Ⅷ．“收到其他与投资活动有关的现金”“支付其他与投资活动有关的现金”项目，反映企业除上述Ⅰ至Ⅶ项目外收到或支付的其他与投资活动有关的现金，金额较大的应单独列示。

（3）筹资活动产生的现金流量。

Ⅰ．“吸收投资收到的现金”项目，反映企业以发行股票、债券等方式筹集资金实际收到的款项（发行收入减去支付的佣金等发行费用后的净额）。

Ⅱ．“取得借款收到的现金”项目，反映企业举借各种短期、长期借款而收到的现金。

Ⅲ．“偿还债务支付的现金”项目，反映企业为偿还债务本金而支付的现金。

Ⅳ．“分配股利、利润或偿付利息支付的现金”项目，反映企业实际支付的现金股利、支付给其他投资单位的利润或用现金支付的借款利息、债券利息。

Ⅴ．“收到其他与筹资活动有关的现金”“支付其他与筹资活动有关的现金”项目，反映企业除上述Ⅰ至Ⅳ项目外收到或支付的其他与筹资活动有关的现金，金额较大的应单独列示。

（4）“汇率变动对现金及现金等价物的影响”。

“汇率变动对现金及现金等价物的影响”项目，反映下列两个金额之间的差额：

Ⅰ．企业外币现金流量折算为记账本位币时，采用现金流量发生日的即期汇率或按照系统合理的方法确定的、与现金流量发生日即期汇率近似的汇率折算的金额（编制合并现金流量表时折算境外子公司的现金流量，应当比照处理）。

Ⅱ. 企业外币现金及现金等价物净增加额按资产负债表日即期汇率折算的金额。

（四）所有者权益变动表的编制

1. 所有者权益变动表的概念和作用

所有者权益变动表是反映构成所有者权益的各组成部分当期的增减变动情况的报表。所有者权益变动表应当全面反映一定时期所有者权益变动的情况，不仅包括所有者权益总量的增减变动，还包括所有者权益增减变动的重要结构性信息，让报表使用者准确理解所有者权益增减变动的根源。

2. 所有者权益变动表的格式

在所有者权益变动表中，企业至少应当单独列示反映下列信息的项目：①综合收益总额；②会计政策变更和差错更正的累积影响金额；③所有者投入资本和向所有者分配利润等；④提取的盈余公积；⑤实收资本或资本公积、盈余公积、未分配利润的期初和期末余额及其调节情况。

所有者权益变动表以矩阵的形式列示：一方面，列示导致所有者权益变动的交易或事项，即所有者权益变动的来源，对一定时期所有者权益的变动情况进行全面反映；另一方面，按照所有者权益各组成部分（即实收资本、资本公积、其他综合收益、盈余公积、未分配利润和库存股）列示交易或事项对所有者权益各部分的影响。

所有者权益变动表的格式见表 4 -5 -5。

表 4 -5 -5　　所有者权益变动表　　会企 04 表

编制单位：　　年　月　　单位：元

项目	本年金额						
	实收资本（或股本）	资本公积	减：库存股	其他综合收益	盈余公积	未分配利润	所有者权益合计
一、上年年末余额							
加：会计政策变更							
前期差错更正							
二、本年年初余额							
三、本年增减变动金额（减少以“-”号填列）							
（一）综合收益总额							
（二）所有者投入和减少资本							
1. 所有者投入资本							
2. 股份支付计入所有者权益的金额							
3. 其他							
（三）利润分配							
1. 提取盈余公积							
2. 对所有者（或股东）的分配							

续表

项目	本年金额						
	实收资本（或股本）	资本公积	减：库存股	其他综合收益	盈余公积	未分配利润	所有者权益合计
3. 其他							
（四）所有者权益内部结转							
1. 资本公积转增资本（或股本）							
2. 盈余公积转增资本（或股本）							
3. 盈余公积弥补亏损							
4. 其他							
四、本年年末余额							

3. *所有者权益变动表的编制方法*

所有者权益变动表各项目均需填列“本年金额”和“上年金额”两栏。

所有者权益变动表“上年金额”栏内各项数字，应根据上年度所有者权益变动表“本年金额”栏内所列数字填列。上年度所有者权益变动表规定的各个项目的名称和内容同本年度不一致的，应对上年度所有者权益变动表各项目的名称和数字按照本年度的规定进行调整，填入所有者权益变动表的“上年金额”栏内。

所有者权益变动表“本年金额”栏内各项数字一般应根据“实收资本（或股本）”“资本公积”“其他综合收益”“盈余公积”“利润分配”“库存股”“以前年度损益调整”账户的发生额分析填列。

4. *所有者权益变动表主要项目的内容和填列方法*

（1）“上年年末余额”项目，反映企业上年资产负债表中实收资本（或股本）、资本公积、库存股、其他综合收益、盈余公积、未分配利润的年末余额。

（2）“会计政策变更”“前期差错更正”项目，分别反映企业采用追溯调整法处理的会计政策变更的累积影响金额和采用追溯重述法处理的会计差错更正的累积影响金额。

（3）“本年增减变动金额”项目：

Ⅰ.“综合收益总额”项目，反映净利润和其他综合收益扣除所得税影响后的净额相加后的合计金额。

Ⅱ.“所有者投入和减少资本”项目，反映企业当年所有者投入的资本和减少的资本。“所有者投入资本”项目，反映企业接受投资者投入形成的实收资本（或股本）和资本溢价或股本溢价；“股份支付计入所有者权益的金额”项目，反映企业处于等待期中的权益结算的股份支付当年计入资本公积的金额。

Ⅲ.“利润分配”项目，反映企业当年的利润分配金额。

Ⅳ.“所有者权益内部结转”项目，反映企业构成所有者权益的组成部分之间的增减变动情况。“资本公积转增资本（或股本）”项目，反映企业以资本公积转增资本或股本的金额；“盈余公积转增资本（或股本）”项目，反映企业以盈余公积转增资本或股本的金额；“盈余公积弥补亏损”项目，反映企业以盈余公积弥补亏损的金额。

（五）会计报表附注

1. 会计报表附注的概念

附注是财务报表不可或缺的组成部分，是对在资产负债表、利润表、现金流量表和所有者权益变动表中列示项目的文字描述或明细资料，以及对未能在这些报表中列示项目的说明等。会计报表附注是为了便于会计报表使用者理解会计报表的内容而对报表的编制基础、编制依据、编制原则和编制方法以及主要项目等所做的解释，是对会计报表的补充说明。

2. 会计报表附注的内容

附注是财务报表的重要组成部分。企业应当按照如下顺序披露附注的内容：

（1）企业的基本情况：①企业注册地、组织形式和总部地址；②企业的业务性质和主要经营活动；③母公司以及集团最终母公司的名称；④财务报告的批准报出者和财务报告批准报出日；⑤营业期限有限的企业，还应当披露有关营业期限的信息。

（2）财务报表的编制基础。财务报表的编制基础是指财务报表是在持续经营基础上还是非持续经营基础上编制的。企业一般在持续经营基础上编制财务报表，清算、破产属于非持续经营基础。

（3）遵循企业会计准则的声明。企业应当声明编制的财务报表符合企业会计准则的要求，真实、完整地反映了企业的财务状况、经营成果和现金流量等有关信息，以此明确企业编制财务报表所依据的制度基础。

（4）重要会计政策和会计估计。企业应当披露采用的重要会计政策和会计估计，不重要的会计政策和会计估计可以不披露。在披露重要会计政策和会计估计时，企业应当披露重要会计政策的确定依据和财务报表项目的计量基础，以及会计估计中所采用的关键假设和不确定因素。

（5）会计政策和会计估计变更以及差错更正的说明。企业应当按照会计政策、会计估计变更和差错更正会计准则的规定，披露会计政策和会计估计变更以及差错更正的有关情况。

（6）报表重要项目的说明。企业对报表重要项目的说明，应当按照资产负债表、利润表、现金流量表、所有者权益变动表及其项目列示的顺序，采用文字和数字描述相结合的方式进行披露。报表重要项目的明细金额合计应当与报表项目金额相衔接。

（7）或有和承诺事项、资产负债表日后非调整事项、关联方关系及其交易等需要说明的事项。

（8）有助于财务报表使用者评价企业管理资本的目标、政策及程序的信息。

岗位实训

1. 资产负债表编制实训

科达公司为增值税一般纳税人，适用的增值税税率为17%，所得税税率为25%。该公司2014年12月31日的资产负债表及2015年12月31日的余额表分别见表4－5－6和表4－5－7。

表 4-5-6　　资产负债表

编制单位：科达公司　　2014 年 12 月 31 日　　单位：元

资产	期末余额	年初余额	负债及所有者权益（或股东权益）	期末余额	年初余额
流动资产：			流动负债：		
货币资金	843 780		短期借款	180 000	
以公允价值计量且其变动计入当期损益的金融资产	9 000		以公允价值计量且其变动计入当期损益的金融负债	0	
应收票据	147 600		应付票据	120 000	
应收账款	179 460		应付账款	572 280	
预付款项	60 000		预收款项	0	
应收利息	0		应付职工薪酬	66 000	
应收股利	0		应交税费	21 960	
其他应收款	3 000		应付利息	600	
存货	1 548 000		应付股利	0	
一年内到期的非流动资产	0		其他应付款	30 000	
其他流动资产	60 000		一年内到期的长期负债	600 000	
流动资产合计	2 850 840		其他流动负债	0	
非流动资产：			流动负债合计	1 590 840	
可供出售金融资产	0		非流动负债：		
持有至到期投资	0		长期借款	360 000	
长期应收款	0		应付债券	0	
长期股权投资	150 000		长期应付款	0	
投资性房地产	0		专项应付款	0	
固定资产	660 000		预计负债	0	
在建工程	900 000		递延所得税负债	0	
工程物资	0		其他非流动负债	0	
固定资产清理	0		非流动负债合计	360 000	
生产性生物资产	0		负债合计	1 950 840	
油气资产	0		所有者权益（或股东权益）：		
无形资产	360 000		实收资本（或股本）	3 000 000	
开发支出	0		资本公积	0	
商誉	0		减：库存股	0	

续表

资产	期末余额	年初余额	负债及所有者权益（或股东权益）	期末余额	年初余额
长摊待摊费用	0		其他综合收益	0	
递延所得税资产	0		盈余公积	60 000	
其他非流动资产	120 000		未分配利润	30 000	
非流动资产合计	2 190 000		所有者权益（或股东权益）合计	3 090 000	
资产总计	5 040 840		负债及所有者权益（或股东权益）总计	5 040 840	

表 4-5-7　　科目余额表

2015 年 12 月 31 日

科目名称	借方余额	科目名称	贷方余额
库存现金	1 200	短期借款	30 000
银行存款	483 498.6	应付票据	60 000
其他货币资金	4 380	应付账款	572 280
交易性金融资产	0	其他应付款	30 000
应收票据	39 600	应付职工薪酬	108 000
应收账款	360 000	应交税费	136 038.6
坏账准备	-1 080	应付利息	0
预付账款	60 000	应付股利	19 329.51
其他应收款	3 000	一年内到期的长期负债	0
材料采购	165 000	长期借款	695 000
原材料	27 000	股本	3 000 000
周转材料	22 830	盈余公积	74 862.24
库存商品	1 273 440	未分配利润	130 808.25
材料成本差异	2 550		
其他流动资产	60 000		
长期股权投资	150 000		
固定资产	1 440 600		
累计折旧	-102 000		
固定资产减值准备	-18 000		
在建工程	256 800		
工程物资	180 000		
无形资产	360 000		
累计摊销	-36 000		
递延所得税资产	4 500		
其他长期资产	120 000		
合计	4 857 318.6	合计	4 857 318.6

根据上述资料，科达公司编制2015年12月31日的资产负债表，见表4-5-8。

表4-5-8　　资产负债表

编制单位：科达公司　　2015年12月31日　　单位：元

资产	期末余额	年初余额	负债及所有者权益（或股东权益）	期末余额	年初余额
流动资产：			流动负债：		
货币资金	489 078.60	843 780	短期借款	30 000	180 000
以公允价值计量且其变动计入当期损益的金融资产	0	9 000	以公允价值计量且其变动计入当期损益的金融负债	0	0
应收票据	39 600	147 600	应付票据	60 000	120 000
应收账款	358 920	179 460	应付账款	572 280	572 280
预付款项	60 000	60 000	预收款项	0	0
应收利息	0	0	应付职工薪酬	108 000	66 000
应收股利	0	0	应交税费	136 038.6	21 960
其他应收款	3 000	3 000	应付利息	0	600
存货	1 490 820	1 548 000	应付股利	19 329.51	0
一年内到期的非流动资产	0	0	其他应付款	30 000	30 000
其他流动资产	60 000	60 000	一年内到期的长期负债	0	600 000
流动资产合计	2 501 418.6	2 850 840	其他流动负债	0	0
非流动资产：			流动负债合计	955 648.11	1 590 840
可供出售金融资产	0	0	非流动负债：		
持有至到期投资	0	0	长期借款	696 000	360 000
长期应收款	0	0	应付债券	0	0
长期股权投资	150 000	150 000	长期应付款	0	0
投资性房地产	0	0	专项应付款	0	0
固定资产	1 320 600	660 000	预计负债	0	0
在建工程	256 800	900 000	递延所得税负债	0	0
工程物资	180 000	0	其他非流动负债	0	0
固定资产清理	0	0	非流动负债合计	696 000	360 000
生产性生物资产	0	0	负债合计	1 651 648.11	1 950 840
油气资产	0	0	所有者权益（或股东权益）：		
无形资产	324 000	360 000	实收资本（或股本）	3 000 000	3 000 000
开发支出	0	0	资本公积	0	0
商誉	0	0	减：库存股	0	0

续表

资产	期末余额	年初余额	负债及所有者权益（或股东权益）	期末余额	年初余额
长摊待摊费用	0	0	其他综合收益	0	0
递延所得税资产	4 500	0	盈余公积	74 862.24	60 000
其他非流动资产	120 000	120 000	未分配利润	130 808.25	30 000
非流动资产合计	2 355 900	2 190 000	所有者权益（或股东权益）合计	3 205 670.49	3 090 000
资产总计	4 857 318.6	5 040 840	负债及所有者权益（或股东权益）总计	4 857 318.6	5 040 840

2. 利润表编制实训

科达公司2015年度损益类科目的累计发生净额，见表4－5－9。

表4－5－9　科达公司2015年度损益类科目的累计发生净额

科目名称	借方发生额	贷方发生额
主营业务收入		750 000
主营业务成本	450 000	
税金及附加	1 200	
销售费用	12 000	
管理费用	94 260	
财务费用	24 900	
资产减值损失	18 540	
投资收益		18 900
营业外收入		30 000
营业外支出	11 820	
所得税费用	51 180	

根据上述资料，编制科达公司2015年度利润表，见表4－5－10。

表4－5－10　利　润　表

编制单位：科达公司　　2015年度　　单位：元

项目	本期金额	上期金额
一、营业收入	750 000	
减：营业成本	450 000	
税金及附加	1 200	
销售费用	12 000	
管理费用	94 260	
财务费用	24 900	

续表

项目	本期金额	上期金额
资产减值损失	18 540	
加：公允价值变动损益（损失以“－”号列示）	0	
投资收益（损失以“－”号列示）	18 900	
其中：对联营企业和合营企业的投资收益	0	
二、营业利润（损失以“－”号列示）	168 000	
加：营业外收入	30 000	
其中：非流动资产处置利得	0	
减：营业外支出	11 820	
其中：非流动资产处置损失	0	
三、利润总额（损失以“－”号列示）	186 180	
减：所得税费用	51 180	
四、净利润（损失以“－”号列示）	135 000	
五、其他综合收益的税后净额	0	
（一）以后不能重分类进损益的其他综合收益	0	
（二）以后将重分类进损益的其他综合收益	0	
1. 权益法下在被投资单位以后将重分类进损益的其他综合收益中享有的份额	0	
2. 可供出售金融资产公允价值变动损益	0	
3. 持有至到期投资重分类为可供出售金融资产损益	0	
4. 现金流量套期损益的有效部分	0	
5. 外币财务报表折算差额	0	
六、综合收益总额	135 000	
七、每股收益	（略）	
（一）基本每股收益	（略）	
（二）稀释每股收益	（略）	

3. 现金流量表编制实训

沿用科达公司2015年12月31日的资产负债表和2015年度的利润表资料，科达公司其他相关资料如下：

资产负债表有关项目的明细资料：

（1）存货中制造费用、生产成本的组成：固定资产折旧费用48 000元，职工薪酬194 940元。

（2）本期用银行存款购买固定资产60 600元，购买工程物资180 000元。

（3）本期收回交易性股票投资本金9 000元，公允价值变动600元，同时实现的投资收益300元。

（4）应付职工薪酬的期初数没有应付在建工程人员的部分，应付职工薪酬的期末数中应付在建工程人员的职工薪酬为16 800元，本期实际支付在建工程人员职工薪酬

120 000 元。本例中涉及的职工薪酬均为货币性薪酬。

（5）应交税费的组成：本期增值税进项税额为 25 479.60 元，本期增值税销项税额为 127 500 元，已交增值税 60 000 元，应交所得税期初余额为 0 元，应交所得税期末余额为 12 058.20 元，应交税费期末数中应由在建工程人员负担的部分为 60 000 元。

（6）应付利息均为短期借款利息，其中本期计提利息 6 900 元，支付利息 7 500 元。

（7）本期用银行存款偿还短期借款 150 000 元，偿还一年内到期的长期借款 600 000 元，借入长期借款 336 000 元。

本年度利润表有关项目的明细资料：

（1）管理费用的组成：职工薪酬 10 260 元，无形资产摊销 36 000 元，固定资产折旧费用 12 000 元，支付其他费用 36 000 元。

（2）财务费用的组成：计提借款利息 6 900 元，应收票据贴现利息 18 000 元。

（3）利润表中的销售费用 12 000 元至期末已经全部支付。

（4）资产减值损失的组成：上年年末坏账准备余额 540 元，本年计提坏账准备 540 元，本年计提固定资产减值准备 18 000 元。

（5）投资收益的组成：收到股息收入 18 000 元，与本金一起收回的交易性股票投资收益 300 元，自公允价值变动损益结转的投资收益 600 元。

（6）营业外收入的组成：处置固定资产净收益 30 000 元，所报废固定资产原价为 120 000 元，累计折旧 90 000 元，收到处置收入 180 000 元。假定不考虑与固定资产处置有关的税费。

（7）营业外支出的组成：报废固定资产净损失 11 820 元，所报废固定资产原价为 120 000 元，累计折旧 108 000 元，支付清理费用 300 元，收到残值收入 480 元。

（8）所得税费用的组成：当期所得税费用 55 680 元，递延所得税收益 4 500 元。

编制科达公司 2015 年度的现金流量表：

科达公司 2015 年度现金流量表各项目金额，分析确定如下：

（1）销售商品、提供劳务收到的现金 = 营业收入 + 应交税费 − 应交增值税（销项税额）+ 应收账款项目（期初余额 − 期末余额）+ 应收票据项目（期初余额 − 期末余额）− 本期计提坏账准备 − 票据贴现利息 = 750 000 + 127 500 +（179 460 − 358 920）+（147 600 − 39 600）− 540 − 18 000 = 787 500（元）

（2）购买商品、接受劳务支付的现金 = 营业成本 + 应交税费 − 应交增值税（进项税额）+ 存货项目（期末余额 − 期初余额）+ 应付账款项目（期初余额 − 期末余额）+ 应付票据项目（期初余额 − 期末余额）+ 预付款项（期末余额 − 期初余额）− 当期列入生产成本、制造费用的固定资产折旧费用、修理费和职工薪酬 = 450 000 + 25 479.60 +（1 490 820 − 1 548 000）+（572 280 − 572 280）+（120 000 − 60 000）+（60 000 − 60 000）− 48 000 − 194 940 = 235 359.60（元）

（3）支付给职工以及为职工支付的现金 = 生产成本、制造费用及管理费用中的职工薪酬 +（应付职工薪酬年初余额 − 年末余额）−（应付职工薪酬中在建工程部分的年初余额 − 年末余额）= 194 940 + 10 260 +（66 000 − 108 000）−（0 − 16 800）= 180 000（元）

（4）支付的各项税费 = 当期所得税费用 + 税金及附加 + 应交税费 + 应交增值税（已

交税金）+（应交所得税期初余额－期末余额）=55 680＋1 200＋60 000＋（0－12 058.20）=104 821.80（元）

（5）支付其他与经营活动有关的现金＝销售费用＋其他管理费用＝12 000＋36 000＝48 000（元）

（6）收回投资收到的现金＝交易性金融资产贷方发生额＋与交易性金融资产一起收回的投资收益＝9 600＋300＝9 900（元）

（7）取得投资收益所收到的现金＝收到的股息收入＝18 000（元）

（8）处置固定资产、无形资产和其他长期资产收回的现金净额＝180 000＋（480－300）＝180 180（元）

（9）构建固定资产、无形资产和其他长期资产支付的现金＝银行存款购买固定资产、工程物资＋支付在建工程人员职工薪酬＝60 600＋180 000＋120 000＝360 600（元）

（10）取得借款收到的现金＝336 000（元）

（11）偿还债务所支付的现金＝150 000＋600 000＝750 000（元）

（12）偿还利息支付的现金＝7 500（元）

根据上述数据，编制现金流量表，见表4－5－11。

表4－5－11　　现金流量表

编制单位：科达公司　　2015年度　　单位：元

项目	本期金额	上期金额
一、经营活动产生的现金流量：		
销售商品、提供劳务收到的现金	787 500	
收到的税费返还	0	
收到的其他与经营活动有关的现金	0	
现金流入小计	787 500	
购买商品、接受劳务支付的现金	235 359.60	
支付给职工以及为职工支付的现金	180 000	
支付的各项税费	104 821.80	
支付的其他与经营活动有关的现金	48 000	
现金流出小计	568 181.40	
经营活动产生的现金流量净额	219 318.60	
二、投资活动产生的现金流量：		
收回投资所收到的现金	9 900	
取得投资收益所收到的现金	18 000	
处置固定资产、无形资产和其他长期资产所收回的现金净额	180 180	
处置子公司及其他营业单位收到的现金净额	0	
收到的其他与投资活动有关的现金	0	

续表

项目	本期金额	上期金额
现金流入小计	208 080	
购建固定资产、无形资产和其他长期资产所支付的现金	360 600	
投资所支付的现金	0	
取得子公司及其他营业单位支付的现金净额	0	
支付的其他与投资活动有关的现金	0	
现金流出小计	360 600	
投资活动产生的现金流量净额	-152 520	
三、筹资活动产生的现金流量：		
吸收投资所收到的现金	0	
借款所收到的现金	336 000	
收到的其他与筹资活动有关的现金	0	
现金流入小计	336 000	
偿还债务所支付的现金	750 000	
分配股利、利润或偿付利息所支付的现金	7 500	
支付的其他与筹资活动有关的现金	0	
现金流出小计	757 500	
筹资活动产生的现金流量净额	-421 500	
四、汇率变动对现金的影响额	0	
五、现金及现金等价物净增加额	-354 701.40	
加：期初现金及现金等价物余额	843 780	
六、期末现金及现金等价物余额	489 078.60	

4. 所有者权益变动表编制实训

沿用科达公司2015年12月31日的资产负债表、2015年度的利润表和2015年度的现金流量表的资料，科达公司其他相关资料如下：提取盈余公积14 862.24元，向投资者分配现金股利19 329.51元。

根据上述资料，科达公司编制2015年度的所有者权益变动表，见表4-5-12。

表4-5-12　　所有者权益变动表

编制单位：科达公司　　2015年　　单位：元

项目	本年金额						
	实收资本（或股本）	资本公积	减：库存股	其他综合收益	盈余公积	未分配利润	所有者权益合计
一、上年年末余额	3 000 000				60 000	30 000	3 090 000
加：会计政策变更							

续表

项目	本年金额						
	实收资本（或股本）	资本公积	减：库存股	其他综合收益	盈余公积	未分配利润	所有者权益合计
前期差错更正							
二、本年年初余额	3 000 000				60 000	30 000	3 090 000
三、本年增减变动金额（减少以“－”号填列）							
（一）综合收益总额						135 000	135 000
（二）所有者投入和减少资本							
1. 所有者投入资本							
2. 股份支付计入所有者权益的金额							
3. 其他							
（三）利润分配							
1. 提取盈余公积					14 862. 24	－14 862. 24	
2. 对所有者（或股东）的分配						－19 329. 51	－19 329. 51
3. 其他							
（四）所有者权益内部结转							
1. 资本公积转增资本（或股本）							
2. 盈余公积转增资本（或股本）							
3. 盈余公积弥补亏损							
4. 其他							
四、本年年末余额	3 000 000				74 862. 24	130 808. 25	3205 670. 49

复习思考题

1. 简述财务报表的概念和分类。
2. 简述资产负债表的格式和内容。如何填列资产负债表的“期末余额”栏？
3. 营业利润、利润总额和净利润分别如何计算？
4. 企业的现金流量如何分类？
5. 简述所有者权益变动表的结构和会计报表附注的内容。